D1725419

August Heinrich Hoffmann von Fallersleben
1798–1998

Braunschweiger Beiträge zur deutschen Sprache und Literatur

Band 1

Herausgegeben von Hans-Joachim Behr, Herbert Blume und Eberhard Rohse

August Heinrich Hoffmann von Fallersleben
1798–1998

Festschrift zum 200. Geburtstag

Herausgegeben von Hans-Joachim Behr, Herbert Blume
und Eberhard Rohse

Verlag für Regionalgeschichte
Bielefeld 1999

Die Volkswagen AG, die Volkswagen Financial Services AG, der Volkswagen-Versicherungsdienst, die Volksbank Wolfsburg, die Sparkasse Gifhorn-Wolfsburg und die Stadt Wolfsburg haben durch finanzielle Zuwen-
dungen den Druck dieses Buches ermöglicht.

Die Deutsche Bibliothek – CIP-Einheitsaufnahme

August Heinrich Hoffmann von Fallersleben 1798–1998 :
Festschrift zum 200. Geburtstag / hrsg. von Hans-Joachim Behr ... –
Bielefeld : Verl. für Regionalgeschichte, 1999
    (Braunschweiger Beiträge zur deutschen Sprache und Literatur ; Bd. 1)
    ISBN 3-89534-281-5

Gedruckt auf säurefreiem, alterungsbeständigem Papier nach ISO 9707

Einbandgestaltung: Andreas Bohn, Braunschweig
Satz: Elisabeth Gräfe, Meine
Druck: Heckner Druck- und Verlagsgesellschaft, Wolfenbüttel
Bindearbeiten: Buchbinderei Bratherig, Braunschweig
Printed in Germany

Inhalt

IV. Zum Nachlaß Hoffmanns

Vorwort

Am 2. April 1998 jährte sich zum 200. Mal der Geburtstag August Heinrich Hoffmanns (von Fallersleben). Das Seminar für deutsche Sprache und Literatur der Technischen Universität Braunschweig, vertreten durch die Unterzeichner, und die Hoffmann-von-Fallersleben-Gesellschaft in Fallersleben (Wolfsburg) nahmen dieses Jubiläum zum Anlaß, ein Symposion zu veranstalten, das die Vielzahl der Facetten im Leben und Werk dieses Mannes beleuchten und damit zu einem differenzierteren Bild Hoffmanns beitragen sollte. Das Symposion fand vom 1. bis 4. April 1998 in Fallersleben statt.

Hoffmann von Fallersleben ist einem breiten Publikum heute wohl vor allem als der Verfasser des *Liedes der Deutschen* bekannt, dessen dritte Strophe den Text unserer Nationalhymne bildet. Allenfalls noch als Dichter von Kinderliedern (*Ein Männlein steht im Walde; Alle Vögel sind schon da*) und als politischer Lyriker im Vormärz, jener Zeit zwischen dem Wiener Kongreß und der Märzrevolution von 1848, dürfte Hoffmann über die germanistische Fachwelt hinaus bei manchen noch ein Begriff sein – allerdings dann meist mit der Einschränkung, daß er sich weder in seiner poetischen Ausdruckskraft noch in der Radikalität seiner Ansichten mit Autoren wie Ludwig Börne, Heinrich Heine oder Georg Herwegh messen könne. Übrigzubleiben scheint somit ein Literat mittleren Ranges, der ganz anmutige Verse zu schmieden verstand, womöglich in weinseliger Runde.

Diesem Bild galt es entgegenzuarbeiten. Angesichts der bis heute klischeehaft tradierten Pauschalurteile über Hoffmanns Vormärzlyrik war einerseits die Frage nach deren politischem „Biß" und auch nach den ästhetischen Möglichkeiten des Vormärzpoeten Hoffmann neu zu stellen. Andererseits ist es heute nicht mehr jedem bekannt, daß die damals noch in den Kinderschuhen steckende Wissenschaft der Germanistik dem philologischen Spürsinn Hoffmanns von Fallersleben die Edition einer Reihe wichtiger Texte verdankt (angefangen mit Otfrids *Evangelienharmonie* über *Ludwigslied* und *Merigarto* bis zum *Reynke de Vos*) und daß Hoffmann sich darüber hinaus – forschend und publizierend – auch auf weiteren germanistischen Arbeitsfeldern betätigte, etwa die Sammlung und Edition von Volkliedern, mundartlichem Wortschatz u. a. m. betrieb. Indem er seine Tätigkeit als Sprach- und Literaturforscher auf den gesamten deutschen Sprachraum ausdehnte und auch die germanischen Nachbarsprachen in seine Untersuchungen nach Kräften einbezog, wurde er außerdem zum Begründer einer wissenschaftlichen Niederlandistik.

Um dieses so vielfältige Lebenswerk zu würdigen, haben wir einen interdisziplinär ausgerichteten Kreis von Wissenschaftlerinnen und Wissenschaftlern aus dem In- und Ausland, die sich seit Jahren mit Hoffmann befassen, zum Gespräch nach Fallersleben eingeladen: in sein Geburtshaus und in das Fallersleber Schloß, in dem sich auch das Hoffmann-Museum befindet. Das Ergebnis des Symposions ist im hier vorliegenden Band dokumentiert. Er enthält mit einer Ausnahme alle im April 1998 gehaltenen Referate. Die durch den Ausfall dieses einen Beitrags entstandene thematische Lücke hat dankenswerterweise Kurt G. P. Schuster mit seinem Aufsatz geschlossen. Allen Beiträgern danken wir an dieser Stelle für ihre konstruktive Mitarbeit sehr herzlich.

Zu danken haben wir aber besonders der Hoffmann-von-Fallersleben-Gesellschaft, in erster Linie deren Präsidenten, Herrn Dr. Schuster, der nicht nur die technische Organisation des Symposions vor Ort übernommen hatte, sondern auch die Finanzierung sicherstellte. Der Stadt Wolfsburg, vertreten durch den Leiter des Instituts für Museen und Stadtgeschichte, Herrn Dr. Jörg Siegfried, und durch die Leiterin der städtischen Museen, Frau Dr. Bettina Greffrath, gebührt Dank für die Überlassung der Räume des Schlosses Fallersleben als Tagungsort. Frau Brigitte Blankenburg und Herrn Bodo Fleckstein vom Hoffmann-von-Fallersleben-Museum sei für ihre für ihre stete Hilfsbereitschaft in organisatorischen Dingen herzlich gedankt. Frau Blankenburg war uns darüber hinaus mit zahlreichen Auskünften in bio- und bibliographischen Zweifelsfragen eine zuverlässige Hilfe. Den Drucksatz hat Frau Elisabeth Gräfe hergestellt, das Register Herr Bengt Hagelstein. Beiden danken wir hier für ihre Mühe und Sorgfalt.

Die Volkswagen AG, die Volkswagen Financial Services AG, der Volkswagen-Versicherungsdienst, die Volksbank Wolfsburg, die Sparkasse Gifhorn-Wolfsburg und die Stadt Wolfsburg haben das Erscheinen dieses Buchs durch Druckkostenzuschüsse wesentlich gefördert. Dafür sei ihnen vielmals gedankt.

Braunschweig, am 1. Mai 1999

Hans-Joachim Behr   Herbert Blume   Eberhard Rohse

I. Biographische Essays

Karl-Wilhelm Frhr. v. Wintzingerode-Knorr

Hoffmann von Fallersleben
Ein Leben im 19. Jahrhundert

1. Kindheit und Schuljahre

> Am 2. Aprilis ist geboren
> unser Heinerich August
> und zu hoher Sangeslust
> von den Göttern auserkoren.

Diese etwas holprigen Zeilen stammen nicht etwa von den überglücklichen Eltern, sondern von August Heinrich Hoffmann selbst. Er schrieb sie im Jahr 1807, im Alter von 9 Jahren, und hat sie im 1. Band seiner sechsbändigen Lebenserinnerungen, die er 1868 unter dem Titel *Mein Leben. Aufzeichnungen und Erinnerungen* in Hannover herausbrachte, als sein frühestes Gedicht mitgeteilt. Hoffmann wurde am 2. April 1798 in Fallersleben als drittes von fünf Kindern des Kaufmanns, Gastwirts und späteren Bürgermeisters Heinrich Wilhelm Hoffmann und seiner aus Wittingen stammenden Ehefrau Dorothee geboren. Der Flecken Fallersleben im damaligen Kurfürstentum und nachmaligen Königreich Hannover zählte etwas mehr als 1000 Einwohner.[1] Hier besuchte August Heinrich zunächst die Grundschule – wie wir heute sagen würden – und später die Bürgerschule, deren Unterricht aber nach Hoffmanns eigener Aussage sehr dürftig war. Als Fächer erwähnt er: Religion nach dem Katechismus, Geschichte der Reformation, Auswendiglernen von Gesangbuchversen, Deklamieren von Gedichten, etwas Erdkunde, Rechnen und Schreiben.

Im Musikalischen blieb der Knabe weitgehend auf sich selbst angewiesen, er bastelte einfache Musikinstrumente, lernte aber weder jetzt noch in seinem ganzen späteren Leben das Noten-Lesen. Die Ereignisse des Kriegsjahres 1806 machten sich auch im sonst so stillen Fallersleben heftig bemerkbar. Der Flecken und seine Umgebung waren Durchmarschgebiet französischer Truppen und auch von Teilen der geschlagenen preußischen

---

1 Richard Müller: Häuserchronik der Stadt Fallersleben. Fallersleben 1963, S. 262.

Armee nach der verheerenden Niederlage von Jena und Auerstedt. August Heinrich nahm diese Vorgänge und die Bilder von Franzosen in prächtigen Uniformen – im Kontrast dazu abgerissene, erschöpfte preußische Soldaten – begierig in sich auf. Obschon er noch im Knabenalter war, nahm er doch am politischen Geschehen regen Anteil. Er schildert in *Mein Leben,* wie er im Schankraum des väterlichen Hauses an zwei Abenden in der Woche den *Hamburger unparteiischen Correspondent* vorlesen mußte, was er mit großem Eifer tat. Die Stammgäste – waren sie Analphabeten? – hörten aufmerksam zu. Auf der Landkarte mußte er ihnen die Kriegsschauplätze zeigen. Im Jahr 1809 – August Heinrich war jetzt 11 Jahre alt – bewegten die Aufstände von Schill und Dörnberg gegen Napoleons Truppen die Gemüter.

Der Begriff „Freiheit" verankerte sich früh in Geist und Gemüt des Knaben. „Schuld" daran war auch Friedrich Schiller, dessen *Räuber* von einigen jungen Leuten, darunter sein älterer Bruder Daniel, in Fallersleben einstudiert und öffentlich aufgeführt wurden. August Heinrich lernte ganze Szenen des Theaterstückes auswendig. Er schreibt in *Mein Leben:* „Wir waren seitdem für alle Freiheitsideen empfänglicher."[2]

Unter Napoleons Regie wurde 1807 das Königreich Westfalen gegründet; das Kurfürstentum Hannover und damit auch Fallersleben gingen nunmehr in diesem neuen Königreich auf. Zum König ernannte Napoleon seinen jüngsten Bruder Jérôme („König Lustig"). Nach französischem Vorbild erfolgte eine Aufgliederung in Departements und Cantons. Fallersleben gehörte zum Oker-Departement und bildete einen eigenen Canton, zu dessen Canton-Maire Vater Heinrich Wilhelm Hoffmann ernannt wurde. Sein älterer Sohn Daniel erhielt das Amt eines Maire-Secretärs. Der Vater übte sein Amt bis zum Ende der Franzosenzeit 1813 aus. August Heinrich erlebte durch die Amtstätigkeit seines Vaters die schlimmen Seiten der Franzosenherrschaft: Geheimpolizei, Zensur, unerbittliche Aushebung der jungen Männer zum Militär, unerbittliches Eintreiben der hohen Steuern und Abgaben. Als positive Errungenschaften nennt er in *Mein Leben:*

> Das junge Königreich Westfalen hatte Gleichheit vor dem Gesetz, mündliches und öffentliches Gerichtsverfahren, [...] allgemeine Steuerpflichtigkeit, freie Ausübung des Gottesdienstes der verschiedenen Religionsgesellschaften, gleiche Berechtigung zu öffentlichen Ämtern, Trennung der Justiz und Verwaltung, und hatte keine Hörigkeit, keine Frondienste und Zehnten, keine Privilegien und keinen Adel. Bürger und Bauern hatten das Schlechte schnell kennen gelernt, aber das Gute noch viel schneller. Sie wußten, daß ihre Klagen und Beschwerden gehört werden mußten, daß ihre Prozesse schnell und billig entschieden wurden, daß sie mit einem

---

2   Mein Leben. Aufzeichnungen und Erinnerungen von Hoffmann von Fallersleben. Hannover 1868. Bd. 1, S. 23.

weiland bevorrechteten Stande in gleichen Rechten und Verpflichtungen standen. So lernten sie allmählich die Würde als Menschen fühlen und ihre Stellung als Staatsbürger begreifen [...].[3]

Wenn Hoffmann dies auch rückblickend im Alter von 70 Jahren zu Papier bringt, so wage ich doch zu behaupten, daß bereits dem Heranwachsenden damals zwischen 1807 und 1813 die Errungenschaften der französischen Revolution von 1789: Freiheit, Gleichheit, Brüderlichkeit, bewußt geworden sind. (Im Königreich Westfalen war der Code Napoléon eingeführt worden.)

Unmittelbar nach seiner Konfirmation 1812 wechselte August Heinrich nach Helmstedt über, um im dortigen Pädagogium einen weiterführenden Unterricht zu erhalten. Die Lehrfächer in Helmstedt sind nun schon wesentlich anspruchsvoller als die auf der Bürgerschule von Fallersleben, nämlich Latein, Griechisch, Französisch. Für Deklamations-Übungen wählt der Schüler Hoffmann, wie er berichtet, am liebsten Schiller-Balladen. Außer Schiller liest er fleißig Gedichte von Ewald v. Kleist, Matthisson und Hölty – aus eigenem Antrieb. Im Jahr 1813 – da ist er fünfzehn – beginnt er mit dem Führen eines Tagebuches, er reimt ein Herbstgedicht zusammen und dichtet eine Elegie auf den Tod seiner jüngsten Schwester, die Jahre zuvor an den Blattern gestorben war.

Und wieder drängen sich die politischen, die kriegerischen Ereignisse in das Blickfeld des Heranwachsenden. Er erlebt 1812 den Durchmarsch französischer Regimenter zum Feldzug gegen Rußland und erlebt ebenso die Rückkehr von Teilen der geschlagenen Grande Armée. Der Freiheitskrieg von 1813 beginnt. Ein Mitschüler und Stubengenosse vom Pädagogium meldet sich als Kriegsfreiwilliger; die wild-malerisch anzusehenden russischen Kosaken, beladen mit Beutegut, ziehen durchs Land. August Heinrich sieht sie fast täglich. Bruder Daniel schenkt ihm Theodor Körners Gedichtband *Leier und Schwert,* und – natürlich – beginnt nun auch er – mitgerissen von der Vaterlandsbegeisterung und vom Haß gegen den Völker-Unterdrücker Napoleon – von Freiheit und Vaterland zu dichten. Es kommt die Meldung von König Jérômes Flucht aus seiner Residenzstadt Kassel (26. Oktober 1813).

Zu Ostern des Jahres 1814 wechselte August Heinrich vom Pädagogium Helmstedt zum Gymnasium Katharineum Braunschweig. Auch hier standen Latein und Griechisch wieder ganz oben an. Zusammen mit einigen anderen Knaben wohnte August Heinrich nun in Kost und Logis beim Küster der Katharinen-Kirche, dessen Ehefrau auch Schweine fettmachte. Die Dienstkleidung des Küsters bestand übrigens aus schwarzem Frack mit

---

3 Ebenda, S. 35.

schwarzen Kniebundhosen und schwarzen Wadenstrümpfen, dazu eine gepuderte Perücke.

2. Auf zum Studium

Ostern 1816 erbat Hoffmann von der Leitung des Katharineums ein Abgangszeugnis; er war der Ansicht, er habe nun die Befähigung zum Studieren erlangt, während alle anderen Mitschüler erst mit dem Herbst-Examen das Gymnasium verließen. Eine förmliche Reifeprüfung, das Abitur, wurde im Herzogtum Braunschweig erst 1823 obligatorisch.[4] Hoffmanns Eltern hatten ihn gedrängt, nun ein Brotstudium zu beginnen, und wünschten sich das der Theologie. Also machte er sich zum Anfang des Sommersemesters zu Fuß auf den Weg nach Göttingen, mit 20 Talern in der Tasche, und ließ sich an der Landesuniversität des Königreichs Hannover immatrikulieren. Ein großes Problem bereitete dem jungen Mann das Studium der Theologie. Er hatte am Katharineum in Braunschweig versäumt, eine Einführung ins Hebräische zu erlangen. Und so scheiterte er in der Hebräisch-Vorlesung total. Mit der Theologie hatte er sich bis dahin überhaupt nie befaßt, sie ließ ihn auch jetzt kalt. Die Poesie war ja schon längst seine Leidenschaft geworden. Also beschäftigte er sich viel lieber mit Philologie und deutscher Literaturgeschichte und war ein ständiger Gast der Göttinger Universitäts-Bibliothek, er konnte nicht satt werden beim Blättern und Lesen in deren Schätzen.

Von einer Wanderung zu einem Onkel Hoffmanns, der im Fürstentum Waldeck Dorfpfarrer war und diesen Beruf nicht liebte, kam August Heinrich im Herbst 1816 mit der Idee zurück, fürderhin klassische Philologie, d. h. Sprache und Kunst der Griechen und Römer zu studieren. Der Onkel, der sich in seiner Freizeit mit dieser Materie befaßte, hatte ihn auf die Idee gebracht. Mit Zittern und Zagen teilte der Sohn seinen Eltern in einem Brief den Studienfach-Wechsel mit.

In Göttingen hörte Hoffmann nun Vorlesungen in klassischer Philologie: Terenz, und bei Prof. Gottlieb Welcker Sophokles. Auch damals gab es schon überlaufene Kollegs. Hoffmann berichtet von 200 Hörern bei dem Göttinger Professor Bouterwek, der über Ästhetik las. Man habe das zikadenartige Kratzen der Gänsekiele beim Mitschreiben gehört. Übrigens waren die Vorlesungen nicht billig. Hoffmann nennt 2 Louisdor. Zum

---

[4] Aribert Marohn: Die bedeutende Schulreform des Jahres 1828. In: Festschrift 575 Jahre Martino-Katharineum 1415–1990, Braunschweig 1990, S. 62.

Vergleich: Für sein *Lied der Deutschen* erhielt er 1841 vom Verleger Campe 4 Louisdor, was als üppig gelten konnte.

Zu seinen Studienabsichten sagte er neuerdings, er wolle ein zweiter Winckelmann werden! Das waren hochgesteckte Ziele. Die Alltagsrealität sah dagegen hart für ihn aus. Von zu Hause kaum noch Geld. Wochenlang hungerte er zu Mittag, um sich wenigstens am Abend für 2 gute Groschen satt essen zu können. Zur Erdbeerzeit, so erzählt er, habe er zwei Wochen lang mittags nur von Erdbeeren und Weißbrot gelebt.

3. Erste Begegnung mit den Brüdern Grimm

Zu Beginn der Semesterferien 1818 packte Hoffmann wieder die Reiselust, er wanderte nach Kassel und hatte in der dortigen Bibliothek die denkwürdige Begegnung mit Jacob und Wilhelm Grimm. Beide arbeiteten damals am gleichen Institut, Jacob als Zweiter Bibliothekar, Wilhelm als Sekretär. Hoffmann war begierig, die Bekanntschaft dieser bedeutenden Wissenschaftler zu machen; er bat sie auch, ihm etwas in sein Stammbuch zu schreiben. Unbefangen erzählte er Jacob, „daß ich nach Italien und Griechenland zu reisen beabsichtige, um dort die Überbleibsel alter Kunst zu studieren."[5] Nach Hoffmanns Darstellung sprach Jacob darauf die Worte „Liegt Ihnen Ihr Vaterland nicht näher?"[6] Hoffmann weiter: „Ich höre die Worte noch heute, die Worte vom 5. September 1818. Noch auf der Reise entschied ich mich für die vaterländischen Studien: deutsche Sprache, Literatur und Kulturgeschichte, und bin ihnen bis zu diesem Augenblick (d. h. bis 1868) treu geblieben."[7] Ganz so urplötzlich wurde der zweite Studienwechsel dann doch nicht vollzogen, wie sich noch zeigen wird. Fest steht aber, daß Hoffmann ein Schüler der Brüder Grimm wurde und daß ihn eine lebenslange Freundschaft vor allem mit Jacob Grimm verbinden sollte, die nur einmal getrübt wurde, in Berlin, als Hoffmann 1844 auf polizeilichen Befehl die Stadt verlassen mußte.

4. Politische Epigramme

Zunächst setzte Hoffmann von Kassel aus seine Wanderung fort. In Eisenach besichtigte er die Wartburg, in Weimar ließ er, da er völlig „abgebrannt"

---

5 Hoffmann von Fallersleben: Mein Leben (wie Anm. 2), Bd. 1, S. 125.
6 Ebenda.
7 Ebenda.

war, seinen Homer als Pfand im Gasthaus zurück. Wollte er unterwegs
Mundraub begehen, d. h. Zwetschen von den Bäumen schütteln, so hetz-
ten Bauern Hunde auf ihn. Um einen Besuch bei Goethe hat er sich in
Weimar offenbar nicht bemüht. In Jena suchte Hoffmann die Bekanntschaft
des damals berühmten Professors für Naturphilosophie Lorenz Oken, der
seit 1816 dort die enzyklopädische Zeitschrift *Isis* herausgab. Da im Großherzogtum Sachsen-Weimar die Pressefreiheit nur wenig eingeschränkt war,
konnte Oken in seine *Isis* auch Texte aufnehmen, die sich kritisch gegen
politische Mißstände in Deutschland wandten. Der Student Hoffmann bot
Oken – keck wie er war – Epigramme aus seiner Feder an, und Oken veröffentlichte sie tatsächlich. Hoffmann berichtet, daß in den Jahrgängen 1818
und 1819 mehr als 100 seiner Distichen gedruckt wurden – natürlich nach
dem Vorbild von Goethes und Schillers *Xenien* verfaßt. Inhaltlich bezogen sich Hoffmanns Zwei- bzw. Vierzeiler vor allem auf die Restauration
der alten politischen Machtverhältnisse nach dem Ende der Befreiungskriege in Hannover. Hoffmann blieb anonym und brauchte deshalb keine
Schwierigkeiten zu befürchten, wie sie Oken selbst dann doch wegen seiner kritischen *Isis* widerfuhren. Festhalten sollten wir: Hoffmanns kritische Ader regte sich nicht erst 1840 in seinen *Unpolitischen Liedern*, sondern bereits 1818, gut 20 Jahre früher.

Als Hoffmann nach Göttingen zurückgekehrt ist, erhält er die Einberufung zum Militär. Da aber weder ihm noch seinem Vater der Sinn danach steht, muß Papa ihn mit 20 teuren Talern freikaufen. Wie es scheint,
gelingt es dem Vater, den Betrag von eigentlich 100 Talern auf 20 Taler her-
unterzuhandeln.

Im Frühjahr 1819 verläßt Hoffmann Göttingen. Sein neues Ziel ist die
gerade erst 1818 vom König von Preußen gegründete Universität Bonn,
an die der Göttinger Professor Gottlieb Welcker jetzt berufen worden
ist.

5. Eine Krise

Während eines Zwischenaufenthalts im heimischen Fallersleben gerät der
junge Hoffmann in eine heftige Krise. Die ganze Familie macht sich Sor-
gen um seine Zukunft. Drei Jahre Studium und keinerlei Ergebnis in Sicht!
Nun wieder Aufbruch zu einer neuen Universität! Hätte er nicht doch bei
der Theologie bleiben sollen, so der Vater. Oder jetzt eine Hauslehrer-Stelle
suchen und endlich Geld verdienen! Hoffmann gibt selber zu, daß er sein
Ziel nicht kennt. Die Eltern erklären ihm klipp und klar: Sie können ihn
nicht weiter unterstützen.

Bei einem Besuch des Bruders in Magdeburg erreicht beide die Nachricht, der Vater sei lebensbedrohlich erkrankt. Daniel bricht sofort nach Fallersleben auf, August Heinrich dagegen nicht. Seine Begründung: Falls der Vater stürbe, müsse er – einmal in Fallersleben bei seinem Tod zugegen – all seine Zukunftspläne streichen und zur Versorgung von Mutter und Schwestern in seinem Geburtsort bleiben. Hoffmann flieht also nach Bonn. Unterwegs erfährt er vom Tod des Vaters.

Bei der Immatrikulation an der Universität Bonn fragt ihn der Rektor (so persönlich ging es dort zu, die Universität hatte mit 219 Hörern begonnen)[8] nach seinem Berufsziel. Hoffmann antwortet allen Ernstes, er wisse es noch nicht. Einerseits große Pläne, andererseits große Unsicherheit.

Hoffmann suchte sich eine bescheidene Unterkunft im damals noch ganz dörflichen Poppelsdorf, dessen landschaftliche Umgebung ihn begeisterte. Bei August Wilhelm Schlegel hörte er „Geschichte der abendländischen Literaturen" und eine weitere Vorlesung Schlegels „Geschichte der neueren deutschen Literatur".

Am 23. März 1819 hatte der Burschenschaftler Karl Sand den Schriftsteller Kotzebue ermordet. Im August 1819 kamen auf Metternichs Betreiben die sog. Karlsbader Beschlüsse zustande: Verbot der Burschenschaften, Beaufsichtigung der Universitäten, also auch der Professoren, strenge Pressezensur. In Bonn war Ernst Moritz Arndt, der Dichter der Befreiungskriege, als Geschichtsprofessor mit Lehrverbot belegt (bis zum Jahr 1840);[9] beide Professoren-Brüder Welcker, Friedrich Gottlieb, der Altertumsforscher, dem Hoffmann von Göttingen gefolgt war, und Karl Theodor, später enger Freund Hoffmanns und Mitglied des Paulskirchen-Parlaments, wurden in ihrer Lehrtätigkeit in Bonn behindert. Die Demagogen-Verfolgung begann zu greifen.

6. Erste Liebe

Um diese Zeit erfahren wir von Hoffmanns erster Liebe: es war Gretchen, die Tochter seines Poppelsdorfer Hauswirtes. Ganz im Sinne von *Des Knaben Wunderhorn* versorgte sie ihn mit Tanz- und anderen Liedern in Bonner Mundart. Er drang auf Vollständigkeit der Liedstrophen und schrieb sie sorgsam auf. Gretchen trug dörfliche Tracht. Es war eine länd-

---

8   Laetitia Boehm spricht sogar von nur 47 Studenten. In: Laetitia Boehm und Rainer A. Müller (Hrsg.): Universitäten und Hochschulen in Deutschland, Österreich und der Schweiz. Eine Universitätsgeschichte in Einzeldarstellungen: Düsseldorf 1983, S. 80.

9   Ebenda, S. 80.

liche Idylle. In seiner Verliebtheit schrieb Hoffmann Gedichte auf Gretchen und las sie ihr vor. Alle künftigen Liebesaffären, die Hoffmann widerfahren sollten, waren der Anlaß für neue Gedichte. Das ergab sich folgerichtig aus Hoffmanns Verständnis vom „Dichter", einem Menschen, der für höhere Werte empfänglich ist und unter gar keinen Umständen ein Philister, ein Spießer sein will.

Zur Zeit, als Hoffmann anfing, Volkslieder zu sammeln, kam es zu einer ersten Begegnung mit Achim v. Arnim. Dieser berichtete 1820 in einem Brief an seine Frau Bettine geb. v. Brentano:

> Ich besah die Festungswerke [...] von da stieg ein Minnesänger auf, ein gewisser Hoffmann mit sechs Bärten im Gesicht und zerrissenem Wams, ein Sammler von Volksliedern, der schon früher einmal an mich geschrieben. Nun fehlte es nicht an Unterhaltung [...].[10]

Hoffmanns Aussehen zu dieser Zeit war offenbar reichlich verwildert. Als er 1820 seine Angehörigen in Fallersleben besuchte, berichtete seine jüngere Schwester darüber an den Bruder Daniel, Heinrich sei ganz gelb gebrannt von der Sonne, jeder Mensch erschrecke vor ihm, und soviel sie auch gebeten habe, wollte er nicht seinen furchtbar langen Bart abnehmen lassen. Hoffmanns Mutter drückte ihr Entsetzen über den besagten Bart ihres zweiten Sohnes drastisch so aus: sie weinte und sagte: „Einen Juden habe ich doch nicht geboren!"[11]

Angeregt durch eine Reise nach Köln, wo er nicht nur den halb vollendeten Dom als Bauruine bestaunte, sondern vor allem Franz Wallraf inmitten seiner unerhörten Bilder- und Bücherschätze – dem späteren Wallraf-Museum – erlebte, erwachte nun auch in Hoffmann die Sammel-Leidenschaft für alte Handschriften und Bücher. Obwohl er kein Geld besaß, waren ihm erste Erfolge beschieden: auf dem Bonner Markt fand er eine Liederhandschrift des 16. Jahrhunderts und erwarb sie für ganze 40 Stüber, d. h. für weniger als 1 Taler.[12] Bei Bonner Trödlern fand er mehrere alte deutsche Handschriften aus dem Kloster Nonnenwerth, 12 km von Bonn entfernt. Mit diesen und ähnlichen Erwerbungen begründete Hoffmann seine eigene Bibliothek, die im Lauf der Jahre immer umfangreicher und wertvoller wurde, bis er sie schließlich nach seiner Breslauer Amtsenthebung von 1843 zum Kauf anbieten mußte.

---

10 Bettina von Arnim: Werke und Briefe, Bd. 5, Hrsg. von Joachim Müller. Frechen 1961.
11 Hoffmann von Fallersleben, Mein Leben (wie Anm. 2), Bd. 1, S. 223.
12 1 Taler = 60 Stüber (Brockhaus' Konversations-Lexikon, Bd. 15, Leipzig 1895).

7. Hilfsbibliothekar und Otfried-Finder

Im November 1819 gelang es Welcker, seinem Schüler Hoffmann an der von ihm geleiteten Universitäts-Bibliothek Bonn eine Hilfstätigkeit zu verschaffen. Er hatte nun die Ausleihe der Bücher zu besorgen. Außerdem gab er regelmäßig Unterricht in Deutsch und Latein. In *Mein Leben* schreibt er hierzu:

> Ich hatte mir ein hohes Ziel gesteckt, es war die deutsche Philologie. Ich begriff darunter das Gotische, Alt-, Mittel- und Neuhochdeutsche mit allen seinen Mundarten, das Altsächsische, Niederdeutsche und Niederländische, das Friesische, Angelsächsische und Englische, und das Skandinavische; ferner die deutsche Literatur- und Kulturgeschichte, alles Volkstümliche in Sitten, Gebräuchen, Sagen und Märchen, sowie endlich Deutschlands Geschichte, Kunst, Altertümer und Recht.[13]

Am Neujahrstag 1820 schrieb Hoffmann an Jacob Grimm nach Kassel und teilte ihm seinen Studienplan mit; der große Germanist sollte ihn absegnen.[14]

Die Arbeit in der Universitäts-Bibliothek war für Hoffmann eine ideale Beschäftigung, gab sie ihm doch die Möglichkeit, die dortigen Bücher auch für seine Studien zu nutzen. 1821 entdeckte er in der Bonner Bibliothek in dem hölzernen Einbanddeckel zu Thomas' von Aquin *Summa Theologiae* Pergamentblätter aus Otfrieds von Weißenburg *Evangelienbuch* aus dem 9. Jahrhundert. „Meine Freude war grenzenlos" schreibt er.[15] Hoffmann ließ seine Abschrift, versehen mit seinem Kommentar, sofort drucken. Damit konnte er im Alter von 23 Jahren die erste wissenschaftliche Veröffentlichung vorweisen. Hier bereits fügte er seinem Namen das „von Fallersleben" bei, vermutlich um sich besser von anderen Hoffmännern zu unterscheiden. Seit seinem Otfried-Fund hat Hoffmann für sein weiteres Leben die Such- und Finde-Methode, da äußerst erfolgreich, beibehalten. In allen ihm erreichbaren Bibliotheken Europas suchte er nach verschollenen Handschriften alter deutscher bzw. niederländischer Dichtungen, am liebsten suchte er sie in den Einbänden anderer Bücher und edierte sie möglichst umgehend.

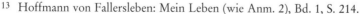

---

13 Hoffmann von Fallersleben: Mein Leben (wie Anm. 2), Bd. 1, S. 214.

14 Brief Hoffmanns von Fallersleben an Jacob Grimm „zur Jahreswende 1819/1820". Staatsbibliothek zu Berlin, Preußischer Kulturbesitz, Handschriftenabteilung, Nachl. Grimm, und Hoffmann von Fallersleben: Mein Leben (wie Anm. 2), Bd. 1, S. 215.

15 Hoffmann von Fallersleben: Mein Leben (wie Anm. 2), Bd. 1, S. 247.

8. Reisen im 19. Jahrhundert

Hoffmann war sein ganzes Leben hindurch fast ständig unterwegs. Insgesamt achtmal reiste er in die Niederlande und nach Flandern, mehrmals nach
Wien und Prag; er gelangte nach Paris und Kopenhagen. In deutschen
Landen durchsuchte er so ziemlich alle öffentlichen und die wichtigen privaten Bibliotheken. Das Reisen im 19. Jahrhundert, oder genauer: zunächst
in dessen erster Hälfte, wurde auf mancherlei Art vollzogen. Als Student
reiste Hoffmann, da arm am Beutel, wie die Handwerksburschen vorwiegend zu Fuß, gern mit einem oder zwei Begleitern. Ab und an wurde der
Wanderer von einem wohlhabenden Kutschenbesitzer mitgenommen, der
damit einen Gesprächspartner gewonnen hatte. Man reiste sozusagen per
Anhalter. Aber häufig war das Wandern gar keine Lust, sondern eine harte
Strapaze. Hoffmann und seine Mitwanderer konnten ja nicht immer auf
Sonnenschein warten. Immer wieder schildert er aus seinen Studentenjah-
ren, wie sie oft bis zur Erschöpfung, bei Wind und Wetter, total durchnäßt,
weitermarschierten, Richtwege zum Abkürzen benutzten, sich dabei aber
auch verliefen. Immer ein Tagesziel vor Augen, eine Unterkunft für die
Nacht ansteuernd.

Seitdem Hoffmann dann ein geregeltes Einkommen als Bibliothekar und
später auch als Professor in Breslau hatte, konnte er sich das *Fahren* leisten. Relativ preiswert war es mit der Postkutsche oder mit dem Stellwa-
gen, wobei man aber auf den oft schlechten Straßen böse durchgerüttelt
wurde, bis einem alle Knochen wehtaten. Oft spricht Hoffmann auch vom
Hauderer, das war eine in Südwestdeutschland übliche Bezeichnung für
Lohnkutsche[16] (*haudern* bedeutet 'rütteln'), oder er erwähnt den Omni-
bus, einen vielsitzigen Lohnwagen, der regelmäßig verkehrte, natürlich
damals mit Pferdebespannung.[17] Besser und schneller, aber freilich auch
teurer war das Reisen mit Extrapost, und besonders komfortabel das Mie-
ten einer Einspänner-Kutsche samt Kutscher, für ihn ganz allein, wie sie
Prof. Hoffmann sich auf seiner staatlich subventionierten Reise durch die
österreichischen Alpen zu den dortigen Klosterbibliotheken gönnte.

Gern benutzte Hoffmann auch das Schiff oder das Dampfschiff als
Reisemittel. Einmal behauptet er, er habe dabei einen Sohn Schillers kennengelernt, an dem er aber nichts Besonderes habe finden können. Mitunter begab sich Hoffmann auch auf ein Floß, so bei einer wissenschaftlichen

---

16 Deutsches Wörterbuch von Jacob Grimm und Wilhelm Grimm, Bd. 4.2. Leipzig
    1877. Nachdruck München 1984. Bd. 10, Sp. 572.
17 Ebenda. Bd. 7. Leipzig 1889. Nachdruck München 1984. Bd. 13, Sp. 1288.

Reise von Kloster Melk die Donau abwärts. Die Floßknechte seien sehr grob und einsilbig gewesen, schreibt er.

Und schließlich gehörte er zu den frühen Benutzern der Eisenbahn. Seine erste Bahnfahrt führte ihn 1837 von Löwen in Belgien über Mecheln nach Dendermonde. Und er teilte nicht die Vorurteile und Ängste vieler Zeitgenossen gegen diese bahnbrechende Erfindung seines Jahrhunderts. Unter seinen „Sprüchen", die Hoffmann am Ende des 6. und letzten Bandes von *Mein Leben* abdruckt, findet sich dieser:[18]

> Die Eisenbahn ist in der Tat
> Der allergrößte Demokrat:
> Dem ärmsten Mann es Trost gewährt,
> Daß er so schnell wie jeder fährt,
> Er steiget ein mit Hoch und Reich
> Und alle kommen an zugleich.

Die Eisenbahn führte sozusagen aus dem 19. Jahrhundert hinaus ins 20. Jahrhundert. Aber vieles, was Hoffmann besonders auf seinen früheren Reisen erlebte, war blankes Mittelalter. 1820, auf einer Reise durch die Lüneburger Heide, hatte ihn ein Freund seines verstorbenen Vaters mitgenommen. „Kurz vor Celle", so schildert Hoffmann, „kamen wir an einem Hochgerichte vorbei. Als die Pferde die im Winde baumelnden Glieder eines aufs Rad geflochtenen Verbrechers gewahrten, spitzten sie die Ohren und machten Miene durchzugehen".[19]

Die vielen Städte, die Hoffmann erreichte, boten ihm, wenn nicht ein Bild des Mittelalters, so doch mindestens eines von Spitzweg-Biedermeier oder anders gesagt, ein Bild der Restauration. An Stadttoren traf er regelmäßig auf Zöllner und strenge Schildwachen. Im Innern waren die großen Städte der ersten Hälfte des 19. Jahrhunderts noch immer so abstoßend wie im Mittelalter. In Köln registriert Hoffmann: „[...] die krummen engen Gassen [...] der Schmutz und Kohlenstaub [...], die vielen zerlumpten, schmierigen Bettler, das ewige Glockengebimmel und das Geknarre der schwer beladenen plumpen zweirädrigen Wagen".[20] Später wird sich Hoffmann über Breslau ähnlich äußern.

---

18 Hoffmann von Fallersleben: Mein Leben (wie Anm. 2). S. 358, Spruch Nr. 690.
19 Ebenda, Bd. 1, S. 223.
20 Ebenda, Bd. 1, S. 256.

9. Auf Berufssuche in Berlin

1821 war Hoffmann zu seiner ersten wissenschaftlichen Reise in die Niederlande aufgebrochen, zu den Bibliotheken von Utrecht, Leiden, Den
Haag, Amsterdam. Er gewann dort viele Freunde fürs Leben; einer seiner
besten Freunde wurde der Arzt jüdischer Herkunft Dr. Salomon.[21] Und
er erlebte besonders bei ihm, aber auch bei manchen anderen eine über-
wältigende Gastfreundschaft. Von Holland kehrte er nicht mehr nach Bonn
zurück. Ohne sein Studium regulär abzuschließen, begab er sich nach Berlin, um sich dort eine berufliche Tätigkeit zu suchen. Er wohnte bei seinem Bruder, der inzwischen im Finanzministerium tätig war. In *Mein Leben* sagt Hoffmann es so:

> Privatdozent an der Berliner Universität zu werden, hatte ich keine Mittel, und es
> wäre auch wohl sehr langwierig geworden, bis ich es zum Professor, und am Ende
> noch ohne Gehalt gebracht hätte. Eine Stelle an einer Bibliothek schien mir noch
> am wünschenswertesten. Ich hätte dann zugleich Hilfsmittel für meine Studien
> gewonnen und bei meinen Berufsarbeiten auch Zeit übrig behalten zu eigenen Ar-
> beiten.[22]

Zielstrebig wandte er sich in Berlin sofort an Frhrn. v. Meusebach, den
Präsidenten des Rheinischen Kassations- und Revisionsgerichtshofes, von
dessen Privatbibliothek mit großen altdeutschen Schätzen er bereits gehört
hatte. Meusebach fand Gefallen an dem kecken jungen Mann aus der Provinz, der beachtliche literarhistorische Kenntnisse vorweisen konnte, und
half ihm, ein Bewerbungsschreiben für eine Bibliothekarsstelle an der Berliner Königlichen Bibliothek aufzusetzen. Solch ein ausführliches Schreiben war zu richten an den Geh. Staatsminister der geistlichen, Unterrichts-
und Medizinal-Angelegenheiten Freiherrn v. Altenstein Exzellenz. Was als
Antwort kam, war eine Absage, mit der Begründung: eine Stelle sei nicht
frei, Geld auch nicht vorhanden! Hoffmann mußte sich in Geduld fassen.
Die Zeit wurde ihm nicht lang, er genoß die Bibliothek Meusebachs und
dessen Gastfreundschaft. Im Salon, den sein wohlhabender Gönner und
dessen Gattin führten, lernte er die Crème der Berliner Gesellschaft kennen: Gneisenau, Clausewitz, Hegel, v. Savigny u. v. a. m. Auch Achim und
Bettine v. Arnim begegnete er dort. Im Dezember 1821 war er nach Berlin
gekommen. Anfang 1823 bewarb er sich erneut und erhielt im März dieses
Jahres vom Minister v. Altenstein die Bestallung eines Kustos auf Probe

---

21 Siehe auch Peter H. Nelde: Flandern in der Sicht Hoffmanns von Fallersleben. Eine
    Untersuchung im Rahmen deutsch-französischer Beziehungen im 19. Jahrhundert.
    Wilrijk 1967, S. 127.
22 Hoffmann von Fallersleben: Mein Leben (wie Anm. 2). Bd. 1, S. 303.

für ein Jahr bei der Zentral-Bibliothek in Breslau, mit einem Jahresgehalt von 300 Reichstalern.[23]

10. Die Breslauer Jahre

In *Mein Leben* schreibt Hoffmann über seinen Wechsel nach Breslau: „Meine Mutter weinte, als ich nach Bonn ging; wie sie hörte, ich müsse nach Breslau, weinte sie nicht mehr, das lag ihr außer der Welt."[24] Die Stadt hatte damals immerhin rund 90.000 Einwohner und konnte somit als Großstadt bezeichnet werden. Das Gebäude der Augustiner Chorherren, bis 1810 noch Kloster, seit 1811 Sitz der Universitätsbibliothek, wird Hoffmanns zukünftiger Arbeitsplatz. Die Buchbestände aller aufgehobenen schlesischen Klöster sind hier untergebracht, und er soll sie ordnen. Man sollte denken, dies sei eine reizvolle Aufgabe für jemanden, der Bibliothekar werden und sein wollte. Es kam aber ganz anders. Hoffmann trat sogleich in einen Dauer-Streit mit seinen Vorgesetzten ein. Womöglich hatte er z. T. ein Recht zur Klage. Die Anlässe können hier unmöglich ausgebreitet werden. Hoffmann hat die ihn und andere zermürbenden Querelen in größter Ausführlichkeit in *Mein Leben* geschildert. Sie dauerten an bis zu seinem Ausscheiden aus dem Breslauer Bibliotheksdienst 1838. Im März 1823 war Hoffmann in Breslau angelangt. Im April und Mai desselben Jahres hatte er den 1. Band seiner zum Schluß auf 12 Bände angewachsenen *Horae Belgicae* vollendet, die sein wissenschaftliches Hauptwerk, sein opus magnum werden sollten. Er hatte den 1. Band (Übersicht über die niederländischen Sprachdenkmäler: Reimchroniken, Romane, Legenden, Lehrgedichte, Fabeln, Gebete, Schauspiele, Volkslieder) an die Universität Leiden geschickt. Diese verlieh ihm dafür sogleich im Jahr 1823 die Doktor- bzw. Ehrendoktor-Würde.

11. Wissenschaftliche Großreisen und Professur

Im Sommer 1827 unternahm Hoffmann mit Genehmigung des Ministers v. Altenstein eine erste Großreise, vor allem zu den Bibliotheken in Wien, dann aber weiter zu den großen österreichischen Klöstern und ihren Biblio-

---

23 Eine Berufs- u. Prüfungsordnung für den wissenschaftlichen Bibliotheksdienst gab es in Preußen erst ab 1893. Siehe Ladislaus Buzas: Deutsche Bibliotheksgeschichte der neuesten Zeit (1800–1945). Wiesbaden 1978, S. 111 f.

24 Hoffmann von Fallersleben: Mein Leben (wie Anm. 2), Bd. 1, S. 337.

theken: Krems, Göttweig, Zwettl, und schließlich nach Prag. Beladen mit
reicher Beute, d. h. mit Abschriften altdeutscher Handschriften, kehrte er
im Herbst 1827 nach Breslau zurück. Es war nicht nur die Reiselust gewesen, die Hoffmann Monate von Breslau fernhielt, es war vielmehr auch die
Notwendigkeit, durch den Nachweis von Entdeckungen und damit von
wissenschaftlichen Veröffentlichungen seine Beförderung an der Universitäts-Bibliothek Breslau zu erreichen. Da dieser Aufstieg auf der Karriere-
leiter aus mancherlei Gründen nicht möglich war, verfiel der Minister
v. Altenstein, der Hoffmann gewogen war, nach mancherlei Eingaben auf
die rettende Idee, den Bittsteller zum Professor der Breslauer Universität
zu ernennen. Das geschah gegen den erbitterten Widerstand der dortigen
philosophischen Fakultät, die Herrn Hoffmann für völlig ungeeignet erklärte. Im März 1830 hatte er die Ernennung zum a. o. Professor für deutsche
Sprache und Literatur in der Tasche, mit einem Jahresgehalt von 200 Talern,
zusätzlich zu den 300 Talern als Bibliothekskustos, versteht sich. Die Hohe
Universität Breslau wollte Hoffmanns Leidener Diplom nicht als Doktor-
Examen anerkennen. Außerdem verlangte der Dekan eine in Latein abge-
haltene Disputation. Hoffmann hingegen hielt den absoluten Vorrang von
Latein und Griechisch in Sprach- und Kultur-Vermittlung an allen deutschen Schulen und Universitäten für einen alten Zopf, womit er ja auch aus
unserer heutigen Sicht im Recht war, seiner Zeit aber weit vorauseilte.

Seine erste Vorlesung hielt Hoffmann im Juni 1830 über die Geschichte
des Kirchenliedes vor Luther, ein Thema, dem sein gleichnamiges Buch
zugrunde lag. Es ist mehrmals neu aufgelegt worden und gehört m. E. zu
den herausragenden Leistungen in Hoffmanns wissenschaftlichem Werk.
Damals fanden sich ganze neun Hörer bei ihm ein.

Einblick in Hoffmanns akademische Lehrtätigkeit gibt uns der aus
Schlesien stammende Dichter und spätere Breslauer Germanist Gustav
Freytag in seinen *Erinnerungen aus meinem Leben.*[25] 1835 hatte er sein Stu-
dium in Breslau begonnen.

> Wichtiger noch wurde dem jungen Studenten eine andere Vorlesung, welche Hoff-
> mann von Fallersleben als Privatissimum las, die Handschriftenkunde. Ich war der
> einzige Zuhörer und erhielt die Stunde in seiner Wohnung. Durch ihn wurde ich in
> das weite Gebiet der germanischen Altertümer eingeführt. Er hatte im Lesen alter
> Handschriften ehrenwerte Fertigkeit gewonnen, hatte an großen Bibliotheken zu
> Wien und in Belgien selbst fleißig abgeschrieben, und war bekannt als findig und als
> behender Herausgeber. War seine Kenntnis altdeutscher Grammatik und die Schär-
> fe seiner Kritik auch nicht von erstem Range, er erwies sich doch auf dem ganzen
> Gebiete seiner Wissenschaft, die damals in ihrer Jugendblüte stand, wohlbewandert.
> Da ich den Vorteil hatte, daß er sich ausschließlich mit mir beschäftigte, so erwarb

---

25 Erschienen Leipzig 1887.

ich leidliche Gewandtheit im Lesen alter Urkunden, nachdem ich in der ersten Stunde hilflos vor den langgezogenen Buchstaben der Eingangsworte gesessen hatte; ich las zu Hause deutsche Handschriften des Mittelalters, die er mir lieh, und kopierte für ihn einige Stücke. Da ich ihm durch die Besuche in seiner Wohnung vertraulich wurde, gönnte er mir zuweilen auch Bekanntschaft mit den Gedichten, die er gerade selbst gemacht hatte. Der Einblick in die Werkstatt eines echten Lyrikers war sehr lehrreich. Er las oder sang in herzlicher Freude, seine Augen glänzten und am Schluß suchte er mit einem fragenden „Nun?" nach dem Eindruck. Ich erkannte bald die Manier, nach welcher er eine warme Empfindung und kleine Vergleiche, die flatternden Seelchen seiner Lieder, in Worten und Versen zusammenband. Oft freute mich's, zuweilen schien mir der Gedanke der Mühe nicht wert.

1835 erfolgte Hoffmanns Ernennung zum ordentlichen Professor. Als Habilitationsschrift lieferte er Band IV der *Horae Belgicae: Caerl ende Elegast*. Es handelt sich um ein Ritterepos. Und er ließ sich auch sein Leidener Ehrendoktor-Diplom als einer normalen deutschen Dissertation ebenbürtig anerkennen.

Von August bis Oktober 1836 finden wir den Prof. Hoffmann wieder auf Reisen, diesmal zu den Bibliotheken von Kopenhagen, Lübeck, Hamburg, Bremen, Emden, Groningen und wieder Amsterdam.

12. Die Verlobung

Hoffmanns berufliche Stellung war schon nach seiner Berufung zum a. o. Professor soweit gefestigt, daß er an die Gründung eines Hausstandes denken konnte. Er verlobte sich an seinem Geburtstag 1831 mit Davida v. Thümen, der Schwägerin eines Oberlandesgerichtsrats v. Winterfeld, der zu Hoffmanns Breslauer Freundeskreis zählte. Der Verbindung war kein Glück beschieden. Im November des folgenden Jahres mußte Hoffmann die Verlobung wieder auflösen, da Davida sich ihm entzog. Die unglückliche Liebe zu der jungen adeligen Dame hatte Hoffmann in eine depressive Gemütsverfassung gestürzt, aus der er sich nur durch das Verfassen von Gedichten retten konnte. 1836 veröffentlichte er seine vielen Liebesgedichte unter dem Titel *Buch der Liebe*.

13. Die Wende

Gegen größte Widerstände hatte Hoffmann in Breslau alles erreicht, was er nur erreichen konnte: er war zum ordentlichen Professor aufgestiegen, als das eigentlich Unfaßbare geschah: er begab sich auf das äußerst gefährliche Gelände des politischen Gedichtes. „Zunächst studierte ich", so heißt es in *Mein Leben,* „allerlei geschichtliche, politische, sogar statistische

Schriften, um klar zu werden über unsere Zustände, wie sie waren, sind, sein sollten und könnten".[26] Und dann sprudelte ein satirisches Gedicht nach dem anderen aus ihm heraus: ironische Angriffe gegen die deutschen Fürsten, den Adel samt seinen Vorrechten, gegen Zensur und Knebelung der Presse, gegen Militär und die Polizei samt ihren Spitzeln, und gegen die verhaßten Philister, die deutschen Spießer. Er wählte bewußt einen einfachen Volkston, und seine Texte sollten nach volkstümlichen Melodien gesungen werden.

Hoffmanns Freunde machten sorgenvolle Gesichter, sie warnten ihn vor der drohenden Gefahr; auch sein Bruder schrieb warnende Zeilen aus Berlin. Aber er war nicht aufzuhalten, er marschierte sehenden Auges ins Verderben. Zielstrebig bot er seine *Unpolitischen Lieder,* wie er sie taufte, dem Hamburger Verleger Julius Campe an, dessen Wagemut er kannte, brachte der doch die Schriftsteller des „Jungen Deutschland", Heinrich Heine, Ludwig Börne, Karl Gutzkow, aber auch Anastasius Grün heraus. Campe war sozusagen ein mit allen Hunden der Zensur und der Demagogen-Verfolgung gehetzter Verleger. Er witterte das Geschäft hinter Hoffmanns – jedenfalls für damalige Verhältnisse gewagten – Liedern und griff sofort zu. Im Juli 1840 erschienen die ersten Exemplare, sie fanden reißenden Absatz, und Hoffmann schrieb weitere Lieder für einen 2. Teil. Da brach das Donnerwetter herein: 1841 verbot das Königreich Hannover die *Unpolitischen Lieder.* Wenig später reagierte Preußen noch drastischer, indem es ein Generalverbot aller Druckerzeugnisse des Hamburger Verlages, ganz besonders der *Unpolitischen Lieder,* 2. Teil, aussprach.[27]

Gegenüber seinem Ministerium in Berlin mußte sich Hoffmann zunächst wegen nicht gehaltener Vorlesungen (Mangel an Hörern) verantworten. Sodann kam die strenge Untersuchung betreffs seiner *Unpolitischen Lieder* vor dem Universitätskurator in Breslau in Gang, der auf Weisung Berlins handelte. Hoffmann suchte sich herauszureden, er habe die Gedichte als freier Poet und nicht als preußischer Professor geschrieben, und außerdem sei er ja nur Sprachrohr des Volkes, dessen Stimmung er in Worte gefaßt habe. Das nützte ihm alles nichts. Am Ende stand Hoffmanns Entlassung als Professor, ohne jeden Pensionsanspruch. Als Begründung wurde ihm mitgeteilt, er habe die studentische Jugend zum Haß gegen Landesherrn und Obrigkeit aufgestachelt.

---

[26] Hoffmann von Fallersleben: Mein Leben (wie Anm. 2), Bd. 3, S. 115.
[27] Siehe auch Gert Ueding: Hoffmann und Campe – ein deutscher Verlag. Hamburg 1981, S. 315 f.

14. Ruhm und erzwungene Wanderschaft

Plötzlich stand Hoffmann im Mittelpunkt der deutschen Öffentlichkeit. Die Zeitungen berichteten über ihn, seine Lieder und seine Amtsenthebung. Nicht alle lobten ihn; Gutzkow z. B. schrieb einen Verriß. Heinrich Heine nannte die Lieder in einem Brief an Campe „spottschlecht".[28] Aber dennoch, sie waren in des Wortes voller Bedeutung in aller Munde. Georg Weerth etwa, der spätere Publizist und politisch-satirische Dichter, las sie im geheimen Zirkel in Köln.[29] Das staatliche Verbot erwies sich für die *Unpolitischen Lieder* als die beste Werbung. Die Auflagen verkauften sich blendend, dort, wo sie nicht konfisziert wurden. Und Studenten wie auch liberale Bürgersleute sangen Hoffmanns Spottverse in den Gasthäusern und Kneipen, den Treffpunkten der politischen Opposition. Hoffmann wurde geradezu herumgereicht, überall in Deutschland von den „Freisinnigen", d. h. den politisch Fortschrittlichen, eingeladen. Er gab Autogramme, wurde portraitiert, später auch photographiert; Studenten und gut situierte Bürger gaben ihm Ständchen, baten ihn, zu singen. Er tat es mit sonorer Stimme; überall wurde seine Vortragskunst gelobt, und die Wogen der Begeisterung für den mutigen Freiheits- und Vaterlandskämpfer, der seinen Beruf riskiert und verloren hatte, schlugen hoch. Der Wein belebte die Geister, mitunter mußte Hoffmann auf die Tische steigen, damit alle ihn hören und sehen konnten. Er genoß seinen Ruhm! Besonders gern sang er sein ganz neues Lied:

> Ich bin Professor gewesen,
> Nun bin ich abgesetzt.
> Einst konnt ich Collegia lesen,
> Was aber kann ich jetzt?

> Jetzt kann ich dichten und denken
> Bei voller Lehrfreiheit,
> Und keiner soll mich beschränken
> Von nun bis in Ewigkeit.

> Mich kümmert kein Staatsminister
> Und keine Majestät,
> Kein Bursch und kein Philister
> Noch Universität.

---

28 Brief vom 28.2.1842. In: Heinrich Heine: Briefe. Hrsg. von Friedrich Hirth. Bd. 1. Mainz 1949/50, S. 420.
29 Siegfried Unseld: Georg Weerth. Frankfurt/M. 1965, S. 9.

Es ist noch nichts verloren:
Professor oder nicht –
Der findet noch Augen und Ohren,
Wer Wahrheit schreibt und spricht.[30]

[Es folgen vier weitere Strophen]

In Breslau mußte der Entlassene nun 1843 seine Zelte abbrechen, sein geringes Mobiliar verschenkte er. Seine Bibliothek wurde in Kisten verpackt. 20 Jahre hatte er in der Stadt verbracht – wenn er nicht gerade auf Reisen war. An der Universität hatte er vom Sommersemester 1830 bis zum Wintersemester 1841/42 insgesamt 46 Vorlesungen vor summa 487 eingetragenen Hörern gehalten, nach Auskunft der Quästur.[31]

Er war jetzt ohne festen Wohnsitz und ohne Einkommen, wenn man von den Einkünften aus dem Verkauf der *Unpolitischen Lieder* absieht. Seinen literarischen und pekuniären Erfolg versuchte er mit *Liedern aus der Schweiz* und anderen schnell verfaßten politisch-satirischen Gedichten fortzusetzen. Aber er war geradezu darauf angewiesen, als Gast von wohlhabenden Freunden aufgenommen zu werden.

Sein Freundeskreis hatte sich stark gewandelt. Er gehörte nun zur Schar der „Freisinnigen". Unter den Dichtern zählte er zu seinen Freunden oder doch guten Bekannten Ferdinand Freiligrath, Karl Gutzkow, Heinrich Laube, Fritz Reuter (er lernte ihn in Mecklenburg kennen und drängte ihn, seine Hafterlebnisse aufzuschreiben, was dieser später unter dem Titel *Ut mine Festungstid* tat). Weiter stand sich Hoffmann gut mit Ludwig Uhland, Robert Prutz und Adolf Glaßbrenner, der geradezu Hoffmanns Schüler wurde.[32] Unter den Publizisten sind zu nennen: Robert Blum, den Hoffmann regelmäßig in Leipzig traf, Karl Marx, in dessen *Rheinischer Zeitung* 1842 sein Gedicht *An meinen König* gedruckt wurde, mit den Schlußworten: „Mein König, sprich das Wort: das Wort ist frei!" Hoffmann verkehrte auch mit dem Sozialisten bzw. Kommunisten Arnold Ruge, der ihm die Prinzipien des Kommunismus erläuterte,[33] für die sich Hoffmann allerdings nicht erwärmen konnte, so wie er mit Friedrich Engels in Streit geriet, als dieser ihm erklärte: „Wir sind keine Deutschen, wollen keine Deutschen sein, wir sind Franzosen, unsere Arbeiter verstehen alle französisch […]"[34]

---

30 Hoffmann von Fallersleben: Mein Leben (wie Anm. 2), Bd. 4, S. 32.
31 Universitätskasse.
32 Siehe Brief von Adolf Glaßbrenner an Hoffmann von Fallersleben im unveröffentlichten Nachlaß Hoffmanns von Fallersleben. Kraków, Bibliotheka Jagiellońska (Univ. Bibl.).
33 Ebenda, Brief von Arnold Ruge an Hoffmann von Fallersleben.
34 Hoffmann von Fallersleben: Mein Leben (wie Anm. 2), Bd. 5, S. 73.

Im relativ liberalen Großherzogtum Baden versuchte Hoffmann ansässig zu werden. Er war herzlich befreundet mit den Politikern Adam v. Itzstein, Friedrich Hecker und Prof. Karl Welcker. Itzstein und Welcker nahmen ihn wochenlang in ihren Häusern im Rheingau bzw. in Heidelberg auf. Sein Antrag auf Bürgerrecht allerdings wurde abgelehnt, stattdessen erfolgte Ausweisung. Da er auch das Königreich Hannover, sein Zuhause also, nicht betreten durfte und Stadtverbot in Berlin hatte, wurde es eng für ihn in Deutschland.

Seine Rettung kam aus Mecklenburg-Schwerin. Die liberal gesonnenen bürgerlichen Gutsbesitzer Dr. Samuel Schnelle und Rudolf Müller nahmen sich seiner an, nachdem er auch in mecklenburgischen Städten vergeblich um Bürgerrecht nachgesucht hatte. Da im stock-konservativen Mecklenburg die Gutsherren noch die Gerichtsbarkeit besaßen und das sog. „Heimatrecht" verleihen durften, erklärte Dr. Schnelle Hoffmann kurzerhand 1845 zu seinem Hintersassen. Das erregte großes Aufsehen in der deutschen Presse. Bis zum Revolutionsjahr 1848 hatte Hoffmann bei Schnelle auf Buchholz und vor allem bei Rudolf Müller auf dem benachbarten Holdorf ein sicheres Asyl. Deshalb konnte er auch ein ernsthaftes Angebot, nach Texas auszuwandern[35] (im Zuge der Massen-Emigration nach Amerika), ausschlagen.

Aus den *Sächsischen Vaterlandsblättern* Leipzig, vom 9. April 1842, erfahren wir, wie wir uns Hoffmann zu dieser Zeit vorzustellen haben:

> Hoffmanns Erscheinung schon hat etwas [...] Anziehendes. Eine hohe kräftige männlich stolze Gestalt, der man ansieht, daß sie nicht geschaffen ist, um Nacken und Rücken zu beugen, freundliche Züge, ein klares deutsches Auge, blondes Haar und Bart, Einfachheit und Treuherzigkeit im ganzen Wesen, einen Anklang des niederdeutschen Dialektes in der Sprache, und Offenheit und Biederherzigkeit in jedem Ausspruch, so tritt er uns entgegen, läßt den Gelehrten und Professor vergessen und dafür den gemütlichen, durchweg volkstümlichen Dichter in ungeschminkter Treue sehen, den rüstigen Vorkämpfer für Deutschlands Freiheit und Rechte.

In Robert Blums *Vorwärts! Volkstaschenbuch für 1843* klingt es ganz ähnlich. Blum schreibt außerdem:

> [...] Im trauten Freundeskreis ist Hoffmanns Unterhaltung äußerst lebendig, geistvoll, fesselnd und herzgewinnend; wo es ihm nicht behagt, da sieht er oft sehr mürrisch drein und offenbart nur durch ein [...] treffendes Witzwort sein Inneres.[36]

---

35 Von einem Grafen v. Castell erhielt er am 06.11.1846 eine Schenkungsurkunde über „300 acres" samt Blockhaus in Texas. Hoffmann von Fallersleben: Mein Leben, Bd. 4, S. 302.

36 Zitiert nach Hoffmann von Fallersleben: Mein Leben (wie Anm. 2), Bd. 4, S. 106.

15. Hoffmann und die deutschen Musiker

Ein ganz anderer Kreis, dessen Nähe Hoffmann suchte, waren die deutschen Musiker bzw. die deutschen Komponisten, die so viele seiner Liebes- und Naturgedichte vertonten und auch manche seiner liebenswerten Kinderlieder. Zu den namhaftesten gehören: Robert Schumann, Mendelssohn-Bartholdy, Brahms, Lortzing, Marschner, Silcher, später in den Weimarer Jahren Franz Liszt. Sein *Lied der Deutschen*, das er 1841 auf Helgoland schrieb, als er dort zur Kur weilte, erhielt zwar Haydns Melodie, ist aber außerdem von vielen anderen Komponisten, z. B. von Conradin Kreutzer, vertont worden.

16. In der Revolutionszeit

Im März 1848, als ausgehend von der Revolution in Frankreich auch in Deutschland die politische Unruhe spürbar zugenommen hatte, verfaßte Hoffmann zusammen mit Rudolf Müller die *20 Forderungen des mecklenburgischen Volkes.* Sie postulieren u. a. das allgemeine Wahlrecht (für Männer ab dem 25. Jahr) und ebenso allgemeine Wählbarkeit, Gleichheit vor dem Gesetz, Trennung von Rechtspflege und Verwaltung, „unbedingte Preßfreiheit", unbeschränktes Versammlungsrecht, „Verminderung des stehenden Heeres bis mindestens auf die Hälfte", „Vereidigung aller Staatsbeamten und des Heeres auf die Verfassung", „Gründliche Verbesserung aller Schulen". Diese wahrlich nicht zaghaften Forderungen, datiert vom 21. März 1848, brachte Hoffmann eigenhändig nach Hamburg, ließ sie dort drucken und erfuhr dort auch vom Ausbruch der Barrikadenkämpfe in Berlin. Müller und Hoffmann verschickten ihre 20 Forderungen an einen großen Kreis von Freunden und Bekannten. Im Archiv der Hoffmann-von-Fallersleben-Gesellschaft hat sich ein solcher Originalbrief erhalten.

Bei einer Volksversammlung in Güstrow, an der laut Hoffmann 3000 Menschen teilnahmen, wurden die Forderungen angenommen. Mit Sicherheit stellen sie Hoffmanns bedeutendste politische Aktivität in dieser turbulenten Zeit dar. Er eilte nach Berlin, um dort aufgrund eines Amnestie-Erlasses vom 20.3.1848 seine Wiedereinsetzung als Professor zu erwirken. Er besichtigte die Spuren der Berliner Straßenkämpfe, erlebte in der preußischen Nationalversammlung eine Sitzung, in der das Gottesgnadentum abgeschafft wurde, und war auch zugegen, als unter Prutz' Leitung die Wahlkandidaten für das Frankfurter Paulskirchen-Parlament aufgestellt wurden. Man drängte Hoffmann zur Kandidatur, aber er reagierte nicht, während seine Freunde Jacob Grimm, Ludwig Uhland, Adam v. Itzstein,

Robert Blum, Karl Welcker und mancher andere sich als Abgeordnete dem politischen Kampf für Freiheit und deutsche Einheit stellten.

In seinem Heimat-Flecken Fallersleben entzog sich Hoffmann allerdings nicht völlig dem Drängen der Mitbürger: er ließ sich dort zum Vorsitzenden eines gerade gegründeten Politischen Clubs wählen, in dessen Auftrag er ein Protestschreiben an das hannoversche Ministerium verfaßte. Das war im Juli 1848.

In Berlin erwirkte Hoffmann statt der Wiedereinstellung lediglich ein Wartegeld von 375 Talern jährlich; Bedingung: er mußte einen Wohnsitz innerhalb Preußens nehmen. Hoffmann gründete nun endlich einen Hausstand: 1849 heiratete er seine 18jährige Nichte Ida, Tochter seiner Schwester Auguste und seines Schwagers Zum Berge, der Pastor in Bothfeld bei Hannover war. Hoffmann hatte jetzt ein Alter von 51 Jahren. Vorausgegangen war zwei Jahre zuvor in Heidelberg eine heftige Liebe zu der Professoren-Tochter Johanna Kapp, die aber ihrerseits unglücklich in den verheirateten Philosophen Ludwig Feuerbach verliebt war und schon deshalb Hoffmanns Werben sanft zurückwies, wie sie auch Gottfried Keller auf Distanz hielt,[37] der damals in Heidelberg lebte. Hoffmann hatte manche Ghasele, seine *Johanna-Lieder,* an Frl. Kapp gerichtet. Und sie hatte in Ghaselen geantwortet, wenn auch abschlägig. Ein Fall sublimierter Gefühlsäußerung im Bildungsbürgertum des 19. Jahrhunderts!

Die Vermählung mit Ida zum Berge fand nicht in Bothfeld statt, weil das hannoversche Kirchenrecht eine Ehe zwischen so nah Verwandten untersagte; die Trauung wurde statt dessen im Oktober 1849 in der Martini-Kirche in Braunschweig vollzogen. Mit seiner Ida – sie war angehende Klavierlehrerin und damit eine ideale Wahl für den Lieder-Dichter Hoffmann – zog er nach Bingerbrück am Rhein, in einen westlichen Zipfel Preußens, später wechselten sie nach Neuwied bei Koblenz über.

Bei der Wohnungssuche war Hoffmann mitten in den badischen Aufstand vom Sommer 1849 geraten. Er sah die Freischärler mit ihrer veralteten Bewaffnung, Schleppsäbel und ausgemusterte Gewehre. Hoffmanns Kommentar ist bezeichnend:

> Es wurde ein schreckliches Trauerspiel vorbereitet. Ich mochte nicht als müßiger Zuschauer warten, bis es in Szene gesetzt war. Und wie hätte ich mich beteiligen sollen? Meine Waffe war das Lied, und diese Waffe galt bei dem großen Haufen und seinen Führern, die nur mit roher Gewalt noch etwas auszurichten hofften, gar nichts mehr.[38]

---

37 Herbert Derwein: Hoffmann von Fallersleben und Johanna Kapp – Begegnung in Heidelberg. Jahresgabe der Hoffmann-von-Fallersleben-Gesellschaft. Fallersleben 1956.

38 Hoffmann von Fallersleben: Mein Leben (wie Anm. 2), Bd. 5, S. 77.

Bekanntlich endete die deutsche Revolution von 1848/49 mit dem vollständigen Sieg der Reaktion, d. h. der Fürsten und ihres Militärs. Itzstein z. B.
floh in die Schweiz, und Hoffmann fürchtete zeitweise, doch noch nach
Amerika, wie so manch andere, fliehen zu müssen. In Bingerbrück führte
er mit seiner jungen Ehefrau ein sehr einfaches, zurückgezogenes Leben.
Seine Bibliothek verkaufte er zu großen Teilen – aus Geldmangel – an die
Königliche Bibliothek Berlin – für 1000 Taler, mehr war nicht zu bekom-
men (vgl. den Beitrag von E. Poettgens in diesem Band). Seine germanisti-
sche Tätigkeit ließ er nicht ruhen; genannt seien hier nur weitere Bände von
Horae Belgicae; In dulci jubilo (lateinisch-deutsche Mischpoesie) und der
Theophilus (ein niederdeutsches geistliches Mysterienspiel). Um von Bingerbrück und später von Neuwied aus an die nötigen Handschriften bzw.
Frühdrucke zu gelangen, mußte Hoffmann weit und mit erheblichem
Kostenaufwand zu den Bibliotheken reisen. Seine polizeiliche Überwa-
chung ließ nicht nach; aus Trier wurde er ausgewiesen, die Polizei-Direk-
tion von Hannover erließ einen Steckbrief gegen ihn, sein Paß wurde ihm
abgenommen.

17. Weimar und Corvey

Rettung nahte aus Weimar. Der Großherzog von Sachsen-Weimar hegte
den ehrgeizigen Plan, seine Residenzstadt wieder, wie zu Goethes und
Schillers Zeiten, zu einem geistig-literarischen Mittelpunkt Deutschlands
zu machen. Bettine v. Arnims Bemühungen, Hoffmann dort eine Anstellung als Bibliothekar zu verschaffen, schlugen zwar fehl; als aber Franz
Liszt, seit 1848 (bis 1859)[39] in Weimar als Hofkapellmeister tätig, sich für
Hoffmann verwandte, war der Großherzog bereit, ihm und dem jungen
Bonner Germanisten Oskar Schade die Herausgabe der *Weimarischen Jahrbücher für deutsche Sprache, Literatur und Kunst* anzuvertrauen. 1000 Taler jährlich stellte er für diesen Zweck zur Verfügung.

Hoffmann hatte also 1854 eine neue Wirkungsstätte in Weimar gefunden. Sein Schutzengel in Weimar war und blieb Franz Liszt, der sich großen Einflusses auf Großherzog Karl Alexander erfreute. Das Ehepaar Hoffmann ging auf der Altenburg ein und aus. In dieser großen Villa am Rande
Weimars hielt Liszt auf seine Weise Hof, zusammen mit seiner Lebensge-
fährtin, der Fürstin Sayn-Wittgenstein. Ida befreundete sich mit deren
Tochter Maria Prinzessin Sayn-Wittgenstein, spätere Prinzessin Hohenlohe-Schillingsfürst. Franz Liszt stand Pate bei der Taufe von Idas und

---

[39] Neue Deutsche Biographie. Bd. 14, Berlin 1985, S. 702.

Hoffmanns Sohn Franz, der 1855 in Weimar geboren wurde, später ein bedeutender Landschaftsmaler werden sollte[40] und das einzige überlebende Kind von Ida und Hoffmann blieb.

Von Weimar aus brach Hoffmann mehrmals zu Reisen nach Belgien auf, um dort für Neuauflagen und neue Bände seiner *Horae Belgicae* zu forschen. Während ihm in Weimar politische Äußerungen strikt untersagt waren, interessierte er sich in Belgien sehr für die sog. Flämische Bewegung und ergriff auch vehement Partei für die flämischen Belgier und ihr Volkstum.

Die *Weimarischen Jahrbücher* standen unter keinem guten Stern. Es erschienen zwar einige Jahrgänge, aber sie schleppten sich dahin, fanden so gut wie keine Abnehmer, zumal der Großherzog den Briefwechsel zwischen Goethe und dessen Fürst Karl August nur zugesagt, aber schließlich doch nicht zum Abdruck herausgerückt hatte. Zwischen den beiden Herausgebern Hoffmann und Schade kam es bald zu Spannungen, ja sogar zu üblen Anwürfen.[41] Schließlich verlor Karl Alexander jedes Interesse an der Fortführung und Finanzierung der Zeitschrift. Und Franz Liszt hatte die undankbare Aufgabe, dies seinem Freund Hoffmann mitzuteilen. Hoffmann bemühte sich daraufhin erneut, aber wiederum vergeblich um Wiedereinstellung als Professor in Preußen.

Da nahte nochmals ein Rettungsengel, diesmal in Gestalt von Idas Freundin, der Prinzessin Marie. Ihr Ehemann Hohenlohe-Schillingsfürst war verwandt mit dem Herzog von Ratibor und Corvey; und der konnte in seinem Besitztum, dem ehrwürdigen Kloster Corvey an der Weser, einen tüchtigen Bibliothekar gebrauchen.

1860 übersiedelte Hoffmann nach Corvey, wo er sich der Neuordnung der fürstlichen Schloßbibliothek intensiv widmete, seine Berufung zum Bibliothekar also keineswegs als eine Sinekure verstand (vgl. den Aufsatz von G. Tiggesbäumker in diesem Band). Die Reichsgründung 1871 erlebt er – wie mancher in die Jahre gekommene Vormärzautor – zunächst als die Erfüllung politischer Jugendträume, äußert sich in den folgenden Gründerjahren aber bald als ein von der Entwicklung Enttäuschter. Am 19. Januar 1874 stirbt Hoffmann in Corvey. Ein Dichter- und Gelehrten-Leben, das noch im Nachhall der Französischen Revolution begonnen hatte, endet im zweiten deutschen Kaiserreich.

---

[40] Das Hoffmann-von-Fallersleben-Museum in Wolfsburg-Fallersleben besitzt rund 450 seiner Ölbilder. Ein Teil davon ist dort in einer Dauerausstellung zu sehen.

[41] Irina Kaminiarz: August Heinrich Hoffmann von Fallersleben in Weimar 1854–1860. Tradition und Gegenwart. Weimar 1988 (Weimarer Schriften 30), S. 14 f.

Günter Tiggesbäumker

Hoffmann von Fallersleben als Bibliothekar in Corvey

Im Jahre 1834 erbte der noch minderjährige Erbprinz Viktor von Hohenlohe-Waldenburg-Schillingsfürst von seinem Onkel Viktor Amadeus, dem
letzten Landgrafen von Hessen-Rotenburg, das Mediatherzogtum Ratibor
und das Mediatfürstentum Corvey. Zu diesem Erbe gehörte auch die Fürstliche Bibliothek Corvey. Diese Büchersammlung hatte nichts mit den
beiden Bibliotheken des ehemaligen Benediktinerklosters zu tun, die im
Dreißigjährigen Krieg bzw. nach der Säkularisation weitgehend verloren
gegangen waren. Die Fürstliche Bibliothek Corvey – als dritte Bibliothek
an diesem historischen Ort – entstand vielmehr außerhalb von Corvey als
eine rein weltliche Büchersammlung. Ihre Anfänge sind in der Haus- und
Hofbibliothek im Schloß der Landgrafen von Hessen-Rotenburg in Rotenburg an der Fulda zu suchen. Hier hatten Landgraf Viktor Amadeus und
seine Vorfahren in vier Generationen eine bereits beachtliche Büchersammlung von rund 36.000 Bänden zusammengetragen. Den Schwerpunkt bilden Romane, Reisebeschreibungen, Biographien, Memoiren sowie Dramen
und Lyrik des ausgehenden 18. und frühen 19. Jahrhunderts.

Corvey war nach dem Frieden von Lunéville in die Entschädigungsmas-
se für die linksrheinisch enteigneten Fürsten gekommen, zu denen auch
Landgraf Viktor Amadeus gehörte. Im Sommer 1820 übergab der Beauf-
tragte der Preußischen Regierung das Corveyer Schloß mit seinem Grund-
besitz an den Beauftragten des Landgrafen. Einige Jahre später veranlaßte
Landgraf Viktor Amadeus, daß seine Bibliothek von Rotenburg nach Corvey geschafft wurde, obwohl die Residenz bis zu seinem Tode in Rotenburg an der Fulda blieb. Der Transport der Bücher geschah auf dem Land-
wege zwischen 1825 und 1833. Grund für die Überführung der Bibliothek
war die schwierige Erbsituation: da der Landgraf keine Nachkommen hatte,
fielen nach seinem Tode die hessischen Besitzungen gemäß den Bestimmungen der hessischen Hausverträge an die Hauptlinie, das Kurhaus Hessen-
Kassel, zurück. Die Besitzungen außerhalb von Hessen und damit auch die
nach dorthin transferierte Bibliothek waren hiervon nicht betroffen. Als

Erben des vom Landgrafen neu gestifteten Ratibor- und Corvey'schen Familienfideicommiß setzte Viktor Amadeus bereits 1825 seinen Neffen, den Prinzen Viktor von Hohenlohe-Waldenburg-Schillingsfürst ein. Erbprinz Viktor verzichtete zugunsten seines Bruders auf den Schillingsfürster Fürstenthron und begründete 1840 als erster Herzog von Ratibor und Fürst von Corvey das heutige Fürstliche Haus Ratibor und Corvey, in dessen Besitz sich Schloß Corvey und seine Bibliothek bis heute befinden.

Die 1840 vom jungen Herzog vorgefundene Aufstellung der Bücher nach primär sprachlichen und sekundär sachlichen Kriterien wurde nicht mehr als zeitgemäß empfunden und sollte durch eine moderne Systematik abgelöst werden. Hierfür wurde der aus Rotenburg übernommene Kammerrat Carl Dedié vom Herzog beauftragt, eine Revision und Reorganisation der Bibliothek vorzunehmen. Bis zum Jahre 1850 arbeitete Dedié an diesem Unternehmen, das die völlige Umstellung der Bücher sowie die Erstellung eines neuen systematischen Katalogs in 20 Foliobände umfaßte. Diese Aufstellungssystematik, die noch heute gilt, orientierte sich an den Gepflogenheiten deutscher Universitäten, die ihre Bibliotheken nach der damals gültigen Wissenschaftssystematik ordneten.

In der zweiten Hälfte des vorigen Jahrhunderts zog die Corveyer Bibliothek die Aufmerksamkeit der Öffentlichkeit auf sich, als nämlich August Heinrich Hoffmann von Fallersleben als Bibliothekar des Herzogs von Ratibor in Corvey tätig war. Nach Hoffmanns Tod im Januar 1874 wurde die Bibliothek bis zum Tode Herzog Viktors am 31. Januar 1893 im Sinne Hoffmanns zunächst von den Corveyer Kammerräten Hesse (bis 1891) und Hanemann (bis 1892) und dann vom Kammerrat Schmidt, dem Freund Hoffmanns, von Rauden aus verwaltet. Herzog Viktor I. konnte zu seinen Lebzeiten den Bestand der von seinem Onkel ererbten Bibliothek mehr als verdoppeln, so daß uns heute der beachtliche Buchbestand von fast 74.000 Bänden überliefert ist.

Die Fürstliche Bibliothek zu Corvey hat seit dieser Zeit keine nennenswerte Erweiterung mehr erfahren; sie ist ohne größere Verluste in einem weitgehend sehr guten Zustand erhalten und somit ein Denkmal europäischer Buchkultur vornehmlich des 19. Jahrhunderts, ein historisches Dokument von höchstem Rang. Die herausragende Bedeutung der Corveyer Sammlung liegt nicht nur in dem reichen Bestand an Unterhaltungsliteratur, sondern auch in der einzigartigen Sammlung an Pracht- und Ansichtenwerken. Viele dieser Gattungen kamen zum einen wegen ihres oft sehr hohen Anschaffungspreises oder zum andern wegen ihres geringen Ansehens in vielen Fällen weder in Universitäts- noch in Adels- oder Bürgerbibliotheken als Sammelobjekte in Frage. So ist eine nicht geringe Anzahl an Werken aus dem Corveyer Buchbestand derzeit in keiner durch Kataloge erschlossenen Bibliothek nachweisbar.

Von 1985 bis 1998 wurde die Corveyer Bibliothek von einer Arbeitsgruppe an der Universität-Gesamthochschule Paderborn erschlossen. Der erste Schritt war die Herstellung eines alphabetischen Katalogs nach heutigen Kriterien der Titelaufnahme nach dem Regelwerk RAK-WB (Regeln für die alphabetische Katalogisierung in wissenschaftlichen Bibliotheken). Dies geschah in Zusammenarbeit zwischen der Universitätsbibliothek, den am Projekt beteiligten Wissenschaftlern und dem Hochschulbibliothekszentrum in Köln. Der Katalog der Corveyer Bibliothek ist nunmehr online über den zentralen Bibliotheksverbund NRW bzw. über Internet zu benutzen. Für die Nutzung der Bestände, die in Corvey selbst nicht möglich ist, wurde das folgende Konzept entwickelt: Alle seltenen und für die Literaturversorgung im Lande Nordrhein-Westfalen, in Deutschland oder weltweit wichtigen Bücher werden in Zusammenarbeit mit einem Verlag verfilmt. Diese Maßnahme sichert nicht nur das vom Verfall bedrohte Kulturgut Buch, sondern sie ermöglicht gleichzeitig auch eine problemlose Nutzung der Bestände in Form von Mikrofiches oder in Zukunft auch als digitale Bibliothek online. In einer Reihe von wissenschaftlichen Projekten hat die Auswertung der Bücherschätze in Monographien, Bibliographien und Aufsätzen begonnen und in bisher drei internationalen Symposien wurden die Ergebnisse diskutiert.

Der Germanistikprofessor August Heinrich Hoffmann von Fallersleben war 1842 wegen seiner *Unpolitischen Lieder* (Hamburg 1840/41) pensionslos aus dem preußischen Staatsdienst entlassen worden; zuletzt war er Professor in Breslau und Kustos der dortigen Universitätsbibliothek. 1848 wurde er durch den Amnestieerlaß des preußischen Königs rehabilitiert, wodurch er zwar keine neue Anstellung, aber ein „Wartegeld" in Höhe von 375 Talern erhielt. Am 4. März 1854 traf Hoffmann nach zwölf Jahren unruhigen Wanderlebens und finanzieller Nöte in Weimar ein, wo er sich für sechs Jahre niederließ. Einer seiner ersten Besuche galt seinem Freund Franz Liszt, der neben zahlreichen anderen Komponisten und Musikern zum kulturellen Zirkel der Fürstin Sayn-Wittgenstein in der Altenburg gehörte. Die Tochter der Fürstin, Prinzessin Marie zu Sayn-Wittgenstein – ebenfalls im kulturellen Zirkel ihrer Mutter aktiv – heiratete 1859 Prinz Constantin von Hohenlohe-Schillingsfürst, den Bruder des ersten Herzogs von Ratibor und Fürsten von Corvey, Viktor I. Prinz Constantin war Intendant der Wiener Hofoper und ebenfalls mit Franz Liszt befreundet, so daß es zu einer fruchtbaren Konstellation für Hoffmann kam. Mit dieser Eheschließung endete zwar die große Zeit der Altenburg und damit eine Phase der Geborgenheit und Anerkennung für Hoffmann von Fallersleben,

doch eine neue Zukunft sollte für ihn beginnen. „Aus liebevoller Antheil-
nahme" empfahl die Prinzessin Hoffmann ihrem Schwager Viktor, „und
diese Empfehlung war von bestem Erfolge".[1]

Am 11. Februar 1860 besuchte Hoffmann von Fallersleben Herzog
Viktor in Berlin, um mit ihm über eine Anstellung als Bibliothekar beim
Herzog von Ratibor in Corvey zu verhandeln. Hoffmann reiste daraufhin
nach Corvey, um die dortige Bibliothek in Augenschein zu nehmen, verfaßte einen Bericht und kehrte am 2. März nach Berlin zurück. Der Herzog und Hoffmann wurden sich schnell einig, so daß man den Anstellungsvertrag am 5. März 1860 unterschreiben konnte, mit einem Jahresgehalt von
300 Talern, freie Wohnung im Schloß und 10 Klafter Brennholz, so daß
Hoffmann – er erhielt außerdem ein sog. „Wartegeld" vom preußischen
Staat – ein finanziell gesichertes Leben führen konnte. Herzog Viktor half
mit der Einstellung dem damals 62jährigen aus einer prekären politischen
und persönlichen Notlage. Für den Herzog selbst war es eine politisch
mutige und menschlich soziale Tat, denn die Meinung der „mitfürstlichen"
Umwelt stand keineswegs auf der Seite Hoffmanns. So äußerte sich König
August von Hannover: „Das ist gar kein Zweifel, daß er ist ein Erzböse-
wicht."

Als Hoffmann von Fallersleben seine neue Stelle als Bibliothekar beim
Herzog von Ratibor in Corvey antrat, war er in einem Alter, in dem heutige Professoren bereits ihren Ruhestand oder ihre Emeritierung im Auge
haben: nämlich 62 Jahre. Er übersiedelte am 25. April 1860 nach Corvey,
der Dienstantritt war der 1. Mai. Seine Frau Ida und Sohn Franz kamen
am 11. Mai nach. Das anfängliche Glück des alten Mannes und seiner jungen Frau endete jedoch schon am 27. Oktober desselben Jahres auf jähe
Weise. Hoffmann schreibt an seinen Dienstherrn in Rauden:

> Meine Frau ist den Folgen des Wochenbettes erlegen: sie verschied letzte Nacht. So
> ist denn die Herzblume aus meinem Corveyer Hoffnungsbaume abgepflückt, und
> es sind nur noch Knospen daran, die der gütige Himmel entfalten möge. Ich bleibe,
> und muß bleiben, um hier, wo mir Ew. Durchlaucht Liebe und Güte eine Freistätte
> gewährt haben, eine Ruhestätte zu finden, damit ich mit ihr im Tode vereint werde,
> die mit mir so innig in Freud' und Leid im Leben vereint war. [...] Unser Leid ist
> gränzenlos, aber Gott wird uns manchen Trost gewähren, und ein großer Trost ist
> schon, daß Ew. Durchlaucht uns nicht vergessen und daß auch mein Wahlspruch
> der Ihrige sein wird: Heut und Immer![2]

---

1   August Heinrich Hoffmann von Fallersleben: Mein Leben. Aufzeichnungen und
    Erinnerungen. 6 Bde. Hannover 1868. Bd. 6, S. 299.
2   [Heinrich Gerstenberg]: Hoffmann von Fallersleben in Schloß Corvey. In: Hoff-
    mann von Fallersleben: Gesammelte Werke, Bd. 8. Berlin 1893, S. 179. Auch in: An
    meine Freunde. Briefe von Hoffmann von Fallersleben. Hrsg. von Heinrich Ger-
    stenberg. Berlin 1903.

Die von Hoffmann in Corvey vorgefundene Bibliothek umfaßte – wie erwähnt – etwa 36.000 Bände. Seine im Anstellungsvertrag vom 5. März 1860 festgelegten Aufgaben bestanden in der „Ordnung und Beaufsichtigung der Bibliothek nach einem von dem Herzog zu genehmigenden Plan" und in der „Anschaffung von Büchern entweder wie bisher vom Herzog selbst oder mit seiner Genehmigung von dem Professor Hoffmann." Zusätzlich wurde „der Bibliotheksdiener Stroh [...] dem Professor Hoffmann zur Dienstleistung und Hülfe in allen die Bibliothek betreffenden Arbeiten überwiesen." Hoffmann von Fallersleben begab sich mit großem Engagement und auch mit viel Fleiß an seine Arbeit als Bibliothekar und vor allem an die Vermehrung der Fürstlichen Bibliothek. Er versuchte mit Nachdruck, den seiner Meinung nach schlechten Ruf der Bibliothek als einer Sammlung von Unterhaltungsliteratur aufzubessern, indem er wertvolle Einzelwerke, Prachtbände und wissenschaftliche Literatur anschaffte.

> Mein unablässiges Streben geht dahin, die Hauptfächer unserer Bibliothek zu einiger Vollständigkeit zu bringen und dann nebenbei solche kostbare, seltene Werke der Bibliothek zu erwerben, womit man Staat machen kann, die sich in keiner Bibliothek Deutschlands wiederfinden. [...] Jeder, der unsere Bibliothek einsieht, soll sagen: so etwas hab' ich mein Lebtag nicht gesehen! Niemand soll künftig erzählen, daß er nur Romane erblickt hat und zwar ½ Saal voll deutscher, 2 voll englischer und 1 ¼ französischer; und wenn er sie auch erblickt hat, so soll er über dem Übrigen Alles vergessen. – Ich wünsche, daß Sie mir in diesem edelen Bestreben helfen, damit nicht am jüngsten Tag die dicke Luise Mühlbach oder die noch dickere Fanny Lewald meinen glänzenden Bibliothekar-Namen verdunkelt.[3]

Sein Interesse galt ausschließlich den Prachtwerken. Im Jahre 1867 berichtete Hoffmann über besonders wertvolle Bilderwerke: „Wir umfassen die ganze Welt, alle Zeiten, alle Völker, Himmel und Erde und Alles was drin, drauf, dran und drum." Und stolz wies er in dem gleichen Schreiben darauf hin, daß die viel gepriesene Weltausstellung in Paris den Reichtum an Bildbänden nicht überbieten könne.

> Mein fortwährendes Streben ist darauf gerichtet, daß die fürstl. Corveysche Bibliothek durch ihre Prachtwerke u. eine gewisse Vollständigkeit an Hauptwerken in denjenigen Fächern, worauf sie seit ihrer Gründung besonders angewiesen ist,

---

3   Die in diesem Beitrag nicht mit Herkunftsnachweis versehenen Zitate sind den Beständen des Fürstlichen Archivs Corvey entnommen, und zwar (a) dem Briefwechsel Hoffmanns von Fallersleben mit Viktor I., Herzog von Ratibor und Fürst von Corvey, Rauden, zwischen 1860 und 1874, (b) dem Briefwechsel Hoffmanns mit dem fürstl. Kammerrat Schmidt in eben diesem Zeitraum. Die genannten Bestände sind im Archiv chronologisch geordnet. Hier: Brief Hoffmanns am Kammerrat Schmidt vom 9.8.1863. [Leider war es dem Verf. aus Zeitgründen nicht mehr möglich, jedes Zitat im einzelnen nachzuweisen. Trotzdem glauben wir, den informativen Beitrag in dieser Form hier drucken zu dürfen. Die Herausgeber.]

unter den Privatbibliotheken Deutschlands den ersten Rang einnimmt, u. daß der
Name Ew. Durchlaucht in ihr rühmlichst fortlebt u. auch bei Corvey des meinigen
mitgedacht wird.[4]

Die für die Bibliothek bewilligten finanziellen Mittel zwangen Hoffmann
oft zu großer Sparsamkeit. Trotzdem versuchte er immer wieder „[…] mit
wenigem Gelde Viel und Gutes, Etwas von bleibendem Werthe […]" zu
erwerben, Schenkungen, selbst aus eigenem Besitz, der Sammlung hinzu-
zufügen oder die vorhandenen Doppelexemplare gewinnbringend abzusto-
ßen, nämlich durch die Einleitung eines Dubletten-Austausches mit verschiedenen Bibliotheken.

Herzog Viktor hatte Hoffmann außerdem beauftragt, möglichst viele
Bücher zur Geschichte Corveys zu suchen und anzuschaffen. So fuhr er
zu seinem alten Freund Paul Wigand nach Wetzlar, um dessen Sammlung
von Corbeiensien für die Bibliothek zu erwerben.

> Corvey hat mich aus Corvey hinausgetrieben. […] Im Sommer [1863] reiste ich nach
> Wetzlar, um von Paul Wigand, dem neuesten Geschichtsschreiber Corveys, seine
> auf Corvey bezüglichen Sammlungen für uns anzukaufen und bin sehr glücklich
> gewesen. Wigand kannte ich aus früherer Zeit, ich hatte als Student ihn in Höxter
> besucht, seitdem aber nicht wieder gesehen. Er war sehr freudig überrascht durch
> meinen Besuch. Er erzählte mir das Schicksal des Corvey'schen Archivs und der
> Corvey'schen Stiftsbibliothek. Dann fragte ich ihn, was er mit seinen Sammlungen
> beabsichtige, er solle sie uns überlassen. Er meinte, er könne sich davon noch nicht
> trennen und wich dann allem weiteren Verhandeln aus. Erst am andern Morgen er-
> reichte ich meinen Zweck: für 60 Rthlr. kaufte ich mehrere alte Handschriften und
> Bücher, packte sie sofort ein und nahm sie mit.

Hoffmann hatte Wigand bereits 1820 auf Vermittlung der Brüder von Hax-
thausen in Höxter kennengelernt; hierzu ein kurzes Zitat aus seinen Lebenserinnerungen:

> Von Driburg machte ich einen Abstecher nach Bökendorf zu August von Haxthau-
> sen. Ich fand dort die freundlichste Aufnahme und einige hübsche westfälische
> Volkslieder. In Höxter kehrte ich bei Paul Wigand ein. Wir sprachen viel über einen
> geschichtlichen Verein Westfalens, den er mit August von Haxthausen ins Leben
> rufen müsse. Später theilte ich ihm meinen Entwurf mit.[5]

Bis 1864 konnte Hoffmann schließlich Wigands gesamten Nachlaß in drei
Lieferungen für die Corveyer Bibliothek erwerben. Die Handschriften und
Bücher aus dem alten Kloster sind uns heute eine wichtige Quelle zur
Geschichte der Reichsabtei sowie des Klosterarchivs und der Klosterbi-
bliothek.

---

4 An den Herzog, 27.1.1865. – Auch bei Gerstenberg, Hoffmann von Fallersleben in
   Corvey (wie Anm. 2), S. 191.
5 Hoffmann von Fallersleben: Mein Leben (wie Anm. 1). Bd. 1, S. 221.

Neben der „Alltagsarbeit" der Buchakzession war Hoffmann haupt-sächlich mit der Erstellung eines alphabetischen Kataloges beschäftigt. Er erarbeitete in nur sieben Jahren einen handschriftlichen Zettelkatalog in alphabetischer Reihenfolge der Autoren, ein für die damalige Zeit moder-nes Arbeitsinstrument nach dem Vorbild der königlichen Bibliotheken in Berlin und Breslau. 1867 meldete Hoffmann dem Herzog: „Alphabetischer Katalog vollendet: 22 Kapselbände in 4°: 2 deutsche Litteratur, 2 kleine Schriften, 1 Biographie, 17 übrige Fächer." Außerdem führte er den vom Kammerrat Carl Dedié angelegten systematischen Katalog fort, ordnete jedoch einzelne Teilbereiche neu. Die von Hoffmann von Fallersleben während seiner Corveyer Jahre so geschätzten und gepflegten „Bilder- und Prachtwerke" sind von ihm ebenfalls in einem eigenen Katalog zusammen-gefaßt worden. Für die vielen Bücher in den nahezu vollständig abschließ-baren Edelholzschränken hatte Hoffmann ein genau ausgeklügeltes Rei-nigungs- und Belüftungssystem entwickelt; die Pflege der Bücher schien jedoch gefährdet, wimmelte es doch im Schloß nur so von Mäusen. Hier-zu schrieb er:

> Als ich eben mit meinem gestrigen Bibliotheksanliegen zu Ende war, kam ihr Hir-schen- und Fasanenjagdbrief. Da nun aber der meinige ein Bibliotheksbrief ist, und sein muß – er kostet die Bibliothek 3 Sgr.! – so kann ich nur bibliothecarisch fort-fahren. Auch ich halte täglich meine Jagd in den weiten Räumen der Fürstl. Biblio-thek. In allen Sälen sind Fallen aufgestellt, die alle Fallen der Welt übertreffen, sie sind einzig in ihrer Art wie die Zündnadelgewehre und sind in allen Fällen unfehl-bar. Es wurden den 25. November 4 Mäuse gefangen, den 26. November 2, den 28. und 29. November und 1. December je 1 und den 5. December 2, also im Ganzen 11 Stück. Auf diese superbe Jagd folgte aber kein superbes Dinner, sondern als Fang-geld ein leerer Bibliotheks-Magen.

Die praktischen Alltagstätigkeiten in der Bibliothek wurden mit Hilfe des Bibliotheksdieners Stroh, der auch Buchbinderarbeiten durchführte, ver-richtet, und im Corveyer Archiv ist im einzelnen „extrahirt", was hierfür aus dem „Sachmittel-Etat" angeschafft wurde. Das reicht von fünf neuen Bücherschränken über Bibliothekssiegel und -stempel mit dazugehörigen Stempelpolstern, über ein „Dintenfaß und eine Ofenschaufel", Haarbesen, ein Thermometer bis hin zu „6 Stück Porzellan Spucknäpfen von Fürsten-berg". Vor allem aber die zahllosen Mausefallen spielten eine große Rolle. Hoffmann wurde der Mäuseplage nicht Herr und führte einen verzweifel-ten Briefwechsel mit der Verwaltung in Ratibor, um die Lieferung eines grö-ßeren Kontingents an Mausefallen zu veranlassen.

Wenn es darum ging, etwas von der herzoglichen Verwaltung für seine Bibliothek zu erwirken, so mußte sich Hoffmann häufig in Geduld fassen. Dies betraf auch die Buchbinderarbeiten. In einem der Jahresberichte be-schreibt Hoffmann die schönen und prachtvollen Bucheinbände der vergangenen Jahrzehnte vor seiner Amtszeit, er klassifiziert sie auch fachmännisch nach Stilepochen, Materialien und Ausschmückungen. Im gleichen Atemzuge berichtet er ganz nüchtern über den dem Alkohol verfallenen Buchbinder Stroh in Corvey, dessen Einbände den Vergleich mit denen der ererbten Bücher, jenen in Leder gebundenen Kostbarkeiten, nicht standhalten konnten. Er fertigte einfache Gebrauchseinbände in schlichtem Kaliko mit schwarzer Rückenbeschriftung. Eine Verarbeitung, die auch dem Herzog mißfiel. Aber hier lag des Pudels Kern. Der Herzog beschwerte sich bei Hoffmann zwar über die allzu kargen Einbände, war andererseits aber nicht bereit, die erforderlichen Materialien zur Verfügung zu stellen. Da Stroh ohnehin schon zu „Preisen unter Wert" binde, könne er nicht auch noch Gold und Prägewerkzeuge anschaffen. Aber eines konnte Stroh sicherlich: dichten. Hier ein Exempel seiner Dichtkunst, leider das einzig überlieferte, ein Gedicht des Bibliotheksdieners Stroh zur silbernen Hochzeit des Herzogs von Ratibor am 19. April 1870; inwieweit Hoffmann die Feder geführt hat, sei dahingestellt:

> Ist auch mein Name nicht zu finden,
> Das soll mich nicht genier'n.
> Versteh' ich doch ein Buch zu binden
> Und auch zu gratulier'n:
> Ist auch der Einband nur ein Rahmen,
> Genug, auch er was kann:
> Man gratuliert, und allen Namen
> Geht rühmlich man voran.
> So wünsch' ich denn zum Jubelfeste,
> Zwar ohne Namen nur,
> Das allerschönst' und Allerbeste
> Mit meiner Ligatur.
>
> Franz Stroh, Corvey'scher Buchbinder

Hoffmann genoß die Weserlandschaft sehr. Er liebte diese Idylle und war stolz darauf, dort ansässig zu sein. Bekam er Besuch, so zeigte er gern, was in der Umgebung zu sehen war. Meist litt er allerdings an der Einsamkeit, die ihn umgab, so daß er für jede Abwechslung, jeden Besuch dankbar war.

> Wir leben einsam, aber thätig wie die Hinterwäldler. Von Hoffesten keine Rede, obschon wir dazu die erforderlichen Eigenschaften und nöthigen Räumlichkeiten haben, als einen Schloßhof, einen Binnenhof, einen Friedhof, einen Mühlenhof, und zuweilen auch einen Hof um den Mond.

Diese Einsamkeit wurde allerdings auch von Zeit zu Zeit auf weniger angenehme Weise unterbrochen:

> Es gibt Tage, an denen scharenweise das Volk ins Schloß strömt, besonders auf den sogenannten Bildergang. Selten daß die Leute ruhig an diesen Phantasiebildern, die

weder künst- noch geschichtlichen Werth haben, vorübergehen. Sie thun als ob sie in einer Bauernkneipe wären, sie lärmen, singen, pfeifen, rauchen, tanzen, wollen überall etwas sehen, gucken durch alle Schlüssellöcher, reißen die Kamine auf, dringen sogar in die Wohnstuben, beschmutzen mit ihrem Schuhwerk die Steinplatten und spucken überall hin, so daß es schwer hält die langen breiten Räume rein zu halten. Wir leiden am meisten darunter, da wir gerade an dem Bildergange, dem Ziele aller Schaulustigen wohnen. Wir können uns der neugierigen, rücksichtslosen Bummler, die besonders an Sonn- und Festtagen vom Morgen an bis in die Dämmerung herumtreiben, nicht erwehren.[6]

Zu diesen – wie er sie nannte – „öffentlichen Ärgernissen" kamen noch private hinzu, wobei man allerdings feststellen muß, daß Hoffmann sehr empfindlich auf die einen oder anderen Vorkommnisse reagierte und jede Kleinigkeit der Corveyer Verwaltung meldete:

Leider hat es bei dem letzten stürmischen Wetter wieder sehr geraucht, so daß der Corridor kein Laufgang, sondern Rauchgang war. Dieser Rauch gehört zu den Dingen, die König Salomon unter den Widerwärtigkeiten des Lebens gewiß mit aufgeführt hätte, wenn er im Schlosse Corvey residiert.

Oder, noch etwas schärfer:

Die Kühe des Parkwächters Hoppe haben unsern braunen Kohl abgefressen. Er behauptet zwar die Hasen hätten es gethan, das müßten aber vorweltliche gewesen sein, die solche Kuhfladen zurücklassen. Wie kommen wir zu unserem Kohl? Fragen sie Herrn Generaldirektor, ob das Generalrindvieh Hoppe seine drei Collegen im Park weiden lassen darf, ob der Park eine Kuhweide ist?

Hoffmann stand also in ständigem Konflikt mit der Corveyer Verwaltung, der er immer mißtraute, ja er glaubte sogar, daß der Kammerdirektor den Herzog hintergehe und betrüge. Hoffmann stand bedingungslos hinter seinem Herrn. Das aufgrund vieler negativer Erfahrungen kritische Urteil Hoffmanns über die deutschen Fürsten hatte sich in Corvey schnell geändert. Am 17. März 1850 hatte er in dem Gedicht *Nicht ganz verliert doch das Gedächtnis* die folgende Zeile geschrieben „Nichts hofft von euren Fürsten mehr!"[7] Nach der „Rettungstat" Herzog Viktors hatte Hoffmann zumindest „seinem" Fürsten gegenüber diese Aussage oft und überzeugend revoziert. Dankbarkeit, Treue und Loyalität, ja Freundschaft kennzeichneten im Laufe der Jahre das Verhältnis zu seinem Gönner. Hoffmanns Sohn Franz schreibt hierzu in seinen Erinnerungen:

---

6   Zitiert nach: Adolf Reuter: Hoffmann-von-Fallersleben Gedenkbuch. Dem Andenken des Dichters August Heinrich, des Malers Franz, des Malers Joachim gewidmet. Höxter 1925, S. 28.

7   Hoffmann von Fallersleben: Gesammelte Werke (wie Anm. 2). Bd. 5, S. 143.

Die Anwesenheit der herzoglichen Familie war für meinen Vater ein Festtag an den anderen gereiht. Von dem Augenblick an, wo die herzoglichen Wagen in die Schloß-portale hineinrollten, war er persona gratissima. Er begrüßte die herzogliche Fami-lie, die sich öfters ziemlich vollständig einstellte, und wurde fast regelmäßig zur Tafel gezogen. Dort war er mit seiner glänzenden Unterhaltungsgabe, seinem Humor und seinem vielseitigen Wissen ein gern gesehener Gast.

Hoffmann selbst notierte in seinem Tagebuch: „Nach Tisch noch lange mit dem Herzog im engsten Kreis oder allein geplaudert, und beim Glas Wein zusammengesessen. Es war spät, als ich heim kam."

In einer Vielzahl von Briefen an den Herzog und an Kammerrat Schmidt hatte Hoffmann immer wieder den Wunsch geäußert, regelmäßig persön-liche Gespräche mit seinem in Rauden (Oberschlesien; polnisch: Rudy) lebenden fürstlichen Dienstherrn führen zu können. Typisch für Hoffmann sind folgende, fast spitzfindig zu nennende Äußerungen:

Ist denn gar keine Hoffnung vorhanden, daß noch diesen Winter Sr. Durchlaucht Sich mit einem Besuche in Seinem Corvey erfreut und uns beehrt u. beglückt? Bei meiner Petschaftliebhaberei bin ich schon auf den Gedanken gekommen, mir ein neues Petschaft stechen zu lassen: in der Mitte ein Stiefmütterchen u. darunter nur das einzige Wörtlein: CORVEY

In einem anderen Brief sprach Hoffmann von der Freude, auf die er ver-zichten müsse und „die mir in meiner stillen Wirksamkeit sehr wohl gethan hätte." Sogar geplante Reiserouten änderte er, nur um „[...] endlich Se. Durchlaucht zu sprechen zu bekommen" – und schließlich: „Mein sehn-lichster Wunsch ist nun, daß Ew. Durchlaucht recht bald nach Corvey kommen, damit Hochdieselben meinen neuen Frack, den ich mir in Cas-sel verehrt habe, einweihen möchten."

Hoffmann suchte auf der einen Seite den Dialog über seine Arbeit und eine Linderung für seine Einsamkeit, auf der anderen Seite wollte er, ange-trieben durch die Sorge um den fürstlichen Besitz, das Interesse des Her-zogs immer wieder auf Corvey lenken, ihn mehr in die Geschehnisse ein-beziehen, was eine regelmäßige Anwesenheit des Schloßherrn erforderlich gemacht hätte. In seinen Briefen verfolgte Hoffmann oft voller Ungeduld sein Ziel. Fast entschuldigend sagte er einmal: „Das Warten ist eben nicht meine Leidenschaft, u. obschon ich seit 1848 Wartegeld beziehe u. amtlich das Warten gelernt haben sollte, so kann ich mich doch nie daran gewöh-nen, es stört mich in allen meinen Wünschen u. Hoffnungen." Hatte sich dann endlich die Gelegenheit zu einem Gespräch mit dem Herzog erge-ben, so war Hoffmann überglücklich, was in zahllosen nahezu unterwür-figen Dankadressen gipfelte: „Schließlich mein sehnlichster Wunsch, daß sich Ew. Durchlaucht Ihren liebenswürdigen Humor erhalten und Ihre lebendfrische Jugend unter den altklugen redseligen Jünglingen!" (womit er sich selbst charakterisierte).

Hoffmanns neue „Fürstenliebe" stieß allerdings nicht überall auf Verständnis; so verfaßte ein Zeitgenosse im Jahre 1872 den folgenden bissigen Kommentar:

> Geht man von Höxter nach Corvey, so hat man vielleicht Gelegenheit, einen von der Last der Jahre gebeugten Greis in lang wallendem, gebleichtem Haar des Weges wandeln zu sehen, es ist Hoffmann von Fallersleben, Bibliothekar des Herzogs. Dieser Mann war einst ein Dichter, jetzt ist er ein keifender Alter. Es ist ja bekannt, wie Hoffmann jüngst noch Krieg den Pfaffen angekündigt hat, wie er seinem Groll und Grimm, seiner üblen Laune freien Lauf ließ! Uns amüsirt der alte Barde höchlichst, und sein Gekläff kann uns nicht zornig machen! Bei einem solchen Bibliothekar ist die Bibliothek natürlich in guten Händen und steht auf der Höhe der Zeit. Das mag eine schöne Kollektion sein, die der Herr Hoffmann da alljährlich zusammen bringt. – Das sind zwei der Gewaltigen des Herzogs von Ratibor, – Beide haben nicht wenig dazu beigetragen, den Namen des Herzogs so unpopulär als möglich zu machen.[8]

Ein Höhepunkt im Leben Hoffmanns von Fallersleben als herzoglicher Bibliothekar dürfte zweifellos der Besuch des Preußischen Königs Wilhelm I. am 20. Oktober 1865 in Corvey gewesen sein. Von diesem Ereignis berichtete Hoffmann:

> Zu den erfreulichen Ereignissen der Bibliothek im Laufe dieses Jahres gehört, daß am 20. October in Gegenwart Sr. Durchlaucht des Herzogs und Ihro Durchlaucht der Frau Herzogin Sr. Majestät der König die Bibliothek in Augenschein nahm […]. Alle waren hocherfreut über die Menge der prachtvollen und kostbaren Bilderwerke. Zur Erinnerung an diesen Tag hat Ihre Durchlaucht die Frau Herzogin ein geschmackvolles vergoldetes Dintenfaß und ein prachtvolles Album gestiftet, in welches sich die hohen Herrschaften nebst Gefolge eingezeichnet haben. Sr. Majestät der König hat für die Bibliothek dem Bibliothekar zwei sehr schöne Werke versprochen, welche Allerhöchstderselbe nur verschenkt. (Denkmaeler aus Aegypten und Aethiopien von Carl Richard Lepsius in 12 Bänden, Berlin 1849–56. [und] Oeuvres complètes de Frédéric le Grand in 31 Bänden, Berlin 1846.)

Daß die Fürstliche Bibliothek auch in überregionalen „Fachkreisen" einen Namen hatte, davon zeugen die beiden folgenden von Hoffmann geschilderten Begebenheiten:

> Die Bibliothek ist wahrhaftig nicht der geringste Edelstein unter den vielen Kleinoden Sr. Durchlaucht des Herzogs! Brockhaus, der doch gewiß viele Bibliotheken gesehen hat, war während meiner Abwesenheit hier und schrieb mir noch neulich: 'Ich kam von Detmold und den Externsteinen nach Höxter, wanderte dann zeitig an einem schönen Herbstmorgen nach Corvey, das mir doch auch in seiner jetzigen Gestalt imponirte. Welch prächtige Bibliothek, die hinsichtlich des Locals wirklich ihres Gleichen sucht.' Und wenn er nur geahndet hätte, was sie enthält, würde er

---

8 Zitiert nach: Hermann Rust. Reichskanzler Fürst Chlodwig zu Hohenlohe-Schillingsfürst und seine Brüder. Düsseldorf 1897, S. 835. – Rust bezieht sich an dieser Stelle auf eine „Correspondenz aus Höxter, zugegangen am 6. December 1872 bei der 'Schlesischen Volkszeitung'".

hinzugefügt haben: 'und hinsichtlich ihres Inhalts!' Zuletzt weilte noch fast acht Tage bei uns der ausgezeichnete Sprachforscher und liebenswürdige Professor Leo Meyer von Göttingen. Er fühlte sich von unsern Schätzen wie in einen Zauberkreis gebannt – bedenken Sie, ein Göttinger, dem die Göttinger Alexandrinische Bibliothek täglich zu Gebothe steht! Nun können sie sich erklären, was mich so angenehm stimmt und unsere Bibliothek mir zum Heiligthum stiller Freude reicht und zum Tempel der Liebe und Verehrung unsers allverehrten geliebten Herzogs!

Hoffmanns Tätigkeit in Corvey war, wie schon angeklungen, unter seinen Zeitgenossen nicht immer unumstritten; dies zeigen mehrere zweifellos neidbehaftete Vorkommnisse. Spektakulär ist sicher der Eklat, den ein 1869 im *Kölner Domblatt* erschienener Artikel hervorrief. Hierin findet sich ein vermeintlich kunsthistorischer Bericht über Corvey, verfaßt von einem – wie Hoffmann es später formuliert – Herrn Prisac, dem „Kölner Domblatt-Kunstreisenden". Nach einer langen Lobeshymne auf das monastische Corvey und seine „Heldentaten" folgt der folgende Text:

> Die großartigen Räume des ehemaligen Klosters, dessen Licht einstens so glänzend gestrahlt in dem weiten Vaterlande, sind gegenwärtig in ein herzogliches Schloß verwandelt, verwaist und verödet. […] Zwar hat die moderne Zeit, die so reich an schönen und kräftigen Phrasen, jene Räumlichkeiten, welche dereinst so vielen berühmten Gelehrten ihr gastliches Thor geöffnet, ebenfalls mit einer dem Aeußern nach prächtigen und mit herrlichen Schränken ausgestatteten Bibliothek versehen, von der aber glücklicher Weise Niemand Gebrauch macht, denn es soll nach den zuverlässigsten Aussagen der elendeste Schund sein, der zwar hier mit einem großen Opfer an Geld gesammelt und aufbewahrt wird. Zu diesem Urtheile stimmen so ziemlich Katholiken und Protestanten von dem benachbarten Höxter überein, und was ich selbst von der Bibliothek sah, trägt aber nicht dazu bei, dieses Urtheil zu lindern. Wie sich der Pfleger jener Bibliothek, der berühmte Hoffmann von Fallersleben, unter diesen Genossen zurechtfindet, weiß ich nicht. Aber es muß ihm doch in diesen Räumen und unter jenen Schränken die dereinst eine andere Geschichte und eine andere Bestimmung hatte, als die Bruchstücke des Ruhmes der Encyclopädisten und ihrer Epigonen zu sammeln, bei seinen Studien in den alten Denkmalen einer ruhmwürdigen Zeit des deutschen Vaterlandes nicht besonders zu Muthe sein.[9]

Hoffmann entgegnete nur wenig später ebenfalls in einer Tageszeitung:

> Über die ehemalige Benedictiner Abtei Corvey, das jetzige Schloß des Herzogs von Ratibor, ist in neuerer Zeit viel Dummes und Albernes, Unrichtiges und Unwahres geschrieben worden. Herr Prisac übertrifft aber alle seine Vorgänger an Unwissenheit und unglaublicher Dreistigkeit. Er muß, als er über Corvey Erkundigungen einzog, an sehr dumme Leute gerathen sein, da er von der Bibliothek sagte: 'es soll nach den zuverlässigsten Aussagen der elendeste Schund sein.' – Wir können Herrn Prisac die Versicherung geben, daß manche Bibliothek sehr froh sein würde, wenn sie nur etwas von diesem 'elendesten Schund' hätte. Die Corveyer Bibliothek besitzt z. B. so prachtvolle Bilderwerke aus dem Gebiete der Kunst, der Naturwissenschaften, Reisebeschreibungen, Biographien, Heraldik, wie sie keine einzige

---

9   Kölner Domblatt vom 30. April 1869.

Bibliothek am ganzen Rhein von Wesel bis Basel aufzuweisen hat, selbst Bonn mit eingeschlossen, von Köln gar nicht erst zu reden.[10]

Der Artikel im katholischen *Kölner Domblatt* muß für die Gegner Hoffmanns in Höxter, die „Ultramontanen", Wasser auf ihre Mühlen gewesen sein, denn auch von dieser Seite kam Häme für den Germanistikprofessor und Bibliothekar des Herzogs in Corvey. Für die ebenfalls öffentlichen Vorwürfe entschuldigt er sich bei Herzog Viktor:

> Die von ultramontaner Seite herrührende Behauptung: 'Sr. Durchlaucht vergifteten die Umgebung von Corvey durch die Verbreitung der Lectüre schlechter Romane aus der dortigen Bibliothek' ist so albern und dumm als niederträchtig. Es scheint nicht unwahrscheinlich, daß diese neueste Verläumdung ihren Grund hat in den Berichten eines Geistlichen, des Herrn Prisac, der als Kunstforscher im nördlichen Deutschland umherreise und auch über Corvey und seine Bibliothek sich spöttisch unfehlbar und in frechster Unwissenheit vernehmen ließ.

Hoffmann hinterließ – trotz dieser und verschiedentlicher anderer Anfeindungen in der einschlägigen Literatur – ein durchaus respektables bibliothekarisches Werk, dessen letztendliche Würdigung allerdings noch aussteht. Immerhin hat er das Profil der Corveyer Bibliothek nachhaltig geprägt und aus ihr gemacht, was sie bis heute ist, eine weit über die Grenzen Ostwestfalens hinaus bekannte Bibliothek, die inzwischen von Wissenschaftlern und Interessenten aus aller Welt frequentiert wird. Hoffmanns größtes Verdienst ist sicherlich die Sammlung „seiner" Pracht- und Ansichtenwerke, ferner die gute Ausstattung des Faches Germanistik, ein Gebiet, dem Hoffmann sich von Berufs wegen in besonderem Maße verpflichtet fühlte, dann der Ankauf des Wigand'schen Nachlasses und schließlich die Anfertigung des alphabetischen Kataloges, der uns bei aller modernen Technik auch heute noch ein wichtiges Hilfsmittel ist. Hoffmann hat in gewisser Weise das Urteil der Nachwelt vorweggenommen:

> Wenn ich todt bin und Dieser und Jener durchmustert die Bibliothek, und sieht dann neben dem ganzen August Lafontaine die ganze Luise Mühlbach, da dürfte es denn wol heißen: 'Nein, dieser Hoffmann! man sollte es nicht für möglich halten, ist das ein Bibliothekar gewesen!' – Ich werde mich zwar deshalb nicht im Grabe umdrehen, meine aber, daß man so an die Gegenwart denken muß, daß man nicht nöthig hat, an die Zukunft zu denken. Wie sehr ich wünsche und eifrig bemüht bin, daß unsere Bibliothek auch für Rauden eine Quelle der Belehrung und anregender und ergötzlicher Unterhaltung sein möge, darf ich Sie nicht erst versichern.

Am Nachmittag des 8. Januar 1874 gegen 2 Uhr, so berichtete Kammerrat Hesse aus Corvey dem Herzog in Rauden, traf „den Herrn Professor Dr. Hoffmann [...] ein Schlaganfall. Die linke Körperseite ist gelähmt, doch

---

10 Braunschweiger Tageblatt vom 17. Juni 1869.

befindet sich der Patient im vollen Besitz der Geisteskraft." Der Zustand
Hoffmanns war die nächsten Tage recht ernst. Die „Bewußtlosigkeit ist
andauernder als die lichten Augenblicke!" – schrieb Hesse an den Herzog.
Am 14. Januar berichtete Kammerrat Hesse nach Rauden: „daß es dem
Professor Hoffmann seit gestern erheblich besser geht. Derselbe lag bisher mit geschlossenen Augen, doch kann aber jetzt dieselben öffnen, auch
ist die Sprache deutlicher geworden." Am 17. Januar verschlechterte sich
der Gesundheitszustand rapide. Kammerrat Hesse schrieb an den Herzog:
„Der Krankheitszustand des Herrn Professor war gestern sehr unbefrie-
digend und als Herr Sanitäts Rath Schröder heut früh vom Bett des Kran-
ken bei mir eintrat, sagte mir derselbe, daß die Lähmung durch weiteren
Blutaustritt in das Gehirn sich verschlimmert habe." Und am 19. Januar,
dem Todestag Hoffmanns, berichtete Hesse: „Seit verwichener Nacht nehmen die Kräfte des Herrn Professor stark ab und seit heut Mittag ist jede
Hoffnung auf dessen Erhaltung geschwunden, schon mehrere Stunden liegt
er im Sterben aber ohne Kampf oder Schmerzen." Und nach der anders
aussehenden Tinte zu urteilen fügt Hesse zu einem späteren Zeitpunkt
hinzu: „Eben um 11 ½ Uhr ist der Professor eingeschlafen."
Der evangelische Ortspfarrer Dohmann aus Höxter teilt der herzoglichen Familie am 20. Januar 1874 den Tod Hoffmanns mit:

> Ew. Durchlaucht wollen gütigst entschuldigen, wenn ich dem Hochfürstlichen
> Hause die Mittheilung zu machen, mir erlaube, daß unser Prof. Hoffmann, nach-
> dem er vor circa 10 Tagen vom Schlaganfalle betroffen wurde, jetzt vom 19 auf den
> 20 d. Mts. Nachts ½ 12 Uhr vom schmerzhaften Krankenlager ins Jenseits abgeru-
> fen ist. – Ruhe seiner Asche.

Das Begräbnis fand am 24. Januar 1874 unter großer Anteilnahme der Bevölkerung – man spricht von mehr als 4.000 Personen – in Corvey statt.
Seine letzte Ruhestätte fand Hoffmann neben seiner Frau Ida auf dem kleinen Friedhof neben der Abteikirche. Damit schließt sich der Lebenskreis
Hoffmanns in Corvey ganz im Sinne seines ersten Briefes an den Herzog
von Ratibor vom 27. Oktober 1860:

> Ich bleibe, und muß bleiben, um hier, wo mir Ew. Durchlaucht Liebe und Güte eine
> Freistätte gewährt haben, eine Ruhestätte zu finden, damit ich mit ihr [seiner Frau
> Ida] im Tode vereint werde, die mit mir so innig in Freud' und Leid im Leben ver-
> eint war.

II. Hoffmann: politischer Literat im Vormärz und während der Märzrevolution

Eberhard Rohse

„Das Lied der Deutschen" in seiner politischen, literarischen und literaturwissenschaftlichen Rezeption

1. Wirkungsgeschichte als intertextueller Prozeß

Im Nachkriegsdeutschland nach 1945 kursierte der volkstümlich-sarkastische Vierzeiler:

> Deutschland, Deutschland ohne alles
> Ohne Butter ohne Speck
> Und das bißchen Marmelade
> Frißt uns die Besatzung weg.[1]

Unmittelbar verständlich war die kritische Pointe dieses gereimten Volkswitzes nach 1945 für jedermann, der Text und Melodie jener deutschen Hymne dabei mit- und wiederhörte, die der Kontrollrat der alliierten Siegermächte gleich nach Kriegsende unter Verbot gestellt hatte: der Nationalhymne des vernichteten „großdeutschen" Reichs, das nur aus der ersten *Deutschlandlied*-Strophe bestanden hatte (mit stets folgendem *Horst-Wessel-Lied*) und bis zuletzt bei jeder Propaganda-Gelegenheit zu hören war: „Deutschland, Deutschland über alles / Über alles in der Welt [...]". Dieser *Ohne alles*-Vierzeiler zitiert, parodiert, demontiert in Form metrisch exakter (halbstrophiger) Kontrafaktur nicht nur die Staatshymne des Hitlerreichs und deren hybrid-imperiales Deutschland-Pathos, sondern zugleich deren literarischen Urspungstext: das 1841 entstandene – nicht erst in der Parodie, sondern schon in der nationalsozialistischen Verkürzung seines Textbestandes demontierte – *Lied der Deutschen* des Vormärzdichters Hoffmann von Fallersleben. Ein Stück literarisch-politischer Wirkungsgeschichte also als *intertextueller* Prozeß: als ein Prozeß fortschrei-

---

[1] Peter Rühmkorf: Über das Volksvermögen. Exkurse in den literarischen Untergrund. Reinbek bei Hamburg 1970, S. 164. – Die Schlußzeilen konnten auch variieren: „Und die letzte Marmelade / Frißt der Iwan uns noch weg" (so aus eigener Nachkriegskindheit mir selbst noch erinnerlich), oder auch: „[...] frißt uns die Verwaltung weg" (zitiert im Beitrag von Otto Holzapfel in diesem Band, S. 187).

tender Textveränderung bzw. -erzeugung und darin zugleich divergenter Interpretationen des Ursprungstextes in seinen Gegen- und Metatexten, strukturiert durch Wechselbezüge zwischen Text und Text im jeweils veränderten bzw. neuen Text selbst – sei es in inhaltlicher Kontinuität, Differenz oder Antithetik, in den Formen von Textverkürzung, -ersetzung oder Umdichtung, von Zitat, Parodie oder Kontrafaktur.

Daß intertextuelle Prozesse dieser Art, begleitet von Interpretationskontroversen und Textdeformation, selber Gegenstand literarischer Darstellung und Reflexion werden können, zeigt ein weiterer – vor allem szenisch-dialogisch oder narrativ geprägter – Typ literarischer *Deutschlandlied*-Rezeption. So etwa, zugleich in Form satirischer Komik und Verfremdung, eine Streitszene aus Wolfgang Menges deutschlandsatirischer Fernsehserie *Ein Herz und eine Seele* (1974), in der Alfred Tetzlaff („Ekel Alfred"), Karikatur bundesdeutsch-reaktionärer Kleinbürgermentalität zur Zeit der sozialliberalen Koalition, seinem Schwiegersohn aus der DDR die Bedeutung von „Deutschland, Deutschland über alles" für die „Ostzone" erklärt: Die Wortverdoppelung „Deutschland, Deutschland" sei genau passend („Ist doch klar. Zweimal Deutschland, für jedes Deutschland eines"), er selber stehe beim Singen dieser Strophe immer auf und lege die Hand aufs Herz – mit der Replik auf die Anfrage schließlich, ob die Strophe „Einigkeit und Recht und Freiheit" da noch sinnvoll sei: „Man kann doch nicht einfach singen: Fuchs du hast die Gans gestohlen".[2] Die zugleich metareflexive Qualität verfremdender szenisch-dialogischer Komik als Form der Satire (zu deren literarischen Formprinzipien seit jeher die Demonstration „verkehrter Welt" gehört)[3] entlarvt „Ekel Alfreds" *Deutschlandlied*-Diskurs als ideologisches Absurdum bzw. gerade dessen aggressiv-faschistoide Gefährlichkeit („Fuchs du hast die Gans gestohlen" statt „Einigkeit und Recht und Freiheit"). Als narrative Variante des Formtyps szenisch-fiktionaler und darin zugleich metaszenisch reflektierter *Deutschlandlied*-Rezeption begegnet zugleich der Roman. So etwa – Intertextualitäts- und Textdemontage-Problematik auch hier als deutsche Geschichts- und Nationalhymnen-Problematik zeigend – Christine Brückners Roman *Jauche und Levkojen* (1975) in der Schilderung eines „Sippentreffens" von 1936, zu dem die europaweit angereiste Quindt-Sippe (die Sippe der 18jährigen Romanheldin) sich „auf dem Eyckel, der Stammburg der Quindts" versammelt hat:

---

2   So in der Sendung *Silvesterpunsch*, im Rahmen einer Wiederholung von Wolfgang Menges *Ein Herz und eine Seele* (entst. 1974), im Dritten Programm des Westdeutschen Fernsehens am 31.12.1997.

3   Vgl. Klaus Lazarowicz: Verkehrte Welt. Vorstudien zu einer Geschichte der deutschen Satire. Tübingen 1963; Helmut Arntzen: Satire in der deutschen Literatur. Geschichte und Theorie. Bd. 1. Darmstadt 1989, S. XII u. 1–17.

Ein Abendlied sollte zum Abschluß gesungen werden. Die Schweden aus Uppsala baten sich 'Der Mond ist aufgegangen' aus. Der abnehmende Mond stand überm Burgfried und war nur halb zu sehen, und aus dem Tal der Pegnitz stieg der weiße Nebel wunderbar auf – aber an den vorderen Tischen hatte man zur gleichen Zeit anders entschieden. Der große Augenblick verlangte ein größeres Lied. Matthias Claudius wurde von Hoffmann von Fallersleben überstimmt. „Deutschland, Deutschland über alles!" Und da man es so gewohnt war, sang man auch noch das Horst-Wessel-Lied: 'Die Reihen fest geschlossen.' Einige dachten dabei wohl an die Reihen der Quindts, deren Fahne neben der schwarzweißroten und der Hakenkreuzfahne vom Burgfried herunterhing.[4]

Dieser faschistisch demontierte, zugunsten des *Horst-Wessel-Lieds* zur „ersten Strophe" verkürzte „gewohnte" Liedtext ist es dann auch, der im Jahre 1958 auf einem Pommerntag in Kassel – so im zweiten Teil dieser deutschland- und familienchronikalischen Romantrilogie (*Nirgendwo ist Poenichen*, 1977) – die jetzt erwachsene, heimatvertriebene Maximiliane von Quindt daran hindert, die nun zur bundesdeutschen Staatshymne gewordene (demokratische) „dritte Strophe des Deutschlandliedes" mitzusingen, geschweige denn ihren Kindern weiterzuvermitteln:

> Zum Abschluß der Kundgebung sang eine Trachtengruppe das Pommernlied: „Wenn in stiller Stunde …", dann sang man gemeinsam, begleitet von einem Musikzug des Bundesgrenzschutzes, die dritte Strophe des Deutschlandliedes. „Einigkeit und Recht und Freiheit …"
> Maximiliane, die früher dieses Lied immer mit erhobenem Arm und nur dessen erste Strophe gesungen hatte, hielt die Hände auf dem Rücken zusammen; mitsingen konnte sie nicht, da sie den Text so wenig kannte wie ihre Kinder.[5]

Wird „Ekel Alfreds" dekonstruktive Zerlegung der „Deutschland, Deutschland"-Doppelformel zum zynischen Sprachbild deutsch/deutscher Teilung, so die zwischen Diktatur und Demokratie wechselnde Coupierung der Nationalhymne (erste Strophe/dritte Strophe) zum Anlaß und Indiz individualgeschichtlich beschädigter, mental und physisch reduzierter *Deutschlandlied*-Kompetenz.

Als der Breslauer Gemanistik-Professor, Inselgast und Vormärz-Lyriker Hoffmann von Fallersleben am 26. August 1841 auf der damals britischen Insel Helgoland, „einsam auf der Klippe" wandelnd und umgeben von „nichts als Himmel und Meer",[6] seiner vaterländischen Sehnsucht nach einem „über Alles" sowie in „Einigkeit und Recht und Freiheit" zu erstre-

---

4   Christine Brückner: Jauche und Levkojen. Roman. Frankfurt a.M., Berlin, Wien 1983 [zuerst 1975], S. 160.
5   Christine Brückner: Nirgendwo ist Poenichen. Roman. Frankfurt a.M., Berlin, Wien 1983 [zuerst 1977], S. 187 f.
6   August Heinrich Hoffmann von Fallersleben: Mein Leben. Aufzeichnungen und Erinnerungen. 6 Bde. Hannover 1868. Bd. 3, S. 210 f.

benden „Deutschland" utopisch-poetischen Ausdruck verlieh, war ihm
wohl kaum bewußt, daß und in welchen wechselnden Formen und Instru-
mentalisierungen sein *Lied der Deutschen*[7] einmal deutsche Nationalhymne
werden und auch bleiben sollte. Keineswegs ahnte er die eklatant wider-
sprüchliche, oft turbulente künftige Rezeptions- und Bedeutungsgeschichte
dieses im geistigen Umfeld seiner *Unpolitischen Lieder* (1840/41)[8] behei-
mateten patriotischen Liedtextes: wie sein *Lied der Deutschen* im Laufe
deutscher Geschichte – von Vormärz, 48er Revolution und Reichsgründung
1870/71 über Weimarer Republik (wo unter Reichspräsident Ebert der Text
1922 zur Nationalhymne wurde), Hitler-Staat und zwei Weltkriege hinweg bis zum geteilten und wieder vereinigten Deutschland – je nach politischer Situation, Mentalität und Interessenlage in immer wieder unterschiedlicher Bedeutung interpretiert, gesungen und auch mißbraucht
werden sollte: sei es als vaterländisch-demokratisches Sehnsuchts-, Be-
kenntnis- oder Oppositionslied, sei es als soldatisch-nationaler oder gar im-
perialistisch-chauvinistischer Kampfgesang, sei es als republikanische, na-
tionalsozialistische oder demokratisch-bundesrepublikanische National-
und Staatshymne, in bis heute umstrittener politischer Akzentuierung von
„Deutschland, Deutschland über alles" oder „Einigkeit und Recht und
Freiheit".[9] So gilt, wie Hermann Kurzke 1990 zu Recht bemerkt, für die
Rezeptionsgeschichte des Hoffmann-Textes als Nationalhymne:

---

7   Faksimile-Abbildung des Liedtextes in der Handschrift des Autors z. B. in: Hoff-
    mann's von Fallersleben Gesammelte Werke. Hrsg. von Heinrich Gerstenberg. 8 Bde.
    Berlin 1890–1903, Bd. 4 (Titelblatt); Ingrid Heinrich-Jost: August Hoffmann von
    Fallersleben. Berlin 1982 (Preußische Köpfe 10), S. 84; Karl-Wilhelm von Wintzin-
    gerode-Knorr (unter Mitwirkung von Bettina Greffrath und Brigitte Blankenburg):
    Hoffmann-von-Fallersleben-Museum zur Geschichte deutscher Dichtung und De-
    mokratie im 19. Jahrhundert. Textbuch und Bilder. Wolfsburg [o. J.], S. 39. – Erst-
    druck des Textes: siehe Anm. 22.
8   Unpolitische Lieder von Hoffmann von Fallersleben. [2 Teile.] Hamburg, bei Hoff-
    mann und Campe, 1840/1841.
9   Zur Problematik der Wirkungsgeschichte vgl. aus der Fülle von *Deutschlandlied*-
    Literatur: Fritz Sandmann: Das Deutschlandlied und der Nationalismus. In: Ge-
    schichte in Wissenschaft und Unterricht 13 (1962), S. 636–656; Hans Tümmler:
    „Deutschland, Deutschland über alles." Zur Geschichte und Problematik unserer
    Nationalhymne. Köln, Wien 1979; Jost Hermand: Zersungenes Erbe. Zur Geschichte
    des Deutschlandliedes. In: Ders.: Sieben Arten an Deutschland zu leiden. König-
    stein/Ts. 1979 (Athenäum Taschenbücher 2141; Literaturwissenschaft), S. 62–74 u.
    153–154; zuerst in: Basis. Jahrbuch für deutsche Gegenwartsliteratur 7 (1977), S. 75–
    88; Guido Knopp und Ekkehard Kuhn: Das Lied der Deutschen. Schicksal einer
    Hymne. Berlin, Frankfurt 1988; Hermann Kurzke: Hymnen und Lieder der Deut-
    schen. Mainz 1990 (excerpta classica 5), bes. S. 42–63; Hans Hattenhauer: Geschichte
    der deutschen Nationalhymne. Zeichen und Bedeutung. München 1990 (Geschichte
    und Staat 285); F. Gunther Eyck: The Voice of Nations. European National Anthems

Das Lied ist ein Paradebeispiel dafür, daß es keinen Text an sich gibt, sondern nur einen Text, der von ganz bestimmten Lesern (Sängern) mit einem ganz bestimmten Erwartungshorizont verwendet wird. [...] Die Orchester des ersten Weltkriegs und des nationalsozialistischen Deutschland unterschieden sich von denen Hoffmanns, Eberts und Adenauers erheblich. Jede Epoche der deutschen Geschichte sang mit denselben Worten ein anderes Lied.[10]

Kein „Text an sich" und wechselnde „Erwartungshorizonte": Diese entschieden wirkungsgeschichtliche *Deutschlandlied*-Analyse im Kontext weiterer „Hymnen und Lieder der Deutschen" (verfaßt noch kurz vor der „Wende") ist zugleich ein Beispiel neuerer germanistischer *Deutschlandlied*-Rezeption.

Daß literaturwissenschaftliche *Deutschlandlied*-Rezeption indessen – neben der literarischen und politischen – weithin auch zum Medium und Forum politischer Parteilichkeit und Ideologisierung, Polemik und Kritik werden konnte und kann, fällt schon bei erstem Hinsehen auf. So befindet Herbert Cysarz 1941, der Dichter Hoffmann von Fallersleben habe „uns [...] das Lied Großdeutschlands geschenkt",[11] während Jost Hermand 1977 eine „Ehrenrettung des Deutschlandliedes" für unmöglich erklärt: „Dieses Gedicht hat nun einmal nicht nur eine Intention, sondern auch eine Rezeption. Und die ist eindeutig negativ."[12] Hatte der Hoffmann-Forscher und -Editor Heinrich Gerstenberg 1916, gegen „welsche Ehrsucht, angelsächsische Scheelsucht und russische Habsucht" die Siegestradition deutscher Reichsgründungs-Politik beschwörend (wobei „unser Nationallied 'Deutschland über Alles'" sich im August 1914 als „Weihelied der Tausende", als „Schlachtgesang unserer todesmutigen Jungmannschaft bei Langemarck", als „vaterländische[r] Hochgesang unserer Feldgrauen draußen und der im Bürgerkleide Daheimgebliebenen" bewährt habe) militant und pathetisch verkündet: „Wir donnern ihnen als deutschen Schlachtruf das Lied von der Einigkeit und Treue entgegen [...] Deutschland, Deutschland über Alles, übcr alles in der Welt!",[13] hatte er 1933 gar, in einer weiteren *Deutschlandlied*-Monographie, begeistert die Machtergreifung Hitlers begrüßt und das *Horst-Wessel-Lied* (als den „jüngere[n] Bruder" des „als na-

---

and Their Authors. London 1996 [zum *Deutschlandlied* S. 163–179]; Otto Holzapfel: „Deutschland, Deutschland über Alles". Problemen in de omgang met de Duitse nationale hymne [übersetzt ins Niederländische]. In: Nationale hymnen. Het Wilhelmus en zijn buren. Ed. Louis Peter Grijp. Amsterdam 1998, S. 184–197.

10 Kurzke, Hymnen und Lieder (wie Anm. 9), S. 50.

11 Herbert Cysarz: Die deutsche Einheit im deutschen Schrifttum. In: Ders.: Von deutscher Art in Sprache und Dichtung. Bd. 5. Stuttgart, Berlin 1941, S. 436.

12 Hermand, Zersungenes Erbe (wie Anm. 9), S. 73 f.

13 Heinrich Gerstenberg: Deutschland, Deutschland über Alles! Ein Lebensbild des Dichters Hoffmann von Fallersleben. Müchen 1916, S. V (Einleitung), 3 u. 99 f.

tionales Bekenntnislied himmelwärts" brausenden *Liedes der Deutschen*)
gefeiert,[14] so tritt 1986 Walter Jens, angesichts geschichtlicher Entstellung
der Nationalhymne „durch chauvinistischen Überschwang und die Bar-
barei der Nationalsozialisten (das Lied der Deutschen, gesungen beim
Flaggenappell im Konzentrationslager)", mit der Forderung an die Öffentlichkeit, die bundesrepublikanische Staatshymne durch Bertolt Brechts *Kinderhymne* (in deren „Zeichen noch niemand gestorben, noch niemand ermordet worden ist") zu ersetzen:

> Und weil wir dies Land verbessern
> Lieben und beschirmen wir's.
> Und das Liebste mag's uns scheinen
> So wie andern Völkern ihrs.[15]

Eine oft aufgelegte DDR-Literaturgeschichte (erstmals 1952) lobt den
Deutschlandlied-Dichter:

> Als ehrlicher Patriot sah er mit besonderem Kummer die Zersplitterung des deut-
> schen Vaterlandes, und er sang manches Lied von Einheit und Freiheit, darunter jenes
> „Lied der Deutschen" (Deutschland, Deutschland über alles), das, ursprünglich im
> Kampfe gegen die deutsche Reaktion entstanden, später von der furchtbarsten Re-
> aktion, die Deutschland je geschändet hat, vom Faschismus als „Nationalhymne"
> usurpiert wurde [...]. Dieses Schicksal hat die Dichtung Hoffmanns von Fallersle-
> ben, bei aller ideologischen Unklarheit und Begrenztheit, nicht verdient. Hoffmann
> war ein sauberer, zutiefst anständiger Deutscher, der sein Vaterland liebte und auf
> der Seite aller wahren Patrioten stand. [...][16]

Gerade in seiner „Wirkungsgeschichte" aber (die „deutlich zwei Stränge,
einen demokratischen und einen chauvinistischen", zeige) gehöre das
Deutschlandlied, so nochmals Kurzke 1990, zu den insbesondere aufschluß-
reichen Zeugnissen der „Intimgeschichte unserer nationalen Identität".[17]
    Zu fragen bleibt: Ist die Widersprüchlichkeit der – politischen, literari-
schen wie literaturwissenschaftlichen – *Deutschlandlied*-Rezeption allein
in der politisch-ideologischen Widersprüchlichkeit der bewegten Rezep-

---

14 Heinrich Gerstenberg: Deutschland, Deutschland über Alles! Vom Sinn und Wer-
     den der deutschen Nationalhymne. München 1933, S. 97 f.
15 Walter Jens: Vaterländischer Mißklang. In: Die Zeit, Nr. 39, vom 19.9.1986; in: Ma-
     terialien zur Geschichte der deutschen Nationalhymne. Hrsg. von der Landesbild-
     stelle Berlin. Zentrum für audiovisuelle Medien. Berlin 1990, S. 113 f. (M 54). Brechts
     Kinderhymne als Nationalhymne empfiehlt auch Stefan Roeloffs: Das „Lied der
     Deutschen" taugt nicht zur Nationalhymne. In: Wilhelm Gössmann und Klaus-Hin-
     rich Roth (Hrsg.): Poetisierung – Politisierung. Deutschlandbilder in der Literatur
     bis 1848. Paderborn, München, Wien, Zürich 1994, S. 333–336.
16 Vormärz. 1830–1848. Erläuterungen zur deutschen Literatur. Hrsg. vom Kollektiv
     für Literaturgeschichte im Volkseigenen Verlag Volk und Wissen. Leitung: Kurt
     Böttcher. 10. Aufl. Berlin 1977 [zuerst 1952], S. 258.
17 Kurzke, Lieder und Hymnen (wie Anm. 9), S. 50 u. 231.

tionsgeschichte begründet? Oder möglicherweise auch in einer inneren Widersprüchlichkeit des Liedtextes selbst? Handelt es sich um Widersprüchlichkeiten, latente Sinnstrukturen und Bedeutungspotentiale des Textes selbst, die erst im Gegeneinander politischer „Erwartungshorizonte" und kontroverser Interpretationen, tendenziöser Textverkürzungen und Zusatzstrophen, kritisch-parodistischer Gegentexte, satirischer Verfremdungen, literarisch aktualisierter Zitate und Anspielungen – gleichsam in historisch-intertextueller Dekonstruktion – als bereits textimplizit vorgeprägt gegeneinander ausgespielt und aufgedeckt werden? Oder bleiben politische Unmißverständlichkeit und poetische Integrität der primären Textintention gegenüber sekundärer Textverfälschung und Textentstellung doch durchweg klar unterscheidbar? Wie dem auch sei: Vor der Untersuchung der *Deutschlandlied*-Rezeption in der komplexen Vielfalt ihrer politisch-literarischen Problematik erscheint es unumgänglich, auch die Entstehungsproblematik des Liedtextes sowie signifikante Aspekte seiner Rezeption noch zu Lebzeiten des Autors – zumal im Blick auf dessen Rezeptionsverhalten dem eigenen Text gegenüber – näher zu betrachten.

2. Text- und Rezeptionsstruktur im Autorhorizont: Hoffmann und sein *Lied der Deutschen*

Die einsam-insulare Entstehungssituation des Liedes auf Helgoland am 26. August 1841, einige Tage nach der Abreise geselliger, politisch-opponenter Hannoveraner, erscheint im Rückblick des Dichters wie ein Augenblick romantisch-subjektivistischer Inspiration, stimmungsvoll bewegt von weltentrückter, geradezu apolitischer Innerlichkeit und eindrucksvoller Natur:

> [...] doch that mir bald die Einsamkeit recht wohl: ich freute mich, daß ich nach den unruhigen Tagen wieder einmal auch mir gehören durfte. Wenn ich dann so wandelte einsam auf der Klippe, nichts als Himmel und Meer um mich sah, da ward mir so eigen zu Muthe, ich mußte dichten und wenn ich es auch nicht gewollt hätte. So entstand am 26. August das Lied 'Deutschland, Deutschland über Alles!'[18]

Indessen sind Entstehung und Konzeption dieser vaterländisch-sehnsuchtsvollen Deutschland-Strophen nicht nur durch den Subjektivismus einsamer Innerlichkeit bestimmt, sondern zugleich auch durch ein beachtliches Rezeptionsspektrum literarisch-politischer Intertextualität.

---

18 Hoffmann von Fallersleben, Mein Leben (wie Anm. 6), Bd. 3, S. 210 f. – Vgl. auch Gerhardt Seiffert: Hoffmann von Fallersleben auf Helgoland. Des Dichters Aufenthalte und Wirken auf der Insel. 1840 – 1841 – 1842. Hrsg. von der Hoffmann-von-Fallersleben-Gesellschaft. Wolfsburg 1980, bes. S. 15–19.

Schon die spontane Verkaufsprognose von Hoffmanns Hamburger
Verleger Julius Campe (der am 28. August ein erstes Exemplar des 2. Teils
der *Unpolitischen Lieder* überbringt und dem er am 29. für 4 Louis d'or
sein *Lied der Deutschen* verkauft): „Wenn es einschlägt, so kann es ein
Rheinlied werden"[19] – eine eher marktstrategisch als politisch motivierte
Produkt-Würdigung – erfaßt exakt den patriotisch-poetischen Erwartungshorizont von 1840/41, auf den das *Deutschlandlied* antwortet. Denn die
aufgrund der „Rheinkrise", der Französischen Rheinbesetzung von 1840,
im gleichen Jahr zahlreich entstandenen, in ihrem patriotischen Pathos und
Protest weithin fast als Nationalhymnen gesungenen „Rheinlieder", vor
allem Nikolaus Beckers *Der deutsche Rhein* („Sie sollen ihn nicht haben,/
Den freien deutschen Rhein") und Max Schneckenburgers *Die Wacht am
Rhein* („Es braust ein Ruf wie Donnerhall"),[20] hatten in ihrem forcierten
Rheinpatriotismus einen zugleich frankreichfeindlichen Militarismus pro-
pagiert, dem Hoffmanns vaterländisch nicht weniger engagierte Liedkon-
zeption eine politisch moderate, eher sensibel formulierte Deutschland-
Konzeption entgegensetzte.[21] Auch daß die Erstpublikation des Liedes (ein
von Campe schon am 3. September dem Dichter nach Helgoland über-
brachter Einblattdruck) den Text von vornherein als musikbegleiteten
Gesangstext nach der Medodie von Joseph Haydns Kaiserquartett abdruckt
und die Eingangszeilen der österreichischen Kaiserhymne („Gott erhalte
Franz, den Kaiser,/ Unsern guten Kaiser Franz!") dabei ausdrücklich zitiert,[22] erweist das *Deutschlandlied* als nicht nur strophisch-metrische und

---

19 Hoffmann von Fallersleben, mein Leben (wie Anm. 6), Bd. 3, S. 212.
20 Weitere gleichzeitige „Rheinlieder": Ernst Moritz Arndt: *Das Lied vom Rhein an
    Niklas Becker*; Robert Prutz: *Der Rhein*. Alle genannten Texte in: Jost Hermand
    (Hrsg.): Der Deutsche Vormärz. Texte und Dokumente. Stuttgart 1976, S. 128–134
    (diesen Texten vorangestellt ebd. S. 127 auch Hoffmanns *Lied der Deutschen*).
21 Schon im 2. Teil der *Unpolitischen Lieder* (wie Anm. 8) hatte Hoffmann in dem
    Gedicht *Rheinlied und Rheinleid* („In jedem Haus ein Klimperkasten") „Rheinlied"-
    Kritik geübt: „Du stehest auf, du legst dich nieder,/ Du hörst vom freien deutschen
    Rhein,/ Du wachest auf und hörest wieder/ Vom freien deutschen Rheine schrei'n"
    (S. 123). Vgl. Hans-Peter Bayerdörfer: Vormärz. In: Walter Hinderer (Hrsg.): Ge-
    schichte der deutschen Lyrik vom Mittelalter bis zur Gegenwart. Stuttgart 1983,
    S. 308–339, hier S. 322; Joachim J. Scholz, Deutschland in der Lyrik des Vormärz.
    In: Gössmann/Roth, Poetisierung – Politisierung (wie Anm. 15), S. 161–197, bes.
    S. 162 f. u. 176.
22 Vgl. Faksimile des Erstdrucks: Das Lied der Deutschen von Hoffmann von Fallers-
    leben. Melodie nach Joseph Haydn's „Gott erhalte Franz, den Kaiser,/ Unsern gu-
    ten Kaiser Franz!" Arrangirt für die Singstimme mit Begleitung des Pianoforte oder
    der Guitarre. (Text Eigenthum der Verleger.) 1. September 1841. Hamburg: Hoff-
    mann und Campe / Stuttgart: Paul Neff. [Hrsg. von der Stadt Wolfsburg aus Anlaß
    der Hoffmann von Fallersleben Ausstellung (o. J.)].

melodiöse, sondern auch politische Kontrafaktur: Im *Lied der Deutschen* setzt Hoffmann, wie die intertextuelle Signalwirkung dieser Rezeption einer monarchischen Hymnenform belegt, dem Typ der „Königshymne" den demokratisch geprägten Typ einer „Volkshymne" (die zugleich dem Liedtyp „Landeshymne" entspricht) entgegen[23] – wobei indessen, durch zugleich säkularisierende Ersetzung der Gebetsstruktur („Gott erhalte ...") durch affektiv totalisierendes Nationalpathos („Deutschland, Deutschland über alles"), nun „Deutschland" selber an die Stelle nicht nur des Kaisers, sondern auch Gottes tritt und so zum „über alles" verabsolutierten Numinosum sakralisiert wird.

Zudem zitieren, aktualisieren und modifizieren die bis heute umstrittenen „Über alles"-Verse der Eingangsstrophe, noch in ihrer elliptischen Satzkonstruktion (mit nachfolgendem konditionalem „Wenn"-Satz: „Wenn es stets zu Schutz und Trutze/ Brüderlich zusammenhält"), ein zwar keineswegs imperialistisches oder gar chauvinistisches, wohl aber patriotisch-nationalistisch (z. T. auch militant) geprägtes literarisches Traditionsspektrum, das von Philipp Wilhelm von Hörnigks staatspolitischem Traktat *Österreich über alles, wenn es nur will* (1684) über vaterländische Dramatik wie Joachim Perinets *Österreich über Alles* (1796) oder Philipp von Gemmingens *Deutschland über alles, wenn es nur will* (1798) bis zu antinapoleonischer Kampf- und Freiheitslyrik reicht: Heinrich Joseph von Collins Wehrmänner-Lied *Östreich über Alles* von 1808 („Wenn es nur will,/ Ist Östreich über Alles!/ Wehrmänner, ruft nun frohen Schalles:/ Es will, es will! [...]") und Johann Daniel Runges Kontrafaktur dazu: *Deutschland über alles* (1813):

> Wenn es nur will,
> Ist immer Deutschland über Alles!
> Wehrmänner ruft nun frohen Schalles:

---

23 Zur hymnentypologischen Einordnung einschlägig Kurzke, Hymnen und Lieder (wie Anm. 9), S. 18–23 u. 46 f. – Den Hymnentypen der Königs- und Volkshymne (in Gestalt von *God save the King* und *Marseillaise*) begegnet Hoffmann - direkt im Vorfeld der *Deutschlandlied*-Genese – bei seinen Helgoland-Reisen 1840 und 1841: so auf dem Schiff von Hamburg zum ersten Inselbesuch: „Die Musik hatte noch immer lustig gespielt: *Marseillaise, God save* und alles Mögliche [...]"; so am 11. August 1841, im „Conversationshaus" der großbritannischen Insel selbst, in der Geselligkeit Hannoverscher „Oppositionsmänner" und Freunde (die schon auf dem Schiff die kursierenden Exemplare der *Unpolitischen Lieder* [Teil 1] „fleißig gelesen" hatten): „Damit wir aber nicht dächten, daß es in dem freien Helgoland keine Polizei gäbe, so mußten wir auf die Marseillaise verzichten, denn die Musikanten durften nicht spielen." Hoffmann von Fallersleben, Mein Leben (wie Anm. 6), Bd. 3, S. 152 u. 209.

> Es will, es will!
> Hoch, Deutschland, hoch! [24]

In welchem Maße das *Lied der Deutschen* geradezu als „sorgfältig komponierte, bildungsbewußte Montage von Zitaten"[25] konzipiert ist, veranschaulichen weitere intertextuelle Verflechtungen. Die Liedzeilen „Von der
Maas bis an die Memel,/ Von der Etsch bis an den Belt" – auch hier keineswegs „imperialistische Anmaßung", sondern „Aufruf zur nationalen und
demokratischen Einigung der über dreißig Staaten, die zu jener Zeit den
Deutschen Bund bildeten"[26] und damit 1841 durchaus oppositionell – folgen in ihrer Grenz- und Flußtopik einer poetisch-politischen „Deutschland"-Tradition, die für Hoffmann mit Walthers von der Vogelweide *Preislied* beginnt („Von der Elbe unz an den Rîn/ und her wider unz an
Ungerlant")[27] und in patriotischer Gegenwartslyrik fortlebt – wie etwa in
Ernst Moritz Arndts populärem, fast nationalhymnenartigem Lied *Des
Teutschen Vaterland* von 1813/15: („Ist's Preußenland? ist's Schwabenland?/ Ists wo am Rhein die Rebe blüht?/ Ists wo am Belt die Möwe zieht?/
[...]/ Sein Vaterland muß größer sein") oder Georg Herweghs *Die deut-*

---

24 Ausführlich hierzu (auf breiter Materialbasis): Gerstenberg, Vom Sinn und Werden
    (wie Anm. 14), S. 11–44; vgl. auch Sandmann, Deutschlandlied (wie Anm. 9), S. 639–
    642; Hermand, Zersungenes Erbe (wie Anm. 9), S. 63 f.
25 Scholz, Deutschland in der Lyrik des Vormärz (wie Anm. 21), S. 175. Zur Verarbeitung literarischer Traditionen in der Textstruktur überaus materialreich (doch patriotisch-sakralisierend: „ein aus breiten Stoffmassen zusammengeschmolzener,
    leuchtender Kristall [...] einer Formel, die die Kraft besitzt, als vaterländisches Glaubensbekenntnis ein Volk von vielen Millionen zu verbinden") auch Max Preitz: Hoffmann von Fallersleben und sein Deutschlandlied. In: Jahrbuch des Freien Deutschen
    Hochstifts 1926, S. 289–327; Zitat S. 320 f.
26 Kurzke, Lieder und Hymnen (wie Anm. 9), S. 42 f.; ebd. zur „ursprünglichen Intention des Liedes" auch: *„Deutschland über alles* hieß 1841 *Deutschland über Sachsen, über Baden, über Preußen* und *über Holstein* und keineswegs *Deutschland über
    Frankreich, Rußland* oder *England*"; so bestehe „keinerlei imperialistische Anma
    ßung, als wolle man Gebiete an der Maas (heute Holland und Belgien), der Memel
    (in der Sowjetunion), der Etsch (in Italien) und am Belt (Dänemark) beanspruchen,
    sondern beschrieben [sind] nur die damaligen Grenzen des Deutschen Bundes."
27 Hoffmann druckt Walthers *Preislied,* mittelhochdeutsch und in Karl Simrocks Übersetzung, unter dem Titel *Deutsche Ehre* zugleich im Anhang („Stimmen aus der
    Vergangenheit") des 2. Bandes der *Unpolitischen Lieder* ab (wie Anm. 8), S. 172–
    175; Zitat S. 174. Zur Walther-Rezeption im *Deutschlandlied* vgl. den Beitrag von
    Horst Brunner in diesem Band; außerdem: Kurt Herbert Halbach: Walther von der
    Vogelweide, Hoffmann von Fallersleben und Schiller/Hölderlin. Rezeption und
    Konvergenz. Zu Walthers „Preislied". In: Jürgen Kühnel u. a. (Hrsg.): Mittelalter-
    Rezeption. Gesammelte Vorträge des Salzburger Symposions „Rezeption mittelalterlicher Dichter und ihrer Werke in Literatur, Bildender Kunst und Musik des
    19. und 20. Jahrhunderts". Göppingen 1979, S. 40–62.

sche Flotte von 1841 („*Ein* Volk vom Po [...] bis zum Sunde").[28] Auch die emphatische Formel „Deutsche Frauen" (als Spitze der nachfolgenden Reihung „deutsche Treue,/ Deutscher Wein und deutscher Sang") zitiert einmal mehr Walthers *Preislied* („Ich wil tiutschen vrouwen sagen"),[29] variiert aber gleichzeitig auch das – gezielt vaterländische – Eingangsgedicht *An Die deutschen Frauen* im 2. Teil der *Unpolitischen Lieder:*

> Seid mir gegrüßt ihr deutschen Frauen,
> Der schönern Zukunft Morgenroth!
> *Wem* soll vertrau'n, auf *wen* soll bauen,
> Das Vaterland in seiner Noth?
> [...]
> Ihr seid noch nicht verlocket worden
> Durch Titel oder andern Tand;
> Euch kann noch sein der schönste Orden:
> Die Liebe für das Vaterland.[30]

Selbst die für die vor allem demokratische *Deutschlandlied*-Rezeption zukunftweisende utopisch-politische Trias „Einigkeit und Recht und Freiheit" ist literarischer Tradition verpflichtet – formelhaft vorgeprägt in Johann Gottfried Seumes Gedicht *An das deutsche Volk im Jahre 1810* („Blicke, Genius des Vaterlandes [...]/ Daß wir Einheit, Freiheit, Recht erwerben [...]"),[31] aber auch in Ernst Moritz Arndts nachnapoleonisch triumphierendem *Lied vom Stein* („Heil, Freiheit, Vaterland und Recht!"),[32] wobei allerdings offen bleibt, in welchem Sinne – bei aller Opposition Hoffmanns gegenüber kleinstaatlicher Zersplitterung und reaktionären Macht-

---

28 Texte in: Wolfgang Frühwald (Hrsg.): Gedichte der Romantik. Stuttgart 1984, S. 65 f., hier S. 65 (*Des Teutschen Vaterland*); Hermand, Der deutsche Vormärz (wie Anm. 20), S. 136–139, hier S. 139 (*Die deutsche Flotte*). Vgl. dazu auch Hoffmanns ironisch-parodistische Verwendung des nationaltopographischen „von-bis"-Topos in *Rheinlied und Rheinleid* (wie Anm. 21) als Kritik an Beckers „Rheinlied": „Du hörst in tausend Melodein/ 'Sie sollen, sollen ihn nicht haben!'/ Von Tilsit bis nach Memel schrei'n"; in: *Unpolitische Lieder* (wie Anm. 8), 2. Teil, S. 123.

29 Unpolitische Lieder (wie Anm. 8), 2. Teil, S. 172, wo es weiter heißt: „[...] daz hie diu wîp/ bezzer sint danne ander vrouwen"; und: „Tiutsche man sint wol gezogen,/ rehte als engel sint diu wîp getân"(ebd. S. 174).

30 Unpolitische Lieder (wie Anm. 8), 2. Teil, S. 1 f. – Bemerkenswert überdies: In der Tafelrunde politischer Gesinnungsgenossen auf Helgoland kurz vor Entstehung des *Deutschlandlieds* (21./22. August), wo man „die gute Sache", „das einige Deutschland", „die Preßfreiheit!" u. a. m. hochleben läßt, bringt Hoffmann einen desgleichen „mit lautem Jubel" aufgenommenen „Trinkspruch" auf „die deutschen Frauen" aus. Hoffmann von Fallersleben, Mein Leben (wie Anm. 6), Bd. 3, S. 209.

31 Johann Gottfried Seume: Prosaische und poetische Werke. 10 Teile. Berlin o. J. [1879], Teil 5, S. 188–190; hier S. 190 (Schlußstrophe).

32 Zitiert in: Gerstenberg, Vom Sinn und Werden (wie Anm. 14), S. 61 (Schlußstrophe).

verhältnissen auch hier (wie überhaupt) – die nur schlagwortartig benannten, in ihrer gemütsbewegend-suggestiven poetischen Evokation nicht weiter präzisierten Grundbegriffe „Einigkeit und Recht und Freiheit" politisch konkret gedacht sind.[33]

Daß Hoffmanns *Lied der Deutschen* nicht zuletzt auch dem Kontext seiner *Unpolitischen Lieder* konzeptionell zuzuordnen ist, zeigen weitere intertextuelle Bezüge. So nicht nur der Trinklied-Charakter der handschriftlichen Ursprungskonzeption (mit der Schlußvariante: „Stoßet an und ruft einstimmig:/ Hoch das deutsche Vaterland!"),[34] der, wie auch der Lobpreis „deutscher Wein" (2. Strophe), der gesellig-potatorischen Zyklusstruktur der meist durch ein *Trinklied* eröffneten „Sitzungen" im 1. Teil der *Unpolitischen Lieder* entspricht,[35] sondern so auch die in Wortwahl, Tonlage und Sprachrhythmus konsequente Fortschreibung thematisch verwandter Deutschland-Gedichte wie *Heimkehr aus Frankreich* und *Mein Vaterland* (aber auch *Heimweh in Frankreich; Auf deutschem Grund und Boden; In Deutschland; Nur in Deutschland, nur*):

> Deutsche Worte hör' ich wieder –
> Sei gegrüßt mit Herz und Hand!
> Land der Freude, Land der Lieder,
> Schönes heitres Vaterland!
> Fröhlich kehr ich nun zurück,
> Deutschland du mein Trost und Glück!
>
> Treue Liebe bis zum Grabe
> Schwör' ich dir mit Herz und Hand:
> Was ich bin und was ich habe,
> Dank ich dir, mein Vaterland.[36]

Mit seiner auf Volkstümlichkeit, kollektives Fühlen und Sangbarkeit zielenden, zugleich choralartigen und volksliedhaften Einfachheit von Wort-

---

33 Zur Semantik politischer Schlagworte des Lyrikers Hoffmann wie zum Praxisbezug seiner politischen Lyrik vgl. die Beiträge von Heidrun Kämper und Kurt Schuster in diesem Band; vgl. auch Heidrun Kämper-Jensen: Lieder von 1848. Politische Sprache einer literarischen Gattung. Tübingen 1989 (Reihe Germanistische Linguistik 90), passim.

34 Vgl. Abbildung des handschriftlichen Textes in: Hoffmann von Fallersleben's Gesammelte Werke (wie Anm. 7), Bd. 4, Titelblatt. Vgl. Gerstenberg, Vom Sinn und Werden (wie Anm. 13), S. 47 f.; Kurzke, Hymnen und Lieder (wie Anm. 9), S. 47.

35 Von den insgesamt sieben „Sitzungen" des Zyklus werden sechs (außer der ersten) jeweils durch ein *Trinklied* und mit einem *Weinschwelg*-Zitat als Kapitel-Motto eröffnet („Dô huob er ûf unde tranc").

36 Unpolitische Lieder (wie Anm. 8), 1. Teil („Siebente Sitzung"), S. 158–165; die zitierten Strophenbeispiele (Eingangsstrophen) aus *Heimkehr aus Frankreich* (S. 159) und *Mein Vaterland* (S. 165).

wahl und Syntax, Doppelformeln und refrainartigen Wiederholungen,[37] darin der gemüthaft-patriotischen Tonart und Tendenz vieler Lied- und Gedichttexte der *Unpolitischen Lieder* verwandt (und thematisch auch mit den satirisch-polemischen Texten des Zyklus vielfach verbunden), entspricht das *Lied der Deutschen* nicht nur der Kategorie politisch-oppositioneller Vormärzlyrik, wie sie mit den *Unpolitischen Liedern* im Königreich Preußen 1841 exemplarisch verboten und von ihrem Autor (der dabei sein Amt als Professor verlor) vor der Untersuchungsbehörde als Ausdruck kollektiver Zeitstimmung erläutert wurde („die Dichter reproduzieren die Stimmung der Zeit, in der sie leben");[38] es entspricht damit auch der stets praktizierten Dichtungs- und Lyrikauffassung Hoffmanns überhaupt:

> Meine ganze Poesie [...] ist *reine* Lyrik und dazu rein deutsche und will auch weiter nichts sein, unzertrennlich vom Gesang; sie hat sich allen Beziehungen auf das Ausland und das classische Alterthum von jeher fern gehalten, und verschmäht allen rhetorischen Prunk und allen sententiösen Wortschwall [...].[39]

So ist es nur konsequent, wenn Hoffmann sein – bislang nur als Flugblatt kursierendes – *Lied der Deutschen* nach der Beschlagnahme und dem Publikationsverbot der *Unpolitischen Lieder* sogleich in deren anonymer Fortsetzung, den in zensurfreiem Ausland erscheinenden *Deutschen Liedern aus der Schweiz* (1842),[40] erneut publiziert. Überhaupt gibt es keinen anderen Liedtext im Œuvre Hoffmanns, den er – sei es in Separatdrucken, Flugschriften oder thematisch variierenden Sammelbänden – so häufig wiederabdruckt wie das *Lied der Deutschen*: so nochmals 1843 im *Berliner Studentischem Kommersbuch* und in einer Neuauflage seiner *Gedichte* (1843) sowie 1845 in Ludwig Erks „Volkslied"-Anthologie *Alte und neue Volkslieder für Männerstimmen*;[41] so im Revolutionsjahr 1848 in der Braunschweiger (in doppelter Auflage gedruckten) Flugschrift *Zwölf Zeitlieder* und einem Wiener Einblattdruck sowie, anläßlich des Zusammentritts der

---

37 Vgl. die detaillierte Stilanalyse des *Deutschlandlied*-Textes von Hans Peter Neureuter: Hoffmanns „Deutscher Sang". Versuch einer historischen Auslegung. In: Gedichte und Interpretationen. Bd. 4: Vom Biedermeier zum Bürgerlichen Realismus. Hrsg. von Günter Häntzschel. Stuttgart 1983, S. 223–234.

38 Brief Hoffmanns an den Germanisten Friedrich Zarncke vom 3. Febr. 1848. In: An meine Freunde. Briefe von Hoffmann von Fallersleben. Hrsg. von H[einrich] Gerstenberg. Berlin o. J., S. 144.

39 Hoffmann von Fallersleben, Mein Leben (wie Anm. 6), Bd. V, S. 8.

40 [Hoffmann von Fallersleben:] Deutsche Lieder aus der Schweiz. Zürich, Winterthur: Druck und Verlag des literarischen Comptoirs 1842, S. 16 f.

41 Berliner Studentisches Kommersbuch: Deutsche Lieder nebst ihren Melodien. Leipzig: Freise 1843; Gedichte von Hoffmann von Fallersleben. 3. Aufl. Leipzig: Weidmann 1843; Ludwig Erk (Hrsg.): Alte und neue Volkslieder für Männerstimmen gesetzt. 2 Bde. Essen: Baedecker 1845.

Frankfurter Nationalversammlung am 18. Mai 1848 („am Tage aller Deutschen der besseren Zukunft gespendet"), im *Deutschen Volksgesangbuch*.[42] Weitere, zunehmend nationalistisch – statt bislang oppositionell – motivierte *Deutschlandlied*-Publikationen folgen 1859, anläßlich des österreichisch-französischen Kriegs, in der Liedersammlung *Deutschland über Alles!*,[43] vor allem aber 1870, mit Beginn des deutsch-französischen Kriegs und der militärischen Effizienz Bismarckscher Einigungs- und Reichsgründungspolitik entschieden zugewandt, in mehreren Separatdrucken des Hamburger Verlegers Theodor Ebeling, die in einer (an mangelndem Allgemeininteresse jedoch scheiternden) Edition des Liedes in allen seinen Vertonungen gipfeln sollte.[44]

Nicht nur die Druckgeschichte des *Liedes der Deutschen* zu Lebzeiten Hoffmanns, sondern auch Stationen seines Gesungenwerdens im Beisein des Autors, vor allem aber dessen Kommentare zur politischen Bedeutung des Liedtextes in wechselnder Optik sind für die Ambivalenz seiner eigenen *Deutschlandlied*-Rezeption aufschlußreich.

Schon am 5. Oktober 1841 hatten erstmals Hamburger Turner und Mitglieder der Hamburger Liedertafel nach einem Fackelzug für den Führer der badischen Liberalen, Carl Theodor Welcker, das *Lied der Deutschen* in Anwesenheit des Dichters öffentlich gesungen.[45] Hoffmann selber be-

---

42 Zwölf Zeitlieder von Hoffmann von Fallersleben. Braunschweig: F. K. Meinecke 1848, S. 8 (Nr. 6); Zwölf Zeitlieder von Hoffmann von Fallersleben. Neue, zeitgemäßere Ausgabe. Braunschweig: F. K. Meinecke 1848, S. 8 (Nr. 6); Das Lied der Deutschen von Hoffmann von Fallersleben. Wien [Einblattdruck] 1848; Deutsches Volksgesangbuch von Hoffman von Fallersleben. Leipzig: Engelmann 1848, S. 39 (Nr. 39), Zitat aus: „Vorwort" (unpaginiert). – Zu Hoffmanns *Zeitliedern* im literarisch-politischen Kontext der 48er-Revolution in Braunschweig (Eduard Schmelzkopf, Hermann Klencke, Robert Griepenkerl u. a. m.) vgl. Eberhard Rohse: Literarische „Märzerrungenschaften". Die Revolution von 1848 in Werken Braunschweiger Schriftsteller. In: Herbert Blume und Eberhard Rohse (Hrsg.): Literatur in Braunschweig zwischen Vormärz und Gründerzeit. Beiträge zum Kolloquium der Literarischen Vereinigung Braunschweig vom 22. bis 24. Mai 1992. Braunschweig 1993 (Braunschweiger Werkstücke 84; zugleich: Schriften der Literarischen Vereinigung Braunschweig 39), S. 55–110; zu Hoffmann S. 72–78.

43 Deutschland über Alles. Zeitgemäße Lieder von Hoffmann von Fallersleben. Leipzig: Voigt und Günther 1859.

44 Vgl. Heinrich Gerstenberg: Hoffmann von Fallersleben in Schloß Corvey 1860–1874. Fortsetzung von „Mein Leben" bis zu des Dichters Tode. In: Hoffmann's von Fallersleben Gesammelte Werke (wie Anm. 7), Bd. 8, S. 240.

45 Vgl. Gerstenberg, Vom Sinn und Werden (wie Anm. 14), S. 46 f.; Fritz Andrée: Hoffmann von Fallersleben. Des Dichters Leben, Wirken und Gedenkstätten in Wort und Bild. Hrsg. von der Hoffmann-von-Fallersleben-Gesellschaft. 2. Aufl. Fallersleben 1972, S. 73–75; Heinrich-Jost, Hoffmann von Fallersleben (wie Anm. 7), S. 88.

richtet über eine *Deutschlandlied*-Demonstration in Holzminden am 22. August 1846, die ihm, dem inzwischen Berufslosen und politisch Verfolgten, beim Besuch eines Göttinger Studienfreundes und dessen Schwagers Karl Steinacker (des liberalen braunschweigischen Oppositionspolitikers, Landtagspräsidenten und Mitarbeiters an Carl von Rottecks und Carl Theodor Welckers *Staatslexikon*) im Geiste demokratisch-liberaler Gesinnung dargebracht wird:

> Abends bringt mir die Liedertafel ein Ständchen. Die Sänger mit farbigen Stocklaternen stellen sich im Halbkreise auf und singen drei meiner Lieder. Nach dem ersten (Deutschland, Deutschland über Alles!) bringt mir Steinacker, der Vorsteher, ein Hoch aus. Ich danke: 'Gott gebe, daß das deutsche Lied bald eine Wahrheit werde und deutsche Gesinnung zur That!'[46]

Gänzlich anders dagegen eine *Deutschlandlied*-Demonstration, fast ein Vierteljahrhundert später, in Göttingen am 3. September 1870 (unmittelbar nach der Siegesnachricht von Sedan), die im begeistert gesungenen „Deutschland, Deutschland über alles" nunmehr preußisch-wilhelminische – und ebendarin deutsche – Überlegenheit über den französischen 'Erbfeind' verherrlicht: Der hier als *Deutschlandlied*-Dichter Gefeierte, der gerade zuvor Spottverse auf die Niederlage Napoleons III. (*Nachruf an Louis*)[47] verfertigt hat, schildert diese Sedanfeier – nicht ohne Stolz und durchaus nationalbegeistert – seinem *Deutschlandlied*-Verleger Ebeling:

> [...] die Wucht der Ereignisse ist so gewaltig [...]. Unter Glockengeläute und Kanonendonner dichtete ich meinen „Nachruf auf Louis". Wenige Stunden nachher war ich in Göttingen.
> Aus dem jubelnden Gewimmel der festlich beleuchteten Straßen begab ich mich in die Grethensche Restauration [...]. In dem Theatersaale waren über tausend Menschen versammelt. Musik, Gesang und Reden wechselten mit einander ab. Unter den vielen Hochs, woran auch ich mich beteiligte, fiel auch mir eins zu. Herr N. bat mich, auf die Bühne zu kommen, es wollten mich einige Freunde begrüßen. Ich ahndete gar nichts weiter [...] und er sprach dann, wie ich eben aus der Göttinger Zeitung ersehe, folgendes:
> „Wenn unsere Söhne und Brüder in den Kampf ausgezogen sind, voll vaterländischer Begeisterung, so danken sie dieses Bewußtsein von der Heiligkeit der Sache, für welche sie streiten, so danken sie das Feuer der Begeisterung nicht zum wenigsten dem deutschen Liede. Der Ruhmeskranz, den das stolze Vaterland heute seinen Kriegern reicht, er gebührt auch den Sängern der Freiheits- und Vaterlandsliebe. Als ihr Vertreter empfange ihn hier *der* Mann, der vor Jahren sang: Deutschland, Deutschland über alles pp., H.v.F., der heute unter uns weilt."

---

46 Hoffmann von Fallersleben, Mein Leben (wie Anm. 6), Bd. 4, S. 292. – Zum politischen Wirken des braunschweigischen Liberalen Steinacker vgl. Günter Scheel: Steinacker, Karl. In: Horst-Rüdiger Jarck und Günter Scheel (Hrsg.): Braunschweigisches Biographisches Lexikon. 19. und 20. Jahrhundert. Hannover 1996, S. 585 f.
47 Hoffmann's von Fallersleben Gesammelte Werke (wie Anm. 7), Bd. 5, S. 180 f.

> Ich wurde nun mit einem Lorbeerkranze bekränzt, während die Versammlung mit
> Begleitung der Musik sang:
>   Deutschland, Deutschland über alles.[48]

Daß „Deutschland, Deutschland über alles" – kontrastiv zur Kaiser-Franz-Hymne einst als Volks- und Landeshymne entstanden – in der nationalen Sieges-Euphorie Hoffmanns politisch problemlos gar in wilheminische Monarchen-Hymnik überführbar ist, indem er selber eine Hymne auf den preußischen König als Schlachtensieger und Imperator anstimmt, gibt sein Bericht über diese Göttinger Sedan- und Dichterfeier an seine Schwägerin Alwine zu erkennen:

> [...] Da brachte mein Begleiter ein Hoch auf mich aus und bekränzte mich mit einem
> Lorbeerkranze. In meiner großen Verlegenheit wußte ich mir nicht anders zu hel-
> fen als durch den Vortrag meines Wilhelmliedes, dem ich ein Hoch auf den König
> zufügte. Allgemeiner lange anhaltender Jubel mit Trompetenmusik.[49]

Gemeint ist das bei Beginn des deutsch-französischen Kriegs, gleich nach den ersten preußischen Siegen, am 26. August 1870 verfaßte *König-Wilhelms-Lied* (auch das *Deutschlandlied* entsteht an einem 26. August): „Wer ist es, den der Lorbeerkranz / Von Königgrätz umweht?/ Wer ist es, der im Siegeskranz / Vor Frankreichs Hauptstadt steht? [...]" – mit dem Refrain: „Dein *König* Wilhelm ist's!", in späterer, ereignisgeschichtlich aktualisierter Textfassung unter dem Titel *Kaiser Wilhelm. 29. Januar 1871* von Hoffmann dann, wenn auch erfolglos, als Kaiserhymne des neugegründeten Reiches (statt *Heil dir im Siegerkranz*) intendiert.[50]

Gleichwohl kämpft Hoffmann seit Beginn des Krieges von 1870/71, dessen Bismarcksche Reichs- und Einheitsperspektive ihn nationalistisch enthusiasmiert, um deutschlandweite *Deutschlandlied*-Akzeptanz im öffentlich-politischen Bewußtsein, wobei er in doppelter Polemik (in einem Brief an Ebeling vom 12. August 1870) zum einen das konkurrierende, allenthalben populäre Arndtsche *Was ist des Deutschen Vaterland?* als territorial überholt, zum anderen die bereits chauvinistische Verdächtigung seines Liedtextes in Frankreich kritisiert:

> Erfreulicher wäre mir dagegen, wenn jetzt endlich einmal mein Lied „Deutschland,
> Deutschland über alles" zu allgemeiner Geltung gelangte, also das würde, was jetzt
> endlich sein kann, ein Lied für *ganz* Deutschland! [...] Die Arndtsche Singgeogra-
> phie hat ja nun endlich ihren Kreislauf vollendet [...] – piep!

---

48 Brief an Ebeling vom 14. Sept. 1870. In: An meine Freunde (wie Anm. 38), S. 325 f.,
    Nr. 137.
49 Brief vom 7. Sept. 1870, zitiert in: Gerstenberg, Hoffmann in Schloß Corvey (wie
    Anm. 43), S. 241.
50 Hoffmann's von Fallersleben Gesammelte Werke (wie Anm. 7), Bd. 5, S. 356 u. 182 f.
    (spätere Fassung).

Wissen Sie auch, was die Franzosen darüber denken? In der Militärdebatte im Dezember 1867 zitierte der Deputierte Liégeard mein Lied und behauptete, eine Nation, die ein solches Lied singen könne, zeige einen „Mangel an Bescheidenheit". Ach wären wir den Franzosen gegenüber doch nur immer unbescheiden gewesen![51]

Subjektive Gekränktheit des noch immer nicht angemessen rezipierten *Deutschlandlied*-Autors und zugleich frankreich- wie englandfeindliches Ressentiment artikulieren sich in der für die Ebelingsche *Deutschlandlied*-Edition von 1870 geplanten Vorrede *Oratio pro domo*:

> Daß dies Lied eine Zukunft haben würde, stand zu erwarten. Von dem Augenblicke an, daß wir aufhörten zu fragen: 'Was ist des Deutschen Vaterland?', von dem Augenblicke an, daß diese Frage beantwortet war durch die siegreichen Heere von ganz Deutschland, da wurde das Lied
> Deutschland über Alles
> zur Wahrheit und kann von nun an als ein Lied aller Deutschen mit Recht gesungen werden, wenn es auch die ganze Welt außer Deutschland verdrießt. Ja, wir haben endlich ein Recht dazu, mehr als der Engländer zu seinem *Rule Britannia* und der Franzose heute noch zu seiner Marseillaise. [...][52]

Unverkennbar chauvinistisch (und fast schon rassistisch) vollends zeigt sich Hoffmanns pathetisch-polemische Konfrontation von „Deutschland über alles" mit dem „Franzosengeschlecht" in einem Brief an Adolf Strümpell (Wolfenbüttel) vom 27. August 1870:

> Die gewaltige Zeit verschlingt alles Persönliche, alles, was Liebe und Gemütlichkeit heißt und ist, und läßt uns nur den Haß übrig, den Haß gegen dies verworfene Franzosengeschlecht, diese Scheusale der Menschheit, diese tollen Hunde, diese grande nation de l'infamie et de la bassesse. Gott gebe und Er gibt es, daß wir aus diesem schweren Kampfe glorreich hervorgehen und der Menschheit den großen Dienst erweisen, daß mein, unser „Deutschland über alles" zur Wahrheit wird.[53]

Erst nach vollendeter Reichsgründung legt sich Hoffmanns Deutschland-Euphorie und weicht zunehmender Enttäuschung über die noch immer ständisch, spießbürgerlich, partikularistisch bornierten und antiliberalen, Presse- und Meinungsfreiheit verhindernden deutschen Zustände, wie dies

---

51 Brief an Ebeling vom 12. August 1870, in: An meine Freunde (wie Anm. 38), S. 321 f.; Nr. 134; vgl. ebd. auch die Invektive gegen Beckers politisch noch immer virulentes *Rheinlied* – zugunsten des *Deutschlandlied*-Textes in Haydnscher Vertonung: „Die Haydnsche Melodie ist nicht übertroffen worden, und das ist mir lieb: es muß eine Melodie von einem Ende Deutschlands bis zum andern gesungen werden, nämlich vom Volke. [...] Man wird nun zwar nicht leicht mein Lied totkomponieren, wie weiland das Beckersche „Sie sollen ihn nicht haben", aber es kann doch nur durch eine allgemein bekannte und beliebte Melodie am besten seinen Zweck erreichen."

52 Zitiert in: Gerstenberg, Ein Lebensbild (wie Anm. 13), S. 93 f.; vgl. auch Ders., Vom Sinn und Werden (wie Anm. 14), S. 72.

53 An Adolf Strümpell vom 27. August 1870. In: An meine Freunde (wie Anm. 38), S. 322, Nr. 135.

schon 1841 die *Unpolitischen Lieder* kritisierten und nun auch ein Brief an
Leo Meyer (in Dorpat) vom 26. Februar 1871 beklagt – symptomatisch
zugleich für die politische Ambivalenz, die innere Widersprüchlichkeit
nicht nur von Hoffmanns Vaterlandsbegriff und Deutschland-Bild, sondern darin zugleich seines *Deutschlandlieds* (wie seiner *Deutschlandlied*-
Rezeption) zwischen nationalistischer Glorifizierung und demokratisch-
liberaler Utopie:

> Dies Land hat keinen Reiz für mich, dies Land der berechtigten Eigentümlichkei-
> ten, wo jeder Bauer ein Junker und jeder Junker ein Esel ist; wo die sogenannten
> Gebildeten sich dadurch auszuzeichnen glauben, daß sie vornehm, kalt, steif, zuge-
> knöpft und unliebenswürdig sind; wo die Liberalen nur Spießbürger und partiku-
> laristische Doktrinäre; wo die Presse liberal tut und ihren Lesern nur so viel Libe-
> ralismus gibt, als sie vertragen können; wo Stüve [d. i. Joh. Karl Bertram St.,
> Hannoverscher Minister des Inneren nach 1848] für einen großen Vaterlandsfreund
> galt [...]. Doch ich will Ihren Heimatgefühlen durchaus nicht zu nahe treten, ich
> wünsche nur, daß dieselben schöner und herrlicher aufgehen in dem Einen Gefüh-
> le, das jeden Deutschen ganz beseelen muß: Deutschland über alles![54]

Enttäuschung über politische Zustände, aber auch über den Mißerfolg seines *Deutschlandlieds* gegenüber der *Wacht am Rhein* und der Preußenhym-
ne *Heil dir im Siegerkranz* (die 1871 Hymne des Deutschen Reichs wird)
artikuliert ein Gedicht vom Sommer 1871:

> „Deutschland, Deutschland über alles!"
> O wie sang ich es so oft!
> Niemals wollt' Erfüllung werden,
> Was ich lang und heiß erhofft.
> Ach! die Tage der Erfüllung
> Meiner Hoffnung kamen nicht,
> „Deutschland, Deutschland über alles!"
> Blieb nur immer mein Gedicht.[55]

Seinem Negativ-Fazit vaterländischer *Deutschlandlied*-Rezeption angesichts des nunmehr vollendeten Bismarck-Reichs folgt bald schon die Zeitdiagnose seines Gedichts *Schlechte Aussichten* (1872), das im mittlerweile
gründerzeitlichen „Vaterland" weder nationalen noch demokratischen,
sondern lediglich ökonomisch-materiellen „Fortschritt" konstatiert:

> Die Welt steht wieder still
> Als wäre sie am Ziel.

---

54 Brief an Leo Meyer vom 26. Febr. 1871. In: An meine Freunde (wie Anm. 38),
    S. 338 f., Nr. 148.
55 Zitiert in: Gerstenberg, Vom Sinn und Werden (wie Anm. 14), S. 69; vgl. auch Sand-
    mann, Deutschlandlied (wie Anm. 9), S. 651.

> Der Fortschritt, den man will,
> Ist nur ein Börsenspiel.[56]

Bemerkenswert für politische, literarische und sogar germanistische *Deutschlandlied*-Rezeption noch zu Lebzeiten Hoffmanns sind überdies drei weitere Wirkungsdokumente. Zunächst die, soweit ich sehe, erste literaturwissenschaftliche Resonanz,[57] fast ein Kuriosum: 1869 publiziert der Germanist Wilhelm Wilmanns eine Ausgabe der Gedichte Walthers von der Vogelweide, die dessen *Preislied* (das Hoffmann seinen *Unpolitischen Liedern* mit dem Titel *Deutsche Ehre* beigefügt und im *Lied der Deutschen* anspielungsreich-bedeutsam vergegenwärtigt hatte) unter dem Titel *Deutschland über alles* abdruckt[58] und so editionsphilologisch, zwischen den Bismarck-Kriegen von 1866 und 1870/71, nationalistische Instrumentalisierung mittelalterlicher Dichtung betreibt. Zum anderen erscheint in den 60er Jahren, nicht minder kurios (und in ihrer Weise desgleichen zugleich ein Politikum), eine literarische *Deutschlandlied*-Adaptation in Form einer dreistrophigen Kontrafaktur (mit Austausch nur weniger Wörter und Wendungen), die unter dem Titel *Heimat über Alles!* von der „Commission der Zürcherischen Schulsynode" in vielen Auflagen der *Sammlung von Volksgesängen für den Männerchor* als „schweizisches Lied" verbreitet wird:

> 1. Heimat, Heimat über Alles,
> Ueber Alles in der Welt,
> Wenn sie stets zu Schutz und Trutze
> Brüderlich zusammenhält.
> Dir nur schlugen unsere Herzen,
> Du allein bist unsere Welt.
> Heimat, Heimat über Alles,
> Ueber Alles in der Welt.[59]

---

56 Hoffmann's von Fallersleben Gesammelte Werke (wie Anm. 7), Bd. 5, S. 195.

57 Im Kapitel „Hoffmann von Fallersleben" seiner literarhistorischen Zehnjahresbilanz *Die deutsche Literatur der Gegenwart. 1848 bis 1858* (2. Auflage Leipzig 1870 [zuerst 1859]. Bd. 1, S. 81–95) hatte bereits Robert Prutz für Hoffmann den „Namen 'des Deutschen'" vorgeschlagen („immer wahr und ächt wie das deutsche Gemüth und der deutsche Wein, hält Hoffmann von Fallersleben Alles vereinigt, das dem deutschen Herzen lieb und theuer ist"), doch sein *Lied der Deutschen* dabei unerwähnt gelassen.

58 Vgl. Walther von der Vogelweide. Hrsg. und erklärt von Wilhelm Wilmanns. 3. Auflage Halle/S. 1912 (zuerst 1869), S. 247. Diesen Hinweis danke ich dem Beitrag von Horst Brunner im vorliegenden Band (vgl. S. 236).

59 Zitiert in: *Ein Lieder-Fälscher.* In: Prenzlauer Zeitung & Kreisblatt. Nr. 67 vom 20. August 1873 (Stadtarchiv Braunschweig, Sign. H VIII A Nr. 1845: Personalsammlung Hoffmann von Fallersleben); über Verfasser und Publikationsart ebd.: „Herr *J. Heim,* Musikdirektor in Zürich, hat die beispiellose Frechheit gehabt, das *Lied*

Lediglich die Eingangszeilen bzw. Teile davon (mit entsprechender Wiederholung am Strophenende) sind in den nachfolgenden, ansonsten text-
identischen Strophen ausgetauscht:

> 2. Schweizer-Frauen, Schweizer-Treue,
>   Schweizer-Wein und Schweizer-Sang [...]

> 3. Einigkeit und Recht und Freiheit
>   Für das Schweizer-Vaterland! [...][60]

Diese *Deutschlandlied*-Kontrafaktur wiederholt in ihrer intertextuellen
Struktur – als strophisch (und hier weithin auch sprachlich) identischer
Gegentext zu einer bekannten Liedvorlage – paradoxerweise genau die für
Hoffmanns *Lied der Deutschen* (und einen Großteil seiner politischen
Lyrik) typische Gestaltungstechnik. Seinen Ärger über diese „Liederfäl-
schung" hat Hoffmann 1873 in diversen Tageszeitungen, wie es scheint,
publizistisch selber artikuliert:

> Für *Wechsel*fälschung hat das Gesetz bei uns eine Strafe, die *Lieder*fälschung ist bis
> jetzt nicht in den Bereich der Gesetzgebung gezogen, obschon *diese* Art der Fäl-
> schung von größerem Nachtheile begleitet sein kann, weil sie das edelste Gut eines
> ganzen Volkes zu einer beliebig zu verfälschenden Waare macht, und selbst hier wie
> trotz der „*Schweizer-Biederkeit*".[61]

Und drittens: Bei der Enthüllung und Bekränzung einer Marmorbüste
Hoffmanns zu Ehren seines 73. Geburtstags 1871 in der städtischen Kunsthalle zu Hamburg hält der politische Initiator der Aktion Karl Hirsche
(Hauptpastor von St. Nicolai und Wolfenbütteler Freund Hoffmanns) eine
Festrede, die die mit „Hamburgische[r] Thatkraft und Vorurteilslosigkeit"
verbundene liberal-oppositionelle Ursprungsrezeption des *Deutschlandlieds* schon vor 1841 hervorhebt:

---

der Deutschen 'Deutschland, Deutschland über Alles', zu einem *schweizischen* Lie-
de zu machen. Die Sache wäre von geringerer Bedeutung, wenn dieser *schweizische*
Text nicht in den beiden von Heim herausgegebenen Werken stände: 'Sammlung von
Volksgesängen für den Männerchor. Herausgegeben von einer Commission der Zürcherischen Schulsynode, *unter Redaction* von J. Heim' und 'Sammlung von Volksgesängen für den gemischten Chor', und wenn diese beiden Bücher [...] nicht auch
in *deutschen* Gesangvereinen verbreitet wären. [...] Von der ersten Sammlung erschien Zürich 1867 die 17. Ausgabe, von der zweiten in demselben Jahre die 7."

60 Ebd.; zitiert ist dort, aus „der 2. Sammlung (für den gemischten Chor)", noch eine
    weitere – geschlechtsneutrale wie alkoholfreie – Version: „Schweizer-Herzen, Schwei-
    zer-Treue,/ Schweizer-Biederkeit und Sang".

61 Ebd.; Gerstenberg (Hoffmann in Schloß Corvey [wie Anm. 44], S. 372), der auf den-
    selben Presseartikel mit Zitat des „schweizerischen" Liedes und dessen Kritik als
    Fälschung aus der *Westfälischen Zeitung* (28. August 1873, Nr. 99) verweist, hält
    Hoffmann für den Verfasser, zumindest den Veranlasser dieses Artikels.

Von Hamburgs freiem Boden flogen jene unpolitischen Lieder in die Welt, welche die nächste Veranlassung seines Martyriums wurden. Und hier in Hamburg wurde zum ersten Male in Deutschland, am 5. October 1841, von der vereinigten Hamburger Liedertafel und Turnerschaft jenes unsterbliche Lied der Deutschen öffentlich gesungen, dessen Anfangsworte „Deutschland, Deutschland über alles" auf dem Bande zu lesen sind, welches diesen Eichenkranz schließt.[62]

Entsprechend endet die Rede, in vorsichtig abwägender Anerkennung „jedes Verdienstes" bei der „Wiedergeburt des Vaterlandes" („sei's des Kaisers, sei's seines Kanzlers, sei's seiner Feldherren, sei's seines und Deutschlands Sängers"), nicht in nationalistischer Glorifizierung, sondern mit den Worten der 'demokratischen' Schlußstrophe des *Deutschlandlieds*: „Einigkeit und Recht und Freiheit / Für das deutsche Vaterland! […]" – wohingegen Hoffmanns Antwort- und Dankgedicht (*An mein Bild*) zu diesem Festakt in seiner Marmorstatue „nur ein einzig Wort" zum Ausdruck gebracht wissen will: „Des Dichters Liebe für sein Vaterland!"[63] So erweist sich Ernst Scherenbergs Nachrufgedicht auf den 1874 zu Corvey Verstorbenen („Deutschland galt dein erstes Lieben,/ Deutschland galt dein letztes nur […]"), mit immer neuer insistierender Nennung von „Deutschland, Deutschland über Alles,/ Über Alles in der Welt!" in jedem Refrain seiner fünf Strophen – die Scherenberg bei der Trauerfeier auf dem überfüllten Corveyer Schloßhof dem (vor einer „trauernden Germania") Aufgebahrten feierlich zuspricht – als literarisch-politische *Deutschlandlied*-Rezeption fast noch aus dem Autorhorizont des Verstorbenen selbst:

> Und erfüllt ward dein Vertrauen
> Auf des deutschen Volkes Kraft:
> Durftest noch im Spätroth schauen,
> Wie das Reich sich aufgerafft;
> Wie voll mächt'gen Widerhalles
> Siegreich scholl von Belt zu Belt:
>   „Deutschland, Deutschland über Alles,
>   Über Alles in der Welt!"[64]

---

62 Worte bei der Enthüllung und Bekränzung der Büste Hoffmann's von Fallersleben am 21. December 1871 in der städtischen Kunsthalle zu Hamburg gesprochen von G. K. Hirsche. Hamburg: Druck von Ferdinand Schlotke o. J. [Faltblattdruck, unpaginiert]; Stadtarchiv Braunschweig, Sign. H VIII A Nr. 1845 (Personalsammlung Hoffmann von Fallersleben).

63 Ebd.

64 Bericht von der Trauerfeier auf Schloß Corvey am 23. Jan. 1874 und Text des rezitierten Nachrufgedichts in: Gerstenberg, Hoffmann in Schloß Corvey (wie Anm. 44), S. 276 f. (hier zitiert: 3. Strophe, S. 277).

3. Langemarck, Weimarer Republik, Drittes Reich –
Zum *Lied der Deutschen* als Nationalhymne

Obwohl noch nicht Nationalhymne, gewinnt das *Lied der Deutschen* in
den Jahrzehnten zwischen Hoffmanns Tod und Erstem Weltkrieg zunehmend öffentliche Verbreitung und Akzeptanz. Ablesbar ist dies z. B. an
Robert Königs populärer, als „Hausbuch" und „Erbbuch" deutscher Familien intendierter *Deutscher Literaturgeschichte* von 1878 (12. Aufl. 1882),
die, unter Verurteilung der *Unpolitischen Lieder* Hoffmanns als „Tendenz-
poesie" und „Abirrung", dessen seit „1866 und 1870" zunehmend oft und
begeistert gesungene patriotische Lieder ausgiebig lobt und dabei (im Zi-
tatkontext von *Heimweh in Frankreich* und *Kaiser-Wilhelm-Lied*) vor allem „Deutschland, Deutschland über alles […]" (nur den Text der 1. Strophe jedoch, nicht des Liedes insgesamt) in vollem Wortlaut präsentiert.[65]
Wirkungsgeschichtliches Erfolgsindiz ex negativo sind auch Friedrich
Nietzsches antiwilhelminische „Deutschland, Deutschland über alles"-
Verdikte von 1887/88 in *Zur Genalogie der Moral* („Verödung des deutschen Geistes") und *Götzendämmerung*: „[…] die Deutschen mißtrauen
jetzt dem Geiste, die Politik verschlingt allen Ernst für wirklich geistige
Dinge – 'Deutschland, Deutschland über alles', ich fürchte, das war das
Ende der deutschen Philosophie."[66] Und war das *Deutschlandlied* auf der
(bislang britischen) Insel Helgoland, seinem Entstehungsort, am 18. August 1890 erstmals bei einem deutschen Staatsakt, in Anwesenheit Kaiser
Wilhelms II. und unter Hissung der schwarz-weiß-roten Reichsflagge,
offiziell erklungen, so informiert *Brockhaus' Konversations-Lexikon* im
Jahre 1909: „Jetzt wird meist das Lied 'Deutschland, Deutschland über alles'
als Nationalhymne gebraucht."[67]
     Indessen bringt erst der Weltkrieg von 1914–1918 den wesentlichen
wirkungsgeschichtlichen Durchbruch in Richtung Nationalhymne. Nicht
nur die durch den Bericht der obersten Heeresleitung vom 10. November
1914 ausgelöste und katalysatorisch öffentlichkeitswirksame Langemarck-
Legende („Westlich Langemarck brachen junge Regimenter unter dem

---

65 Robert König: Deutsche Literaturgeschichte. 12., durchges. Auflage Bielefeld, Leip-
     zig 1882 [zuerst 1878], Vorrede („Dem deutschen Hause", unpag.) u. S. 666–672 (über
     Hoffmann von Fallersleben), bes. S. 669 f.
66 Zur Genalogie der Moral. Eine Streitschrift (1887). In: Friedrich Nietzsche: Werke.
     5 Bde. Hrsg. von Karl Schlechta. Frankfurt a. M., Berlin, Wien 1976. Bd. 3, S. 761–
     900, hier S. 896; Götzendämmerung oder Wie man mit dem Hammer philosophiert
     (1888). In: ebd. S. 939–479, hier S. 983.
67 Brockhaus' Konversations-Lexikon. 14. Auflage 1907. Bd. 17 (Supplement), Arti-
     kel „Nationalhymne"; zitiert nach Kurzke, Hymnen und Lieder (wie Anm. 9), S. 55.

Gesange 'Deutschland, Deutschland über alles' gegen die erste Linie der feindlichen Stellungen vor und nahmen sie")[68] sondern nicht weniger die schon seit August 1914 ausbrechende allgemeine Kriegs- und Sieges-Euphorie tragen erheblich zur Eskalierung und Dynamisierung kollektiver National-Begeisterung bei und damit zugleich zu kollektiv-breitenwirksamer Identifikation auch mit Text und Melodie der – längst schon siegreich-traditionsgeprägten – *Deutschland, Deutschland über alles*-Strophe (neben der noch prädominierenden *Wacht am Rhein*). So berichtet Berthold Eugen, ein publizistisch engagierter Augsburger Gymnasiast, in seinen *Augsburger Kriegsbriefen* in der *München-Augsburger Allgemeinen Zeitung* von einer „patriotischen Kundgebung", einer Sedanfeier am 2. September 1914 („nachts vor dem Augsburger Stadttheater"):

> Kopf an Kopf stand die Menge [...] so ruhig wie in einer Kirche. Mächtig rauschten die Töne des Mendelssohnschen Kriegsmarsches über den Platz. Dann fielen die Männerchöre ein. Kraftvolle patriotische Lieder brausten durch die Nacht. Kinkels wundersam ergreifendes Lied *Kriegers Abschied* ertönte. [...] Aus der ein wenig wehmütigen Stimmung riß uns das große Lied der Deutschen, in das die ganze Zuhörerschaft jubelnd einstimmte.

Interessant nun, wie (nach Ansprache des Oberbürgermeisters und Verlesung eines Telegramms vom „Sieg bei Reims") das eben gesungene *Lied der Deutschen* in der Eskalation kollektiven „Jubels" durch noch pathetisch-mächtigeres Singen der *Wacht am Rhein* (als eigentlichem „Lied des Deutschtums" und sogar „deutscher Einigkeit") geradezu sakral überboten erscheint:

> Und dann, dann schwoll es auf, das ewige Lied des Deutschtums, das Lied, das klingen wird, solang ein Tropfen Bluts noch glüht: *Die Wacht am Rhein*. Schwoll auf, stürmte, donnerte, gesungen von einem ganzen Volk, und klang und klang und jauchzte hinaus in die Nacht, verkündend die Wahrheit von deutscher Einigkeit.[69]

Der Augenzeuge und Berichterstatter dieser festlichen Massenveranstaltung, der damals 16jährige Bertolt Brecht, schildert in einem weiteren seiner *Augsburger Kriegsbriefe* (vom 11. September 1914) eine für die *Deutschlandlied*-Rezeption im Ersten Weltkrieg nicht weniger aufschlußreiche patriotische Feier („zugunsten des Roten Kreuzes") im Stadttheater, von deren abschließendem Höhepunkt (nach der „kernigen, kraftvollen Ansprache des Oberbürgermeisters") es heißt:

---

68 Zitiert nach: Sandmann, Deutschlandlied (wie Anm. 9), S. 652; zur Kritik der Langemarck-Legende siehe unten S. 76 f.

69 [Berthold Eugen:] Augsburger Kriegsbrief. In: München-Augsburger Allgemeine Zeitung, 4. September 1914. In: Brecht in Augsburg. Erinnerungen, Texte, Fotos. Eine Dokumentation von Werner Frisch und K[urt] W[alter] Obermeier unter Mitarbeit von Gerhard Schneider. Frankfurt a. M. 1976, S. 241–241, hier S. 243.

Alle die Hunderte erheben sich in tiefer Bewegung und singen die deutsche Hymne.
Da ... eine Überraschung. Der Vorhang der Bühne hebt sich.
Ein lebendes Bild ... Um die Büste des deutschen Kaisers, die in grünem Lorbeer
schimmert, stehen deutsche Soldaten huldigend in ihrer feldgrauen Uniform. Eine
schwarzweißrote Fahne senkt sich vor dem Kaiser. Einige Sekunden mitten im Lied.
Dann braust er wieder auf, der deutsche Sang. *Und jubelt und rauscht, stürmt und
donnert:* Deutschland, Deutschland über alles, über alles in der Welt.[70]

In seinem sakralen Pathos noch überschwenglicher charakterisiert ein
Kriegsfreiwilliger von 1914 die Bedeutung des *Deutschlandlieds* für die ihm
endlich gewährte, langersehnte Einberufung zur Teilnahme am „gewaltigen Geschehen [...] des beginnenden Heldenkampfes unseres Volkes":

Ich hatte einst als Junge und junger Mensch so oft den Wunsch gehabt, doch wenigstens einmal durch Taten bezeugen zu können, daß mir die nationale Begeisterung
kein leerer Wahn sei. Mir kam es oft als Sünde vor, Hurra zu schreien, ohne vielleicht nur das innere Recht hierzu zu besitzen [...]. So quoll mir, wie Millionen anderen, denn auch das Herz über vor stolzem Glück, mich nun endlich von dieser
lähmenden Empfindung lösen zu können. Ich hatte so oft „Deutschland, Deutschland über alles" gesungen und aus voller Kehle Heil gerufen, daß es mir fast wie eine
nachträglich gewährte Gnade erschien, nun im Gottesgericht des ewigen Richters
als Zeuge antreten zu dürfen zur Bekundung der Wahrhaftigkeit dieser Gesinnung.

Und über „Deutschland, Deutschland über alles" als begeisternd-nationa-
len Kampfgesang bei der „Feuertaufe" auf den Schlachtfeldern Flanderns
heißt es (fast wie im Heeresbericht über die „jungen Regimenter" der
Schlacht bei Langemarck vom 10. November 1914) hier weiter:

So, wie wohl für jeden Deutschen, begann nun auch für mich die unvergeßlichste
und größte Zeit meines irdischen Lebens. [...] Und dann kommt eine feuchte, kalte
Nacht in Flandern, durch die wir schweigend marschierten. [...] Dann aber begann
es zu knattern und zu dröhnen, zu singen und zu heulen [...], bis plötzlich über
Rübenfelder und Hecken hinweg der Kampf einsetzte, der Kampf Mann gegen
Mann. Aus der Ferne her drangen Klänge eines Liedes an unser Ohr und kamen
immer näher und näher, sprangen über von Kompanie zu Kompanie, und da, als
der Tod gerade geschäftig hineingriff in unsere Reihen, da erreichte das Lied auch
uns, und wir gaben es nun weiter: Deutschland, Deutschland über alles, über alles
in der Welt![71]

Daß diese patriotisch-kriegsbegeisterten, sakralsprachlich aufgeladenen
Deutschlandlied-Erinnerungen aus Adolf Hitlers *Mein Kampf* (1925/27)
stammen, mag überraschen; doch mehr noch, daß auch die *Augsburger
Kriegsbriefe* des Gymnasiasten und Kriegspublizisten Brecht von 1914 fast

---

70 Augsburger Kriegsbrief, 11. September 1914, in: Brecht in Augsburg (wie Anm. 69),
    S. 249–252, hier. S. 249 f.
71 Adolf Hitler: Mein Kampf. Zwei Bände in einem Band. Ungekürzte Ausgabe. 291./
    295. Auflage München 1938 [zuerst 1925 (Bd. 1), 1927 (Bd. 2)]. Bd. 1, Kap. 5 („Der
    Weltkrieg"), S. 178–181.

dasselbe nationalistisch-sakrale Deutschland- und *Deutschlandlied*-Pathos aufweisen.[72] In dieser *Deutschlandlied*-Rezeption Brechts wie Hitlers zu Kriegsbeginn spiegelt sich – als paradoxe Gemeinsamkeit künftig diametral konträrer politischer Antipoden – allgemeine „deutsche" Mentalität des wilhelminischen Zeitalters zu Kriegsbeginn überhaupt, wie sie, spätestens seit Bismarck-Siegen und Reichsgründung, im politisch emotionalisierten Selbstbild deutscher Größe und Geschichtsbedeutsamkeit militant-patriotisch und traditionsreich ebenso vorgeprägt erscheint wie in verinnerlichter, kollektiv-weihevoller Identifikation mit „Deutschland, Deutschland über alles." Doch zeigen sich auch hier schon charakteristische Unterschiede Brechtscher und Hitlerscher *Deutschlandlied*-Rezeption: Während Brechts *Kriegsbriefe* nicht nur Festakte Augsburger *Deutschlandlied*-Euphorie schildern, sondern auch die kriegsbedingt-aktuelle Sozialproblematik entlassener Augsburger Fabrikarbeiterinnen und ihrer Kinder (die „nichts mehr zu essen haben, weil ihre Ernährer kämpfen, sterben vielleicht, für … für uns?") und dabei angesichts der bereits Gefallenen den Vaterlandsbegriff selbst hinterfragt („Ihr Vaterland, das sind wir. Und wir, was tun wir für diese Menschen, für diese Tausende, die ihr Leben einsetzen täglich, stündlich, die Leiden dulden, von denen wir daheim keine Ahnung haben?"),[73] attackiert Hitlers *Mein Kampf*, unter Berufung auf den *Deutschlandlied*-Heroismus der „jungen Regimenter einst in Flandern", die politischen Verfechter der nach Kriegsende erstmals demokratisch sich formierenden Staatsform als „Drückeberger", „volksbetrügerische Parteilumpen" und „Pack":

> Was ging uns das allgemeine Wahlrecht an? Hatten wir etwa deshalb vier Jahre lang gekämpft? Es war ein niederträchtiger Banditenstreich, auf solche Weise den toten Helden das Kriegsziel im Grabe noch zu stehlen. Nicht mit dem Rufe „Es lebe das allgemeine und geheime Wahlrecht" waren die jungen Regimenter einst in Flandern in den Tod gegangen, sondern mit dem Schreie „Deutschland über alles in der Welt." So war denn die Front in ihren alten Beständen für dieses neue Kriegsziel der Herren Ebert, Scheidemann, Barth, Liebknecht usw. nur sehr wenig empfänglich. Man verstand gar nicht, warum auf einmal die Drückeberger das Recht besitzen konnten, über das Heer hinweg sich die Herrschaft im Staate anzumaßen.
> Meine persönliche Meinung war von Anfang an fest: Ich haßte das ganze Pack dieser elenden, volksbetrügerischen Parteilumpen aufs äußerste.[74]

---

72 Zur Kriegs- und Deutschland-Problematik früher Werke Brechts im Kontext seiner Auseinandersetzung mit Bibel, Christentum und Patriotismus um 1914/15 vgl. Eberhard Rohse: Der frühe Brecht und die Bibel. Studien zum Augsburger Religionsunterricht und zu den literarischen Versuchen des Gymnasiasten. Göttingen 1983 (Palaestra 278), bes. S. 152–245.

73 Brecht, Augsburger Kriegsbrief, 11. September 1914. In: Brecht in Augsburg (wie Anm. 69), S. 251.

74 Hitler, Mein Kampf (wie Anm. 71), Bd. 1, Kap. 7 („Die Revolution"), S. 218 f.

Und während Brecht der nationalsozialistisch pervertierten Nationalhymne 1943 dann, als politisch-satirische *Horst-Wessel-Lied*-Kontrafaktur, den *Kälbermarsch* (Refrain: „Der Metzger ruft. Die Augen fest geschlossen [...]") entgegensetzt und 1951 zudem, bei Wiedereinführung des *Deutschlandlieds* als Nationalhyme der Bundesrepublik, auch die Alternative seiner *Kinderhymne* („Anmut sparet nicht noch Mühe / Leidenschaft nicht noch Verstand / Daß ein gutes Deutschland blühe / Wie ein andres gutes Land"),[75] betreibt Hitler – der inzwischen „beschloß, Politiker zu werden" – auf Massenkundgebungen im Zirkus Krone 1921 in München, unter agitatorisch-sakralsprachlichem Einsatz des *Deutschlandlieds* (dessen erste Strophe 1933 dann mit dem *Horst-Wessel-Lied* zur Hymne des NS-Staates wird), den Kampf gegen „rote Front" und „Republik" und damit massenpsychologisch ebenso „inbrünstig" wie folgenschwer den systematischen Aufbau von nationalsozialistischer Partei und „Bewegung":

> Ich begann zu sprechen und redete gegen zweieinhalb Stunden. [...] Man hörte kaum mehr als den Atemzug dieser Riesenmenge, und erst als das letzte Wort gesprochen, brandete es plötzlich auf, um in dem mit höchster Inbrunst gesungenen „Deutschland"-Lied seinen erlösenden Abschluß zu finden. [...] ich ging nun dazu über, nicht nur jede Woche eine, sondern manche Woche zwei Massenveranstaltungen abzuhalten. [...] Das Ergebnis war eine immer steigende Anhängerzahl der Bewegung und eine große Zahl der Mitglieder.[76]

Nachzutragen zur „Langemarck-Legende" der obersten Heeresleitung – der nicht nur Hitlers *Deutschlandlied*-Rezeption entspricht, sondern auch literaturwissenschaftliche *Deutschlandlied*-Interpretation von 1916 (als „Schlachtgesang unserer todesmutigen Jungmannschaft bei Langemarck" habe das *Deutschlandlied* im November 1914 seine „Bluttaufe" erhalten)[77] – bleibt noch der spätere Bericht eines ehemaligen Kriegsfreiwilligen und Augenzeugen:

> Mehrere Zeitungen und Zeitschriften gedachten der Wochen, als vor vierzig Jahren kriegsfreiwillige Regimenter gegen die englisch-belgische Übermacht am Yser-Kanal anstürmten und „unter Gesang des Deutschlandliedes in die feindlichen Linien einbrachen." [...] Eines Nachts hatte das erste Bataillon des Regiments, dem ich angehörte, Befehl, den Sturmangriff auf der großen Landstraße Richtung Ypern voranzutragen. Die benachbarten Regimenter und Bataillone konnten auf den Sturzäckern und Wiesen nicht schnell genug mitkommen. Es herrschte völlige Dunkelheit. Plötzlich fühlten wir, daß wir nicht nur von vorn, sondern auch von hinten

---

75 Die Gedichte von Bertolt Brecht in einem Band. Hrsg. vom Suhrkamp Verlag [...] mit Elisabeth Hauptmann. Frankfurt a. M. 1984, S. 1219 f. u. 977; Hitler, Mein Kampf (wie Anm. 71), Bd. 1, Kap. 7 („Die Revolution"), S. 225.
76 Hitler, Mein Kampf (wie Anm. 71), Bd. 1, S. 225 u. Bd. 2, Kap. 7 („Das Ringen mit der roten Front"), S. 225.
77 Gerstenberg, Ein Lebensbild des Dichters (wie Anm. 13), S. 3 u. 95.

beschossen wurden. Unser Bataillonskommandeur, ein Professor der Technischen Hochschule Braunschweig (er und sein Sohn fielen in dieser Nacht), befahl „hinwerfen" und – da wir weiter von hinten beschossen wurden – „singen". Da lagen wir nun auf der Landstraße und sangen, was uns einfiel – das Deutschlandlied, Volkslieder, Studentenlieder –, um uns den deutschen Truppen zu erkennen zu geben.
Wie ich höre, ist das auch bei anderen Regimentern geschehen. Als ich einige Tage später verwundet im Kriegslazarett Gent lag, las ich den Heeresbericht von den stürmenden Kriegsfreiwilligen mit dem Deutschlandlied auf den Lippen. Ich reichte die Zeitung meinem Bettnachbarn: „Kannst du dir denken, daß man beim Sturmangriff singen kann?"[78]

Ein politisch sich zuspitzendes, konfrontatives Gegeneinander demokratischer und nationalistisch-revanchistischer *Deutschlandlied*-Interpretation nach verlorenem Weltkrieg zur Zeit der Weimarer Republik (in der auch Hitlers Münchener Massenkundgebungen stattfinden) setzt neue wirkungsgeschichtliche Akzente. So bekennt sich am 12. Mai 1919 der Präsident der Nationalversammlung Konstantin Fehrenbach, durchaus antiimperialistisch, zum *Deutschlandlied* als „vaterländischem Hymnus" („Er ist mißdeutet worden. Man hat gesagt, er sei eine Überhebung gegenüber anderen Völkern. [...] Er ist nur der Ausdruck unserer innigen, gemüttiefen Liebe zu unserer Heimat" und der „Verehrung für das Land unserer Väter"),[79] woraufhin sich die ganze Nationalversammlung – Deutschnationale, Sozialdemokraten, linke Volksbeauftragte – erhebt und das *Deutschlandlied* anstimmt. Jedoch auch 1920 in Berlin, während des Kapp-Putschs, zieht nach der Ermordung Rathenaus, desgleichen unter Absingung des *Deutschlandlieds*, die Brigade Ehrhardt durchs Brandenburger Tor. Wäh-

---

78 Otto Benecke: Langemarck-Legende. In: Deutsche Universitäts-Zeitung, Göttingen 1955, S. 13; zitiert in: Materialien zur Geschichte der deutschen Nationalhymne (wie Anm. 15), S. 106 f. (M44). – Die ideologisch-deutschlandpathetische Persistenz der Langemarck-Legende belegt eindringlich auch eine literaturwissenschaftliche *Deutschlandlied*-Untersuchung von 1926: die literarhistorisch ebenso fundierte wie nationalpathetisch überstrapazierte Studie von Preitz: Hoffmann von Fallersleben und sein Deutschlandlied (wie Anm. 25), die, nach instruktiver Darlegung von Textstruktur, Entstehungs- und Wirkungsgeschichte des Liedes, im pathetischen Preis seiner Bewährung „in des jungen Reiches tragischer Feuerprobe, im Weltkrieg" gipfelt: „Das erschütterndste Zeugnis [...] ist jener 10. November von Langemarck, an dem die jungen Kriegsfreiwilligen, wie es im Heeresbericht so schlicht zu lesen ist, »unter dem Gesang 'Deutschland, Deutschland über alles' gegen die erste Linie der feindlichen Stellungen vorbrachen, sie nahmen und etwa 2000 Mann französischer Linieninfanterie gefangen einbrachten.« So in Glück und Glanz, in Not und Tod, in weltentiefem Sturz der deutschen Menschheit erprobt [...], ist das Lied der Deutschen mit dem deutschen Schicksal verwachsen [...] und von nun ab wohl für alle Ewigkeiten davon nicht wieder abzulösen" (S. 321 u. 326 f.).
79 Materialien zur Geschichte der deutschen Nationalhymne (wie Anm. 15), S. 12 f.

rend 1919 sowie 1923 (nach der Ruhrbesetzung durch Franzosen und Belgier) revanchistisch-militante Nationalisten eine dem *Deutschlandlied* angefügte (auch in NS-Liederbüchern nachgedruckte) „Trutz-Strophe" singen:

> Deutschland, Deutschland über alles
> und im Unglück nun erst recht,
> denn im Unglück kann sich zeigen,
> ob die Liebe treu und echt,
> und so soll es weiter schallen
> von Geschlechte zu Geschlecht.
> Deutschland, Deutschland über alles,
> und im Unglück nun erst recht[80] –

erkärt der Reichspräsident und Sozialdemokrat Friedrich Ebert in einer Kundgebung zum Jahrestag der Weimarer Verfassung, programmatisch „Einigkeit und Recht und Freiheit" hervorhebend, das *Deutschlandlied* am 11. August 1922 zur deutschen Nationalhymne:

> Einigkeit und Recht und Freiheit! Dieser Dreiklang aus dem Liede des Dichters gab in Zeiten innerer Zersplitterung und Unterdrückung der Sehnsucht aller Deutschen Ausdruck; er soll auch jetzt unseren harten Weg zu einer besseren Zukunft begleiten. Sein Lied, gesungen gegen Zwietracht und Willkür, soll nicht Mißbrauch finden im Parteikampf; es soll nicht der Kampfgesang derer werden, gegen die es gerichtet war, es soll auch nicht dienen als Ausdruck nationalistischer Überhebung. Aber so, wie einst der Dichter, so lieben wir heute 'Deutschland über alles'. In Erfüllung seiner Sehnsucht soll unter den schwarz-rot-goldenen Fahnen der Sang von Einigkeit und Recht und Freiheit der festliche Ausdruck unserer vaterländischen Gefühle sein.[81]

Auch die literarische *Deutschlandlied*-Rezeption der Weimarer Zeit – in lyrischer, dramatischer oder satirisch-polemischer Form – spiegelt gegensätzliche Positionen. Friedrich Lienhards (des Mitbegründers der Heimatkunstbewegung) Versuch einer *Deutschlandlied*-Neudichtung in Form (dreistrophiger) Kontrafaktur und zugleich personifizierender Du-Anrede: *Deutschland, auch durch Nacht und Nöte,/ hoch das Haupt und hoch das Herz* (1919) zielt, wie auch die „Trutz-Strophe", auf Bewältigung der Kriegsniederlage, doch in eher gedämpftem – wiewohl nationalistischem – Pathos, Passions- und Auferstehungs-Topoi epigonal bemühend: „[...]

---

80 Taschenbuch der deutschen Fußballvereine. 3. Aufl. Berlin ca. 1933, S. 45; zitiert in: Kurzke, Hymnen und Lieder (wie Anm. 9), S. 48; ebd. (S. 56) auch Hinweise zur Übernahme der „Trutz-Strophe" in den meisten der NS-Liederbücher, z. B. in: *Kampf-Marschlieder* (hrsg. von der Standarte 6 der S.A. der NSDAP, Berlin ca. 1932), *Singkamerad. Liederbuch der deutschen Jugend* (hrsg. von der Reichsamtsleitung des Nationalsozialistischen Lehrerbunds, 2. Aufl. München 1934), *Liederbuch der Nationalsozialistischen Deutschen Arbeiter-Partei* (24. Aufl. München 1934).

81 Materialien zur Geschichte der deutschen Nationalhymne (wie Anm. 15), S. 56 (M 1).

Ist das alte Reich zerschlagen,/ soll das neue auferstehn /[...]/ Dornenkranz hast du getragen,/ Seelenkronen werden glüh'n./ Deutschland, Deutschland nicht verzagen!/ Deutsches Reich wird neu erblüh'n."[82] Mit polemischer Schärfe hingegen attackiert Kurt Tucholsky in *Deutschland, Deutschland über alles* (1929), einem zeitkritisch-satirischen „Bilderbuch" mit Kommentaren zu politischen Bild-Collagen John Heartfields, die titelstiftende Zitatzeile („jene Zeile aus einem wirklich schlechten Gedicht, das eine von allen guten Geistern verlassene Republik zu ihrer Nationalhymne erkor") und darin zugleich die „nationale" – schwarz-weiß-rote wie schwarz-rot-goldene – *Deutschlandlied*-Aktualität in Kaiserreich und Republik, staatlicher Repräsentation, Bildungsbürgertum und Militarismus:

> Aus Scherz hat dieses Buch den Titel „Deutschland über alles" [!] bekommen, jenen törichten Vers eines großmäuligen Gedichts. Nein, Deutschland steht nicht über allem und ist nicht über allem – niemals. Aber *mit* allen soll es sein, unser Land. Und hier stehe das Bekenntnis, in das dieses Buch münden soll: *Ja, wir lieben dieses Land.* Und nun will ich euch mal was sagen: Es ist ja nicht wahr, daß jene, die sich „national" nennen und nichts sind als bürgerlich-militaristisch, dieses Land und diese Sprache für sich gepachtet haben. Weder der Regierungsvertreter im Gehrock, noch der Oberstudienrat, noch die Damen und Herren des Stahlhelms allein sind Deutschland. Wir sind auch noch da.[83]

Ödön von Horváths Stück *Sladek, der schwarze Reichswehrmann* von 1928/29, eine „Historie aus dem Zeitalter der Inflation" (über rechtsradikale Wehrverbände und Vertuschung ihrer paramilitärischen Umtriebe und Fememorde durch die Justiz des Deutschen Reichstags), setzt ein mit einer *Deutschlandlied*-Szene, die ein ideologisch signifikantes Zusammenspiel von „deutschem" Liederarsenal und antisemitisch-antisozialistischer Aggressivität rechtsradikaler Hakenkreuzler demonstriert (1. Akt): Nach brachialem Hinauswurf eines Journalisten aus dem Versammlungslokal („Raus mit dem roten Hund! [...] Du Judenknecht!") sind als „Gesang aus dem Saal" der Reihe nach zu hören: „Drum Brüder schließt die Runde / Und hebt die Hand zum Schwur,/ In unserm heilgen Bunde / Gilt eine Losung nur:/ Das Hakenkreuz soll flattern [...]./ Hakenkreuz und Stahlhelm,/ Schwarzweißrotes Band,/ Sturmabteilung Hitler / Werden wir genannt!/ Wir lassen uns, wir lassen uns / Von Ebert nicht regieren!/ Hei Judenrepublik!/ Hei Judenrepublik!/ Schlagt zum Krüppel Doktor Wirth! [...] / Schlagt tot den Walther Rathenau / Die gottverdammte Judensau!", sodann:

---

82 Im Schwarzburg[b]und-Liederbuch *Käuzlein* (1926); zitiert nach Kurzke, Hymnen und Lieder (wie Anm. 9), S. 57 f.

83 Deutschland, Deutschland über alles. Ein Bilderbuch von Kurt Tucholsky und vielen Fotografien. Montiert von John Heartfield. Reinbek bei Hamburg 1980 [zuerst: Berlin 1929], S. 12 u. 230.

„Wir treten zum Beten vor Gott den Gerechten [...]" und „Wohlauf Kameraden, aufs Pferd, aufs Pferd [...]" sowie, nach Auftritt des „Hauptmanns", des Initiators der Aktion („Die nationale Revolution bin ich"), schließlich: „Deutschland Deutschland über alles,/ Über alles in der Welt!/ Wenn es stets zu Schutz und Trutze / Brüderlich zusammenhält./ Deutschland, Deutschland über alles / Über alles in der Welt!"[84] Dieser Dramaturgie kritischer „Demaskierung des Bewußtseins"[85] durch szenische Demonstration ideologisch stereotypisierten Sprachverhaltens (in Alltagsklischees, politischen Schlagworten, propagandistischer Sprachmanipulation, vorgeformten Liedtexten etc.) folgt auch der – in einer weiteren, kontrapunktischen *Deutschlandlied*-Szene gipfelnde – Schluß des Dramas, der die indirekte Kollaboration offizieller Regierungsvertreter mit der (durch Regierungsmilitär soeben liquidierten) „schwarzen Reichswehr" zeigt: Während der staatliche Verhandlungsführer, noch auf dem Schlachtfeld, einem Journalisten gegenüber – im Blick auf das Deutschland-Image im Ausland – die Existenz terroristisch-rechtsradikaler Wehrverbände leugnet („Es gab keine schwarze Reichswehr!") und dabei den tödlich verwundeten, politisch in den Fememord an seiner Geliebten verstrickten Reichswehr-Mitläufer Sladek justizpropagandistisch als „gewöhnlichen" Mörder kriminalisiert, wird das Sterben Sladeks (dessen kleinbürgerhaftes Mitläufertum naiv der sozialdarwinistisch-faschistoiden Parole folgte: „In der Natur wird gemordet, und das ändert sich nicht") begleitet vom *Deutschlandlied*-Gesang einer affirmativ sangesbereiten Öffentlichkeit („Männer, Frauen, Kinder") – wobei die Text-Montage aus dritter und erster Strophe einmal mehr den Grundwiderspruch der politischen Zeitmentalität spiegelt:

> Einigkeit und Recht und Freiheit
> Für des Deutschen Vaterland!
> Danach laßt und alle streben
> Brüderlich mit Herz und Hand!

---

84 Ödön von Horváth: Sladek, oder der schwarze Reichswehrmann. Historie aus dem Zeitalter der Inflation. In: Ders.: Gesammelte Werke in 8 Bänden. Hrsg. von Traugott Krischke und Dieter Hildebrandt. Frankfurt a. M. 1972. Bd. 2, S. 483–527, hier S. 485–496 (passim). – Zu Horváths Auseinandersetzung mit „schwarzer Reichswehr" und Weimarer Republik in der Konzeption seines Dramas wie auch zu seinen Kontakten zur „Liga der Menschenrechte", die sich (wie 1925 schon Carl von Ossietzky in seiner Schrift *Das heimliche Heer*) kritisch gegen „die Machenschaften der schwarzen Reichswehr und die Vertuschungsversuche der Justiz" wandten, vgl. Dieter Hildebrandt: Ödön von Horváth in Selbstzeugnissen und Bilddokumenten. Reinbek bei Hamburg 1975, S. 38–42.
85 Ödön von Horváth: Gebrauchsanweisung. In: Gesammelte Werke (wie Anm. 84), Bd. 8, S. 659–665, hier S. 661.

Deutschland, Deutschland über alles
Über alles in der Welt![86]

Sarkastischer noch ist eine *Deutschlandlied*-Szene in Horváths „Volksstück" *Geschichten aus dem Wiener Wald* (1931), in der er, als „dramatischer Chronist" seiner Zeit,[87] die Kompensatorik kollektiver Spießermentalität zwischen Voyeurismus, Sentimentalität und Kitsch, Alltags-Inferiorität und nationalistischer Superioritätsphantasie im beifallumjubelten Nachtprogramm eines Amüsierbetriebs (mit Bar, Separées, Kabarettbühne und Conferencier) als Theater im Theater satirisch vorführt: In einer Revue szenischer „Bilder" mit Musik – zwischen den Nummern „Donaunixen" („Die Kapelle spielt nun den Walzer 'An der schönen blauen Donau', [...] man sieht drei halbnackte Mädchen, deren Beine in Schwanzflossen stecken [...] starker Applaus") und „Die Jagd nach dem Glück" („Die 'Träumerei' von Schumann erklingt [...] eine Gruppe nackter Mädchen [...] versucht einer goldenen Kugel nachzurennen, auf welcher das Glück auf einem Bein steht [...]") – erscheint, nationalistisch berauschte *Über alles*-Ekstase auslösend, als „zweites Bild: unser Zeppelin!":

> Und nun ertönt der „Fridericus rex" – und auf der Bühne stehen drei nackte Mädchen – die erste hät einen Propeller in den Händen, die zweite einen Globus und die dritte einen kleinen Zeppelin – das Publikum rast vor Beifall, schnellt von den Sitzen und singt die erste Strophe des Deutschlandliedes, worauf es sich wieder beruhigt.[88]

Die Demaskierung kollektiven Bewußtseins in dieser Wiener „Deutschland, Deutschland über alles"-Szene von 1931 zeigt Horváth auch insofern als „dramatischen Chronisten" seiner Zeit, als gerade in Wien schon seit 1929 zum *Deutschlandlied* eine dem „großdeutschen Gedanken" dienende „Anschluß-Strophe" kursierte *(In den Schoß des Mutterlandes / Kehre Österreich zurück)*, die in den Versen gipfelte: „Auch vom Donaustrand erschall' es / Wie ein Schwur zum Himmelszelt:/ Deutschland, Deutsch-

86 Horvath, Sladek (wie Anm. 84), S. 525–527. – Zum Motiv öffentlicher Omnipräsenz des *Deutschlandlieds* in der Weimarer Zeit vgl. in der Erstfassung des Stücks von 1928 *(Sladek oder die schwarze Armee. Historie in drei Akten.* 1. Akt, 2. Szene. In: Gesammelte Werke [wie Anm. 84], Bd. 2, S. 407–482, hier S. 416): „Bei Anna. Sie sitzt an der Nähmaschine. Auf der Straße spielt eine Drehorgel das Deutschlandlied [...]."

87 Zu Horváths Selbstverständnis, als „kritischer" Volksstückautor „dramatischer Chronist" seiner Zeit zu sein, vgl. sein *Interview* mit dem Bayerischen Rundfunk (1932) in: Gesammelte Werke (wie Anm. 84); Bd. 1, S. 7–16, hier S. 12.

88 Ödon von Horváth: Geschichten aus dem Wiener Wald. Volksstück in drei Teilen. In: Gesammelte Werke (wie Anm. 84), Bd. 2, S. 157–251, hier S. 227–229 (in Teil III: „Beim Heurigen"; S. 227: „Die Bühne verwandelt sich nun ins 'Maxim' – mit einer Bar und Separées; im Hintergrunde eine Kabarettbühne mit breiter Rampe. [...]").

land über alles,/ Über alles in der Welt!"[89] Daß diese Zusatz-Strophe dann
mit dem tatsächlichen „Anschluß" Österreichs an das „Reich" (1938) geschichtlich überholt und überflüssig wurde, berührt zugleich eine grund-
sätzliche textuelle Problematik der Wirkungsgeschichte des *Deutschlandlieds* selbst bereits als Nationalhymne des Dritten Reichs: nicht nur die
Problematik uminterpretierender Texttilgung und -ergänzung (Redukti-
on auf erste Strophe zur *Horst-Wessel-Lied*-Vorstrophe), sondern auch
„großdeutsch"-territorialer Außerkraftsetzung utopischer Bedeutungsqua-
litäten selbst noch im Text der Reststrophe, der gelegentlich gar – wie
Kurzke treffend dokumentiert – desgleichen ersetzt wird:

> Mit dem Anschluß Österreichs und der Besetzung Polens, Dänemarks und der
> Niederlande hatte auch das *Von der Maas bis an die Memel, von der Etsch bis an
> den Belt* erneut seinen Status geändert. Aus der Utopie war wieder eine Realität
> geworden, die Sehnsucht schien erfüllt. Deshalb konnten deutsche Soldaten nun im
> Tone trotzigen Triumphs singen (im sogenannten *Panzerjägerlied*):
>> Von der Maas bis an die Memel,
>> Von der Etsch bis an den Belt
>> stehen deutscher Männer Söhne
>> gegen eine ganze Welt.[90]

Ein in seinem historisch-lokalen Symbolwert instruktives Bild politischer
Deutschlandlied-Rezeption in der NS-Zeit bietet die Hoffmann-Festwo-
che in Fallersleben vom 22. bis 30. August 1936. Zum einen erscheint bemerkenswert, daß das *Grußwort des Bürgermeisters Wolgast* zum Festakt
– zur Einweihung des renovierten Geburtshauses, des Hoffmann-Muse-
ums und der zu Ehren des Dichters errichteten Jugendherberge – in der
Würdigung Hoffmanns als *Deutschlandlied*-Dichter, bei gleichzeitiger
Betonung von „Deutschland, Deutschland über alles" und „Einigkeit und
Recht und Freiheit" (mit obligatem Dank auch gegenüber dem „Führer und
Reichskanzler"), sachlich einigermaßen differenziert wie politisch durchaus moderat bleibt:

> „Deutschland, Deutschland über alles!" Wie ein Schwur hebt dieses Lied der Hin-
> gabe an das Vaterland täglich und tausendfach die Herzen empor, macht sie stolz
> und stark. Aus keiner Feierstunde des Volkes ist das „Lied der Deutschen" wegzu-
> denken. Die Geburtsstätte des Dichters und Gelehrten Hoffmann von Fallersleben
> vor dem Verfall zu schützen und somit das Gedächtnis an diesen aufrechten deut-
> schen Mann, den großen Sohn Niedersachsens, wach zu halten, der sein Leben lang
> für Deutschland, für Einigkeit und Recht und Freiheit gestritten und geopfert hat,

---

89 Vgl. Gerstenberg, Vom Sinn und Werden (wie Anm. 14); S. 95 (mit Textzitat).
90 Kurzke, Hymnen und Lieder (wie Anm. 9), S. 49; *Panzerjägerlied*-Zitat dort aus:
    Soldatenliederbuch. Hrsg. vom Generalkommando des VII. Armeekorps, München
    ²1940.

war eine Dankesschuld. Durch die Hilfe des Führers und Reichkanzlers war es möglich, die umfangreichen Instandsetzungsarbeiten planmäßig zu Ende zu führen. Nachdem die Bauarbeiten jetzt beendet sind, öffnet das Hoffmann-Haus seine Pforten als würdige Gedenkstätte für das deutsche Volk. Möge jeder Besucher mit Hoffmann erkennen: Wir leben nur so viel, als wir für andere leben.[91]

Zum anderen: Der „Höhepunkt" dieser Festwoche, die „Gedenkfeier" zu Ehren des Dichters am 26. August, dem Tage der *Deutschlandlied*-Entstehung, in Anwesenheit vieler „hoher Vertreter des Reichs und der Partei" als Ehrengäste („von denen wir nennen wollen: Ministerialdirigent *v. Detten* in Vertretung des Reichsministers Kerrl, Gauleiter *Telchow* [recte: Telschow] vom Gau Hannover-Ost, Ministerpräsident *Klagges*, Staatsminister *Alpers*, SS-Gruppenführer *Jeckeln*, Staatsrat *Schmidt-Bodenstedt*, Brigadeführer *Wagener* von der Moorbrigade Niedersachsen und Landesbauernführer *Giesecke*"), vollzieht sich als spektakuläre Selbstinszenierung von NS-Staat und Partei:[92]

Ein wunderschönes Bild bot sich den Zuschauern. Die angetretenen Formationen und Gliederungen der Partei hatten sich auf der Hoffmannstraße aufgestellt, die einen platzartigen Charakter hat, und bildeten ein offenes Viereck mit der Front nach dem neuen Amtsgericht. Sonne lag über Fallersleben und spiegelte sich in den Spaten des Arbeitsdienstes, spielte mit den Fahnen, die an hohen Masten hingen, und fing sich in den Musikinstrumenten der Musikzüge. Im Hintergrunde die Kanone von 1870/71, auf deren Rohr die Jugend der Stadt rittlings saß, um die Vorgänge besser verfolgen zu können. […] Nach dem Abschreiten der Front durch Gauleiter Telchow [!] begaben sich die Ehrengäste durch ein dichtgefügtes Spalier von SA.-Männern nach dem Hoffmann-Hause, um an der Gedenkfeier im Saale teilzunehmen.

Im „Saal" des erneuerten Hoffmann-Hauses, wo auf „erhöhtem Podium" die von Blumen und Palmen üppig umflutete „weiße Marmorbüste des Dichters" emporragt, gipfelt der Festakt (nach Brahms-Sextett, feierlichem Prolog, Bürgermeister-Rede mit Begrüßung der Ehrengäste und Dank an Bauleute, Architekt und nochmals den „Führer") in einer „der ergreifendsten Reden, die je gehalten worden ist" – einer Rede des stellvertretenden Kreisleiters Geffers über „Leben, Wirken und Schaffen" Hoffmanns, der

---

91 Grußwort des Bürgermeisters Wolgast. In: Braunschweiger Neueste Nachrichten – Braunschweigische Landeszeitung. 22./23. August 1936. Nr. 196, 6. Blatt (Stadtarchiv Braunschweig: H VIII A Nr. 1845: Personalsammlung Hoffmann von Fallersleben).

92 [Karl Schulze:] Einem Sohne Niedersachsens zum Gedenken. Höhepunkt der Hoffmann-Woche in Fallersleben – Eine ergreifende und unvergeßliche Gedenkfeier. In: Braunschweiger Tageszeitung vom 27. 8. 1936 (Stadtarchiv Braunschweig, Sign. H VIII A Nr. 1845: Personalsammlung Hoffmann von Fallersleben). – Zu einigen der hier genannten Nazi-Größen vgl. in Jarck/Scheel, Braunschweigisches Biographisches Lexikon (wie Anm. 46): Hans-Ulrich Ludewig: Klagges, Dietrich (S. 318 f.); Dieter Lent: Jeckeln, Friedrich (S. 300 f.); ders.: Alpers, Friedrich Ludwig (S. 24 f.); Rosemarie Henning: Schmidt-Bodenstedt, Adolf (S. 532).

– man höre und staune – „in seinem Denken und Wollen", wie Horst
Wessel, „Nationalsozialist" gewesen sei:

> […] Niemand wollte diesen Mann haben, dessen Liebe zu Deutschland unvergleich-
> lich war. Ruhelos wurde er durch die Staaten Deutschlands gehetzt. Keiner gewährte
> ihm Asylrecht. Bei Nacht und Nebel mußte er fliehen. […] Er, […] dem das einige
> große Deutschland Lebenswerk war, führte einen beispiellosen Kampf gegen die
> Reaktion. Man kann, sagte der Redner, einen Vergleich ziehen zwischen ihm und
> dem Führer der Standarte der Toten, Horst Wessel. Er war ein Nationalsozialist in
> seinem Denken und Wollen.

Entsprechend das Finale des Ganzen: Nicht die Orchesterdarbietungen
noch im Saale (Haydns Kaiserquartett-Andante und „Variationen des
Deutschland-Liedes") sind letzter Höhepunkt des Festakts, sondern das
„auf dem Ehrenhof vor dem Denkmal" (nach Kindergesang, offizieller
Abstattung von Reichsminister-Grüßen und Kranzniederlegung) von an-
wesender Staats- und Parteiprominenz wie versammelter Öffentlichkeit
gemeinsam intonierte, weithin „Aether" und „Lande" durchdringende
Deutschlandlied (mit allen Strophen) – und das *Horst-Wessel-Lied*:

> […] folgt die Kranzniederlegung, der sich die drei Verse des Deutschlandliedes an-
> schließen. Mächtig hallen sie, erheben sich über die Dächer der Stadt hinweg, drin-
> gen durch die Straßen und Gassen, dringen in den Aether hinein und pflanzen sich
> fort durch die Lande. Das Horst-Wessel-Lied folgt […].[93]

---

[93] Einem Sohne Niedersachsens zum Gedenken, in: Braunschweiger Tageszeitung vom
27.8.1936 (wie Anm. 92). – Zu Ehren des „Nationalsozialisten" Hoffmann folgt
seinem *Lied der Deutschen* also auch 1936 in Fallersleben: „Die Fahne hoch, die
Reihen fest geschlossen!/ SA marschiert mit ruhig festem Schritt /[…]/Die Straße
frei den braunen Bataillonen!/ Die Straße frei dem Sturmabteilungsmann!/ Es schaun
aufs Hakenkreuz voll Hoffnung schon Millionen […]" (Textabdruck in: Kurzke,
Hymnen und Lieder [wie Anm. 9], S. 126 f.). Daß auch die Hoffmann-Germanistik
diese Mixtur einer Staatshymne von 1933 problemlos übernehmen konnte, hatte der
Deutschlandlied-Forscher, Hoffmann-Editor und -Biograph Gerstenberg schon
1933 demonstriert, der das *Horst Wessel-Lied* pathetisch als „jüngere[n] Bruder" des
Deutschlandlieds begrüßte (in: Vom Sinn und Werden [wie Anm. 14], S. 97 f.). Zur
NS-germanistischen *Deutschlandlied*-Rezeption vgl. weiterhin auch: Cysarz, Die
deutsche Einheit im deutschen Schrifttum (wie Anm. 11); Rudolf Alexander Moißl:
Das Lied der Deutschen. St. Pölten 1941; Ernst Hauck: Das Deutschlandlied. Aus
dem Kampf um unsere Einheit. 2. Aufl. Dortmund 1942; Wilhelm Marquardt: Heinrich Hoffmann von Fallersleben. Hannover 1942 (Schriftenreihe des Gaues Osthan-
nover. Bd. 2: 100 Jahre „Deutschland, Deutschland über alles").

4. Aspekte der *Deutschlandlied*-Rezeption seit 1945

Auch hinsichtlich der Wirkungsgeschichte der deutschen Nationalhymne gibt es, nach dem militärischen und politischen Zusammenbruch des Nazi-Regimes mit dem Kriegsende von 1945, keine „Stunde Null". Ideologisch-politische Altlasten ragen – unverdrängbar (und wie immer gearteter Aufarbeitung bedürfend) – hinein in die fundamental veränderte Gegenwart und die im Zeichen des Neubeginns anstehende Zukunft. Während englische Soldaten im Mai 1945 an Kinder von Panzern herab in Schleswig-Holstein Kaugummi und Drops verteilen und gewehreputzend singen „Deutschland, Deutschland ‘überälles’, Deutschland nun in Arsch!" („[...] wir Kinder sangen mit"),[94] der Kontrollrat der Alliierten „Deutschland, Deutschland über alles" als Nationalhymne abschafft und sarkastische Volksreime („Deutschland, Deutschland ohne alles / ohne Butter ohne Speck [...])" großdeutsch-verhängnisvolles Hymnen- und Ideologiepathos deutschlandweit noch nachträglich negieren,[95] sucht Thomas Mann im amerikanischen Exil (wo er als Kritiker Hitler-Deutschlands sich publizistisch stark engagierte) gegenüber amerikanischen *Deutschlandlied*-Kritikern den „Deutschland, Deutschland über alles"-Text von dessen historischem Ursprung her als politisch durchaus integer zu begreifen:

> Um die deutsche Frage ging es, im Anschluß an meinen Vortrag, natürlich auch hier, und ich erinnere mich des skeptischen Lächelns, dem ich begegnete, als ich den Herren auseinandersetzte, daß das berüchtigte „Deutschland, Deutschland über alles" eigentlich eine sehr wohlmeinende Parole gewesen sei, Ausdruck großdeutscher demokratischer Hoffnung und keineswegs so gemeint, daß Deutschland „über alles" herrschen sollte, sondern nur, daß man es werthalten wolle über alles, wenn es einig und frei sei. Davis hielt das augenscheinlich nur für eine patriotische Beschönigung, und es schloß sich ein ganz interessantes Gespräch daran über die ursprünglich revolutionäre Verbundenheit des nationalen und des demokratisch-freiheitlichen Gedankens und über den zwar reaktionären, aber geistig nicht verächtlichen Kampf der Metternich und Gentz gegen diese hochherzige, auf Vereinigung gerichtete und doch auch wieder sprengkräftige Mischung.[96]

Aus der Errichtung von Bundesrepublik und DDR wie dem Ende der Militärregierung im Jahre 1949 erwächst eine für die *Deutschlandlied*-Re-

94 Karin Linnig: „Is mien Korl hier?" In: Jürgen Kleindienst (Hrsg.): Gebrannte Kinder. Kindheit in Deutschland 1939–1945. 61 Geschichten und Berichte von Zeitzeugen. Berlin 1998 (Reihe Zeitgut, Bd. 1), S. 80–93, hier S. 85 f.
95 Siehe oben S. 51 (mit Anm. 1).
96 Thomas Mann: Die Entstehung des Doktor Faustus. Roman eines Romans. Amsterdam 1949. In: Ders.: Das essayistische Werk. Taschenbuchausgabe in acht Bänden. Hrsg. von Hans Bürgin. Bd. 3: Schriften und Reden zur Literatur, Kunst und Philosophie 3. Frankfurt a. M. 1968, S. 88–205, hier S. 149.

zeption nicht nur politisch folgenträchtige und kontrovers bewegte, sondern auch literarisch-textuell veränderungsreiche Entwicklung. So wird am
6. November 1949 in Ost-Berlin die vom DDR-Präsidenten Wilhelm Pieck
bei Johannes R. Becher in Auftrag gegebene DDR-Hymne „Auferstanden
aus Ruinen / und der Zukunft zugewandt [...]" (vertont von Hanns Eisler) nach Zustimmung von SED und Volkskammer im *Neuen Deutschland*
veröffentlicht, woraufhin Konrad Adenauer, als westdeutscher Bundeskanzler, nach einer Kundgebung im Titania-Palast in West-Berlin am 18.
April 1950 demonstrativ – von SPD-Chef Kurt Schumacher als „Hand-
streich" kritisiert – die dritte *Deutschlandlied*-Strophe „Einigkeit und Recht
und Freiheit" anstimmen läßt. In Gegenreaktion auf Adenauers faktische
Deutschlandlied-Einführung entsteht 1950, als weiteres Gegenlied zur
ehemaligen (als faschistisch korrumpiert erachteten) deutschen Nationalhymne, nicht nur die *Kinderhymne* Bertolt Brechts (vertont wiederum von
Hanns Eisler); am 31. Dezember 1950 verliest Bundespräsident Theodor
Heuss in seiner Silvester-Rundfunkansprache den Text einer auch von ihm
in Auftrag gegebenen neuen Nationalhymne mit anschließender Urauffüh-
rung in der Vertonung von Hermann Reutter (wiewohl ohne politischen
Zukunftserfolg): Rudolf Alexander Schröders *Hymne an Deutschland*:
„Land des Glaubens, deutsches Land,/ Land der Väter und der Erben
[...]".[97] Bemerkenswert in diesem Gegeneinander kontroverser *Deutschlandlied*-Interpretationen und konkurrierender alternativer Hymnentex-
te ist weiterhin, daß Bundesverkehrsminister Seebohm in Fallersleben, nach
seiner Festrede zum 125. Stiftungsfest eines örtlichen Männergesangver-
eins, am 19. August 1951 vor Hoffmanns Geburtshaus – anders als 1950
Adenauer in Berlin – die *erste* Strophe des *Deutschlandlieds* anstimmt, das
daraufhin von Bevölkerung und versammelten Sängervereinen vollständig
(1.–3. Strophe) gesungen wird,[98] sowie nicht zuletzt: daß bei offiziellen (vor
allem außenpolitischen) Veranstaltungen der Bundesrepublik in Ermange-

---

97 Abdruck der Hymnen Bechers, Brechts und Schröders in: Materialien zur Geschichte
    der deutschen Nationalhymne (wie Anm. 15), S. 96–98 (M 33–35); vergleichend zu
    den Hymnentexten auch Franz Hebel: Interkulturelle Praxis und soziale Phanta-
    sie. Anregungen zum Bedenken „durchgesetzter Wirklichkeitsbilder" im Literatur-
    Unterricht Deutsch als Fremdsprache am Beispiel des Deutschlandliedes. In: Jahr-
    buch Deutsch als Fremdsprache 10 (1984), S. 208–221, bes. S. 215–221; Gerhard
    Müller: Lieder der Deutschen. Bemerkungen zum „Deutschlandlied", zur „Becher-
    Hymne" und zu Bertolt Brechts „Kinderhymne". In: Der Sprachdienst 33 (1989),
    S. 137–145. – Zu Brechts *Kinderhymne* siehe im vorliegenden Beitrag bereits S. 56
    u. 76.
98 Vgl. Gerhardt Seiffert: Das ganze Deutschlandlied ist unsere Nationalhymne. Hrsg.
    von der Hoffmann-von-Fallersleben-Gesellschaft. Fallersleben 1964, S. 14.

lung einer Nationalhymne ersatzweise nur staatspolitisch unverfängliche
Behelfstexte (von Schillers Hymne *An die Freude*, dem Turnerlied *Ich hab
mich ergeben* oder *Heidewitzka, Herr Kapitän* bis *So ein Tag, so wunderschön wie heute*) gesungen werden. Resultat dieses politisch-intertextuel-
len Hymnen-Diskurses ist, nach klärendem Briefwechsel zwischen Bundeskanzler und Bundespräsident vom 19. April und 2. Mai 1952, die Erklärung
des *Deutschlandlieds* zur deutschen Nationalhymne am 2. Mai 1952 durch
das Staatsoberhaupt. Hatte Adenauer in seinem Schreiben an den Bundespräsidenten zur Wiedereinführung der Nationalhymne pragmatisch-poli-
tisch wie aus historischen Gründen für das Singen nurmehr der dritten
Strophe „bei staatlichen Veranstaltungen" plädiert:

> [...] Es ist wesentlich der außenpolitische Realismus, der uns, Ihnen wie mir, nahe-
> legen muß, die Entscheidung nicht weiter hinauszuzögern; ich möchte auch hoffen
> dürfen und glaube, dazu Grund zu haben, daß die innenpolitischen Vorbehalte, die
> sich auf den Mißbrauch des „Deutschland-Liedes" durch die Vernichter des alten
> Deutschland beziehen, an Schärfe verloren haben – war es doch der Reichspräsi-
> dent Friedrich Ebert, der das „Deutschland-Lied" durch eine staatsmännische Ent-
> scheidung zur Nationalhymne erklärte. Daher die erneute Bitte der Bundesregierung,
> das Hoffmann-Haydn'sche Lied als Nationalhymne anzuerkennen. Bei staatlichen
> Veranstaltungen soll die dritte Strophe gesungen werden. [...] –

so betont Bundespräsident Heuss in seinem Antwortschreiben, das den
vorgeschlagenen Hymnentext als „Symbol unseres Staates" (mit den Farben Schwarz-Rot-Gold) endlich akzeptiert, nochmals die für seine Skep-
sis und sein Zögern ausschlaggebenden Bedenken:

> [...] ich wollte vermieden wissen, daß in öffentlichen Veranstaltungen mit einem va-
> terländischen Akzent [...] ein Mißklang ertöne, weil sehr, sehr viele Menschen un-
> seres Volkes Haydns große Melodie nur eben als Vorspann zu dem „dichterisch"
> und musikalisch minderwertigen Horst-Wessel-Lied im Gedächtnis haben, dessen
> banale Melodie den Marschtakt in ein Volksverderben abgab. Doch das ist es nicht
> allein. Als mich die Frage nach einer Nationalhymne bewegte [...] glaubte ich, daß
> der tiefe Einschnitt in unserer Volks- und Staatengeschichte einer neuen Symbolge-
> bung bedürftig sei, damit wir vor der geschichtlichen Tragik unseres Schicksals mit
> zugleich reinem und freiem Herzen, in klarer Nüchternheit des Erkennens der Lage
> bestehen werden. Ich weiß heute, daß ich mich täusche. Ich habe den Traditionalis-
> mus und sein Beharrungsvermögen unterschätzt. [...][99]

Mit der Erklärung zur Nationalhymne ist zugleich ein Paradigmenwechsel offizieller, öffentlich-politischer *Deutschlandlied*-Rezeption intendiert,
der der seit 1949 geltenden freiheitlich-demokratischen Verfassungsgrund-
lage der neuen Staatsform – bei gleichzeitig geteiltem Deutschland – entspricht. So sollen im Geschichts- und Deutschunterricht der Schulen, wie

---

[99] Beide Brieftexte in: Materialien zur Geschichte der deutschen Nationalhymne (wie
Anm. 15), S. 62–64 (M 6).

z. B. das *Amtsblatt des Hessischen Ministers für Erziehung und Volksbildung* zum Thema „Deutschlandlied" („Die dritte Strophe des Deutschlandliedes ist die Nationalhymne") in einem Erlaß vom 10. Juni 1955 vorschreibt, die Gesichtspunkte politischer „Freiheit", deutscher „Einheit" und „Demokratie" unterrichtsleitend sein und dabei der Entstehungshintergrund des Liedes in klarer Abgrenzung gegenüber späterem „national-imperialistischen" Mißbrauch berücksichtigt werden:

> [...] Das Deutschlandlied ist in einer Zeit des Kampfes um die deutsche Einheit und die deutsche Demokratie entstanden. Der Dichter Hoffmann von Fallersleben war ein Vorkämpfer eines freiheitlichen Deutschlands und mußte für seine Liebe zur Freiheit und sein Eintreten für die Demokratie in die Verbannung gehen. Mit der Formulierung „Von der Maas bis an die Memel, von der Etsch bis an den Belt" schwebt dem Dichter keineswegs imperialistische Zielsetzung vor, sondern nur die Grenze des damaligen deutschen Bundes. Der Dichter hat jedenfalls nicht sagen wollen, daß Deutschland über alle Völker zu erheben sei. Es ist nicht seine Schuld, daß das Lied später im nationalimperialistischen Sinne mißbraucht worden ist. Im Geschichtsunterricht und im deutschen Sprachunterricht ist dafür zu sorgen, daß das Deutschlandlied bekannt und daß der historische Hintergrund deutlich gemacht wird, auf dem es entstanden ist.[100]

Indessen gilt gerade für die politisch-öffentliche, kollektive *Deutschlandlied*-Rezeption das Prinzip der Gleichzeitigkeit des Ungleichzeitigen: Ein Jahr vor dem Hessischen „Deutschlandlied"-Erlaß, 1954 bei der deutschen Fußballweltmeisterschaft in Bern, erheben sich 65.000 Zuschauer von ihren Plätzen und singen, intoniert von der Berner Stadtkapelle, „Deutschland, Deutschland über alles". Fast scheint es, als habe traditionsmächtig weiterwirkende deutsche – vielleicht gar großdeutsche – massenhafte Schlachten- und Siegesbegeisterung sich von militärischen Operationsfeldern auf den Kampfplatz Fußballfeld verlagert. Dieses „Deutschland, Deutschland über alles"-Gefühl als rauschhaft-kollektives „deutsches" Weltmeister-Gefühl, wie es in nationalistischen Begeisterungs-, Superioritäts- und Bemächtigungs-Exaltationen signifikanter *Deutschlandlied*-Szenarios z. B. in Brechts *Augsburger Kriegsbriefen* (1914), Hitlers *Mein Kampf* (1925/27) oder Horváths *Geschichten aus dem Wiener Wald* (1930)[101] ebenso exemplarisch wie variantenreich vorgeprägt erscheint und sich als massenpsychologisch-politisches Grundmuster traditionellen deut-

---

[100] Amtsblatt des Hessischen Ministers für Erziehung und Volksbildung (1955); zitiert nach: Sandmann, Deutschlandlied (wie Anm. 9), S. 654 f.; dort auch Hinweise auf entsprechende weitere Erlasse der Bundesländer Nordrhein-Westfalen (23.6.1956), Bayern (2.4.1953), Berlin (2.11.1953), Rheinland-Pfalz (27.8.1953), Schleswig-Holstein (28.8.1952; mit ausdrücklichem Hinweis auf den Heuss/Adenauer-Briefwechsel zur Hymnenfrage), Baden-Württemberg (9.2.1954).
[101] Siehe oben S. 37 f., 40 u. 44.

schen Nationalverhaltens dokumentiert, erscheint, Jahre später, in einer Fußballweltmeisterschafts-Satire von „Popstar" Udo Lindenberg, seinem Song *Bei uns in Spanien* (1989), mit geradezu grotesker Prägnanz auf den Punkt gebracht:

> Deutsche Männer mit starken Beinen
> und schnellen Füßen – sie kämpfen in Spanien
> und sie schießen das Weltmeister-Tor
> ja, das kommt bei uns schon mal vor
> bei uns in Spanien, bei uns in Spanien.
>
> Deutsche Männer, das weiß doch wohl jeder
> sie treten das Leder direkt in das Netz hinein
> ein Torero schaut fassungslos zu
> und ein Stier sagt nur leise noch: Schubidu
> bei uns in Spanien, ja, in Spanien[102]

Insbesondere das aggressiv-agonale Moment sportiver National-Überlegenheit („Deutsche Männer mit starker Abwehr und starkem Angriff / vernichten und schlagen den Feind") bis hin zum „totalen Sieg" ist sprach- und bewußtseinsentlarvend persifliert:

> Häuptling Silberlocke schickt seine Männer
> in das gegnerische Feld
> „Deutschland vor, noch ein Tor
> und wieder zeigen wir's der ganzen Welt"
> Die Nation ist im Rausch
> alle wollen den totalen Sieg
> und ich hör den Reporter ausflippen
> und ich frag' mich, ist jetzt Krieg? –

wobei die nicht nur fußball- und nazisprachlich, sondern auch in eskalierendem Reporterjargon demonstrierte Sieges- und Vernichtungsaktion in orgiastischer Zelebration der (noch immer imperialistisch-faschistoid intonierten) ersten *Deutschlandlied*-Strophe gipfelt wie zugleich eines (früher als Hymnen-Ersatztext üblichen, nicht minder decouvrierenden) Trivialtextes:

> „Und da, da steigt er hoch im gegnerischen Strafraum
> ja, die Abwehr ist durchbrochen
> und die Deutschen bezwingen die Verteidigung
> die heute alt aussieht
> der Feind wurde in unglaublicher Präzision niedergewälzt
> allegemacht, einfach ausradiert
>
> Sie können sich nicht vorstellen, welche Stimmung
> hier aufkommt, meine Damen und Herren

---

102 Udo Lindenberg: Alle Songs. 1946–1989. München 1989, S. 179.

die deutschen Schlachtenbummler
sie stimmen ein Lied an: ..."
„Deutschland, Deutschland über alles"
„So ein Tag, so wunderschön wie heute"[103]

Ganz im Zeichen der dritten Strophe zeigt sich der seit der „Wende" nochmals veränderte Status des *Deutschlandlieds* als Nationalhymne des wieder vereinigten Deutschland: „Einigkeit und Recht und Freiheit" singen, noch zu DDR-Zeiten, im Herbst 1989 Leipziger Demonstranten für mehr Freiheit und Demokratie, singen in Bonn am 9. November 1989 die Abgeordneten des Deutschen Bundestags (bei Bekanntwerden der Nachricht ungehinderter Reisemöglichkeiten für DDR-Bürger in die Bundesrepublik), singen Bundeskanzler Helmut Kohl, Willy Brandt, der Berliner Oberbürgermeister und andere führende Politiker beim Festakt am Brandenburger Tor im November 1989 in Berlin und wird – statt der bisherigen DDR-Hymne *Auferstanden aus Ruinen* (mit der Zeile „Deutschland, einig Vaterland") – im Januar 1990 in Berlin zum Lied des Wiedervereinigungsbegehrens. Zum 150. Geburtstag des *Deutschlandlieds* legt die Deutsche Bundespost am 8. August 1991 eine Sonderbriefmarke vor (mit Hoffmann-Porträt und Text der 3. Strophe), stimmt am 26. August 1991 in einem Festakt auf Helgoland der Männergesangverein der Insel (begleitet vom Polizeiorchester Schleswig-Holstein) „Einigkeit und Recht und Freiheit" an, würdigt Bundestagspräsidentin Rita Süssmuth in Fallersleben am 25. August 1991 in einer Festrede zur Neueröffnung des „Hoffmann-von-Fallersleben-Museum zur Geschichte deutscher Dichtung und Demokratie im 19. Jahrhundert" Hoffmanns *Lied der Deutschen* im Blick auf seinen Dichter („einen Nationalliberalen, der um Bürgerrechte, Demokratie und Freiheit gekämpft habe"),[104] in seiner Geschichtsbedeutsamkeit („Das wechselvolle Schicksal des Liedes der Deutschen ist ein Spiegelbild deutscher Geschichte")[105] und seinem identitätsstiftenden Symbolcharakter als Nationalhymne insbesondere nach der „Wende":

Die Symbolhaftigkeit der drei Grundwerte Einigkeit und Recht und Freiheit sei besonders während und unmittelbar nach der Wende in der ehemaligen DDR zum

---

[103] Ebenda, S. 179 f.

[104] Die dritte Strophe ist Nationalhymne. Von Weizsäcker und Kohl festgeschrieben – Mommsen: Symbol des 19. Jahrhunderts. In: Südkurier, Konstanz, 26.8.1991. Wiederabdruck in: Medienspiegel – Presseinformation der Stadt Wolfsburg: 25.8.1991. Eröffnung Hoffmann von Fallersleben Museum zur Geschichte deutscher Dichtung und Demokratie im 19. Jahrhundert. Wolfsburg 1991, S. 109.

[105] Wechselvolles Schicksal der Nationalhymne: Süssmuth warnt vor schnellem Werturteil. In: Wolfsburger Allgemeine vom 26.8.1991; zitiert nach Medienspiegel (wie Anm. 104), S. 188.

Ausdruck gekommen, so die höchste Repräsentantin des Parlaments im wiederver-einigten Deutschland. Kurzfristige Überlegungen, die Becher/Eisler-Hymne („Auf-erstanden aus Ruinen") ins Kalkül für ein gemeinsames Lied zu ziehen, habe keine Resonanz gefunden. Diese Hymne sei zu sehr Symbol des SED-Regimes gewesen. So sei schließlich auf der Leipziger Demonstration für mehr Freiheit und Demo-kratie die dritte Strophe von Hoffmanns „Lied der Deutschen" erklungen. [...][106]

Vor allem aber: Trotz erheblicher öffentlicher *Deutschlandlied*-Kritik – des Historikers Wolfgang J. Mommsen (der „Nationalstaats-Enthusiasmus" habe sich verbraucht, Nationalhymnen seien ein „Symbol des 19. Jahrhun-derts")[107] wie auch des GEW-Vorsitzenden Dieter Wunder (das Lied, „deut-sches Symbol zweier Weltkriege" und in „Auschwitz mißbraucht", gehö-re „ins Museum" und nicht gesungen)[108] – erklären Bundespräsident von Weizsäcker und Bundeskanzler Kohl die Strophe „Einigkeit und Recht und Freiheit", 150 Jahre nach Entstehung des Liedtextes, am 25. August 1991 (in einem am Vortage veröffentlichten Briefwechsel) zur Nationalhymne des vereinten Deutschland. Einer der zahlreichen Presseberichte (*Neue Westfälische*, 26.8.1991) lautet:

Von Weizsäcker schrieb, das Deutschlandlied [...] „wurde geachtet und bekämpft, als Zeichen der Zusammengehörigkeit und und gemeinsamen Verantwortung ver-standen, aber auch in nationalistischer Übersteigerung mißbraucht." Als ein Doku-ment deutscher Geschichte habe es in allen seinen Strophen eine Einheit gebildet. Er erinnerte daran, daß sich aufgrund eines Briefwechsels von Bundespräsident Theodor Heuss im Jahre 1952 die dritte Strophe als Hymne der Bundesrepublik im Bewußtsein der Bevölkerung fest verankert habe. „Die dritte Strophe des Hoffmann-Haydn'schen Liedes hat sich als Symbol bewährt", erklärte der Bundespräsident. „Sie wird im In- und Ausland geachtet."
Kohl schrieb, der Wunsch aller Deutschen, die Einheit ihres Vaterlandes in Freiheit zu vollenden, sei im Deutschlandlied besonders eindringlich zum Ausdruck gekom-men. Heute, nach der Wiedervereinigung, „verpflichtet uns auch das Deutschland-lied, für die Menschen in den neuen Bundesländern eine rechtsstaatliche Ordnung zu verwirklichen. Der Wille der Deutschen zur Einheit in freier Selbstbestimmung sei die zentrale Aussage der dritten Strophe des Deutschlandliedes. „Deshalb stim-me ich Ihnen namens der Bundesregierung zu, daß sie die Nationalhymne der Bun-desrepublik Deutschland ist."[109]

---

106 Bundestagspräsidentin sprach zum Deutschlandlied-Jubiläum in Fallersleben: Prof. Rita Süßmuth [!] nannte Hymne ein „Symbol". In: der helgoländer, September 1991; zitiert nach: Medienspiegel (wie Anm. 104), S. 137.
107 Die dritte Strophe ist Nationalhymne (wie Anm. 104), S. 109.
108 Gewerkschafts-Chef Wunder fordert: Das Deutschlandlied gehört ins Museum und nicht gesungen! In: Freies Wort, Suhl, 20.8.1991; zitiert nach: Medienspiegel (wie Anm. 104), S. 18.
109 Weizsäcker und Kohl sind sich einig: „Das Deutschlandlied ist Nationalhymne". In: Neue Westfälische. Bielefeld, 26.8.1991; zitiert nach: Medienspiegel (wie Anm. 104), S. 106.

Der literarische – darin nicht minder politische – *Deutschlandlied*-Diskurs
zwischen Nachkriegszeit und „Wende" spiegelt sich insbesondere in Lied-
und Romantexten. Formtyplogisch ebenso vielgestalt wie politisch dif-
ferent präsentiert sich das Spektrum liedhafter *Deutschlandlied*-Rezeption,
das, wie bereits gezeigt, alternative hymnische Neudichtungen (Bechers
Auferstanden aus Ruinen, Brechts *Kinderhymne*, Schröders *Hymne an
Deutschland*) ebenso umfaßt wie satirische Kritik in Form parodistischer
Kontrafaktur (*Deutschland, Deutschland ohne alles*) oder zitatverfremden-
der „Popstar"-Ballade (Lindenbergs *Bei uns in Spanien*), in noch weiteren
Ausformungen zwischen Pathos, Ironie und Satire. Dies gilt vor allem für
das Thema der Teilung Deutschlands, das zugleich *Deutschlandlied*-Kon-
trafakturen von pseudoreligiös-nationalistischem Pathos zeitigt (sei es
als Zusatzstrophe oder Gegenlied) wie 'linke' Deutschland- und *Deutschlandlied*-Kritik in Form des politischen Chansons. So erscheint 1956, als
konservativ-pathetische Zusatzstrophe und Kontrafaktur, in der Zeitung
Reichsruf eine „Trutz-Strophe" gegen die Teilung: „Über Länder, Grenzen, Zonen / hallt ein Ruf, ein Wille nur,/ überall wo Deutsche wohnen,/
zu den Sternen hallt der Schwur:/ niemals werden wir uns beugen,/ nie
Gewalt für Recht anseh'n./ Deutschland, Deutschland über alles / Und das
Recht wird neu ersteh'n."[110] Und als vierstrophige *Deutschlandlied*-Kon-
trafaktur publiziert 1978 ein *Kommersbuch* (160. Auflage) eine „Hymne
des Wiedervereinigungsanspruchs",[111] die schon im Titel (Hoffmanns „von
der Maas bis an die Memel […]" aktualisierend) ihr territoriales Pathos
verrät – Alexander Zscharns *Von der Alm zur Waterkant* (1972):

> Noch ist Deutschland nicht verloren,
> wenn auch grausam dreigeteilt!
> Heil'ges Land, das mich geboren,
> wo die Väter einst geweilt,
> wo die Mutter zärtlich blickte
> zu der Wieg', in der ich stand.
> Deutschland lieb' ich über alles
> von der Alm zur Waterkant[112] –

---

110 Thilo Lang (Hrsg.): Oh, Deutschland wie bist du zerrissen – Lesebuch der deut-
    schen Teilung. München 1988, S. 291 (zuerst in: Reichsruf, Nr. 1, 1956; zitiert nach
    Kurzke, Hymnen und Lieder (wie Anm. 9), S. 59. – Zur früheren „Trutz-Strophe"
    bereits von 1919/23 siehe oben S. 78.

111 So Kurzke, Hymnen und Lieder (wie Anm. 9), S. 62.

112 Alexander Zscharn: Von der Alm zur Waterkant. In: Kommersbuch. 160. Auflage
    [o. O.] 1978; zitiert nach Kurzke, Hymnen und Lieder (wie Anm. 9), S. 62; dort
    weiterführende Interpretationshinweise zu pseudoreligiöser Sprache und NS-Pa-
    thostradition („Heil'ges Land" usw.), Intertextualität („Noch ist Polen nicht

wohingegen Franz Josef Degenhardts Chanson *Adieu Kumpanen. Für Wolfgang Neuss* (1965) in seiner Ideologiekritik deutscher Gesellschafts- und Mentalitätszustände mit „Führungskräften, Sonntagsworten und den Todeszäunen" („die Oberlehrerhymnen bringen mich zum Kotzen") angesichts des geteilten, doch geliebten (und daher zu meidenden) Deutschland das überall noch spürbare, faschistisch vergangenheitsträchtige „Maas bis Memel"-Pathos entschieden negiert:

> Ich werd' jetzt ziehn, Kumpanen, und kann mich erholen
> von diesem Land, vom Rhein gespalten bis nach Polen;
> dem Land, von meinem roten Sangesbruder Biermann drüben
> mit einem Arsch verglichen – das wir trotzdem lieben.
> Auch wenn wir beide nicht von Maas bis Memel singen [...].[113]

Ein satirisches Panorama bundesrepublikanischer alltagspolitischer Monstrositäten und Peinlichkeiten in der Sicht von 1986 entwirft das (im Nürnberger Stadtmagazin *plärrer* publizierte, in Bayern sogleich strafrechtlich verfolgte) *Deutschlandlied '86. Text: Anonym / Musik: Joseph Hadyn*, ein strukturelles Paradebeispiel für Satire als anprangernde Darstellung „verkehrter Welt", die Technik parodistischer Zitatverfremdung wie für das Formprinzip metrisch-melodischer Kontrafaktur (wie schon Hoffmann sie gegenüber der österreichischen Kaiserhymne nutzte):[114]

> Deutschland, Deutschland over allos
> Auf der Straße liegt das Geld
> Wenn es gegen Los Krawallos
> Gnadenlos zusammenhält
> Von Beethoven bis Bergen Belsen
> Von Wackersdorf bis Asylantenzelt
> Deutschland, Deutschland hyper alles
> Du schönstes Biotop der Welt.
>
> Deutsche Türken, deutsche Pershings
> Deutscher Bigmäc, deutscher Punk

---

verloren [...]", „Von der Maas bis an die Memel [...]") und latentem Antisemitismus (in der 2. Strophe: „Juda nach zweitausend Jahren / seine Heimat wiederfand!/ Staunend durft's die Welt erfahren,/ dies Volk liebt der Väter Land! [...]").

113 Franz Josef Degenhardt: Spiel nicht mit den Schmuddelkindern. Balladen, Chansons, Grotesken, Lieder. Reinbek bei Hamburg 1979 (rororo 1688), S. 62.

114 Textabdruck in: Das Bundesverfassungsgericht zur Nationalhymne; zitiert nach: Materialien zur Geschichte der deutschen Nationalhymne (wie Anm. 15), S. 66–72 (M 6), hier S. 67. – Die Verurteilung des Verfassers durch das Oberste Bayerische Landgericht (zu viermonatiger Freiheitsstrafe „wegen Verunglimpfung der Hymne der Bundesrepublik Deutschland") wurde 1990 durch ein Urteil des Bundesverfassungsgerichts – in Würdigung insbesondere auch des satirisch-literarischen Kunstcharakters des Textes – aufgehoben (damaliger Präsident: Roman Herzog).

Sollten in der Welt behalten
ihren alten schönen Klang
Deutsche Cola, deutsche Peepshow
Deutsche Mark und deutsche Samenbank
Solln zu edler Tat begeistern
Uns das ganze Leben lang [...].

Romane als Kontext literarischer *Deutschlandlied*-Rezeption, seit Mitte der
70er Jahre, begegnen in zwei erzählthematisch unterschiedlichen, charakteristischen Formtypen: zum einen in biographisch geprägten Hoffmann-
Romanen, zum anderen in geschichtschronikalisch strukturierten Romanen mit vorherrschend zeitgeschichtlicher Thematik.

Zu den Hoffmann-Romanen: Während Jürgen Borcherts *Hoffmann von
Fallersleben. Ein deutsches Dichterschicksal* (1991), eine chronologisch
durcherzählte, eher historisch-sachbuchartige als romanhaft-fiktional aus-
gestaltende Biographie, die Entstehung und erste Wirkungsgeschichte des
Deutschlandlieds im Lebens- und Zeitkontext seines Autors vorwiegend
dokumentarisch (und leseridentifikatorisch) veranschaulicht,[115] rückt Franz
Josef Degenhardt – man denke an sein *Deutschlandlied*-Zitat schon in *Adieu
Kumpanen* – in seinem Roman *August Heinrich Hoffmann, genannt von
Fallersleben* (1991), dessen Handlung, retrospektivisch vielfach durchbro-
chen, Hoffmanns Corveyer Spätzeit umfaßt, den einst vormärzlich bewegten, doch auch nationalistisch (ab 1870/71 wilhelminisch) begeisterten
politischen Liedermacher und sein *Lied der Deutschen*, bar jeder historischen Verklärung, in eine ambivalent-kritische Perspektive. Die in wechselnden Ereignis- und Erinnerungskontexten erzähl- und figurenperspek-
tivisch vielfältig integrierten *Deutschlandlied*-Szenen und -Diskurse
strukturieren leitmotivartig das Erzählganze. Der Roman setzt ein mit dem
Begräbnis-Festakt des als *Deutschlandlied*-Dichter Gefeierten („Sein
bekanntestes Lied, das der Deutschen, sollte erst einige Jahre darauf der
Schlager bei Sedanfeiern und achtundvierzig Jahre später Nationalhymne
werden")[116] und bietet nächtlich-imaginäre, politisch ambivalente Erinne-
rungs-Dialoge des „Alten im Schloß" mit Ferdinand Freiligrath über
Deutschlandlied-Gespräche um 1841 („Wie ich dir nach der Melodie der

---

[115] Jürgen Borchert: Hoffmann von Fallersleben. Ein deutsches Dichterschicksal. Hu-
sum 1991.
[116] Franz Josef Degenhardt: August Heinrich Hoffmann, genannt von Fallersleben.
Roman. München 1991 [Neuausgabe unter dem Titel: Der Mann aus Fallersleben.
Die Lieben des August Heinrich Hoffmann. Roman. Berlin, Weimar 1996], S. 8;
zitiert wird zugleich (ebd. S. 7 f.) ein Nachrufgedicht des (bei der Beisetzung feh-
lenden) Dichterkollegen Freiligrath, in dessen Schlußstrophe es von dem verstorbenen „Spielmann" heißt: „Singt: Deutschland über alles!/ Das jubelt und das klagt,/
bald Kriegs-, bald Kinderlieder,/ Kein Ton ist ihm versagt."

Kaiserhymne mein Lied der Deutschen vorsang, das weiter ging als alle anderen Rheinlieder [hier: „Beckers Rheinlied und Schneckenburgers 'Wacht am Rhein'"] – über alles in der Welt"), aber auch über *Deutschland-lied*-Erlebnisse 1870/71: „Den Lorbeerkranz hat man mir aufgesetzt in Göttingen bei der Sedanfeier. In Hamburg zur Aufstellung meiner Büste sangen Hunderte 'Deutschland, Deutschland über alles, über alles in der Welt', und in Berlin wurde mein Lied auf den Siegeshelden – heute unser Kaiser – die Hymne zweier Theatersaisons".[117] In Table-d'hôte-Gesprächen politisch kontroverser Hotelgäste in Höxter kollidiert anachronistisch gewordene Vormärz-Begeisterung (eines Leipziger Buchhändlers, der sich der „Unpolitischen Lieder" wie eines „Deutschland, Deutschland über alles"-Vortrags 1841 in Heidelberg durch den Dichter selbst euphorisch erinnert) mit bereits imperialistischer Germanen-Ideologie (des Antisemiten und Heine-Hassers Bötticher: „[…] wie gesagt, sein Lied der Deutschen, ein Wurf und würdig, zur Nationalhymne erkoren zu werden. Von der Maas bis an die Memel, von der Etsch bis an den Belt … großartig!"):

> In jene Gebiete bis zum Dnjepr im Osten und bis zum Rotenturm im Südosten müsse die Auswanderung Deutscher, die […] die germanische Sehnsucht nach Grundbesitz und eigener Scholle beseele, geleitet werden, um die dort stehengebliebene Germanisierung fortzuführen, einen Bauernstand zu bilden, der den gesunden Kern der Nation abgeben würde, einer Nation, die […] mittels organisierter Kolonisationsarbeit, welche die besten Seiten des deutschen Charakters zutage treten lasse, zum Beispiel seine Führungsfähigkeit gegenüber dem Slawentum, ein Großgermanien baue, das dann erheblich weiterreiche als jenes vom guten Hoffmann im Corveyer Schloß drüben besungene.[118]

Mit eher launig-harmlosen Gesprächssituationen, in denen Hoffmann seinem Sohn „Fränzchen" das „unpolitische" Lied *Der deutsche Zollverein* („Schwefelhölzer, Fenchel, Bricken […]") als parodistische *Deutschland-lied*-Kontrafaktur vorsingt oder die Schwägerin Alwine vom Verkauf des *Deutschlandlieds* an den Verleger Campe erzählt (und schwärmt: „Am besten gefiel uns Mädchen die zweite Strophe: Deutsche Frauen, deutsche Treue […]"), kontrastiert ein politisches Grundsatz- und *Deutschlandlied*-Streitgespräch, in dem Hoffmann (seinem alten Mitstreiter Wolff gegenüber) eine Annexion nicht nur Elsaß-Lothringens, sondern auch Belgiens durch das expandierende „deutsche Reich" durchaus befürwortet:

> „Also von der Maas bis an die Memel. Und wie weit noch?" lachte Wolff dazwischen […]. „Jawohl, jawohl", rief Hoffmann, innerhalb dieser Grenzen werde deutsch gesprochen, und daher sei's eine Einheit, die nicht dynastisch zerstückelt werden dürfe, in der vielmehr, wie es die dritte Strophe verkünde, Recht und Freiheit zu

---

117 Ebd. S. 42 f.
118 Ebd. S. 96 f., 99 f. u. 261.

herrschen habe. Herrgott noch mal, müsse er sowas dem Revolutionär Wolff erklären? Das sei doch nun wirklich [...] übereinstimmende Einsicht im fortschrittlichen
Lager damals und heute, eiferte Hoffmann, und auf Wolffs Einwand, Leute vom
Schlage Böttichers, die Erweiterungen bis zum Rotenturmpaß und bis an die Wolga
im Osten, im Westen vermutlich bis ins tiefste Burgund hinein anvisierten, verstün-
den das gewiß anders gemeinte Lied [...] ganz in ihrem neuen, imperialen Sinn, legte
Hoffmann Lautstärke zu: „Na und wennschon!" Im übrigen seien's Wünsche, Träume, keine realen Ansichten; und von Visionen nach Größe lebe ein Volk. „Deutschland, Deutschland über alles, über alles in der Welt, das sagt's doch, und das wird
mehr und mehr die Deutschen ergreifen – ich fühl's."[119]

Und: In einem Nachtrag zum Roman tritt der Autor Degenhardt selbst
hervor, dessen Familien-Vorgeschichte durch einige der Romanfiguren (seines Urgroßvaters und dessen jüdischer Geliebten als Hoffmann-Besucher
in Corvey) bis in die Romanhandlung zurückreicht:

> Nachzutragen bleibt, daß Henriette Landau [...] meinen Urgroßvater nicht gehei-
> ratet hat, daß sie siebenundachtzig Jahre alt wurde und nicht mehr nach Auschwitz
> gekommen ist, wo man alle ihre Verwandten ermordete, daß Friedrich Wilhelm Ha-
> senclever bei der Geburt seines Enkels August Hasenclever bereits tot war, daß dieser
> August Hasenclever, mein Vater [...], ehemaliger Wehrwirtschaftsführer und hohe
> SS-Charge, noch lebt und daß ich vermutlich in diesem Land bleiben werde, ob-
> wohl mir jedesmal ein Schauer über den Rücken läuft, wenn ich das Lied der Deut-
> schen höre.[120]

Signifikante Stationen deutscher Geschichte spiegeln sich in *Deutschlandlied*-Szenen auch des anderen – des chronikalisch-zeitgeschichtlich geprägten – Romantyps. So das historische Nacheinander von NS-Staat und Bundesrepublik als diskrepantes Gegeneinander von „Deutschland, Deutschland über alles" und „Einigkeit und Recht und Freiheit", wie schon gezeigt,
in Christine Brückners geschichtschronikalischen Familiengemälden *Jauche und Levkojen* (1975) und *Nirgendwo ist Poenichen* (1977);[121] so in
Walter Kempowskis „bürgerlichem Roman" *Tadellöser & Wolff* (1971) –
innerhalb des Romanzyklus *Deutsche Chronik* (Kaiserreich bis 50er Jahre) von 1933 bis 1945 handelnd – die Demonstration nationalsozialistisch-
klischeehafter und zugleich politisch ignoranter Alltagswelt am Beispiel der
„Gedenkrede" eines Gymnasialdirektors für einen kriegsgefallenen Kollegen „in der Turnhalle" (Mai 1941) – nicht ohne obligates „Deutschlandlied":

> Peule sei ein wunderbarer Mensch gewesen, ein tüchtiger Lateiner, Humanist vom
> Scheitel bis zur Sohle. Und hier – er suchte zwischen Barren, Leitern und Stangen

---

119 Ebd. S. 289 f., 402 u. 430.
120 Ebd. S. 444 f.
121 Siehe oben S. 52 f. (mit Anm. 4 u. 5).

eine Stelle, die dafür in Frage kam – würde dereinst eine bronzene Tafel davon künden.

Dann sprach er vom Gotterleben im Kriege. Allzu emphatisch hob er beide Arme, so wie er es beim Kopfrechnen immer tat.

Das kannte man doch? Das war doch eingedrillt! Alles sprang auf. Auch die Lehrer, die dicken und die dünnen, die mit und ohne Parteiabzeichen, wußten nicht warum, kuckten, reckten sich. War der Kreisleiter gekommen oder was? [...] Endlich stimmte der zerknitterte Direktor das Deutschlandlied an, viel zu tief, wie sich bald herausstellte.

> Von der Maas bis an die Memel
> von der Etsch bis an den Belt.

Und wir mußten die ganze Zeit grüßen, mit schwerer werdendem Arm. Schließlich stützte man sich auf die Schulter des Vordermannes.

Während Hannes noch seine Zettel zusammensuchte, hieß es: „Alle noch mal herpassen!" [...] Das Tragen von Schülermützen sei verboten, das wüßten wir doch [...].

Und dann noch *eine* Ansage – „halt's Maul dahinten, ja, du bist gemeint!" – er habe schon im Kollegium bekannt lassen gegeben, er habe es schon angeordnet [...] im Diktat, in der Nachschrift, da dürfe es nicht mehr „Verbesserung", sondern „Berichtigung" heißen.

Das sei schlechtes Deutsch.[122]

Neben NS-Vergangenheit und bundesrepublikanischer Gegenwart ist es nicht zuletzt auch die Zeit der „Wende" von 1989/90, die im Spiegel romankontextueller *Deutschlandlied*-Szenen erscheint. In seinem satirischen Roman *Helden wie wir* (entstanden 1991) vergegenwärtigt Thomas Brussig geschichtsironisch die Reaktion des deutschen Bundestags auf die Nachricht der plötzlichen „Grenzöffnung": „[...] worauf Minuten später im Bundestag aufgeregt die Sitzung unterbrochen wurde, 'wie wir soeben erfahren haben …', sich ein Häuflein Parlamentarier erhob, spontan das Deutschlandlied anstimmte und die Grenze für geöffnet hielt. So sah es auch die *Tagesschau* [...]."[123] Günter Grass indessen läßt in seinem politischen Zeitroman *Ein weites Feld* (1995), einem Panorama deutscher Geschichte von 1848 bis zur Wiedervereinigung, den Fontane-Doppelgänger Theo Wuttke alias Fonty wie dessen stets systemkonformen politischen Beschatter („TagundNachtschatten") Hoftaller während der Einigungsfeier Sylvester 1989 vor dem Brandenburger Tor – deutschlandgeschichtlich einmal mehr bedeutungsvoll – gleichzeitig und höchst konträr das *Deutschlandlied* mitsingen:

> Wie losgelassen hüpfte die Menge, „Wahnsinn!" rief sie, „Wahnsinn!" [...] Und jetzt löste sich aus dem Gebrüll einzelner Worte vielstimmiger Gesang. Schunkellieder zuerst – „So ein Tag, so wunderschön wie heute …", dann erst des armen Fallersle-

---

122 Walter Kempowski: Tadellöser & Wolff. Ein bürgerlicher Roman. München 1975 [zuerst 1971], S. 123 f.

123 Thomas Brussig: Helden wie wir. Roman. Berlin 1996, S. 6 f. u. 314 f.

ben gutgemeintes, später zur Nationalhymne gesteigertes Lied. Ansteckend, mit-
reißend folgte es anfangs noch der zugelassenen dritten Strophe: „Einigkeit und Recht
und Freiheit ...", dann aber mußte es die verdammte erste, seit letztem Krieg ver-
femte Strophe „Deutschland, Deutschland über alles ..." sein, die dem Volk den Weg
ins neue Jahr zu weisen hatte. Da war von Einigkeit und Recht und Freiheit nur noch
wenig zu hören; dünnstimmig gingen sie verloren.
Noch versuchte Fonty mit „des Glückes Unterpfand" gegenzuhalten, doch hatte,
dicht neben ihm, Hoftaller mehr Stimme. Sein „Über alles in der Welt" war auf Sie-
gers Seite. Wie nach zu langer Zurückhaltung sang er sich lauthals frei. [...][124]

Auch literaturwissenschaftliche *Deutschlandlied*-Rezeption der letzten
Jahrzehnte, zumeist kritisch-analytisch und historisch orientiert, kaum
jemals ohne politische Implikationen in literarischer Wertung und Interpretation, wird in der Nationalhymnenproblematik immer wieder zum
Forum engagierter Vorstöße und Kontroversen um Pro und Contra (Seiffert, Hermand, Jens, Roeloffs),[125] wobei dieser Problemkomplex zudem
vielfach erschlossen ist in einschlägigen Materialsammlungen, Museums-
Dokumentationen und didaktischen Handreichungen.[126] Eine geradezu
diskursive Omnipräsenz der *Deutschlandlied*-Problematik dokumentiert
sich in Einordnungen und Interpretationen in wechselnden Kontexten und
(weithin interdisziplinären) Perspektiven: rezeptionsgeschichtlich-hym-
nentypologisch (Müller, Kurzke),[127] sprach- und stilanalytisch (Neureu-

---

[124] Günter Grass: Ein weites Feld. Roman. Göttingen 1995, S. 64.

[125] Seiffert, Das ganze Deutschlandlied ist unsere Nationalhymne! (wie Anm. 98); Hermand, Zersungenes Erbe (wie Anm. 9); Jens, Vaterländischer Mißklang (wie Anm.
15); Roeloffs, Das „Lied der Deutschen" taugt nicht zur Nationalhymne (wie Anm.
15). – Ferner auch (didaktisch-politisch): Volker vom Berg: Das Deutschlandlied als
Nationalhymne? – Das „Lied der Deutschen" im historisch-politischen Kontext und
in der aktuellen Diskussion. In: Erziehungswissenschaft und Beruf 3 (1987), S. 297–
305; GEW Hessen u. LSW Hessen (Hrsg.): Argumente gegen das Deutschlandlied.
Handreichungen und Materialien zur Geschichte und Gegenwart eines Liedes.
Frankfurt a. M. 1989.

[126] Materialien zur Geschichte der deutschen Nationalhymne (wie Anm. 15); Wintzingerode-Knorr, Hoffmann-von-Fallersleben-Museum (wie Anm. 7), S. 38–49; Ders.:
Nationalhymnen. Symbole der Völker. Hoffmann-von-Fallersleben-Museum zur
Geschichte deutscher Dichtung und Demokratie im 19. Jahrhundert. Wolfsburg o. J.;
Rolf Grix und Wilhelm Knöll: Flagge und Hymne der Bundesrepublik. Frankfurt
a. M. 1982 (Schriften und Materialien zur Gesellschaftskunde); Bundeszentrale für
politische Bildung (Hrsg.): Einigkeit und Recht und Freiheit. Nationale Symbole
und Identität. Bonn 1985; Hessisches Kultusministerium (Hrsg.): Die Nationalhymne. Handreichung für die Besprechung an Schulen im Lande Hessen. Wiesbaden
1989.

[127] Müller, Lieder der Deutschen (wie Anm. 97); Kurzke, Hymnen und Lieder (wie
Anm. 9).

ter, Klüger),[128] literaturgeschichtlich (Böttcher, Denkler, Bayerdörfer, Scholz)[129] und biographisch (Seiffert, Andrée, Heinrich-Jost),[130] politologisch-historisch (Girschner-Woldt, Sandmann, Tümmler, Knopp/Kuhn, Hattenhauer),[131] staatsrechtlich (Hümmerich/Beucher, Hellenthal),[132] im Blick auf Volksliedforschung (Holzapfel)[133] und didaktisch (de Schmidt, Hebel, Hölterhoff/Otto, Gehrke, Oomen-Welke).[134] Wird Hoffmanns *Lied der Deutschen* in Lyrik-Anthologien seit 1945 kaum mehr rezipiert,[135]

---

128 Neureuter, Hoffmanns „Deutscher Sang" (wie Anm. 37); Ruth Klüger: Der Weg zur dritten Strophe [August Heinrich Hoffmann von Fallersleben: Das Lied der Deutschen]. In: Frankfurter Anthologie. Frankfurter Allgemeine Zeitung vom 28.3.1998, Nr. 74, Beilage S. IV.

129 Böttcher, Vormärz (wie Anm. 16), S. 256–259; Horst Denkler: Zwischen Julirevolution (1830) und Märzrevolution (1848/49). In: Walter Hinderer (Hrsg.): Geschichte der politischen Lyrik. Stuttgart 1978, S. 179–209 (passim); Bayerdörfer, Vormärz (wie Anm. 21); Scholz, Deutschland in der Lyrik des Vormärz (wie Anm. 15).

130 Seiffert, Hoffmann von Fallersleben auf Helgoland (wie Anm. 18); Andrée, Hoffmann von Fallersleben (wie Anm. 45), bes. S. 45–51 u. 73–75; Heinrich-Jost, Hoffmann von Fallersleben (wie Anm. 7), S. 85–89.

131 Ingrid Girschner-Woldt: Theorie der politischen Lyrik. Berlin 1971, S. 25–29; Sandmann, das Deutschlandlied und der Nationalismus (wie Anm. 9); Tümmler, „Deutschland, Deutschland über alles" (wie Anm. 9); Knopp/Kuhn, Das Lied der Deutschen (wie Anm. 9): Hattenhauer, Geschichte der deutschen Nationalsymbole (wie Anm. 9), S. 49–94; ders.: „Deutschland, Deutschland über alles": über Entstehen und Schicksal unserer Nationalsymbole. In: Zeitwende 65 (1994), S. 38–51.

132 Klaus Hümmerich und Klaus Beucher: Keine Hymne ohne Gesetz. Zu den staatsrechtlichen Anforderungen an die Setzung des Symbols Nationalhymne. In: Neue Juristische Wochenschrift 51/1987, S. 3227–3232; Markus Hellenthal: Kein Gesetzesvorbehalt für Nationalhymne! Bemerkungen zur Nationalhymne der Bundesrepublik und ihrer rechtswirksamen Bestimmung durch den Bundespräsidenten. In: Neue Juristische Wochenschrift 21/1988, S. 1294 ff.

133 Holzapfel, „Deutschland, Deutschland über Alles" (wie Anm. 9).

134 Winrich de Schmidt: Das „Died der Deutschen" im Deutschunterricht. In: Diskussion Deutsch 13 (1982), S. 425–435; Hebel, Interkulturelle Praxis und soziale Phantasie (wie Anm. 97); Dieder Hölterhoff und Margret Otto: Deutschland, Deutschland über alles? Nationalhymne im Unterricht. In: betrifft erziehung 17/5 (1984), S. 22–29; Ralph Gehrke: Tradition der Dissonanz. Hoffmann von Fallerslebens „Das Lied der Deutschen" im Konversationsunterricht Deutsch als Fremdsprache. In: Zielsprache Deutsch 18 (1987), S. 2–9; Ingrid Oomen-Welke: Frieden für die Vaterländer. Nationalhymnen von Schülern gedeutet (3./4. Schuljahr). In: Praxis Deutsch 15 (1988), S. 20–23.

135 Abgesehen von [Theodor] Echtermeyers und Benno von Wieses Lyrik-Anthologie *Deutsche Gedichte. Von den Anfängen bis zur Gegenwart* (Düsseldorf 1962 [zuerst 1954], S. 436 f.) fehlt *Das Lied der Deutschen* in namhaften Anthologien wie z. B. in *Das Gedicht. Deutsche Lyrik von den Anfängen bis zur Gegenwart* (hrsg. von Erwin Laaths, München 1951), *Deutsche Dichtung der Neuzeit* (ausgewählt von Ernst Bender, Karlsruhe o. J.), *Das deutsche Gedicht. Vom Mittelalter bis zum 20. Jahrhundert* (Auswahl und Einleitung von Edgar Hederer, Frankfurt a. M. 1981 [zuerst

so erscheint es erneut, nach der „Wende", in Karl Otto Conradys *Großem deutschem Gedichtbuch* (1991), das zugleich Bechers „Auferstanden aus Ruinen [...]" als *Nationalhymne der Deutschen Demokratischen Republik* abdruckt[136] – und zudem noch einen ironisch-parodistischen Gedichttext von Kurt Bartsch (1985), der, als historisch-symbolträchtige Zitatmontage aus *Deutschlandlied* und DDR-Hymne (aber auch Schillers Lied *An die Freude* und Goethes *Zauberlehrling*), die Thematik deutscher Wiedervereinigung unter dem Titel *Liedervereinigung* einmal mehr intertextuell verfremdet und zugleich politisch-kritisch reflektiert:

> Auferstanden aus Ruinen
> Brüderlich mit Herz und Hand
> Laß uns dir zum Guten dienen
> Tochter aus Elysium
> Daß zum Zwecke Wasser fließe
> Und mit reichem, vollem Schwalle
> Einigkeit und Recht und Freiheit
> Zu dem Bade sich ergieße
> Und der Zukunft zugewandt.[137]

Lassen sich abschließende Ergebnisse formulieren? Als ein Fazit politischer, literarischer und literaturwissenschaftlicher *Deutschlandlied*-Rezeption, das zugleich die poetisch-politische Qualität und Ambivalenz des Liedtextes selbst mitbedenkt, mag das Urteil Ruth Klügers gelten:

> Das Deutschlandlied ist ein Palimpsest, wo die Phasen eines erst anschwellenden, dann aus allen Fugen geratenen und wieder abflauenden Nationalismus übereinander auf dasselbe Blatt geschrieben sind, ein poetisches Vexierspiel für Kenner deutscher Geschichte.[138]

Doch gerade die Unabgeschlossenheit dieses Rezeptionsprozesses im historischen Wandel politischer, gesellschaftlicher und literarisch-kultureller Kommunikation angesichts europäisch-weltweit sich öffnender Horizonte läßt hoffen: Gegenwärtiger wie künftiger Umgang mit Hoffmanns *Lied der Deutschen* als Nationalhymne bleibt ein zwar weiterhin gefährdeter, doch einer verantwortlichen demokratisch-politischen Praxis und Interpretation aufgegebener offener Prozeß.

1957]), *Epochen deutscher Lyrik* (in 10 Bdn. hrsg. von Walther Killy, München 1969–1978), *Deutsche Gedichte. Eine Anthologie* (hrsg. von Dietrich Bode, Stuttgart 1984).

136 Das große deutsche Gedichtbuch. Von 1500 bis zur Gegenwart. Neu hrsg. und aktualisiert von Carl Otto Conrady. 5. Aufl. Zürich, Düsseldorf 1997 [zuerst 1991], S. 341 u. 551.

137 Ebenda, S. 846; aus: Kurt Bartsch: Weihnacht ist und Wotan reitet. Berlin 1985.

138 Klüger, Der Weg zur dritten Strophe (wie Anm. 128). S. IV.

Heidrun Kämper

Schlagwort, Begriff, Leitkonzept
Hoffmann von Fallersleben als politischer Dichter

1. Vorbemerkung

> Wie hätte ich mich beteiligen sollen? Meine Waffe war das Lied, und diese Waffe
> galt bei dem großen Haufen und seinen Führern, die nur mit roher Gewalt noch
> etwas auszurichten hofften, gar nichts mehr.[1]

So rechtfertigt Hoffmann von Fallersleben seinen Rückzug in die Privatheit während des „tollen Jahres" 1848. Seine Waffe war das Lied, und von Hoffmann von Fallersleben sprechen heißt, von einem der produktivsten Dichter politischer Lieder der Vormärzzeit reden. Das will ich im folgenden tun, und zwar nicht im literarhistorischen Sinn, sondern aus der Perspektive der Sprach- und Begriffsgeschichte.

Wir wollen Hoffmann als politischen Denker des Vormärz vorstellen, wir wollen seine und damit des Vormärz sprachliche Erfassung derjenigen außersprachlichen Wirklichkeit reflektieren, welche zum Gegenstand der vormärzlichen Gesellschaftskritik und der revolutionären Kämpfe geriet. Wir werden zunächst den thematisch-inhaltlichen Horizont Hoffmannscher politischer Lyrik fixieren, wir werden daraus ihre Begrifflichkeit, die z. T. im Schlagwort gerinnt, abstrahieren, bevor wir das Leitkonzept des Vormärz extrahieren und zeigen, daß es sprachliches Einheitskonzept ist. Ich werde mich also nicht auf Schlagwörter beschränken, sondern ein differenzierteres Bild skizzieren, welches dem sprachlichen Gehalt politisch-programmatischer Zeit- und Zukunftsentwürfe der politischen Lyrik Hoffmanns – wie der des Vormärz überhaupt, was aber hier nicht zu zeigen ist – gerecht zu werden versucht. Wir werden deshalb zwischen nicht ausdeutbaren begrifflichen Konzepten als Denotaten der außersprachlichen Wirklichkeit, mehrdeutigen und emotional besetzten Schlagworten als verkürz-

---

[1] Hoffmann von Fallersleben: Mein Leben. Hrsg. von Augusta Weldler-Steinberg. 1. Auflage, Nachdruck der Ausgabe von 1868. Eschborn bei Frankfurt am Main 1996, S. 308.

ter Erfassung der außersprachlichen Wirklichkeit und einem Einheitskonzept unterscheiden, welches beide Ströme aufnimmt. Die Frage nach der aufklärerischen Tradition Hoffmannschen politischen Denkens stellt sich hier, und wir wollen sie abschließend zu beantworten suchen. Damit erhalten wir zugleich Aufschluß über Zeit- und Bewußtseinsgeschichte einer eminent politisch gestimmten Zeit, die beinahe eine Umbruchzeit geworden wäre.

2. Thematischer Horizont

Hoffmann von Fallersleben ist ein Dichter, dessen persönliches Erleben symptomatisch für die Zeit ist, in der er lebt, dessen Dichtung Erlebnisdichtung ist. Deshalb sind seine Gedichte immer gesellschaftskritisch und biografisch zugleich, Zeitdiagnose und Selbstdarstellung. Die Vormärzzeit war eminent politisch gestimmt, und man war sangesfroh – Hoffmann von Fallersleben war es auch. Die Aufgabe des Dichters war, gesellschaftliche Verantwortung zu tragen und zu den Zeitumständen nicht zu schweigen. Mehr noch: Er sollte versuchen, mit seinem Werk in die Wirklichkeit einzugreifen und sie zu verändern. – Welche Wirklichkeit?

Der Deutsche Bund, auf dem Wiener Kongreß 1815 gegründet, lockerer Staatenbund der deutschen Einzelstaaten, war nicht, was man sich unter einem Nationalstaat vorstellte – seine Volksferne ist Anlaß zur Beschwerde ebenso wie seine Willfährigkeit der Restauration Metternich gegenüber:

> die verdammten deutschen Hunde,
> Die lassen mir nicht Rast und Ruh;
> [...]
> So schreit aus seinem Himmelsgitter
> Der alte Zeus ganz zornentbrannt,
> [...]
> Der deutsche Bund, das ließ sich hoffen,
> Hat gleich versöhnt des Gottes Groll;
> [...]
> Und er erläßt ein Protocoll:
> „Maulkörbe soll, so will's der Bund,
> Hinführo tragen Mensch und Hund."
> (*Ein germanischer Mythos;* SL 51[2])

---

2   August Heinrich Hoffmann von Fallersleben: Deutsche Gassenlieder. Deutsche Salonlieder. Mit einem Nachwort hrsg. von Walter Pape. Braunschweig 1991 (Bibliophile Schriften der Literarischen Vereinigung Braunschweig. Bd. 38), S. 51; zitiert als GL bzw. SL mit anschließender Seitenzahl.

Anlaß zur Beschwerde ist auch die Enttäuschung über die konservative Politik Friedrich Wilhelms IV. – man hatte von seiner Thronbesteigung fortschrittliche Politik erhofft, die Einigung Deutschlands und eine Verfassung:

> „Preßfreiheit,"
> Spracht ihr noch vor kurzer Zeit,
> [...]
> „Mündlichkeit,"
> Spracht ihr jüngst noch weit und breit,
> [...]
> „Vorwärts geht's!"
> Spracht ihr jüngst und sprecht es stets.
> (*Ergebnisse und Erlebnisse;* SL 43)

Neben den politischen waren die sozialen Mißstände drängend – Recht auf Eigentum gehörte dazu, und Hoffmann dichtet:

> Wenigen gehört das Beste –
> Ach, wir andern sind nur Gäste.
> 's wächst so viel auf Gottes Erde,
> Doch für unser einen nicht.
> (*Der christliche Staat;* SL 44)

Hunger war ab 1830 kollektives Schicksal und im öffentlichen Bewußtsein präsent – auch in dem des Breslauer Professors, der metaphorisch – zunächst mit komischem, dann mit bitter-ironischem Effekt – diese Zeiterscheinung poetisiert:

> Es grünt und blüht im Vaterlande
> Zum Heil und Segen jedem Stande:
> Denn jedem Deutschen bringt fürwahr
> Der Frühling eine Gabe dar.
>
> Der Frühling kommt, uns zu belohnen
> Mit Königskerzen, Kaiserkronen,
> Mit Pfaffenhütlein, Rittersporn,
> Mit Bauernsenf und Edelkorn.
>
> Doch läßt er uns am meisten schauen
> In allen Wäldern, allen Auen,
> Daß Gott erbarm! Jahr aus Jahr ein
> Das deutsche Hungerblümelein*.
>
> *Erophila Lin.
> (*Flora Germanica;* GL 19)

In der letzten Strophe schlägt Komik in Bitterkeit um, die deskriptive Reihung in Klage. Das Meist- und Stetsgeschaute erhält entsprechend den größten Raum – eine ganze Strophe und die längste zudem widmet Hoffmann allein dem Problem des Hungers.

Polizei und Staatsgewalt – Hoffmann bekommt sie selbst zu spüren, zwanzig Jahre lang ist er Verfolgter. Einem Selbstmörder legt er in den Mund:

> Ich habe treu mein Amt versehen,
> Und mein Gewissen fühlt sich rein.
> Was aber hatt' ich auszustehen,
> O welche Qual und welche Pein!
> Ich weiß was Schuld an Allem ist:
> Ich war ein deutscher Polizist.
> (*Aus dem Grabe eines Selbstmörders;* SL 46)

Das deutsche Bürgertum – bei Hoffmann erscheint es so vielschichtig, wie es war: Die Figur des braven ordnungsliebenden und obrigkeitshörigen Kleinbürgers gestaltet Hoffmann als seinen Antagonisten, er verstand sich als Opfer philiströser Ordnungsvorstellungen:

> Der deutsche Philister, das bleibet der Mann,
> Auf den die Regierung vertrauen noch kann,
> [...]
> Befohlener Maßen ist stets er bereit,
> Zu stören, zu hemmen den Fortschritt der Zeit,
> Zu hassen ein jegliches freie Gemüth
> Und alles, was lebet, was grünet und blüht.
> (*Das Lied vom deutschen Philister;* SL 48 f.)

Hoffmanns Empfindlichkeit ist gerichtet auf den deutschen Bildungsphilister. Daß er selbst dem Bildungsbürgertum angehört, hindert ihn nicht, in *Meusels gelehrtem Deutschland* vaterlandslose Gesellen zu sehen:

> Wenn ihr auch Erd' und Himmel kennt
> Und jedes Buch und Pergament,
> Ihr wisst nicht viel, weil ihr nicht wisst
> Und wissen wollt, was Deutschland ist.
> (*Meusels gelehrtes Deutschland;* UL 146[3])

Schließlich der Adel – ein privates Thema Hoffmanns, er drückt es schon mit seinem sich selbst verliehenen „von" aus, doch „Adelsprivilegien" sind eines seiner, des Vormärz und der Revolution Kampfthemen:

> Was bringt die Adelszeitung Neues?
> Sie bringt und singt das alte Lied,
> Das alte Lied vom Unterschied,
> Und daß ein göttergleich Geschlecht
> Verdient ein eignes Menschenrecht.
> (*Die Adelszeitung nach Christi Geburt 1840;* UL 79)

---

3   Hoffmann von Fallersleben: Unpolitische Lieder. Erster Theil. Hamburg 1840; zitiert
    als UL mit anschließender Seitenzahl.

Und Hoffmann sieht sich als Opfer von Fürstenwillkür:

> Liegt er auch durch Fürstenwillkür
> In des Kerkers Nacht gebannt,
> Trotz den Schergen, trotz den Bütteln
> Singt er für sein Vaterland.
> (*Trutznachtigall;* GL 16)

Die Vormärzzeit ging der Revolution, die im Februar/März 1848 begann, unmittelbar voraus, und zu fragen ist nach ihr in der politischen Dichtung Hoffmanns:

> Treue Liebe bis zum Grabe
> Schwör' ich dir mit Herz und Hand:
> Was ich bin und was ich habe,
> Dank' ich dir, mein Vaterland.
>
> Nicht in Worten nur und Liedern
> Ist mein Herz zum Dank bereit;
> Mit der That will ich's erwiedern.
> Dir in Noth, in Kampf und Streit.
> (*Mein Vaterland;* UL 165)

Da scheint jemand fürs Vaterland zu sterben bereit zu sein:

> Die Losung bleibt, Tod oder Sieg!
> Und eins muß uns noch werden.
> Wir kämpfen einen heiligen Krieg,
> Für's höchste hier auf Erden: [...]
> Wir schwören einen hohen Eid:
> Nicht eh'r die Waffen nieder,
> nicht eher Fried' und Feierzeit,
> Bis Deutschland frei ist wieder!
> (*Landsturmlied;* GL 30)

Da scheint jemand radikaler politischer Agitator zu sein. Indes: Wie so häufig bei Hoffmann müssen wir auch hier feststellen: Anspruch und Wirklichkeit kommen nicht überein, fügen sich nicht. Hoffmanns Thema ist nicht „Revolution",[4] er verbleibt mit seiner Vorstellung von Umsturz auf der verbalen und damit auf der genuin dichterischen Handlungsebene:

> Und bist du nur ein Glöcklein –
> Frisch auf, frisch auf, mein Sang!
> Es stürzt auch die Lawine
> Von eines Glöckleins Klang.
> (*Frühlingslied;* GL 7)

---

4 Daß er freilich „das Wort Revolution [...] nie in den Mund genommen [hat]" (Ingrid Heinrich-Jost: August Heinrich Hoffmann von Fallersleben. Berlin 1982, S. 82), können wir natürlich nicht nachweisen.

Das Bild von der „Lawine der Revolution" gehört zum metaphorischen Standard politischer Lyrik. Wo jedoch die „Lawine" eines radikalen Dichters wie Ferdinand Freiligrath durch den „Schuß" gelöst wird

> Im Hochland fiel der erste Schuß –
> [...]
> Da kam, die fallen wird und muß,
> Ja die Lawine kam in Schuß –[5]

– da begnügt sich der biedermeierliche Dichter mit dem „Glöcklein" der Poesie.

Die Themen, die Hoffmann in seinen politischen Liedern literarisch bearbeitet, bilden einerseits – als Themen allgemeinpolitischer Provenienz – eine kritische Geschichte der historisch gewachsenen politischen und gesellschaftlichen Gegebenheiten seiner Zeit. Andererseits thematisiert er Geschichten aus seiner eigenen Biografie, denen zwar die allgemeinpolitische Brisanz nicht fehlt, die aber aufgrund sehr persönlicher Erfahrungen individualisiert erscheinen:

> Der Dichter ist nur ein Berichter,
> Er thut nur das Erlebniß kund.
> (*Censorenmißverständniß;* UL 90)

So versteht Hoffmann selbst seine literarischen Zustandsbeschreibungen. Das rare revolutionäre Aggressionspotential in seinen politischen Liedern stellt sich analog als hyperbolisierende Paraphrase dichterischen Handelns und Wirkens dar. Hoffmanns Lieder sind allererst Zeitbetrachtungen, Zustandsbeschreibungen, allenfalls Diagnosen in Form von Anklagen, von Beschwerden. Zumeist sind sie jedoch nichts weiter als Satiren, Verspottungen, formuliert von ironischer Warte.

3. Begriffliche Konzepte

Wir haben mit den Themen, um die Hoffmanns Dichtung kreist – die Aufzählung war natürlich nicht vollständig –,[6] Referenzbereiche benannt. Mit Referenz ist die außersprachliche Wirklichkeit gemeint, auf die mit

---

5   Ferdinand Freiligrath: Im Hochland fiel der erste Schuß. In: Ferdinand Freiligrath: Sämtliche Werke, Bd. VI. Leipzig 1906, S. 19–21.
6   Pape, Gassenlieder/Salonlieder (wie Anm. 2), S. 92 zählt auf: „Gottesgnadentum, gesellschaftliche Hierarchie, staatsbürgerliche Ungleichheit, Adelsprivilegien, Vetternwirtschaft, Freimaurer, Diplomaten, Militarismus, Polizeigewalt, Soldaten, Demagogenfängerei, Zensur, pietistische Mucker, Pfaffen, Literarhistoriker, Kleidermoden, Engländerei, Französelei etc. etc."

einem sprachlichen Ausdruck Bezug genommen wird. Der sprachliche Ausdruck zur Bezeichnung der außersprachlichen Wirklichkeit ist ein Begriff, wenn bestimmte Referenzbereiche bzw. ihre Merkmale klassifiziert, abstrahiert und als Konzept sprachlich verfügbar sind.[7]

Zwei Themen resp. Referenzbereiche habe ich noch nicht erwähnt – die zentralen politischen Themen des Vormärz und der Revolution, denen wir uns nunmehr in begriffsanalytischer Manier nähern wollen. Der politische vormärzliche Diskurs[8] ist vor allem geprägt von zwei zentralen Themenkreisen: „Nationalstaat" als zukunftsorientiertes Gestaltungskonzept und „obrigkeitliche Machtwillkür", vor allem in der Gestalt von Zensur, als gegenwartsbezogenes Zustandskonzept.

3.1 Nationalstaat

Der deutsche Nationalstaat existiert nicht, und die Einheit Deutschlands ist politisches Ziel seit Beginn des Jahrhunderts. Er ist Hauptthema des Vormärz- und Revolutionsdiskurses ebenso wie der politischen Dichtung der Zeit und also auch der Hoffmanns. Hoffmann war ein „guter Deutscher", und das bedeutet im Vormärz notwendig eine politische Gesinnung zu haben, die wir heute nationalistisch nennen und als eine der Voraussetzungen für den Verlauf der deutschen Geschichte in der ersten Hälfte unseres Jahrhunderts erkennen: Das begriffliche Konzept „Nationalstaat" resultiert aus Hoffmanns hochentwickeltem Patriotismus, der aus seiner uns

---

7 Zugrundegelegt sei die Definition Reinhart Kosellecks: „Ein Wort wird zum Begriff, wenn die Fülle eines politisch-sozialen Bedeutungs- und Erfahrungszusammenhangs, in dem und für den ein Wort gebraucht wird, insgesamt in das eine Wort eingeht" (Reinhart Koselleck: Begriffsgeschichte und Sozialgeschichte. In: Reinhart Koselleck (Hrsg.): Historische Semantik und Begriffsgeschichte. Stuttgart 1979, S. 19–36, hier S. 28 f.), die zu erweitern ist um die Möglichkeit, Vorstellungskomplexe zu beschreiben. Ein begriffliches Konzept ist insofern zu verstehen als Organisationsstrategie, mit der ein bestimmter Wirklichkeitsausschnitt sprachlich komplex erfaßt wird. Zum Konzeptbegriff vgl. u. a. Monika Schwarz: Kognitive Semantiktheorie und neuropsychologische Realität. Repräsentationale und prozedurale Aspekte der semantischen Kompetenz. Tübingen 1992.

8 Diskurse sind Texte, die zueinander in einer „thematisch-dialogisch-intertextuellen" (Fritz Hermanns: Sprachgeschichte als Mentalitätsgeschichte. Überlegungen zu Sinn und Form und Gegenstand historischer Semantik. In: Andreas Gardt [u. a.] (Hrsg.): Sprachgeschichte des Neuhochdeutschen. Gegenstände, Methoden, Theorien. Tübingen 1995, S. 69–101; hier S. 89) Beziehung stehen. Texte konstituieren demnach einen Diskurs, insofern in ihnen – alternative, konkurrierende oder auch übereinstimmende – Vorstellungen zu einem bestimmten Thema versprachlicht werden. Politische Lieder also sind wesentlicher Teil des politischen Diskurses, hier der Vormärzzeit. Ihre begriffsgeschichtliche Darlegung ist somit Teil einer Diskursgeschichte der Vormärzzeit.

heute hypertroph erscheinenden Germanophilie entspringt, gepaart mit
jenem xenophoben Nationalismus, der im deutschen Vaterlandsdiskurs
„Franzosenhaß" heißt und dessen Ursprünge jüngst in die Mitte des „auf-
geklärten" 18. Jahrhunderts gelegt wurden.[9]

> Deutsche Worte hör' ich wieder –
> Sei gegrüßt mit Herz und Hand!
> Land der Freude, Land der Lieder,
> Schönes heitres Vaterland!
> Fröhlich kehr' ich nun zurück,
> Deutschland du mein Trost, mein Glück!
> (*Heimkehr aus Frankreich;* UL 159)

Deutsch und *Deutschland* erscheinen in den Liedern Hoffmanns referie-
rend und prädizierend in einer Vielzahl von Wortverbindungen. Sie bezeichnen Volkliches: *Ich bin ein Deutscher, deutsche Fraun und Männer,
Gott der Deutschen, deutsches Volk, deutsche Tracht;* ebenso Regionales:
*deutsches Land, deutsches Reich, deutscher Grund und Boden, deutscher
Wein;* und die Konzeptualisierung des Begriffs deutsch referiert auf deutsche Sprache: *deutsch beten und singen, deutsch verstehen, deutsche Worte*
und vor allem auf „Gemüthliches": *deutsche Ehrlichkeit, deutsch von Herzen, deutsche Größe und Herrlichkeit, deutsche Freud' und Lust.*

Deutschland du mein Trost, mein Glück – das „Konzept deutsch" dient
zur Bezeichnung hochbewerteter deutscher Eigenschaften und gleichzeitig zur Abgrenzung vom „Erzfeind" Frankreich – damit zur Selbstverge-
wisserung, und es hat außerdem im 19. Jahrhundert den Stellenwert des
politischen Arguments: Mit der gemeinsamen Abkunft und Sprache wurde der nationalstaatliche Anspruch gerechtfertigt, von daher ist es „Kri-
stallisationspunkt nationalistischer Gefühle und Denkweisen".[10] Hoffmann
war also ein „guter Deutscher", und er war ein – wenn auch in Grenzen –
politisch und fortschrittlich Denkender. Diese Konstellation bedeutet im
Vormärz, Fürsprecher für den deutschen Nationalstaat, für die Einheit
Deutschlands, für die Abschaffung der ungefähr 38 Einzelstaaten zu sein.

Nationales und damit deutsches – und damit „richtiges" – Denken wird
begrifflich wertend an diese Vorstellung gebunden:

> Norden, Süden, Wein und Bier,
> Plattdeutsch dort und Hochdeutsch hier,

---

[9] Hans Peter Herrmann [u. a.]: Machtphantasie Deutschland. Nationalismus, Männ-
     lichkeit und Fremdenhaß im Vaterlandsdiskurs deutscher Schriftsteller des 18. Jahr-
     hunderts. Frankfurt/M. 1997.
[10] Klaus Hinrich Roth: Deutsch. Prolegomena zur neueren Wortgeschichte. München
     1978, S. 427.

> Katholik und Protestant,
> Mancher Fürst und manches Land –
>
> Wer das nicht vergessen kann,
> Ist fürwahr kein deutscher Mann;
> Wenn er's gut mit dir auch meint,
> Vaterland, er ist dein Feind!
>
> Das bedenket jeder Zeit,
> Wenn ihr strebt nach Einigkeit, [...]
> (*Rechts und links;* UL 41)

Begrifflicher Platzhalter dieser Idee der deutschen Einheit ist die Farbtrias *Schwarz-Rot-Gold.* Die Farben der Freischar Lützows sind seit 1813 Symbol für ein geeintes Deutschland, und Hoffmann nutzt wie viele national gesonnene Dichter seiner Zeit ihre „Semantik" zu doppeldeutigem Ausdruck. Und wie immer, wenn national gedacht wird, hat das Wort *Vaterland* Konjunktur.

> Über unserm Vaterlande
> Ruhet eine schwarze Nacht,
> Und die eigne Schmach und Schande
> Hat uns diese Nacht gebracht.
> [...]
> Und es kommt einmal ein Morgen,
> [...]
> Hinter Wolken lang verborgen
> Bricht ein rother Strahl hervor.
> [...]
> Und es ziehet durch die Lande
> Überall ein goldnes Licht,
> Das die Nacht der Schmach und Schande
> Und der Knechtschaft endlich bricht.
> (*Deutsche Farbenlehre;* SL 35)

Vaterland – Hoffmann nimmt Traditionslinien auf: Ernst Moritz Arndts „Was ist des Deutschen Vaterland" ist meistgesungenes Lied der Vormärz- und Revolutionszeit, und die Antwort auf diese Frage – „das ganze Deutschland soll es sein" – gerät zur immer wiederkehrenden und variierten Wortverbindung:

> Der Frühling ist gekommen
> [...]
> Frisch auf, mein Sang, verkünd' es
> Der ganzen deutschen Welt!
> (*Frühlingslied;* GL 7)

Außerdem ist die markante Struktur des Liedes Ernst Moritz Arndts – abgesehen von semantischer Identität – Muster für textuelle und syntaktische Adaptationen:

> Kein Oesterreich, kein Preußen mehr!
> Ein einig Deutschland, groß und hehr,
> [...]
> Wie seine Berge fest zu Trutz und Wehr.
> [...]
> Was ist des Deutschen Vaterland?
>   Ein Oesterreich, ein Preußen nur!
> (*Das Lied vom deutschen Ausländer;* GL 21)

Wir halten fest: Die extensionalen Platzhalter des begrifflichen Konzepts Hoffmanns vom deutschen Nationalstaat heißen *deutsch* und *Deutschland*, wenn das Konzept eine hybride Bewertung erfährt. Sie heißen *Vaterland*, wenn eine emotionale und *schwarz, rot, gold*, wenn eine historische Legitimation zu behaupten ist. Sie heißen *die ganze deutsche Welt*, wenn die Formulierung des Konzepts Traditionen dichterisch gefaßten nationalen Denkens reflektiert. Sie heißen *einig Deutschland, groß und hehr, freies Deutschland [...] zu Trutz und Wehr*, wenn ein teleologischer Nationalismus sprachlich zu bezeugen ist. Wir wollen es wagen, diesen teleologischen Nationalismus sowohl imperialistisch als auch militaristisch zu nennen.

3.2 Zensur

Wenn ein geeintes Deutschland das allgemeinpolitische Hauptthema des Vormärz ist, dann ist Zensur dasjenige mit der größten biografischen Brisanz. Zensur und Pressegesetze gehörten wohl zu den demütigendsten Erfahrungen, die Publizisten machen mußten. Die Klassik hatte „aus den Deutschen ein sehr kulturbewußtes, [...] bildungsstolzes Volk gemacht. [...] Gerade in den Kultusdingen war diese Generation deshalb so besonders empfindlich".[11] Es war tiefverwurzelte Meinung der bürgerlichen Intelligenz, mit der „Beförderung vorurteilslosen freien Denkens auch die Voraussetzungen für politische und bürgerliche Freiheit zu verbessern".[12] Die Forderung nach „Preßfreiheit" als literarische Tradition gründet im 18. Jahrhundert. Seither wird sie „nicht selten mit einer Einseitigkeit und Ausschließlichkeit [vertreten], die andere Freiheitsforderungen in oft auffallender Weise vernachlässigte".[13] Hoffmann steht in dieser Tradition. Die

---

11 Veit Valentin: Geschichte der deutschen Revolution. 1848–1849. 2 Bde. Aalen 1968 [1930]. Hier Bd. I, S. 46.

12 Jürgen Schlumbohm: Freiheit. Die Anfänge der bürgerlichen Emanzipationsbewegung in Deutschland im Spiegel ihres Leitwortes (ca. 1760 – ca. 1800). Düsseldorf 1975, S. 76.

13 Ebd. S. 113. Diese mentale Disposition wird sprachlich reflektiert. Der Untersuchungsbefund von 162 politischen Liedern der Vormärz- und Revolutionszeit lautet: „Presse- und Meinungsfreiheit ist das zentrale Thema, Adjektive und Adverbien sind am häufigsten in diesem Kontext nachweisbar. Im *freien Wort* setzt sich

Zensur berührt sein Innerstes, ihrer ist er täglich bei seinem Tun gewärtig, sie setzt seiner Inspiration den engen Rahmen, aus dem er sich zu befreien sucht, indem er die Zensur zum dichterischen Gegenstand macht und diesen sprachlich gestaltet, indem er ihn emotionalisiert – entrationalisiert. Solange der Dichter Distanz halten kann, ist der sprachliche Ausdruck Spott, der sich im Spiel mit der Wortform manifestiert:

> Frei könnt ihr ziehn aus allen deutschen Landen,
> Freizügigkeit ist auch für euch vorhanden.
> [...]
> Ein schöner Zug: Freizügigkeit!
> Dir fehlt ein n an deines Glückes Sterne:
> Freizügig Volk, freizüngig wärst du gerne!
> (*Ein schöner Zug;* UL 107)

und das Schlagwort *Preßfreiheit* zumal gibt Anlaß zum semantischen Spiel:

> Du Ideenvolk, auf's Denken
> Musst du dich allein beschränken!
> Möchte dir doch Gott auch schenken
> Preßfreiheit zu deinem Denken!
>
> „Gott hat uns genug gegeben.
> Segnet Er nur unsre Reben,
> Wird es ja in unserm Leben
> Preßfreiheit genug noch geben."
> (*Die Genügsamen;* UL 91)

Selten allerdings gelingt Hoffmann hier die Sicht aus höherer Warte, zumeist reflektieren seine Lieder das Leiden des Vormärzdichters, sprachlich gefaßt in volksliedhafte Metaphorik:

> O weh! Die heißgeliebte Turteltaube,
> [...]
> Dem bösen Adler wurde sie zum Raube,
> [...]
> Das war des treuen Turteltaubers Klage,
> [...]
> Wer aber war des Sängers Turteltaube?
> Es war und ist das freie deutsche Wort.
> (*Turteltäubleins Klagen;* GL 25 f.)

---

die aufklärerische Tradition am reinsten in den Vormärz und die Zeit der Revolution hinein fort. Was das Gut *frei* im Lied zur Hauptsache qualifiziert, ist deshalb die Sehnsucht der Literaten, so daß *frei* zuallererst ein Bildungsgut kennzeichnet. Weder die konkrete soziale Form von Unfreiheit – Hunger und Not –, noch die politische Unfreiheit des Absolutismus sind erster Anlaß, eine entsprechende Gegenwelt zu entwerfen und diese mit dem Epitheton frei zu charakterisieren" (Heidrun Kämper-Jensen: Lieder von 1848. Politische Sprache einer literarischen Gattung. Tübingen 1989, S. 113).

Zorn über diese Form von Unfreiheit bewirkt selbst bei Hoffmann agitatorische Formulierungen:

> Doch der Frühling ist gekommen,
> Jagt zum Teufel die Censur, [...]
> (*Trutznachtigall;* GL 16)

Das dichterische Leiden schafft sich daneben einen Ausgleich. Wie ein kompensatorischer sprachlicher Vergeltungsakt mutet die Verbannung des Zensors aus der bürgerlichen Gemeinschaft an – und der Schinder erweist sich gegen den Zensor als Wohltäter. Diese Metapher scheint des Dichters Befindlichkeit vollkommen auszudrücken, denn sie erscheint nicht nur einmal:

> Tödtet der Schinder das kranke Vieh,
> Tödtet der Censor den Geist.
> (*Die schlechteste Partie;* GL 24)

> Ihr wißt nicht, was Censor heißt!
> Das heißt ein Gedanken-Verderber und Mörder und Schinderknecht,
> Der wider's Recht
> Todt quält den lebendigen Geist.
> (*Das Hohelied vom Censor;* SL 55)

Drückt sich hier der Gebildete aus, wird hier Literaturgeschichte tradiert, war nicht Hölderlins

> Fürchtet den Dichter nicht, wenn er edel zürnet, Sein Buchstab
> Tödtet, aber es macht Geister lebendig der Geist[14]

– war nicht diese Sentenz Vorbild für die Hoffmannschen Formulierungen „Tödtet der Censor den Geist" und „Der [...] Todt quält den lebendigen Geist"?

Wie konnte ein deutscher Dichter der Vormärzzeit gegen die Zensur bestehen? Er konnte einen ausländischen Druckort wählen, er konnte das Erscheinungsjahr verbergen („gedruckt in diesem Jahr"), er konnte sich den intellektuellen Spaß sprachlicher Camouflage machen, und Trost suchen – die freiheitliche Gesinnung bleibt dem Zensor ja unerreichbar:

> Ihr möchtet gerne streichen
> Des Geistes Freud' und Lust,
> Doch könnt ihr niemals reichen
> In eine freie Brust;

> Die wird euch nimmer fröhnen
> Wie lumpiges Papier,

---

14 Friedrich Hölderlin: Sämtliche Werke. Hrsg. von Friedrich Beissner, Bd. I. Stuttgart 1943 (Stuttgarter Hölderlin-Ausgabe), S. 305.

Die wird euch stets verhöhnen
In eurer Vampyrgier.

Wenn ihr den Wütherichen
An Glück und Ehren gleicht,
Ihr werdet einst gestrichen,
Wie ihr die andern streicht.
(*Die Streichinstrumentisten;* UL 115)

Wir halten fest: Das begriffliche Konzept von freier Presse wird auf allen Benennungsebenen emotionalisiert – Ausweis seiner persönlichen, ja existenziellen Bedeutung. Das betrifft die Paraphrase des Gegenstands: *Des Geistes Freud' und Lust, freies deutsches Wort* ebenso wie die des Opfers: *freie Brust.* Ausdruck und inhaltliches Spiel – *freizüngig, Preßfreiheit* – belegen ebenso wie die Benennungen der Handelnden – *eure Vampyrgier, Wütheriche an Glück und Ehre:* Hier verschafft sich ein persönlich Betroffener ein sprachliches Ventil. Als politischer Gegenstand mit der größten persönlichen Tragweite gerät seine Versprachlichung bei Hoffmann zudem zu derjenigen mit dem größten Aggressionspotential: *Jagt zum Teufel, Ihr werdet einst gestrichen.*

4. Schlagwörter des Vormärz

Begriffliche Konzepte gerinnen in Worte – wir haben uns mit *Deutsch- (land) / Vaterland* und *Pressefreiheit* zwei Beispiele vergegenwärtigt. Wenn solche ein begriffliches Konzept repräsentierende Worte einen politischen Sachverhalt verkürzt bezeichnen, wenn sie emotionalisierend wirken, inhaltlich unbestimmt und nur scheinbar eindeutig sind,[15] dann heißen sie Schlag- oder Schlüsselwörter.[16] Diejenigen Hoffmanns sind die des Vormärz, und ihre Präsentation ist typisch: Hoffmann hat eine Vorliebe für die Paar-, gelegentlich auch Dreierformel – *Einigkeit und Recht und Freiheit* ist wohl seine berühmteste. Solche Formeln haben revolutionäre Tra-

---

[15] Wulf Wülfing: Schlagworte des Jungen Deutschland. Mit einer Einführung in die Schlagworttheorie. Berlin 1982, S. 33 ff.

[16] Hier sei nicht die ausführlich diskutierte linguistische Frage „Was ist ein Schlagwort?" rekapituliert. Zur Orientierung soll genügen, Schlagwörter zu bestimmen als „lexikalisch komprimierte Einheiten", die „eine zentrale Funktion im politischen Kampf [innehaben], indem die konfligierenden Interessengruppen mit ihnen angestrebte oder bereits realisierte politische Leitgedanken, Programme und Ziele 'auf den Begriff' bringen und Problemverhalte aus ihren verschiedenen Perspektiven heraus beleuchten" (Karin Böke: Politische Leitvokabeln in der Adenauer-Ära. Zu Theorie und Methodik. In: Karin Böke [u. a.]: Politische Leitvokabeln in der Adenauer-Ära. Berlin, New York 1996), S. 19–50; hier S. 32.

dition – *Freiheit, Gleichheit, Brüderlichkeit*. *Recht* ist in diesen Formeln Hoffmanns der Zentralbegriff, um den er begriffliche Trabanten kreisen läßt. Keine der Formeln kommt ohne den Begriff des Rechts aus, der stets mit anderen kombiniert wird. *Recht* können wir so mit gutem Grund als den Zentralbegriff der politischen Weltsicht Hoffmanns betrachten.[17] Sein politisches Denken vollzieht sich zum größten Teil in ethisch-moralischen Kategorien: *Recht und Freiheit, Recht und Wahrheit, Recht und Pflicht, Wahrheit, Recht und Ehre, Gott und Ehr' und Recht, Freiheit und Recht und Tugend, Ehre, Tugend und Recht*. *Ehre, Gott* und *Tugend* sind die drei Partnerwörter, mit denen Hoffmann seinem Rechtsbegriff ein ethisch-moralisches und zugleich aufklärerisches Fundament schafft.[18]

Hoffmanns Ehrbegriff haben wir als eine Zusammenführung zweier Traditionslinien zu deuten. Einerseits kennt er die germanisch-deutschen Wurzeln. Ehre war „dem Germanen höchster Wert und wesentliche Ordnungsgrundlage seines Daseins", sie gründete auf „persönlicher Fähigkeit und Tüchtigkeit, auf kriegerischer Tapferkeit und Treue".[19] Andererseits fließt der im 19. Jahrhundert entwickelte Begriff der „bürgerlichen Ehre" ein, verstanden als „Achtung, die die Person in der Gesellschaft genießt"[20] – mehr als einmal ging Hoffmann dieser bürgerlichen Ehre verlustig. *Gott* – Hoffmann studierte anfangs Theologie, sein Onkel war Pastor, Hoffmann ist Zeitgenosse des Biedermeier. Damit sind Bestimmungsstücke benannt für die begriffliche Ausdeutung: Religiöser Glaube ist selbstverständlicher Faktor im Kampf um soziale und politische Gerechtigkeit, und Gott wird in einer Vielzahl von Stereotypen angerufen als schützende, vergebende, gnä-

---

[17] In einer Anmerkung kommentiert er die zensurliche Neufassung der Verse „Ja, keine Zeit ist niemals schlecht:/ In jeder lebet fort/ Gefühl für Wahrheit, Ehr' und Recht/ Und für ein freies Wort" in: „Ja, keine Zeit ist niemals schlecht/ In jeder lebet fort/ Gefühl für Freundschaft, Lieb' und Recht/ Und für ein traulich Wort" – er kommentiert also diese Neufassung „Er [der Zensor] hätte gewiß auch das Recht nicht gelten lassen, wenn sich dafür nur so ein traulicher Reim fände!" (*Gesellschaftslied;* SL 52 f.; hier S. 53).

[18] Über die aufklärerische Begrifflichkeit politischer Lyrik vgl. Kämper-Jensen, Lieder von 1848 (wie Anm. 13), S. 84–92. Hier wird am Beispiel von Seumes *Trinklied* der aufklärerische, den Kantschen Ausdeutungen folgende Gebrauch des Begriffskomplexes *Tugend – Freiheit – Pflicht – Vernunft – Recht – Licht – Wahrheit – Gott* rekonstruiert. Daß Hoffmanns Begrifflichkeit in eben diesen Kontext der Spätaufklärung zu stellen ist, belegt nicht zuletzt seine Publikation von 1847, *Immanuel Kant über die religiösen und politischen Fragen der Gegenwart*, in welcher er Auszüge aus Kants Werk zusammenstellt.

[19] Geschichtliche Grundbegriffe. Historisches Lexikon zur politisch-sozialen Sprache in Deutschland. Hrsg. von Otto Brunner [u. a.]. Stuttgart 1972–1997. Bd. 2, S. 3.

[20] Ebd. S. 31.

dige, tröstende Instanz und anthropomorph vorgestellt.[21] Die Lieder, die in der Tradition des frommen Wortes stehen, reflektieren tiefverwurzelten christlichen Glauben, und Gottesglaube stand in der Biedermeierzeit nicht zur Disposition. Schließlich *Tugend* – ein moralisch-sittlicher Begriff, wie ihn die Aufklärung geprägt hat als „ein der vernunft entsprechendes und auf glückseligkeit zielendes verhalten".[22] Dieser verweltlichte Tugendbegriff deutet ihn als Ausdruck der Humanität und der Sitte – Bestimmungsstücke, auf die Hoffmann seine Lieder abstellt. Er weist sich zudem als politischer Denker seiner Zeit aus: *Recht und Gerechtigkeit, Gesetz und Recht.* Diese staatsrechtlichen und gesellschaftspolitischen Maximen der liberalkonstitutionellen Bewegung bestimmen das politische Denken der gemäßigt Fortschrittlichen in der ersten Hälfte des 19. Jahrhunderts.

Hoffmann errichtet also eine begriffliche Welt, die sich aus ethisch-abstrakten und politisch-konkreten Maximen zugleich zusammensetzt, und erweist sich damit als programmatischer politischer Denker seiner Zeit. In der theoretischen Reflexion bündeln die prototypischen Paarformeln *Recht und Wahrheit* einerseits, *Recht und Gesetz* andererseits als Begriffskomplexe ein politisches Konzept. Im *Staats-Lexicon* der Liberalen Rotteck und Welcker lesen wir:

> das Ziel der Bewegung, wenn sie ein Voranschreiten sein soll, kann nur das Bessere, also das dem Recht und dem Gesammtwohl Entsprechendere sein; und die Bewegung selbst, wenn sich Rechtliebende unter ihre Fahnen reihen sollen, darf nicht wo anders als auf den Bahnen des Rechtes oder des rechtsbeständigen Gesetzes geschehen. Ihre Mittel also werden […] Wahrheit und Licht und Aufruf der edleren Gefühle und Kräfte der Menschen [sein].[23]

Wahrheit – die Jungdeutschen haben einen Wahrheitsbegriff ausgedeutet, dem sich auch Hoffmann verpflichtet fühlt. Er ist gebunden an die Vorstellung der Bewegung, des Fortschritts als Grundprinzip des Lebens, hin zum „Besseren". Dessen Synonyme heißen *Recht* und *rechtsbeständiges*

---

21 Numinose Routineformeln mit *Gott* bzw. sprachlichen Repräsentanten durchziehen versatzstückhaft die Lieder auch Hoffmanns: „Was kümmern mich die Allerhöchsten?/ Der Höchste nimmt sich meiner an,/ Der Höchste nur kann mich begnaden,/ Wenn er mir hilft, wer kann mir schaden?/ Ich bin und bleib' ein freier Mann" (*Aus dem Nachlasse eines Berliner wirkl. geh. Raths;* GL 28); „Wohlan, wohlan, mit uns ist Gott!/ Wir wollen's muthig wagen;/ […]/ Waffen in die Hand!" (*Landsturmlied;* SL 30 f.); „Ihr habt verfolgt das freie Sprechen/ Und eingekerkert und verbannt./ […]/ Nur Gott im Himmel kann vergeben/ Was ihr in seinem Namen thut" (*Die ungerechten Richter;* SL 40).

22 Deutsches Wörterbuch von Jacob Grimm und Wilhelm Grimm. Nachdruck der Erstausgabe Leipzig 1854 ff. München 1984, Bd. 22, Sp. 1590.

23 Staats-Lexicon oder Encyclopädie der Staatswissenschaften, hrsg. von Carl v. Rotteck und Carl Welcker. 3. Auflage Leipzig 1856–1866, Bd. 2, S. 558–560.

Gesetz – positiv gedeutet als kodifizierter Ausdruck von Recht, heißen in aufklärerischer Manier *Wahrheit und Licht*, dessen Zweck heißt *Aufruf der edleren Gefühle und Kräfte der Menschen*.

Wir halten fest: *Recht, Wahrheit* und *Gesetz* sind zentrale semantisch elastische und emotional besetzte Schlagwörter, die sowohl das politische Denken der Vormärzzeit als auch das Hoffmanns als zukunftsorientiertes Konzept des Fortschritts zum Besseren ausweisen und die dieses politische Denken und Wollen in die aufklärerische Tradition stellen.

5. Leitkonzept *Freiheit*

Wir haben Themen fixiert, wir haben daraus begriffliche Konzepte abstrahiert und ihren schlagwortartigen Gebrauch festgestellt, aber wir sind noch die Extraktion schuldig. Wir wollen sie Leitkonzept nennen und voraussetzen: Wenn verschiedene begriffliche Konzepte und Schlagworte in einem Ausdruck kondensieren, dann stellt dieser Ausdruck ein Leitkonzept dar.

Der vormärzliche und dann auch revolutionäre Kanon politischer Themen und Forderungen war groß, man wollte vieles, und wenn man auch nicht recht wußte, was – jedenfalls wollte man alles zugleich.[24] Die Schwäche der Revolution von 1848 war die Schwäche der zwar politisch handeln wollenden, aber über kein rechtes Handlungskonzept verfügenden Bürger. Indes: Man behilft sich. Typisch für die Beschaffenheit vormärzlichen und damit auch Hoffmannschen politischen Denkens: Was immer an mehr oder weniger konkreten politischen Vorstellungen über eine bessere Zukunft besteht – *Freiheit* leistet den Ausdruck und ist semantisch elastisches begriffliches Zentrum, in dem alles politische Denken und Wollen der Vormärzzeit aufgehoben ist.[25] Das politische Ziel des Vormärz und der Revolution gerinnt in dem Ausdruck und Begriff *Freiheit* – „Symbolwort der Revolution".[26]

---

[24] Entscheidend für das Scheitern der Revolution von 1848: „Es sind alle vier zentralen und weitreichenden Modernisierungsaufgaben, die sich hier überschnitten: die staatliche Integration, die Nationalsstaatsbildung, die politische Partizipation und die soziale Gerechtigkeit". Sie „ballten sich in 15 Monaten zusammen und verlangten nach gleichzeitiger Lösung" (Wolfgang Hardtwig: Nationalismus und Bürgerkultur in Deutschland 1500–1914. Ausgewählte Aufsätze. Göttingen 1994, S. 177).
[25] Das zentrale revolutionäre Leitkonzept schafft ja auch die Gattungsbezeichnung: Die Lieder der Vormärzzeit sind „vaterländische Freiheitslieder".
[26] Geschichtliche Grundbegriffe (wie Anm. 19), Bd. 2, S. 536.

> Was ist des Deutschen Vaterland?
>   Ein Oesterreich, ein Preußen nur!
>   Von deutscher Freiheit keine Spur!
>   (*Das Lied vom deutschen Ausländer;* GL 22)

Allererst wird der Freiheitsbegriff an das Vaterlandskonzept gebunden. Das war schon im 18. Jahrhundert so und auch zur Zeit der Befreiungskriege: Freiheit = Einheit = Vaterland – seit dem 18. Jahrhundert gehört *Freiheit* „eng zum semantischen Feld *Vaterland*".[27] Geändert hat sich allerdings die Kausalitätsbeziehung. Anfang des 19. Jahrhunderts hieß es: *Durch Freiheit zur Einheit.* Freiheit war Zweck, die Entledigung von der Herrschaft Napoleons, Einheit war das Ziel. Im Vormärz heißt es: *Durch Einheit zur Freiheit,* Freiheit ist Ziel, Einheit ist Zweck.[28] Der Freiheitsbegriff wird im Vormärz nationalisiert.

> Ich muß das Glas erheben
> Und trink' auf mein eigenes Heil:
> O würde solch freies Leben
> Dem Vaterlande zu Theil!
>
> Der Professor ist begraben,
> Ein freier Mann erstand –
> Was will ich weiter noch haben?
> Hoch lebe das Vaterland!
> (*Trostlied;* GL 26)

Man zieht Parallelen, stellt Vergleiche an: Die eigene Freiheit wünscht man dem unfreien Vaterland, man war Professor – und damit unfrei. Man ist es nicht mehr – damit frei und wunschlos glücklich, und wenn man zu Beginn der Strophe sich selbst ein Hoch ausgebracht hat, bringt man am Schluß dem Vaterland ein Vivat. Hier offenbaren sich mentale nationale und vaterländische Dispositionen – die Verbindung *freier Mann* bedeutet nicht nur das Gegenteil von 'Knecht', sondern auch 'Bürger im geeinten deutschen Vaterland', und hier zeigt sich: Der Freiheitsbegriff im Vormärz wird individualisiert.[29]

> Es gilt für's Vaterland
> Es gilt für deutsche Freiheit.
> [...]

---

[27] Ebd. Bd. 2, S. 503.

[28] Zum Einheitsbegriff in der Vormärzzeit vgl. Geschichtliche Grundbegriffe (wie Anm. 19), Bd. 2, S. 132 ff., hier besonders S. 134.

[29] Hierher gehört auch Jacob Grimms Frage „Liegt Ihnen Ihr Vaterland nicht näher?", als Hoffmann ihm seine Studienpläne – klassische Philologie – vorstellt: Der Privatmann fühlt sich nicht nur persönlich betroffen vom staatsrechtlichen Zustand seiner Lebenswelt, sondern stellt auch persönliche Entscheidungen in den Dienst des Vaterlands.

> Nicht eher Fried' und Feierzeit,
> Bis Deutschland frei ist wieder!
> Bis an jedem Ort
> Frei ist Schrift und Wort,
> Und bis weit und breit
> Recht und Gerechtigkeit
> In Deutschland ist zu finden!
> (*Landsturmlied;* GL 30)

Hier ist Pluralisierung von *Freiheit* möglich, es gibt Freiheiten: Presse-, Meinungs-,Versammlungsfreiheit. Der Freiheitsbegriff gerinnt im liberalen Parteiprogramm, das sich in den klassischen Forderungen vom März 1848 wiederfindet: Der Freiheitsbegriff in der Vorstellung vom liberalen Rechtsstaat soll verfassungsmäßig festgeschrieben sein, auf dem Prinzip der Grundrechte beruhen (Meinungs-, Pressefreiheit, Recht der freien Vereinigung, Freiheit des individuellen Eigentums, Rechtsgleichheit) und auf dem Prinzip der Gewaltenteilung gegründet sein.[30] Der Freiheitsbegriff im Vormärz wird spezifiziert.

Wir halten fest: 1. *Freiheit* heißt nationale Einheit; 2. persönliche Ungebundenheit und Vaterland fallen im Freiheitskonzept zusammen; 3. *Freiheit* bedeutet Freiheiten – Nationalisierung, Individualisierung, Spezifizierung heißen die Arten begrifflicher Erfassung des vormärzlichen Einheitskonzepts *Freiheit*. Mit *Freiheit* werden die semantischen Leerstellen gefüllt, die das vormärzliche politische Denken und Wollen, die das Programm einer besseren Zukunft eröffnet.

Ich fasse zusammen: Hoffmann fächert in seiner politischen Lyrik eine Vielzahl politisch aktueller Themen der Vormärzzeit auf. Diesen Themen entsprechen begriffliche Konzepte – wir haben uns ihre sprachliche Fassung am Beispiel *Nationalstaat* und *Zensur* vergegenwärtigt. Wir haben von diesen begrifflichen Konzepten Schlagwörter Hoffmanns abgegrenzt und festgestellt: Von Hoffmann gebrauchte politische Schlagworte kreisen semantisch um den Begriff des Rechts, und Paarformeln wie *Recht und Ehre, Recht und Wahrheit, Recht und Gesetz* sind gleichermaßen sprachliche Repräsentanten ethisch-abstrakten wie politisch-konkreten Denkens der Vormärzzeit. Wenn wir abschließend nach der aufklärerischen Tradition fragen, die sich aus der Hoffmannschen Begrifflichkeit ableiten läßt, so müssen wir sagen: Er überliefert uns aufklärerische wie gegenaufklärerische begriffliche Konzepte. Der aufklärerisch motivierte Drang nach Pressefreiheit und dessen Versprachlichung und der mit ebenso aufklärerisch gedeuteten Tra-

---

30 Thomas Nipperdey: Deutsche Geschichte 1800–1866. Bürgerwelt und starker Staat. München 1983, S. 295.

banten umgebene Rechtsbegriff etwa waren Beispiel. Gegenaufklärung fanden wir vergegenwärtigt in sprachlichen Ausdrucksformen des Nationalstaatskonzepts. Indem solches politische Denken und Wollen in dem Leitkonzept *Freiheit* gerinnt, haben wir dessen Janusköpfigkeit zu vermerken,[31] und wenn, wie Hoffmann erkennt, der Dichter „die Stimmung der Zeit aus[spricht]",[32] dann entspricht der begrifflich fixierbare Antagonismus von Aufklärung und Gegenaufklärung dem vormärzlichen und revolutionären politischen Diskurs.

---

[31] Ich variiere damit die Sentenz von der „Janusköpfigkeit des modernen Nationalismus" Wolfgang Hardtwigs (wie. Anm. 24).

[32] Zehn Actenstücke über die Amtsentsetzung des Professors Hoffmann von Fallersleben. Mannheim 1843, S. 8.

Kurt G. P. Schuster

„Poesie des Grimms"
Wie politisch war der Dichter der „Unpolitischen Lieder"?

Am 2. April 1848 wurde Hoffmann von Fallersleben fünfzig Jahre alt. Wenige Wochen vorher war – von Paris her über den Rhein gekommen – in den deutschen Staaten die Revolution ausgebrochen. Zehn Jahre lang hatte Hoffmann daran mitgearbeitet, den Boden für eine Veränderung der Verhältnisse in Deutschland zu bereiten. Nun aber sucht man ihn vergebens auf einer Barrikade, in einer Länderkammer, in der Paulskirche, in Heckers Zug im April, bei Struve im September, am Ende in Rastatt. Er steht als Zuschauer am Rande und resümiert zwanzig Jahre später in seinen Lebenserinnerungen: „[…] wie hätte ich mich beteiligen sollen? Meine Waffe war das Lied, und diese Waffe galt bei dem großen Haufen und seinen Führern, die nur mit roher Gewalt noch etwas auszurichten hofften, gar nichts mehr."[1] Hierbei handelt es sich 1868 keineswegs um eine nachträgliche Interpretation seiner eigenen politischen Rolle. Das „Lied als Waffe" war bei ihm von Anfang an eine Art Leitmotiv gewesen:

> Die Zeit des Lesens ist vorbei,
> Das Lied, es ist geworden frei.
> Es will die letzte Waffe werden
> In des gebeugten Volkes Hand,
> Die allerletzte Waff' auf Erden
> Für Freiheit, Recht und Vaterland.

So hatte er unter der Überschrift *Nur nicht lesen, immer singen!* 1844 gedichtet.[2] Da nun aber doch geschossen und nicht mehr gesungen wurde, liegt es nahe, das frühe Urteil eines Agenten zu akzeptieren, Hoffmann werde „nie, mag sich auch in Deutschland ereignen, was da wolle, eine Rolle spielen", da er „kein Geschick dazu" habe, das Leben „praktisch anzufas-

---

1 August Heinrich Hoffmann von Fallersleben: Mein Leben. Bd. 5, Hannover 1868, S. 77.
2 Ders.: Maitrank. Paris: Verlag von Renardier 1844, S. 2 (eine Mystifikation; ein Vergleich von Drucktypen und Papier deutet auf die Hinstorffsche Verlagsbuchhandlung in Ludwigslust; vgl. Jürgen Borchert: Hoffmann von Fallersleben. Berlin 1991, S. 175).

sen".[3] Sein allererstes „Unpolitisches Lied" hatte jedenfalls einen „praktischen", recht handgreiflichen Ton angeschlagen:

> Oh Märchen, würdest du doch wahr
> Nur einen einz'gen Tag im Jahr,
> Oh Knüppel aus dem Sack!
> Ich gäbe drum, ich weiß nicht was,
> Und schlüge drein ohn' Unterlaß;
> Frisch: Knüppel aus dem Sack
> Auf's Lumpenpack!
> Auf's Hundepack![4]

Geschrieben hat er das Gedicht *Knüppel aus dem Sack* um die Jahreswende 1837/1838, kurz nachdem seine Mentoren Jacob Grimm und Wilhelm
Grimm, die zu den Göttinger Sieben gehört hatten, ihrer Ämter enthoben
worden waren. Ein Brief an Wilhelm Grimm beschreibt die Geburtsstun-
de des ersten der *Unpolitischen Lieder:*

> So sehr alle Poesie durch amtliche Widerwärtigkeiten in mir eingewintert lag, so traf
> doch das Juvenalsche „fecit indignatio versus" auch bei mir einmal ein. Die Göttin-
> ger Geschichten und der „Knüppel aus dem Sack" verwuchsen miteinander und
> wurden endlich zu einer Poesie des Grimms, die also lautet: [hier folgt das Gedicht],
> das aber componiert, und zwar vierstimmig, ganz anders wirken wird, wenn man
> das tactmäßige Prügeln hört und zu sehen glaubt.

Dieser nicht veröffentlichte und bisher unbemerkte Brief ist insofern von
Bedeutung, als darin deutlich wird, daß der Anfang politischer Dichtung
bei Hoffmann nicht nur persönlicher Übellaunigkeit wegen des dauern-
den Streits mit seinen Breslauer Kollegen, sondern recht wohl einem be-
deutendem politischen Ereignis geschuldet ist.[5] Hier ist schon voll ausge-
bildet das Rezept des politischen Liedermachers, und „Poesie des Grimms"
– abgesehen von dem ad personam gemeinten Wortspiel – ist eine schöne
Charakteristik dessen, was er in den nächsten Jahren schreiben wird.

Das Urteil über Hoffmanns Rolle in der Revolution und im Vormärz
wird immer abhängig sein vom Urteil über die Revolution selber, die ja der
Wendepunkt seines Lebens war. Hier soll nun keine Diskussion der Frage

---

3   Hans Adler (Hrsg.): Literarische Geheimberichte. Bd. 2. Köln 1981, S. 33.
4   August Heinrich Hoffmann von Fallersleben: Unpolitische Lieder. Hamburg 1840,
    S. 1.
5   Ders.: Mein Leben (wie Anm. 1), Bd. 3, S. 34 f. Der Brief befindet sich in der Staats-
    bibliothek zu Berlin – Preußischer Kulturbesitz, Handschriftenabteilung, Grimm-
    Schrank 1144, Brief HvF an W. Grimm, Breslau, 9. Mai 1838. Die Verbindung zwi-
    schen diesem Gedicht und der Amtsenthebung der Göttinger Sieben konnte bisher
    allenfalls vermutet werden; vgl. Walter Pape: Nachwort zu: Hoffmann von Fallers-
    leben: Deutsche Gassenlieder. Deutsche Salonlieder. Braunschweig 1991 (Bibliophile
    Schriften der Literarischen Vereinigung Braunschweig. Bd. 38), S. 86.

folgen, ob diese Revolution eine „gescheiterte" (Sybel, Rürup, Siemann, Nipperdey), eine „doppelte" (Wehler), eine „erwartete" (G. Mann), eine „ungewollte" (Th. Schieder, W. J. Mommsen) war,[6] denn das Urteil darüber wandelt sich mit dem politischen und zeitlichen, auch mit dem geographischen Standort des Betrachters. Am interessantesten – da die anderen nicht so sehr dem Wandel unterliegen – ist der zeitliche Aspekt: Gescheitert war die Revolution sicherlich in den Augen ihrer Protagonisten unmittelbar danach in der Zeit der Reaktion. Aber ob vom Kaiserreich, von der Weimarer Republik, vom Dritten Reich – insbesondere nach dem Anschluß Österreichs –, ob von der Bundesrepublik oder der DDR und jetzt vom wiedervereinigten Deutschland aus betrachtet, jedesmal hat sich die Perspektive verändert. Immer waren sie in einem anderen Licht erschienen, die Punkte, die auf der Tagesordnung in Frankfurt gestanden hatten: allgemeines Wahlrecht, konstitutionelle Monarchie oder Republik, kleindeutsche oder großdeutsche Lösung, schließlich der nationale Staat. Wie aus heiterem Himmel ließ dann die Wende von 1989 zur Episode schrumpfen, was 1945 als epochaler Einschnitt erschienen war, das Ende des deutschen Nationalstaates. Er war wieder da – wenngleich möglicherweise auf dem Weg in ein vereinigtes Europa – und bestätigte die großen Linien der Debatte in der Paulskirche. Das ist der Ort, von dem wir heute zurück auf 1848 schauen: Deutschland ist eine demokratisch verfaßte föderative Republik, auf einem kleindeutschen Territorium, das heißt ohne Österreich, und, „dank" der Vertreibungen in der Folge des 2. Weltkrieges, ohne größere deutsche Minderheiten in den östlichen Nachbarstaaten.

Die Wende von 1989 brachte also einen recht weitgehenden Paradigmenwechsel. Angesichts des hier skizzierten ständigen Wandels unserer Ansicht der Revolution von 1848 ist es dann doch überraschend, wie unwandelbar seit 150 Jahren das Bild vom naiven Dichter Hoffmann blieb, der versagte, als es galt, mit „nüchternem Verstand und kräftiger Hand einzugreifen und die Träume der Vergangenheit zu verwirklichen".[7] Schon sein Freund Milde hatte ihm 1843 geschrieben, er würde „nie eine politische Person sein",[8] und bei diesem Urteil ist es bis auf den heutigen Tag geblie-

---

6   Eine Bilanz der Rezeption in der Forschung bei Dieter Langewiesche (Hrsg.): Die deutsche Revolution von 1848/49 und die vorrevolutionäre Gesellschaft. Forschungsstand und Forschungsperspektiven. Teil I. In: Archiv für Sozialgeschichte, 21 (1981) S. 458–498. Teil II: 31 (1991) S. 331–343; Hans-Ulrich Wehler: Deutsche Gesellschaftsgeschichte. Bd. 2. München 1989; Thomas Nipperdey: Deutsche Geschichte 1800–1866. München 1983; Wolfgang J. Mommsen: 1848: Die ungewollte Revolution. Frankfurt am Main 1998.

7   Heinrich Gerstenberg (Hrsg.): An meine Freunde. Briefe von Hoffmann von Fallersleben. Berlin 1907, S. 99.

8   Zitiert ebenda, S. 91.

ben.[9] Dabei ist sein politischer Standort im Vormärz nie genau vermessen, sind Umfang und Grenzen seines politischen Engagements nicht eingehend untersucht worden. Es kann auch hier nur ansatzweise und auf Deutschland bezogen geschehen. Seine Stellungnahme in den schweizerischen[10] und flämischen Auseinandersetzungen bleibt ausgeklammert, zumal er dort lediglich die Position eines Beobachters einnahm und Flandern für ihn von 1840 bis 1854 geradezu ausgeblendet zu sein schien.[11] Für die Untersuchung herangezogen wird seine Autobiographie *Mein Leben,* die allerdings im zeitlichen Abstand von 20 Jahren erschien und deswegen für diesen Zweck fragwürdig wäre, wenn sie nicht über weite Strecken nichts anderes als eine Collage aus Tagebuch-, Brief- und Pressezitaten böte. Ein Vergleich mit seinem Tagebuch[12] gibt keinen Anhalt dafür, daß bei der Übernahme in die Autobiographie Retuschen vorgenommen worden wären. Allerdings wird man umgekehrt bedauernd sagen müssen, daß sich die Hoffnung auf Erkenntnisse, die über das in der Autobiographie Mitgeteilte hinausgehen, im Tagebuch nicht erfüllt haben. Hoffmann hatte den Plan, eine Autobiographie zu schreiben, schon früh gefaßt, wohl angeregt von seinem Freunde Carl Welcker, für dessen *Staats-Lexikon* er 1847 schon einmal einen autobiographischen Beitrag verfaßt hatte.[13] Anfang Februar 1848 stellte er das dafür bereits gesammelte Material Bettina von Arnim zur Verfügung, allerdings mit der Bedingung, daß er „spätestens Anfang Aprils Alles wieder erhalte, jedes Blättchen, jedes Zettelchen", denn er wollte „das Gesammelte vollständig beisammen halten", da er seit Jahren damit umginge, selbst seine „Erlebnisse zu schreiben".[14] Trotz der so hergestellten zeitlichen Nähe zum untersuchten Zeitraum wird man Briefen und vor allen Dingen den Liedern und Gedichten größeres Gewicht beimessen, denn im Gedicht, zumal im gesungenen Gedicht, im Lied, teilte er sich mit, und das in großer Nähe zum politischen Geschehen in seinem Umfeld. Es kann hier nicht um eine linguistische, ästhetische oder formale Analyse oder Wertung poli-

---

9 So zuletzt Walter Pape in seinem editorischen Nachwort zu: Hoffmann von Fallersleben: Deutsche Gassenlieder. Deutsche Salonlieder (wie Anm. 5), S. 102–104.

10 Hoffmann etwas scherzhaft, nachdem er ein stundenlanges Streitgespräch angehört hatte: „Das Prinzip der Nichteinmischung in den Kampf der Nationalitäten stand bei mir längst fest, noch ehe es von den Großmächten erfunden war." Mein Leben (wie Anm. 1), Bd. 3, S. 330.

11 Peter H. Nelde: Hoffmann von Fallersleben und Flandern. Wilrijk 1967, S. 149–161.

12 Hoffmann von Fallersleben: Tagebuch 1843–1873 im Nachlaß Hoffmanns von Fallersleben. Deutsche Staatsbibliothek Berlin, zur Zeit Bibliotheka Jagiellońska, Krakau.

13 Das Staats-Lexikon. Herausgegeben von Carl von Rotteck und Carl Welcker, 2. Auflage Altona 1847. Bd. 7, S. 88–112.

14 Hoffmann von Fallersleben: Mein Leben (wie Anm. 1), Bd. 5, S. 7.

tischer Lyrik gehen, auch nicht um wertende Vergleiche zwischen den Gedichten Hoffmanns und denen anderer Vormärz-Lyriker wie Heine, Herwegh oder Freiligrath.[15] Die vorliegende Untersuchung gilt inhaltlich den Aussagen Hoffmanns zu den Problemen der Zeit, seien sie eher sozialer Natur wie Hunger, Armut, Privilegien des Adels und Verhalten der „Philister", oder seien sie eher politischer Natur, wie Verfassung und Zensur, um so seine Stellung zu den politischen Tendenzen der Zeit, Liberalismus, Kommunismus, Reaktion, sichtbar zu machen.

Am Anfang soll ein Blick auf sein persönliches Umfeld, soweit es politisch bestimmt ist, in den Jahren vor der Revolution stehen: zeit seines Lebens hat er nicht nur ein Tagebuch, sondern zusätzlich mit großer Akribie Listen geführt über die Orte, die er besuchte, und die Menschen, die er traf. Das waren nicht wenige: sieben Jahre lang betrug seine durchschnittliche Verweildauer an einem Ort nicht einmal eine Woche! Nun ist es nicht verwunderlich, daß er in den Jahren nach seiner Amtsenthebung mehr unterwegs war als in den Jahren, in denen sein Amt ihn in Breslau festhielt,[16] aber es fällt doch auf, daß es andere Orte und andere Bezugspersonen sind. Der Schwerpunkt verlagert sich von befreundeten Wissenschaftlern zu befreundeten Politikern, die Auswahl der Orte von Bibliotheken in Universitäten und Klöstern zu politischen Brennpunkten außerhalb Preußens. Berlin blieb weitgehend ausgespart: nur einige Tage im März 1843 war er dort, und am 26. Februar 1844 wurde er aus Berlin ausgewiesen, nachdem Studenten zwei Tage vorher während eines Fackelzuges für Wilhelm Grimm ein Hoch auf Hoffmann ausgebracht hatten.[17] Erst nach der Amnestie vom 20. März 1848 ging er im April zum ersten Mal wieder nach Berlin,[18] nahm dort sogar eine Wohnung, wurde im Dezember unter dem Belagerungszustand aber wieder ausgewiesen.[19] Sein politisches Urteil bildete sich andernorts – eigentlich erst nach seiner Amtsenthebung – im Umgang mit Politikern und Publizisten in Leip-

---

15 Eingehend dazu Heidrun Kämper-Jensen: Lieder von 1848. Politische Sprache einer literarischen Gattung. Tübingen 1989 (Reihe Germanistische Linguistik. 90).

16 Archiv der Hoffmann-von-Fallersleben-Gesellschaft Nr. 50.004.1 und 50.004.2: In den Jahren von 1834 bis 1842 gibt er durchschnittlich 25 verschiedene Aufenthaltsorte an. Dabei sind 1834 mit 42, 1836 mit 27, 1837 mit 22, 1839 mit 62, 1841 mit 34 Ortsangaben Jahre mit längeren Forschungsreisen und entsprechenden Zielen in Böhmen, Österreich, Schweiz, Frankreich, den Niederlanden und Skandinavien. In den Jahren von 1843 bis 1849 gibt seine Aufzeichnung durchschnittlich jedes Jahr 68, also fast dreimal so viele Aufenthaltsorte an. Mit Ausnahme seiner Italienreise 1844 sind es deutsche Orte.

17 Hoffmann von Fallersleben: Mein Leben (wie Anm. 1), Bd. 4, S. 123–127.

18 Ebenda, Bd. 5, S. 21.

19 Ebenda, Bd. 5, S. 57.

zig, Mecklenburg und ganz besonders im Südwesten im Raum Heidelberg-Mannheim. In Sachsen waren es Robert Blum[20] und Arnold Ruge,[21] in Mecklenburg eine Reihe bürgerlicher Gutsbesitzer wie Pogge,[22] Müller[23] und Schnelle,[24] im Südwesten Welcker,[25] Hecker[26] und v. Itzstein[27]. Damit sind nur die herausragenden Namen genannt, Männer, mit denen er über diese Jahre bis zur Revolution hin in engem Gedankenaustausch stand, bei denen er wochenlang zu Gast war. Insgesamt verzeichnet sein Tagebuch einundfünfzig Paulskirchenabgeordnete, die er persönlich kannte. Von den 126 Mitgliedern des Frankfurter Vorparlaments kannte er einunddreißig, zwanzig von ihnen bereits in den Jahren vor der Revolution, mit neun von ihnen bestanden engere Beziehungen.[28] Erweitert man den Kreis auf die Abgeordneten von Kammern und Ständeversammlungen der Einzelstaaten, kommen noch einmal achtunddreißig dazu. Natürlich geht die Bekanntschaft bei einigen nicht über Gespräche anläßlich der zahllosen politischen Zweckessen, Sängerfeste und Frühstücke hinaus, und die in Hoffmanns „Itinerar" sichtbar werdende Unrast dieser Jahre beeinträchtigt sicherlich auch den Gedankenaustausch mit diesen Männern. Andererseits gibt es genügend Zeugnisse dafür, daß Hoffmann mit Blum, Ruge, Welcker, Hecker und v. Itzstein meinungsbildende Gespräche über einen längeren Zeitraum führte und das Interesse daran nicht einseitig auf Hoffmanns Seite bestand. Blum[29] und Ruge[30] veröffentlichten Artikel über Hoffmann, Welcker nahm in die zweite Auflage des *Staats-Lexikons* ein Leben Hoffmanns auf. Hoffmann wurde von diesen Abgeordneten in ihre jeweiligen Freundeskreise eingeführt, was sicherlich seinen politischen Horizont weitete. Aber auch die andere Seite gewann in Hoffmann einen Partner, dessen Funktion in diesem Kreise, modern ausgedrückt, irgendwo

---

20 Ebenda, Bd. 3, S. 198, 206, 268 ff., Bd. 4, S. 43, 54, 106–109.
21 Ebenda, Bd. 4, S. 43, 58–61, 362, Bd. 5, S. 69 f.
22 Ebenda, Bd. 4, S. 145, 230.
23 Ebenda, Bd. 4, S. 139–146, 352 ff., Bd. 5, S. 13, 20–22, 30, 32, 39–41, 44 f., 58–65.
24 Ebenda, Bd. 4, S. 141, 224 f., Bd. 5, S. 13, 19 f., 32.
25 Ebenda, Bd. 3, S. 221, 222, 325, Bd. 4, S. 154, 215, 325, 335 f., 338 f., 342.
26 Ebenda, Bd. 4, S. 74–101, 154, 179, 215, 310, 315 f., 373.
27 Ebenda, Bd. 3, S. 331, Bd. 4, S. 74–101, 154, 174 f., 310–316, 338–350, 372–377, Bd. 5, S. 73–75, 84, 127, 197–199.
28 Archiv der Hoffmann-von-Fallersleben-Gesellschaft Nr. 51.001; Heinrich Best und Wilhelm Weege: Biographisches Handbuch der Abgeordneten der Frankfurter Nationalversammlung 1848/1849. Düsseldorf 1996.
29 In: Vorwärts. Volkstaschenbuch für das Jahr 1843. Leipzig 1843, S. 120–138.
30 Arnold Ruge: Die politischen Lyriker unserer Zeit. Ein Denkmal mit Portraits und politischen Charakteristiken. Leipzig 1847.

zwischen Animation und Agitprop lag. Er selbst hat seine Rolle durchaus auch so verstanden, jedenfalls im Kreise seiner liberalen Freunde in Baden:

> Der tägliche Verkehr mit Welcker und seinen Freunden gab mir immer Anlaß zu politischer Betheiligung, und während andere durch Gespräche und Reden für Entscheidung irgendeiner Tagesfrage im liberalen Sinne zu wirken suchten, mußte ich durch Trinksprüche und Lieder die Stimmung beleben. Dies war namentlich der Fall bei dem großen Welcker'schen Deputierten-Essen am 1. Mai (1847).[31]

Die badischen Liberalen haben den agitatorischen Wert seiner Auftritte bei solchen Gelegenheiten richtig eingeschätzt. Adam v. Itzstein schrieb an Hoffmann einen Tag später: „Wir kamen vergnügt von Heidelberg hier an, was wir Welcker's Einladung und Deinen Liedern verdanken. – Aber singen kann sie niemand wie Du, mit dieser Kraft, mit dieser Mimik und diesem Accent."[32] Die Wirkung seiner Auftritte scheint sich in Heidelberg/ Mannheim auch nicht abgenutzt zu haben, denn seit der badischen Verfassungsfeier im August 1843, also vier Jahre lang, kehrte diese Inszenierung immer wieder.[33]

Als sein enger Verkehr mit den badischen Liberalen 1843 begann, war Hoffmann allerdings bereits ein bekannter Mann. Der erste Teil seiner *Unpolitischen Lieder* erschien 1840, der zweite Teil 1841, es gab mehrere Auflagen, beziehungsweise Nachdrucke; insgesamt wurden wohl 12.000 Exemplare gedruckt. Hoffmann war mit dieser Auflagenhöhe ein Bestseller-Autor, ein Erfolg, der beflügelt wurde durch das Aufsehen, das seine Amtsenthebung wegen dieses Buches erregt hatte. Für den ersten Teil ist die Aufregung kaum nachvollziehbar, die wenigen im eigentlichen Sinne politischen Lieder sind gut versteckt zwischen den sieben mal zweiundzwanzig Gedichten. Bezeichnenderweise wurden im Amtsenthebungsverfahren dann auch nur Gedichte aus dem zweiten Teil als Begründung für die Entlassung aufgeführt. In diesem zweiten Teil allerdings muß man die harmlosen Texte genauso suchen wie die brisanten im ersten. Sein Verleger Campe scheint durchaus zur Verschärfung des Tons und der Themenwahl geraten zu haben.[34] Trotzdem wird man sagen können, daß Protest und Angriff recht allgemein daherkommen.

Soweit erkennbar waren Hoffmanns politische Ein- und Ansichten im Selbststudium entstanden. Im Oktober 1839 sieht man ihn „fleißig allerlei geschichtliche, politische, sogar statistische Schriften (lesen), um klar zu werden über unsere Zustände, wie sie waren, sind, sein sollten und könn-

---

31 Hoffmann von Fallersleben: Mein Leben (wie Anm. 1), Bd. 4, S. 338.
32 Ebenda.
33 Ebenda, Bd. 4, S. 74–101.
34 Ebenda, Bd. 3, S. 182.

ten."[35] Als er sich 1847 in dem Beitrag zum *Staats-Lexikon* über seine politische Rolle Rechenschaft ablegt, erwähnt er auch einen frühen Ausflug
in die Politik, der aber von seinem Vater beendet worden war: Als Schüler des Braunschweiger Katharineums hatte er Sonette verfaßt, in denen
er die hannoversche Adels- und Beamtenwirtschaft aufs Korn nahm. Der
Vater beschied ihn, es sei „kein Verdienst, die Schwächen der Nebenmen-
schen aufzudecken."[36] Nun aber, 1839, blickt er von draußen auf die deutschen Schwächen. Die Eindrücke und Einsichten dieser Reise, die ihn von
Breslau aus rechts der Donau in die Schweiz, nach Frankreich und Flandern führte, sind für ihn selbst entscheidend gewesen. Die Gespräche mit
den deutschen Landsleuten dort und mit einheimischen Gelehrten, die Vergleiche, die sich aufdrängten, ließen ihn mit „einem reichen Schatz von
Erfahrungen und Erlebnissen aus dem Gebiet der Politik" nach Breslau
zurückkehren. Da die Vorlesungen des Wintersemesters mangels Interesses der Studenten ausfielen, sind die Wintermonate 1839/40 dann ganz der
Produktion von „unpolitischen" Liedern gewidmet gewesen.[37] Deren Erfolg und die ausbleibende Reaktion der Behörden ließen ihn immer un-
bedenklicher werden. Vorlesungen hielt er auch 1842 nicht. Überall, wo
er hinkam, wurde er gefeiert und stellte auch schon einmal das eine oder
andere neue Lied vor. Anfang 1843 hatte er mit seiner Amtsenthebung die
Quittung dafür erhalten. Über Dresden, Leipzig und Berlin führte ihn sein
Weg nach Mannheim, wo Bassermann und Mathy die *Zehn Actenstücke
über die Amtsentsetzung des Professors Hoffmann von Fallersleben* verle-
gen sollten.[38]

Bei seiner Ankunft in Baden war Hoffmanns politische Haltung nach
einer Seite hin bereits festgelegt. Ende Februar 1843 war er zum ersten Mal
in Dresden mit Arnold Ruge zusammengetroffen.[39] Vom 30. Mai bis zum
4. August wieder in Dresden war es dann zu sehr intensiven Gesprächen
gekommen.[40] Hoffmann war regelmäßiger Mittagsgast bei Ruge, bis dieser am 19. Juli für einige Monate nach Paris ging. In dieser Zeit entstanden
die Gedichte, die 1844 als *Deutsche Salonlieder* in Zürich und Winterthur
erschienen. Ruge war mittags immer der erste Zuhörer und Gutachter gewesen. Bei diesen Mahlzeiten ließ sich Hoffmann mit „dem Wesen und den

---

[35] Ebenda, Bd. 3, S. 115.
[36] Staats-Lexikon (wie Anm. 13), Bd. 7, S. 89 f.
[37] Ebenda, S. 92 f.
[38] Zehn Actenstücke über die Amtsentsetzung des Professors Hoffmann von Fallersleben, Mannheim 1843; August Heinrich Hoffmann von Fallersleben: Mein Leben
(wie Anm. 1), Bd. 4, S. 2–35.
[39] Ebenda, S. 43.
[40] Ebenda, S. 58–61.

Zielen dieser französischen Weltbeglückung" vertraut machen, den „communistischen und sozialistischen Ideen", für die Ruge „zu sehr eingenommen" war. Nach seiner Rückkehr am 20. November diktierte ihm Ruge sogar in vierzehn Sätzen den „Communistenkatechismus" (so im Tagebuch) der neuen „Weltordnung". Hoffmann darüber später in seiner Autobiographie: „Ich stand der Sache sehr fern, hatte nichts darüber gelesen und mochte auch nichts lesen, das war mir viel zu langweilig." In den *Salonliedern* gibt es ein auf den 26. Juni 1843 datiertes geheimnisvolles Gedicht unter dem Titel *K e i n Kommunismus!* (Hervorhebung im Original).[41] Aber es handelt von etwas ganz anderem, von Hoffmanns Dauerthema, der staatlichen Zensur. Das lyrische Ich des Autors antwortet darin ablehnend auf die Anregung, er möge doch mildere Lieder schreiben, um damit öfter die Zensur zu passieren. Die Unstimmigkeit ist bis heute unkommentiert geblieben. Vielleicht war die isolierte Überschrift eine Botschaft für Ruge? In einem Brief an Rudolf Müller nimmt Hoffmann im September 1846, nachdem er mit den Bielefelder Kommunisten zusammengetroffen war, erneut Stellung, zählt ihre Grundsätze auf, gesteht ein, daß sie ihn immer wieder ergreifen, nennt ihre Zeitungen und Organisationen und schließt eine ausführliche Erörterung mit dem Kommentar:

> Ich bleibe lieber bei dem Erreichbaren stehen und halte es für menschenfreundlicher, etwas Gutes zu tun, als nur ewig und allein zu denken (diese deutscheste Eigenthümlichkeit!), daß und wie man das Einzig-Beste tun wolle, und daß alles nichts sei, wenn es nicht dies Einzig-Beste sei. Da die Kommunisten den ganzen status quo, jede Form, unter der die jetzige Gesellschaft lebt, verwerfen, so befürchte ich, können sie leicht auch uns in unserm Fortschrittsstreben feindselig entgegentreten, wenn sie bei ihren allgemeinen Ideen sich bloß auf die Theorie beschränken.[42]

Ein letztes Mal blitzt Hoffmanns Verachtung für die Theoretiker auf, als er am 18. April 1849 in Düsseldorf mit Friedrich Engels in der Redaktion der *Neuen Rheinischen Zeitung* zusammentrifft. In revolutionärem Feuer hatte Engels erklärt: „Wir sind sehr weit, sind keine Deutsche, wollen keine Deutsche sein, wir sind Franzosen, unsere Arbeiter verstehen alle französisch, wir haben den Code Napoleon, wissen nichts von Feudalismus etc." Hoffmann fand das „lächerlich, wahnwitzig", und meinte später in seiner Autobiographie: „Viele, die sich berufen fühlten, einzugreifen in die Volksbewegung, waren außer Rand und Band gegangen, und, statt aufzu-

---

41 Hoffmann von Fallersleben: Deutsche Salonlieder. Zürich, Winterthur 1844, S. 25.
42 Archiv der Hoffmann-von-Fallersleben-Gesellschaft Nr. 02.082; Teilabdruck in: Gerstenberg: An meine Freunde (wie Anm. 7), S. 134–136.

klären, verwirrten sie sich und andere [...]."[43] Man tut gut daran zu bedenken, daß zwischen beiden Männern ein Altersunterschied von 22 Jahren
bestand.

So eindeutig ablehnend Hoffmanns Urteil über den Kommunismus war,
so weitgehend ausgeblendet bleibt für ihn das Los der sogenannten kleinen Leute, der Bauern und Handwerksgesellen. Ganz entfernt nur klingt
es in den *Unpolitischen Liedern* an, wenn er ironisch von dem Trost spricht,
dem Trost aller „Armen, Müden, Altersschwachen, / Der König wird uns
glücklich machen." Oder er läßt anklagend fragen: „Was haben wir, wir Bet-
telleute, / Was haben wir für Vögte heute?"[44] Nur einmal, nachdem er von
25.000 heimatlos im Deutschen Bund umherziehenden Armen gelesen hat,
macht er das Problem zum alleinigen Gegenstand eines Gedichts: *Die deutschen Heimathlosen an ihre Brüder.* Dreimal wiederholt er: „Die irren
heimathlos durch's Vaterland / Von Ort zu Ort vertrieben und verbannt."[45]
Aber dann läßt er sie wieder zurücktreten zugunsten der Leute, die ihm
zeitlebens mehr am Herzen lagen – oder im Magen –, der Fürsten und
Adligen mit ihren Privilegien, ihrem Standesdünkel, der Zensoren, Büro-
kraten, Pfaffen und Philister, immer wieder Philister.

Damit sind alle denkbaren Angriffsziele liberalen Protests im Vormärz
aufgezählt. Fügt man die von Hoffmann in seinen Gedichten ebenfalls
besungene Forderung nach einer Verfassung, einer Konstitution, hinzu, hat
man, von Wirtschaftsfragen abgesehen, fast das ganze liberale Programm.
Es erübrigt sich, den Nachweis seiner liberalen Zielsetzung im einzelnen
zu führen. Seine Zugehörigkeit zu diesem Lager ist offenbar, wo immer in
seinen politischen Gedichten man hinschaut. Um so aufschlußreicher wäre
es, wenn sich nachweisen ließe, *wo* sich Hoffmann im liberalen Lager ein-
ordnet, denn die oben aufgezählten Namen Welcker, v. Itzstein, Hecker
stehen, wie sich in der Revolution zeigen wird, für recht unterschiedliche
politische Positionen und Handlungsweisen innerhalb dieser Gruppe.

Begegnungen Hoffmanns mit Welcker reichen in das Jahr 1841 zurück,
als beiden gemeinsam zu Ehren in Hamburg ein Abendessen gegeben wurde.[46] Die Verbindung mit v. Itzstein und Hecker beginnt während der ba-

---

43 Hoffmann von Fallersleben: Mein Leben (wie Anm. 1), Bd. 5, S. 73; seinem Tage-
    buch zufolge hat er Engels auch mitgeteilt, daß wir den Franzosen nicht nur den
    Code Napoleon, sondern „alles Schlechte" zu verdanken haben: Fürstensouverä-
    nität, geheime Polizei, Bürokratie und zuletzt noch die Belagerungszustände.
44 Hoffmann von Fallersleben: Unpolitische Lieder. Teil 2. Hamburg 1841, S. 94 u. 142.
45 Hoffmann von Fallersleben: Hoffmann'sche Tropfen. Zürich, Winterthur 1844, S. 11.
46 Hoffmann von Fallersleben: Mein Leben (wie Anm. 1), Bd. 3, S. 222.

dischen Verfassungsfeier 1843.[47] Über die Jahre bis zur Revolution hin ist nicht zu erkennen, daß Hoffmann dem einen oder anderen gegenüber auf Distanz gegangen wäre oder umgekehrt sie ihm gegenüber: noch 1847 bittet Welcker Hoffmann, für das *Staats-Lexikon* den autobiographischen Beitrag zu verfassen, den er selbst redaktionell mit einer schmeichelhaften Einleitung versieht.[48] Im Oktober des Jahres fahren v. Itzstein, Hecker und andere Abgeordnete mit Hoffmann nach Karlsruhe, um im Ministerium seine Ausweisung aus Baden rückgängig zu machen.[49] Im November 1847 schreibt Hoffmann ein Leben v. Itzsteins.[50]

Die im folgenden Jahr in Frankfurt sich herausbildenden klaren Trennungslinien zwischen den politischen Lagern schon in das Jahr 1847 zurückzuverlegen und die Spaltung zwischen konstitutionellen liberalen Monarchisten und radikal demokratischen Republikanern bereits in den Versammlungen von Offenburg und Heppenheim zu sehen, wie das in der Forschung hier und da geschehen ist, läßt sich wohl nicht halten.[51] Hecker ist zwar nur in Offenburg dabei und in Heppenheim nicht eingeladen, da er sein Abgeordnetenmandat niedergelegt hatte, aber v. Itzstein und Welcker sind auf beiden Versammlungen anwesend. So klar, wie man sich die Unterscheidung zwischen den verschiedenen liberalen Positionen im Rückblick gern wünschte, war sie für die Zeitgenossen nicht. Das zeigt ein Blick in das schon erwähnte *Staats-Lexikon*, das Forum liberalen Denkens im Vormärz. Die zweite Auflage erschien 1847/1848, das heißt unmittelbar vor der Revolution. Der Artikel *Radicalismus* zitiert das *Berliner politische Wochenblatt* von 1833:

> Alle, die das „göttliche Recht" schmähen, Alle, die den König für den ersten Fonctionnaire public halten [...] sind Republikaner, ohne Rücksicht darauf, ob sie noch über dem nivellierten Frankreich einen König nach der charte oder einen Präsidenten [...] wollen oder nicht.[52]

Paul Achatius Pfizer, von dem die Beiträge *Liberalismus* und *Fürst* verfaßt sind, kann sich einen „Erbfürsten" als „Vollzieher der Gesetze" im liberalen Staat vorstellen, weil diesem „an der Erhaltung und dem Wohle des Ganzen [...] mehr als einer temporären Obrigkeit gelegen sei [...]".[53] Und

---

47 Ebenda, Bd. 4, S. 74–101.
48 Das Staats-Lexikon (wie Anm. 13), Bd. 7, S. 88–112.
49 Hoffmann von Fallersleben: Mein Leben (wie Anm. 1), Bd. 4, S. 373.
50 Ebenda, Bd. 4, S. 377. Veröffentlicht in: Eduard Duller (Hrsg.): Die Männer des Volkes dargestellt von Freunden des Volkes. Frankfurt am Main 1848, S. 75–184.
51 Dazu zuletzt Roland Hoede: Die Heppenheimer Versammlung vom 10. Oktober 1847. Frankfurt am Main 1997, S. 47–49; Synopse der Forderungen: S. 102–106.
52 Staats-Lexikon (wie Anm. 13), Bd. 11, 1848, S. 292.
53 Ebenda, Bd. 5, 1847, S. 289.

Welcker schließt ein redaktionelles Nachwort zu dem Artikel *Republik* von
H. R. Hofmann, der aus der ersten Auflage übernommen worden war, mit
dem Satz:

> Wären Beibehaltung und Achtung der constitutionellen Monarchie uns nicht für
> immer nöthig zur Erhaltung der Einheit und Freiheit und Macht unseres großen
> deutschen Gesammtvaterlandes, so sind sie uns doch unentbehrlich zur Erwerbung
> dieser Einigung und Freiheit und Macht.

Welckers Nachwort ist schon diktiert von der Furcht vor der „Minderheit
(die) der Mehrheit ihrer Mitbürger die Pistole auf die Brust setzen und sie
zur Freiheit zwingen wollen", vor dem „Verrath des Vaterlandes gegen das
Ausland", womit er die mit Frankreich gleichgesetzte Revolution meint.[54]
Da ist es nicht gar so verwunderlich, wenn noch am 15. März 1848 die
Linken Kapp, v. Soiron, v. Itzstein einerseits und die Gemäßigten Welcker
und Bassermann andererseits gemeinsam eine Erklärung unterzeichnen, in
der sie den Vorwurf zurückweisen, sie hätten sich für die republikanische
Staatsform entschieden.[55]

Dann aber werden Hoffmanns liberale Bezugspersonen im Strudel der
revolutionären Ereignisse deutlich sichtbar unterschiedliche Wege gehen.
Hecker wird bereits aus dem Vorparlament ausziehen und am 12. April den
ersten badischen Aufstand beginnen, der dann unrühmlich in Kandern
endet. Die anderen harren aus, arbeiten im Vorparlament, in den Ausschüs-
sen, in der Paulskirche, aber auf unterschiedlichen Seiten. Am Ende wird
v. Itzstein gegen, Welcker jedoch für die Wahl Friedrich Wilhelms zum deutschen Erbkaiser stimmen.[56]

Und Hoffmann? Mitte November 1847 hat er Baden verlassen, ist den
Rhein hinunter gefahren, hat ein paar Tage bei Anton Fahne auf Schloß
Roland bei Düsseldorf verbracht, ist durch Westfalen über Alt-Haldens-
leben nach Mecklenburg gegangen, wo er Mitte Dezember bei seinem
Freund Rudolf Müller in Holdorf eintrifft. Die Nachricht von der Revolution erreicht ihn in Mecklenburg.[57] Auch hier entstehen auf Reformban-
ketts Pläne für eine Umgestaltung Mecklenburgs, und seine Freunde, die
bürgerlichen Gutsbesitzer Müller, Wien, und Dr. Schnelle, sind beteiligt.
Zusammen mit Schnelle entwirft Hoffmann eine Petition der „nichtver-

---

54 Ebenda, Bd. 11, 1848, S. 525–526.
55 Friedrich Daniel Bassermann: Denkwürdigkeiten von F. D. Bassermann. Frankfurt/
    Main 1926, S. 79–80.
56 Für eine schnelle Orientierung Best/Weege: Handbuch der Abgeordneten der Frank-
    furter Nationalversammlung (wie Anm. 28); Stenographische Berichte der Verhand-
    lungen der deutschen constitutionellen Nationalversammlung zu Frankfurt am Main.
    Donnerstag, 29. März 1849, 196. Sitzung, S. 6084–6093.
57 Hoffmann von Fallersleben: Mein Leben (wie Anm. 1), Bd. 4, S. 378 – Bd. 5, S. 13.

tretenen Mecklenburger", und wenige Tage später, am 18. März, als ihm
die Formulierungs- und Abstimmungsprozeduren zu schleppend werden,
bespricht er sich mit Müller und verfaßt die *Zwanzig Forderungen des
mecklenburgischen Volkes*. Er läßt sie in Hamburg drucken, Müller sorgt
für ihre Verbreitung, und beide erfahren die Genugtuung, daß sie wenig
später auf einer Güstrower Volksversammlung zu 17 Forderungen zusam-
mengezogen und angenommen werden. Er war nicht umsonst jahrelang
im Südwesten bei den Diskussionen der liberalen Kammerabgeordneten
dabeigewesen. Aus dem Katalog der liberalen Forderungen fehlt nichts:
Freie, gleiche Wahl und Wählbarkeit zum Landtag (1–3), Verantwortlich-
keit der Minister (18), Justizreform (4–6), Presse- und Vereinigungsfreiheit
(7–8), Land- und Steuerreform (9–14), Reform von Militär und Verwaltung
(15–17), Schulen (19) und Staatsbürgerschaft (20).[58] Das ist Hoffmanns
größte und bedeutendste Annäherung an die praktische Politik.

Am 21. März 1848 hört er vom preußischen Amnestieerlaß, und damit
tritt ein erstes persönliches neben die politischen Motive seines Tuns und
Lassens in diesen Monaten, seine Rehabilitierung. (Ende des Jahres nimmt
zusätzlich die geplante Eheschließung seine Gedanken und Zeit in Anspruch.) Am 5. April trifft er in Berlin ein, bleibt vier Tage, verkehrt viel
im Kreis der Redakteure der von Diesterweg herausgegebenen *National-
zeitung* und reist weiter nach Breslau, von wo aus er am 15. April sein
Gesuch um Wiedereinsetzung in seine Professur an das Ministerium in Berlin stellt.[59] Die Angelegenheit wird sich bis zum 20. Oktober hinziehen und
nicht den erwünschten Erfolg haben, sondern damit enden, daß ihm ein
Wartegeld von 375 Talern jährlich zugestanden wird.[60] Solange dieses Verfahren in der Schwebe ist, legt er sich offensichtlich eine gewisse Zurückhaltung auf, ist aber ein zunehmend skeptischer, deprimierter Zeuge der
Vorgänge an vielen Brennpunkten. Schon über seine Eindrücke Mitte April
in Breslau schreibt er: „Das, was ich bisher gehört und gesehen, war durchaus nicht geeignet, Vertrauen zu erwecken in die Fähigkeit derjenigen,
welche sich an die Spitze der Volksbewegung gesetzt hatten." Bei einem
Aufenthalt in Fallersleben im Juli ist er dann aber so überrascht vom erwachten politischen Bewußtsein in seiner Heimat, so erfreut, daß er, ohne
ausgewiesen zu werden, nach Hause kommen darf, daß diese pessimisti-
sche Stimmung vorübergehend verfliegt. Er wird zum Vorsitzenden des
politischen Clubs gewählt, läßt Resolutionen abstimmen und bestimmt mit
Hilfe von Rektor und Pastor einige Tage lang kleinstädtisches politisches

---

58 Ebenda, Bd. 5, S. 13–20.
59 Ebenda, Bd. 5, S. 21–31.
60 Ebenda, Bd. 5, S. 44.

Leben.[61] Von August bis Mitte Oktober ist er wieder auf den Gütern in Mecklenburg, mahnt seine Wiedereinstellung an und wartet. Vom 9. bis 19. Oktober wieder in Berlin, verkehrt er in der Redaktion der National-zeitung mit einer ganzen Reihe linker Abgeordneter und besucht einige Sit-zungen der preußischen Nationalversammlung. „Viel Gelehrtes, aber auch viel Verkehrtes" ist sein knapper Kommentar.[62] Erneut in Berlin vom 31. Oktober bis zum 23. November wird er Zeuge, wie sich die Lage zu-spitzt, der König die Nationalversammlung auflöst, diese aber weitertagt, ihrerseits die Minister des Hochverrats anklagt und die Steuern verweigert, bis am 12. November der Belagerungszustand ausgerufen wird. Hoffmann erhebt sein Wartegeld in der Hausvogtei und verläßt Berlin: „Es war mir jetzt unheimlich geworden."[63] Wo er jetzt hinkommt, in Köthen und Leip-zig, trifft er auf die Abgeordneten, die dem Berliner Belagerungszustand ausgewichen sind. In Braunschweig wandelt er vom 5. bis 10. Dezember auf Freiersfüßen, um dann am 12. Dezember, bei seiner Rückkehr nach Berlin von seiner Ausweisung „binnen 24 Stunden bei Vermeidung der Ver-haftung" überrascht zu werden.[64] Das Jahresende sieht ihn also wieder in seinem mecklenburgischen Asyl.

Mag auch im Juli in Fallersleben für einige Tage hoffnungsvolle Klein-stadtaktivität ihn optimistisch gestimmt haben, im Verkehr mit den linken Abgeordneten und Journalisten in Berlin, Leipzig und Köthen verläßt ihn die Hoffnung. Das Breslauer Mißtrauen in die „Fähigkeit derjenigen, die sich an die Spitze gedrängt hatten", kehrt zurück, und er verzweifelt am Willen der Deutschen zur Befreiung. Die ab September 1848 entstandenen Gedichte haben alle den gleichen pessimistischen Grundton. Ein paar Bei-spiele dieser anderen „Poesie des Grimms" sollen das verdeutlichen. Am 8. September:

> Zu lieb sind euch die eignen Ketten,
> Womit euch euer Blödsinn band.
> Wollt ihr euch nicht daraus erretten,
> Nie rettet ihr das Vaterland.[65]

Zur Melodie: „Das Jahr ist gut, braun Bier ist geraten ..." schreibt er am 11. Januar 1849:

> Du saubre Gesellschaft zu Frankfurt am Maine,
> Du solltest Dich machen nachgrad' auf die Beine!

---

61 Ebenda, Bd. 5, S. 34–39.
62 Ebenda, Bd. 5, S. 41–44.
63 Ebenda, Bd. 5, S. 45–53.
64 Ebenda, Bd. 5, S. 53–58.
65 Heinrich Gerstenberg (Hrsg.): Hoffmann von Fallersleben: Gesammelte Werke. Berlin 1891. Bd. 5, S. 122.

> Was willst Du denn länger noch deliberiern?
> Du kannst ja die Ehre nicht weiter verliern!

> Du hast uns die Einheit auf lange vernichtet,
> Du hast uns die Freiheit zu Grunde gerichtet,
> Die Grundrechte hast Du dann manifestiert,
> Um die sich kein Teufel je kümmert und schiert.

> Das sind nun die Früchte der deutschen Magister,
> Der deutschen Minister, der deutschen Philister!
> Da kann doch ein Schafskopf nur jubeln und schrei'n
> Als lohnt' es sich jetzt noch, ein Deutscher zu sein![66]

Zum preußischen Verfassungsoktroi vom 5. Dezember, nach der Melodie „Guter Mond, Du gehst so stille" dichtet er:

> Gott sei Dank, daß Alles wieder
> nun zur Ordnung kehrt zurück:
> Nur vom Throne träufelt nieder
> Wie vom Himmel Heil und Glück![67]

Er versucht mit seinen Liedern auch schon mal in die Zukunft zu greifen, wie in den beiden „Wichtelmann-Gedichten" unter dem Heine-Titel *Ein Wintermärchen*, die er am 20. Januar in Holdorf schreibt. *Wichtelmann, der Vereinbarte* (so der Titel des ersten Gedichts) ist Friedrich Wilhelm IV., die Wichtelmännchen sind die Abgeordneten in Frankfurt, die den Beschluß zur Kaiserwahl fassen. Hoffmann schreibt das Lied sechs Wochen, bevor sie das tatsächlich tun, zu der Melodie „S' Bettelweibel wollte auf die Kirchweih gehn":

> [...]
> Wichtelmann der Große, das ist unser Mann,
> Der's so ehrlich meint und schön reden kann.
> [...]

In der letzten Strophe dann, weniger prophetisch, aber um so bitterer:

> Wichtelmann, der nahm die Wahl mit Freuden an,
> Wichtelmännchen waren glücklich fortan.

---

66 Ebenda, S. 122 f.
67 Hoffmann von Fallersleben: Zwölf Zeitlieder. Braunschweig 1849, S. 4. – Zu Hoffmanns „Zeitliedern" siehe: Eberhard Rohse: Literarische „Märzerrungenschaften". Die Revolution von 1848 in Werken Braunschweiger Schriftsteller. In: Herbert Blume und Eberhard Rohse (Hrsg.): Literatur in Braunschweig zwischen Vormärz und Gründerzeit. Beiträge zum Kolloquium der Literarischen Vereinigung Braunschweig vom 22.–24. Mai 1992. Braunschweig 1993 (Schriften der Literarischen Vereinigung Braunschweig. 39; zugleich: Braunschweiger Werkstücke. 84), S. 55–110, insbes. S. 72–77.

Wichtelmann regierte wie der liebe Gott,
Wichtelmännchen lachten alle sich tot.

Im zweiten Gedicht, *Wichtelmann, der Octroyirte,* zu singen nach der
Melodie „Als Noah aus dem Kasten war", geht er satirisch mit dem preu-
ßischen Volk ins Gericht, weil es, das „Myrmidonenvolk", sich Friedrich
Wilhelm als Untertanen anbietet. Wichtelmann der Große:

Ich bin, bei Gott, ein großer Mann,
Nehm euch als Unterthanen an.
Ich bin von Gottes Gnaden her,
Weil ich ja sonst nicht Kaiser wär.

Ich will euch gnädiglich regiern
Und die Verfassung oktroyirn.
Für die Verfassung schwärmt nunmehr
Das ganze Myrmidonenheer

Die Wichtelmännchen hätten sie
Gewißlich angenommen nie.
Sie ist vielleicht mit Recht und Fug
Für Myrmidonen gut genug.[68]

Auch über seinen Freund Welcker ergießt sich nun des enttäuschten und
ernüchterten politischen Liedermachers Spott. Er schreibt eine Moritat in
elf Strophen, zu singen nach der Melodie „Es ist ja kein Dörflein so klein,
ein Nagelschmied muß darin sein":

„Das Vaterland ist in Gefahr!"
Sprach Welcker bündig und klar.
„Wir, wir gehn bankrott
Mit allen unsern Sachen,
Wenn, wenn wir nicht gleich,
Uns einen Kaiser machen!"

Die Gesellschaft staunet und stutzt,
Der Welcker, der hat sie verdutzt.
Sie, sie gehn drum gleich,
Die Rechten und die Linken,
Zu, zu Jacobi hin,
Besinnung sich zu trinken.
[...]

Der König, der telegraphiert
Daß die Sache nicht grad so pressiert
[...]

Sie, sie machen drum
Nur kurze Tagesreisen,

---

68 Archiv der Hoffmann-von-Fallersleben-Gesellschaft Nr. 14.127.1 und 14.127.2,
unveröffentlicht.

Um, um läng're Zeit
Zu trinken und zu speisen,

bis sie dann, in Berlin angekommen, von Wrangel nicht vorgelassen werden.[69]

Besonders das Bild von der Kaiserdelegation scheint es ihm angetan zu haben. Da sie von Berlin mit einem Audienztermin hingehalten wurde, reiste sie in kleinen Etappen und ergab sich unterwegs dem Essen und dem Trunke. Hoffmann hielt sich in der Gegend auf, als die Delegation durch Braunschweig kam und konnte sich selbst ein Bild machen. Nach der Abfuhr in Berlin reimt er in einem anderen Gedicht:

Die Frankfurter hatten doch noch großes Glück,
Sie aßen und sie – tranken sich nach Frankfurt zurück.
Nun packen sie die Krone immer aus und wieder ein:
Kein deutscher Fürst will Kaiser der Deutschen sein!

Und diese Ablehnung rechtfertigt der Autor ironisch mit Hinweis auf § 28 der Grundrechte, wonach es einem Jeden freisteht, seinen Beruf zu wählen, natürlich auch einem König.[70]

Über Düsseldorf, wo er Mitte April Engels trifft, geht er wieder in den Südwesten und sieht die Auflösung des Paulskirchenparlaments und die dilettantischen Aufstandsvorbereitungen aus nächster Nähe. Er wohnte im Donnersberg („nicht weil die Linke dort tagte, sondern, weil es da billig wohnen war"), und das bedeutete, daß er mit vielen linken Abgeordneten ins Gespräch kam („alte Freunde und Bekannte", von denen sein Tagebuch 25 namentlich aufführt). Er resümiert:

Der Eindruck, den die ganze Parlamentsgeschichte auf mich machte, war kein erfreulicher: es kam mir immer vor, als ob ein anfangs blühendes Geschäft jetzt in allmählicher Auflösung sich befände und die Firma würde nur noch eine Zeitlang so fortgeführt.[71]

Die erste Maihälfte hindurch wohnt er in v. Itzsteins Mannheimer Wohnung und wird Zeuge der Aufstandsvorbereitungen, die ihn in ihrer chaotischen Buntheit an Schützenfeste und Carnevalsaufzüge erinnern. Noch immer wird er mit einem „Hoch" gefeiert, wo man ihn erkennt, aber er „hatte genug an diesen gewaltigen Anstrengungen aller Parteien, Alles in Verwirrung zu bringen [...]. Es wurde ein schreckliches Trauerspiel vor-

---

69 Hoffmann von Fallersleben: Zwei neue Lieder aus der kaiserlosen Zeit. Braunschweig 1849, S. 2–4.
70 Ebenda, S. 6 f. – Zu beiden Liedern auch: Rohse: „Märzerrungenschaften" (wie Anm. 67), S. 76–78.
71 Hoffmann von Fallersleben: Mein Leben (wie Anm. 1), Bd. 5, S. 73 f.

bereitet". Und dann verteidigt er seine Zuschauerrolle, wie schon eingangs zitiert: „Wie hätte ich mich betheiligen sollen? Meine Waffe war das Lied, und diese Waffe galt bei dem großen Haufen und seinen Führern, die nur mit roher Gewalt noch etwas auszurichten hofften, gar nichts mehr".[72]

Diese realistische Einschätzung der Lage hebt sich zwar wohltuend ab vom Weiterwursteln der politischen Akteure, aber hätte es für ihn wirklich nur das Lied gegeben? Hätte er sich wirklich nicht anders beteiligen können? Dafür hatte es schließlich Ansätze gegeben. Zum Beispiel war er im Mai 1848 in Berlin im Opernhaus dabei, als unter dem Vorsitz von Prutz die Wahlkandidaten für die Paulskirche aufgestellt wurden. Er schreibt: „Man bestürmte mich, doch auch aufzutreten, ich würde gewiß gewählt etc. Nachdem ich einige Augenblicke zugehört hatte, war meine Neugier befriedigt, und wir gingen weiter."[73] Die Neugier des Lesers ist damit natürlich nicht befriedigt. Vielleicht war Hoffmann sich bewußt, daß seine prekäre finanzielle Situation ein Abgeordneten-Leben in Frankfurt nicht zuließ. Abgesehen davon aber erweisen sich solche Erwägungen bei einem Blick auf die gesetzlichen Grundlagen für die Wahl und die Wahrnehmung von Abgeordnetenmandaten schnell als gegenstandslos, selbst unter den Bedingungen des revolutionären gleichen Wahlrechts zur Nationalversammlung, denn nicht einmal die kann Hoffmann erfüllen. Die am 7. April beschlossene Wahlordnung bestimmt, daß jeder volljährige selbständige Staatsangehörige wahlberechtigt sei. Die Ausführungsbestimmungen der einzelnen Bundesstaaten ergänzen diesen Beschluß dahingehend, daß das Wahlrecht in dem Urwahlbezirk gilt, in dem der Bürger Wohnrecht hat, sofern er nicht bei einem andern in Kost und Lohn steht.[74] Formal besehen hätte Hoffmanns Wahlrecht also keiner Prüfung standgehalten. Als Gutsinsasse von Dr. Schnelle auf Buchholz erfüllt er nicht die Bedingung der Selbständigkeit. Seine Versuche, das Bürgerrecht einer Stadt zu erwerben, waren in den voraufgegangenen Jahren sowohl in Mecklenburg als auch im Südwesten sämtlich gescheitert.[75] Auch v. Itzstein, der in mehreren badischen Wahlkreisen gewählt worden war, hätte ihm für die daraufhin erforderlichen Nachwahlen kein Stellvertreter-Mandat anbieten können, ohne daß ihm vorher das Bürgerrecht erteilt worden wäre. Selbst unter einem liberalen Minister Bekk, der mit Hoffmanns Heidelberger und

72 Ebenda, Bd. 5, S. 75–85.
73 Ebenda, S. 24.
74 Zum Beispiel: Gesetzsammlung für das Königreich Hannover, Jahrgang 1848, I. Abtheilung, S. 101 f., Nr. 26; weitere Beispiele bei: Hans Boldt (Hrsg.): Reich und Länder, Texte zur deutschen Verfassungsgeschichte im 19. und 20. Jahrhundert. München 1987.
75 Hoffmann von Fallersleben: Mein Leben (wie Anm. 1), Bd. 4, S. 222 f.

Mannheimer Freunden befreundet war, hatte das Carlsruher Kabinett aber
seine Ausweisung aus Baden beschlossen.[76] Nur wenn es ihm nach seiner
Amtsenthebung in Breslau gelungen wäre, außerhalb Preußens einen anderen Lehrstuhl zu bekommen, hätte theoretisch die Möglichkeit bestanden, ihn als Vertreter einer Universität in irgendeiner zweiten Kammer zu
finden. Die Verweigerung des städtischen Bürgerrechts in den Vormärz-
jahren hat also erfolgreich verhindert, daß Hoffmann irgendwo in Deutschland eine andere Rolle als die des politischen Liedermachers spielte. Formal hat er das auch nach der Revolution nicht gekonnt, wenngleich nicht
auszuschließen ist, daß die Lage im April 1848 ungeklärt genug war, einen
solchen Coup zu ermöglichen. Auf diese Weise also hätte er sich möglicherweise beteiligen können. Geändert hätte ein weiterer Professor im Par-
lament nichts, wahrscheinlich hätten ihn Geldmangel und seine realistische
Beurteilung der Lage frühzeitig zum Rücktritt vom Mandat bewogen. Am
Ende wird man sagen können: Er war für die Revolution gewesen, nicht
aber für diese Revolutionäre, denn irgendwann hatte er in ihnen die „Philister" entdeckt.

---

[76] Ebenda, S. 373.

III. Hoffmann als Germanist: Facetten eines Berufslebens

Dieter Cherubim

Hoffmann von Fallersleben
in der Geschichte der Germanistik

1. Einleitung

1998 ist ein bedeutsames Jahr für die Germanistik. Nicht nur, weil es uns den 200. Geburtstag Hoffmanns von Fallersleben ins Gedächtnis ruft, sondern auch, weil das Universitätsfach, das Hoffmann mitbegründet und eine Zeitlang als Hochschullehrer vertreten hat, die Germanistik, mit dem Revolutionsjahr 1848, dessen wir ebenfalls gedenken, in besonderer Weise verbunden ist. Denn in keiner Phase ihrer Geschichte war die Germanistik so eng mit der Geschichte der deutschen Nation verschlungen wie in der Mitte des 19. Jahrhunderts. Jacob Grimms bekannte Worte, die er dem ersten Band des *Deutschen Wörterbuchs* (1854) voransetzte, machen diesen wechselseitigen Zusammenhang unmißverständlich klar:

> Über eines solchen werkes antritt musz, wenn es gedeihen soll, in der höhe ein heilbringendes gestirn schweben. ich erkannte es im einklang zweier zeichen, die sonst einander abstehen, hier aber von demselben inneren grunde getrieben sich genähert hatten, in dem aufschwung einer deutschen philologie und in der empfänglichkeit des volks für seine muttersprache, wie sie beide bewegt wurden durch erstarkte liebe zum vaterland und untilgbare begierde nach seiner festeren einigung. was haben wir denn gemeinsames als unsere sprache und literatur?[1]

1848, im Jahre der ersten bürgerlichen Revolution größeren Ausmaßes und des ersten, wenn auch kurzlebigen nationalen Parlaments in Deutschland, war auch Jacob Grimms *Geschichte der deutschen Sprache* erschienen, die er selbst in der Widmung an Georg Gottfried Gervinus, den Verfasser der *Geschichte der poetischen Nationalliteratur der Deutschen* und ehemaligen

---

[1] Jacob Grimm und Wilhelm Grimm: Deutsches Wörterbuch. 1. Bd. Leipzig 1854, Sp. III. Zum Entstehungskontext und der Rezeption dieser Vorrede vgl. jetzt Ulrike Haß-Zumkehr: „alle welt erwartet hier eine erklärung von mir" – Jacob Grimms Vorrede zum Deutschen Wörterbuch zwischen Apologie und Programm. In: Zeitschrift für germanistische Linguistik 25 (1998), S. 1–23.

Göttinger Mitstreiter, als „durch und durch politisch" verstand und ausdrücklich auf den noch ausstehenden Prozeß der Nationenbildung bezog:

> Jetzt haben wir das politische im überschwank, und während von des volkes frei-
> heit, die nichts mehr hindern kann, die vögel auf dem dach zwitschern, [haben wir,
> D. Ch.] seiner heiszersehnten uns allein macht verleihenden einheit kaum den schat-
> ten. o dasz sie bald nahe und nimmer von uns weiche.[2]

Wer sich also 1998 mit Hoffmann von Fallersleben und der Geschichte der
Germanistik befaßt, ist auf diesen konstitutiven Zusammenhang von Fach-
geschichte und Nationalgeschichte, von Wissenschaft und Patriotismus
ständig verwiesen. Dennoch kann Fachgeschichte nicht auf ihre politischen
Voraussetzungen, Ziele oder Konsequenzen allein zurückgeführt werden.
Sie ist, um nur einige wichtige Aspekte zu nennen, auch Sozialgeschichte,
Institutionengeschichte, Theorie- und Methodengeschichte, Gelehrtenge-
schichte des Fachs und vieles andere mehr.[3]

Aus dieser komplexen Fachgeschichte kann ich hier nur einiges heraus-
greifen, um die Stellung Hoffmanns von Fallersleben in ihr zu bedenken.
Und ich tue es in dem Bewußtsein, daß ich dabei andere, wichtige Zusammenhänge zerreißen oder ausblenden muß, die die germanistische Praxis
dieses Mannes ebenso nachhaltig bestimmten wie das, was ich hier behan-
deln kann. Insbesondere werde ich mich auf einige allgemeinere Aspekte
und (weitgehend) auf Hoffmanns Zeit als Hochschullehrer in Breslau, also
auf die Jahre 1830–1843 beschränken. Und noch eine dritte Einschränkung
will ich machen. Germanistik ist, auch nach heutigem Verständnis, die
wissenschaftliche Disziplin, die sich vor allem mit deutscher Sprache und
Literatur befaßt. Ein Germanist ist also eine Person, die deren Erschei-
nungsformen, Entwicklungen und Funktionen in den entsprechenden Zusammenhängen umfassend und methodisch kontrolliert untersucht und die
Ergebnisse seiner Untersuchungen anderen vermittelt oder zur Diskussion

---

2 Jacob Grimm: Geschichte der deutschen Sprache. 1. Bd. 3. Aufl. Leipzig 1868, S. IV.
3 Aus der inzwischen recht großen Fülle einschlägiger Werke zur neueren Fachgeschichte der Germanistik seien hier nur folgende genannt: Jörg Jochen Müller
   (Hrsg.): Germanistik und deutsche Nation 1806–1848. Zur Konstitution bürgerlichen Bewußtseins. Stuttgart 1974; Johannes Janota (Hrsg.): Eine Wissenschaft
   etabliert sich: 1810–1870. Tübingen 1980. Werner Bahner und Werner Neumann
   (Hrsg.): Sprachwissenschaftliche Germanistik. Ihre Herausbildung und Begründung.
   Berlin 1985; Klaus Weimar: Geschichte der deutschen Literaturwissenschaft bis zum
   Ende des 19. Jahrhunderts. München 1989; Jürgen Fohrmann und Wilhelm Voßkamp (Hrsg.): Wissenschaftsgeschichte der Germanistik im 19. Jahrhundert [...].
   Stuttgart, Weimar 1994; Lothar Bluhm: Die Brüder Grimm und der Beginn der deutschen Philologie. Eine Studie zur Kommunikation und Wissenschaftsbildung im
   frühen 19. Jahrhundert. Hildesheim 1997.

stellt. In diesem allgemeinen Sinne ist Hoffmann von Fallersleben zweifellos schon ein Germanist, auch wenn der Name des Fachs und seiner Repräsentanten im Laufe des 19. Jahrhunderts noch häufig schwankte[4] und Hoffmann selbst dieses Fach, das er künftig als Wissenschaftler vertreten sollte, ja noch keineswegs an einer deutschen Hochschule studieren konnte. Seine spätere Aufgabe an der Universität Breslau beschrieb sein Titel: „Professor der deutschen Sprache und Litteratur"; für ihn und andere hieß das meistens „deutsche Philologie", was mit bestimmten methodologischen Voraussetzungen und Akzentuierungen in ihren Arbeiten verbunden war, auf die ich noch zurückkommen muß. Man betrieb zu dieser Zeit hauptsächlich altdeutsche Studien, d. h. beschäftigte sich fast ausschließlich mit der Sprache und Literatur des *älteren* Deutschs und seiner germanischen Vorstufen. In der Wiederherstellung, Sicherung und Interpretation altdeutscher Texte sah man dabei eine kulturpolitische, vaterländische Aufgabe. Wenn also hier von Hoffmanns „Germanistik" die Rede ist, so kann sie nur in diesen angedeuteten Zusammenhängen richtig eingeschätzt werden. Germanistik, wie wir sie heute an unseren Universitäten kennen, mit ihrer ausgeprägten Spezialisierung und Verselbständigung der Teildisziplinen (Literaturwissenschaft, Mediävistik und Sprachwissenschaft), mit ihrer methodischen Vielfalt und dem Ausgriff auf unterschiedliche Medien, aber auch mit einem, wie mir scheint, nicht unproblematischen Hang zu einer allgemeinen Kultur- oder Gesellschaftstheorie gab es damals einfach noch nicht.

2. Hoffmanns Biographie im Kontext der Fachgeschichte

Die Geschichte des Fachs Germanistik ist in Deutschland vor allem seit den „wilden" 60er Jahren einer beständigen reflexiv-kritischen Aufarbeitung unterworfen gewesen.[5] Die Forschungsliteratur zur Entwicklung des Fachs im ganzen oder zur Rolle einzelner Persönlichkeiten (z. B. der Grimms oder Hermann Pauls), zur Entwicklung bestimmter Konzeptionen (etwa des Historismus, Positivismus, Idealismus) oder zu deren Auswirkungen in bestimmten Praxisbereichen (wie Schule und literarischer Produktion) ist heute fast schon unübersehbar. Daß dennoch vieles im einzelnen noch zu klären bleibt, daß vor allem überzeugende Erklärungen der

---

4   Vgl. dazu jetzt umfassend Uwe Meves: Zur Namensgebung „Germanistik". In: Fohrmann und Voßkamp (wie Anm. 3), S. 25–47.
5   So bereits die Sammelbände von Jürgen Kolbe (Hrsg.): Ansichten einer künftigen Germanistik. München 1969 und Jörg Jochen Müller (wie Anm. 3).

komplexen Entwicklungsprozesse immer noch selten sind, steht freilich auf
einem anderen Blatt.

Um Hoffmann von Fallersleben in der Geschichte seines Fachs einord-
nen zu können, gehe ich zunächst von seinen biographischen Daten aus
und frage nach den zeitlich damit korrelierenden Bedingungen und wesentlichen Entwicklungen des Fachs, wobei ich allerdings Umfang und Grenzen dieses Fachs großzügig auslege, wie es mir auch für die Situation am
Beginn des 19. Jahrhunderts angemessen erscheint, und sprachwissenschaftliche Zusammenhänge, die mir persönlich näher liegen, bevorzuge. Das
Ergebnis dieses ersten Durchgangs habe ich in der Tabelle 1 darzustellen
versucht, die im folgenden zu erläutern ist.

2.1

Hoffmanns Geburt (1798) fällt in eine Zeit, in der in der deutschen Literatur unterschiedliche geistesgeschichtliche Bewegungen (wie Spätaufklärung, Klassik, Romantik) miteinander konkurrierten oder auch einander
ergänzten. Die Beschäftigung mit deutscher Sprache und Literatur machte
damals noch keine eigenständige Disziplin an Schulen und Hochschulen
aus. Sie hatte eher einen propädeutischen Charakter (z. B. für das Fach
Theologie) oder war Bestandteil einer umfassenderen bürgerlichen Bildung,
wie sie das aufklärerische, pädagogische 18. Jahrhundert allenthalben for-
derte.[6] Speziell für die Beschäftigung mit der Sprache gab es drei Ansätze,
zwischen denen jedoch vielfältige Beziehungen bestanden:

(1) Es gab die aus der Barockzeit stammende Bemühungen um die Ausbildung einer übergreifenden, anspruchsvollen und modernen Standardsprache des Deutschen, die vornehmlich noch auf die Konstruktion einer
Literatursprache gerichtet waren, eine starke puristische Komponente enthielten und patriotischen Motiven folgten. Für diese „normative Richtung"
steht repräsentativ der Name Johann Christoph Adelung, weder Schulmann
noch Universitätsdozent, sondern Privatgelehrter, Auftragsschreiber und
(zuletzt) Bibliothekar, dessen maßgebliche Werke (Wörterbuch, Gramma-

---

6   Vgl. dazu Horst Joachim Frank: Dichtung, Sprache, Menschenbildung. Geschichte
    des Deutschunterrichts von den Anfängen bis 1945. Bd. 1. München 1976, bes.
    S. 75 ff.; Klaus Weimar (wie Anm. 3), bes. S. 32 ff.; speziell zur Situation in Göttin-
    gen vgl. auch Dieter Cherubim: Tradition und Modernität in der Sprachauffassung
    des 18. Jahrhunderts: Die Herausforderung der Natur- und Geowissenschaften. Am
    Beispiel der neugegründeten Universität Göttingen. In: Bernd Naumann, Frans
    Plank und Gerhard Hofbauer (Hrsg.): Language and Earth. Elective Affinities be-
    tween the Emerging Sciences of Linguistics and Geology. Amsterdam, Philadephia
    1991, S. 193–219.

Tabelle 1

Hoffmann von Fallersleben	Kontext
1. Geburt 1798	J. Chr. Adelung (1732–1806) normative Sprachwiss. K. Ph. Moritz (1756–1793) psycholog. Sprachwiss. A. F. Bernhardi (1769–1820) philosoph. Sprachwiss. I. Kant (1724–1804) Philosophie d. Aufklärung Chr. G. Heyne (1728–1812) Klass. Philologie J. W. Goethe (1745–1832) Klass. Literatur W. v. Humboldt (1767–1835) Sprachphilosophie

2. Schulzeit in Fallersleben, Helmstedt und Braunschweig	A. v. Arnim / Cl. Brentano, Des Knaben Wunderhorn, 1806
	F. Schlegel, Ueber d. Sprache u. Weisheit der Indier, 1808
	1809 *Museum für Altdt. Literatur und Kunst*
	  (F. H. v. d. Hagen)
	1810 *Beyträge z. Kenntnis der altdt. Sprache u. Litt.*
	  (F. Benecke)
	F. L. Jahn, Deutsches Volkstum, Berlin 1810
	W. v. Humboldt, Einleitung in d. gesamte Sprachstudium, 1810 f.
	J. u. W. Grimm, KHM I, 1812 und Hildebrandslied
	1813 *Altdeutsche Wälder* (J. u. W.Grimm) / Rez. durch A. W. Schlegel in: Heidelberger Jahrbücher, 1815
	K. Lachmann, Ueber d. urspr. Gestalt d. Nibelungenliedes, 1816
	F. Bopp, Ueber d. Conjugationssystem d. Sanskritsprache, 1816
	1805: Benecke a. o. Prof. in Göttingen (ohne Fachbez.) seit 1813 o. Prof.
	1810: F. H. v.d. Hagen a. o. Prof. in Berlin, seit 1811 in Breslau, dort 1817 o. Prof., seit 1824 in Berlin
	1815: Gründung der Berliner Gesellschaft f. deutsche Sprache

3. Studium in Göttingen u. Bonn 1816–1821 [1818 Besuch in Kassel!]	J. Grimm, Bd. I der „Deutschen Grammatik" (Vorrede!), 1819 J. A. Schmeller, Die Mundarten Bayerns, grammat. dargest., 1821
4. Aufenthalt in Berlin 1821–1823	

5. Bibliothekar und Professor in Breslau 1823–1843	K. F. Becker, Deutsche Wortbildung, 1824 K. F. Becker, Organism der deutschen Sprache, 1827 1825: Lachmann a. o. Prof. in Berlin, 1827 o. Prof. J. A. Schmeller, Bayerisches Wörterbuch, 1827–1837 W. v. Humboldt, Über den Dualis, 1827 L. Uhland, Geschichte der altdeutschen Poesie, 1830 W. v. Humboldt, Ueber die Verschiedenheit, 1830–1835 F. Bopp, Vergleichende Grammatik d. Sanskrit etc., 1833–1849 A. F. Pott, Etymologische Forschungen, 1833–1836 G. G. Gervinus, Geschichte d. poet. Nationallitteratur, 1835 ff. E. G. Graff, Althochdeutscher Sprachschatz, 1835 ff. 1837: Frankfurtischer Gelehrtenverein für deutsche Sprache R. v. Raumer, Die Aspiration und die Lautverschiebung, 1837 1841 ff. *Zeitschrift für deutsches Altertum* (M. Haupt)
6. Wanderleben: Mecklenburg, Neuwied 1843–1854	A. F. Ch. Vilmar, Vorl. über Gesch. d. dt. Nationallitt., 1845 1846, 1847: Erste Germanistenversammlungen in Frankfurt/M. und Lübeck J. Grimm, Geschichte der deutschen Sprache, 1848 A. Schleicher, Die Sprachen Europas, 1850 H. Steinthal, Die Classification der Sprachen, 1850 J. und W. Grimm, Deutsches Wörterbuch, 1. Lfg., 1852 (1. Bd. 1854) 1852 ff. *Beiträge zur vergl. Sprachforschung* (A. Kuhn)
7. Weimar 1854–1860	Benecke/Müller/Zarncke, Mhd. Wörterbuch, 1854 ff. K. W. L. Heyse, System der Sprachwissenschaft, 1856 E. Förstemann, Namenbuch, 1856 1858: Erstes germanistisches Seminar in Rostock (die meisten anderen folgten erst nach 1870!) K. Goedeke, Geschichte der dt. Dichtung, 1859 ff. A. Schleicher, Die deutsche Sprache, 1860 A. Schleicher, Compendium der vergl. Gramm., 1861 1856 ff. *Germania* (F. Pfeiffer) 1860 ff. *Zs. f. Völkerpsychol. u. Sprachwiss.* (H. Steinthal)
8. Corvey 1860–1874	G. Curtius, Philologie und Sprachwissenschaft, 1862 A. Schleicher, Die Darwinsche Theorie u. d. Sprw., 1863 W. D. Whitney, Language and its Study, 1867 (dt. 1874) W. Scherer, Zur Geschichte der deutschen Sprache, 1868 H. Steinthal, Abriß der Sprachwissenschaft, 1871 1874 ff. *Beiträge zur Gesch. d. dt. Sprache u. Lit.* (PBB)
	1876 ff.: Deutscher Sprachatlas (G. Wenker) E. Sievers, Grundzüge der Lautphysiologie, 1876 H. Osthoff / K. Brugmann, Morpholog. Untersuchg., 1878 H. Paul, Principien der Sprachgeschichte, 1880 W. Scherer, Geschichte der deutschen Literatur, 1883

tik, Stilistik und Orthographie) eine Art Abschluß aller bisherigen Anstrengungen in diese Richtung darstellen.[7]

(2) Adelungs sprachtheoretischeVorstellungen wurzelten im sog. Sensualismus, einer bestimmten Richtung der französischen Philosophie, für die dort der Name Étienne Bonnot de Condillac, in Deutschland auch der Name Johann Gottfried Herder steht.[8] Man kann, vereinfacht freilich, das Anliegen dieser Richtung mit dem Schlagwort „historische Anthropologie" kennzeichnen. Es ging vor allem, wie man damals auch sagte, um die „Naturgeschichte des Menschen". Wendet man von da aus den Blick zum Individuum, entsteht das, was man heute als „Psychologie" bezeichnen könnte. Angewandt auf sprachliche Probleme entwickelten sich damals also Vorformen einer „psychologischen Sprachwissenschaft", für die ich hier den Namen des (mit Braunschweig in besonderer Weise verbundenen) Berliner Sprachlehrers Karl Philipp Moritz eingesetzt habe.[9]

(3) Älter noch als der Sensualismus war eine andere für die Entwicklung der Sprachwissenschaft bedeutsame philosophische Richtung: der Rationalismus, der auf René Descartes in Frankreich zurückgeht und in Deutschland besonders mit dem Namen Christian Wolffs verbunden ist.[10] Die rationalistische, verallgemeinert auch „philosophische", verkürzt: „logische Sprachwissenschaft" des 18. Jahrhunderts reicht freilich mindestens bis zum Mittelalter zurück und läßt sich auch im 19. Jahrhundert nicht bremsen. Für sie steht hier der Name des von Wilhelm von Humboldt öfter respektvoll genannten August Ferdinand Bernhardi, dem sich eine Reihe weiterer, illustrer Namen (z. B. Johann Werner Meiner oder Johann Severin Vater) an die Seite stellen ließen.[11]

---

[7] Zu Adelungs vielfältigen germanistischen Arbeiten und seiner Bedeutung vgl. jetzt Werner Bahner (Hrsg.): Sprache und Kulturentwicklung im Blickfeld der deutschen Spätaufklärung. Der Beitrag Johann Christoph Adelungs. Berlin 1984. Zu Adelung als Abschluß der Standardisierungsbemühungen des 16. bis 18. Jahrhunderts vgl. immer noch Max Hermann Jellinek: Geschichte der neuhochdeutschen Grammatik von den Anfängen bis auf Adelung. 2 Halbbde. Heidelberg 1913, 1914.

[8] Vgl. dazu Ulrich Ricken u. a.: Sprachtheorie und Weltanschauung in der europäischen Aufklärung. Zur Geschichte der Sprachtheorien des 18. Jahrhunderts und ihrer europäischen Rezeption nach der Französischen Revolution. Berlin 1990.

[9] Zu Moritz vgl. Hartmut Schmidt: Karl Philipp Moritz, der Linguist. In: Text + Kritik 118/119 (1993), S. 100–106; Annelies Häcki-Buhofer (Hrsg.): Karl Philipp Moritz. Literaturwissenschaftliche, linguistische und psychologische Lektüren. Tübingen 1994.

[10] Vgl. dazu ebenfalls Ricken (wie Anm. 8), bes. S. 210 ff.

[11] Einen Überblick über die Geschichte der philosophischen Grammatik findet man bei Peter Salus: Universal Grammar 1000–1850. In: Herman Parret (Hrsg.): History of Linguistic Thought and Contemporary Linguistics. Berlin, New York 1976, S. 85–101; für die Zeit Hoffmanns vgl. auch Bernd Naumann: Grammatik der deutschen Sprache zwischen 1781 und 1856. Berlin 1986.

Von diesen drei sprachwissenschaftlichen Ansätzen nennt Jacob Grimm in seiner berühmten Programmvorrede zum 1. Bd. seiner *Deutschen Grammatik* (1819) – neben einer diffus bleibenden schulpraktischen und seiner (ja erst noch zu schaffenden) historischen Grammatik – nur zwei: die „philosophische" (die für ihn auch die alte Etymologie einschließt) und die „critische" = normative Richtung.[12] Darüber hinaus habe ich jedoch vier weitere Namen notiert, die sich nicht einseitig einem der genannten Ansätze zuordnen lassen, die aber für die Entwicklung von Sprach- und Literaturwissenschaft im 19. Jahrhundert von größerer Bedeutung waren: Immanuel Kant, als Vertreter einer modernen Erkenntniskritik; Christian Gottlob Heyne neben seinem Schüler Friedrich August Wolf als Begründer einer neuen Klassischen Philologie; Goethe – neben Lessing, Wieland, Schiller u. a. – als Vertreter einer modernen, klassischen Literatursprache; schließlich Wilhelm von Humboldt, der in seinem sprachphilosophischen Ansatz Züge von Kant, Herder, Moritz u. a. vereinigte und eine Sicht von Sprache propagierte, die in unterschiedlicher Form maßgeblich für die Sprachwissenschaft des 19. und des 20. Jahrhunderts wurde. Dies alles (und zweifellos mehr) sind Voraussetzungen, die auch Hoffmann von Fallersleben in seiner Schul- und Jugendzeit vorfand, von denen aber schwer abzusehen ist, wie er durch sie geprägt wurde.[13]

2.2

In Hoffmanns Schulzeit fällt der für das Fach Germanistik entscheidende Aufbruch, der oft als Paradigmenwechsel im Sinne des amerikanischen Wissenschaftshistorikers Thomas S. Kuhn verstanden wurde, aber vielfach nur mit anderen Akzentuierungen das fortsetzte, was bis zum Ende des 18. Jahrhunderts herangereift war. Zwar wirkte die Wiederentdeckung des Sanskrit, der alten religiösen Sprache der Inder, vermittelt über Friedrich Schlegel, der es in Paris kennengelernt hatte, bei Franz Bopp wie ein Schlüssel, der plötzlich die Historie eines großen Teils der europäischen Sprachen im Zusammenhang erschloß, aber die vergleichende wie die historische Betrachtung von Sprachen waren ja als methodische Ansätze keineswegs

---

12 Hugo Steger (Hrsg.): Jacob Grimm: Vorreden zur deutschen Grammatik von 1819 und 1822. Darmstadt 1968.

13 In einem Fall zumindest findet man in Hoffmanns Autobiographie („Mein Leben") einen Hinweis auf solche Prägungen: Schillers „Räuber" wurden in seiner Jugendzeit begeistert rezipiert und sogar in Fallersleben aufgeführt: August Heinrich Hoffmann von Fallersleben: Mein Leben. Aufzeichnungen und Erinnerungen. Hannover 1868, Bd. 1, S. 23.

neu.[14] Ebenso kannte die Beschäftigung mit altgermanischen und altdeutschen Texten eine Tradition, die, wie Rudolf von Raumer[15] verdeutlicht, bis mindestens ins 17. Jahrhundert zurückreicht, aber es fehlten noch, wie auch A.W. Schlegel in seiner bekannten Rezension der *Altdeutschen Wälder* der Brüder Grimm anmerkt, jene „festen Grundsätze", die aus den antiquarisch-philologischen oder etymologischen Sammlungen historische Grammatiken entstehen ließen.[16] J. Grimm ist dem bekanntlich mit seiner *Deutschen Grammatik* nachgekommen, die seit 1819 erschien und die nächsten 20 Jahre von größtem Einfluß, auch auf Hoffmann, war.[17] Zwischen 1800 und 1816 formierte sich also eine deutsche Philologie, die zwar aus unterschiedlichen Quellen schöpfen konnte,[18] die jetzt aber inhaltlich, methodisch und (zunächst noch zögerlich) institutionell zu neuen Ufern aufbrach.[19] Inhaltlich, insofern nun die ältere germanische und deutsche Literatur ins Zentrum des Interesses rückte; methodisch, weil Sprachvergleichung und Textphilologie konsequent systematisiert und miteinander verbunden wurden; institutionell, insofern erste Dozenturen erkennbar sind oder eingerichtet wurden, die dieses Gebiet favorisierten und betrie-

---

14 Sie entstehen – angeregt durch Dante Alighieris poetologische Programmschrift *De vulgari eloquentia* (um 1300, rezipiert aber erst im 16. Jahrhundert) – im Rahmen der sprachtheoretischen Debatten italienischer Renaissancegelehrter und humanistischer Philologen und sind – vor allem im 17. Jahrhundert – Bestandteil der gesamteuropäischen Bemühungen, die sog. Volkssprachen als neue Kultursprachen zu legitimieren. Vgl. dazu auch Bahner/Neumann (wie Anm. 3), S. 14 ff.; speziell zur historischen Betrachtung von Sprachen vgl. auch Dieter Cherubim: Hat Jacob Grimm die historische Sprachwissenschaft begründet? In: Zeitschrift für Phonetik, Sprachwissenschaft und Kommunikationsforschung 38 (1985), S. 672–685.

15 Rudolf von Raumer: Geschichte der Germanischen Philologie vorzugsweise in Deutschland. München 1870. Vgl. auch Ulrich Hunger: Die altdeutsche Literatur und das Verlangen nach Wissenschaft. Schöpfungsakt und Fortschrittsglaube in der Frühgermanistik. In: Fohrmann und Voßkamp (wie Anm. 3); S. 236–263.

16 Zitiert nach Janota (wie Anm. 3), S. 100.

17 Vgl. dazu seine Äußerungen in *Mein Leben* (wie Anm. 13), Bd. 1, S. 124 und unten Anm. 35.

18 Vgl. dazu allgemein Bahner/Neumann (wie Anm. 3) und speziell neuere Arbeiten wie Uwe Meves: Zur Einrichtung der ersten Professur für deutsche Sprache an der Berliner Universität (1810). In: Zeitschrift für deutsche Philologie 104 (1985), S. 161–184; Uwe Meves: Barthold Georg Niebuhrs Vorschläge zur Begründung einer wissenschaftlichen Disziplin „Deutsche Philologie" (1812–1816). In: Zeitschrift für deutsche Philologie 104 (1985), S. 321–356; Rainer Kolk: Liebhaber, Gelehrte, Experten. Das Sozialsystem der Germanistik bis zum Beginn des 20. Jahrhunderts. In: Fohrmann und Voßkamp (wie Anm. 3), S. 48–114.

19 Vgl. Janota (wie Anm. 3), S. 30 ff.; Weimar (wie Anm. 3), S. 215 ff.; Uwe Meves: Zum Institutionalisierungsprozeß der Deutschen Philologie. Die Periode der Lehrstuhlerrichtung. In: Fohrmann und Voßkamp (wie Anm. 3), S. 115–203.

ben: Georg Friedrich Benecke seit 1805 als außerordentlicher Professor,
seit 1813 als ordentlicher Professor in Göttingen, aber noch ohne spezifische Fachbezeichnung; dann Friedrich Heinrich von der Hagen, seit 1810
als außerordentlicher für deutsche Sprache und Literatur in Berlin, dann
in Breslau und schließlich (seit 1824) als ordentlicher Professor wieder in
Berlin.[20]

Das machte freilich noch keinen großen Fluß aus, sondern war erst ein
Bach, der aber im Laufe der ersten Jahrhunderthälfte noch zum Strom
anschwellen sollte. Und daneben gab es andere, mehr oder weniger klare
oder mitreißende Gewässer: Extrem patriotische Bestrebungen von Sprach-
puristen wie Jahn, Arndt, Wolke, Kolbe u. a., die durch die Freiheitskriege
enthusiasmiert waren;[21] sprachkritische und sprachkultivierende Bemühungen, z. B. im Umfeld der 1815 gegründeten Berliner Gesellschaft für deutsche Sprache, die die Kluft zwischen Sprech- und Schreibsprache, zwischen
Mundart und Literatursprache thematisierten;[22] schließlich auch sprach-
philosophische Ansätze rationalistischer Provenienz, zu denen aber nun
erste, noch tastende Versuche W. von Humboldts hinzutraten, der die allgemeine mit der historisch-vergleichenden Sprachforschung zu verbinden
suchte.[23]

Hoffmann selbst hat diesen Neuaufbruch später (1855) vor allem politisch motiviert:

> Als Deutschland nach den unglücklichen Kriegen mit Napoleon in seiner tiefsten
> politischen Erniedrigung lag, da suchten die edelsten Gemüther durch das Schön-
> ste, was übrig geblieben war, durch die deutsche Sprache und Poesie sich zu trösten
> und sich und das Vaterland aufzurichten. Mit einer reineren Liebe, mit einem höhe-
> ren Eifer als jemals zuvor erfasste man das eigenthümliche geistige Leben unseres
> Volkes, in allen seinen Erscheinungen; es begann ein gründlicheres und vielseitige-
> res Studium unserer Sprache und aller ihrer Denkmäler der Vergangenheit und
> Gegenwart.
> Die Jahre 1805 und 1806, die uns in politischer Beziehung nur die allertraurigsten
> Erinnerungen zurückließen, nichts als Niederlagen zu verkünden wissen, müssen
> wir begrüßen als Siegesjahre für die Belebung des vaterländischen Sinnes und die
> Reinerhaltung und Entwickelung unserer Volksthümlichkeit. Nach allen Seiten hin
> war große Thätigkeit, alle Regungen des deutschen Geistes zu verfolgen, die Denk-
> mäler der Sprache und Kunst zu retten, zu erhalten, dem Studium und Genusse zu-

---

20 Vgl. Meves (wie in Anm. 19).

21 Vgl. dazu Alan Kirkness: Zur Sprachreinigung im Deutschen 1789–1871. Eine hi-
    storische Dokumentation. 2 Teile. Tübingen 1975.

22 Vgl. dazu Hartmut Schmidt: Die Berlinische Gesellschaft für deutsche Sprache an
    der Schwelle der germanistischen Sprachwissenschaft. In: Zeitschrift für Germani-
    stik 4/3 (1983), S. 278–289.

23 Vgl. besonders die frühen Texte in der Sammlung von M. Boehler: Wilhelm von
    Humboldt: Schriften zur Sprache. Hrsg. von Michael Boehler. Stuttgart 1985.

gänglich zu machen, und die betrübten Gemüther damit zu trösten, daran auf-
zurichten und zu volksthümlichen Erzeugnissen in Kunst und Wissenschaft anzu-
regen.

So entstand denn endlich das, was wir mit Recht *deutsche* Philologie nennen können, dieser Inbegriff der mannigfaltigsten Bestrebungen und Forschungen, das geistige Leben unsers Volkes, insofern es sich durch Sprache und Litteratur kundgiebt,
dazustellen.[24]

Ähnliche Auffassungen findet man auch bei anderen, nicht zuletzt bei Jacob Grimm. Man wird sie heute aber nicht für hinreichend halten, den
komplexen Prozeß der Entstehung der neuen Disziplin zu erklären.[25]

2.3

In die Studienzeit Hoffmanns fällt seine Bekehrung zur deutschen Philologie. Bei einem Besuch in Kassel (1818) trifft ihn die freundliche Mahnung
Jacob Grimms, er solle sich doch lieber mit dem deutschen Vaterland als
mit der Antike beschäftigen (Zitat: „Liegt Ihnen Ihr Vaterland nicht näher?"), mitten ins Herz.[26] Aber es war sicher nicht nur das, was eine Neu-
orientierung bei ihm bewirkte, die dann ein ganzes Leben anhielt. Das Studium der Theologie und der Klassischen Philologie in Göttingen ließen ihn
unbefriedigt, und in Jacob Grimms Studierstube in Kassel, so hat er das
später selbst stilisiert, traf er den Typus des neuen Gelehrten, der philolo-
gische Akribie mit historischem Interesse und patriotischem Eifer verband:
eine Art Urszene, die an ein anderes ähnliches Erlebnis erinnert: an Jacob
Grimms Begegnung mit der altdeutschen Literatur in der Bibliothek Friedrich Karl von Savignys in den Marburger Studienjahren 1802–1804.[27]

Über die daran anschließende Bonner Studienzeit schreibt Fritz Andrée:
„Am 10. Mai [1819] wurde er [sc. Hoffmann] an der […] Friedrich-Wil-
helm-Universität immatrikuliert, wo er sich dem Studium der Germanistik zuwandte."[28] Tatsächlich gab es aber das Fach „Germanistik" (oder
deutsche Philologie) an dieser Universität zu dieser Zeit (1819–1821) noch
nicht. Was es in dieser Richtung gab, war erstens eine Professur, die noch

---

24 August Heinrich Hoffmann von Fallersleben: Zur Geschichte des Wunderhorns.
    In: Weimarisches Jahrbuch für deutsche Sprache, Litteratur und Kunst 2 (1855),
    S. 261–282, hier S. 261.
25 Vgl. dazu W. Bahner in Bahner und Neumann (wie Anm. 3), S. 40 ff.
26 Hoffmann von Fallersleben (wie Anm. 13), Bd. 1, S. 125.
27 Vgl. Jacob Grimm: Selbstbiographie, zitiert nach: Jacob Grimm: Selbstbiographie.
    Ausgewählte Schriften, Reden und Abhandlungen. Hrsg. und eingeleitet von Ul-
    rich Wyss. München 1984, S. 23–39, hier S. 27. Vgl. auch Hunger (wie Anm. 15),
    S. 243, Anm. 27.
28 Fritz Andrée: Hoffmann von Fallersleben. Des Dichters Leben, Wirken und Ge-
    denkstätten in Wort und Bild. 2. neubearbeitete Aufl. Fallersleben 1972, hier S. 21.

ganz im Stile der Spätaufklärung für Poesie und Rhetorik zuständig war.[29]
Uwe Meves, dem ich hier folge, notiert die genaue Bezeichnung: „Fach der
schönen Redekünste und der schönen Literatur sowohl im Allgemeinen
als auch in besonderem Bezug auf die deutsche Sprache" (daneben hatte
deren Inhaber sich auch um Ästhetik und praktische Philosophie zu kümmern).[30] Besetzt war diese Professur seit 1818 (und bis 1848) mit Johann
Friedrich Ferdinand Delbrück, einem aus Magdeburg stammenden Gelehrten, der in Halle u. a. bei dem berühmten Altphilologen Friedrich August
Wolf und bei dem uns Germanisten vor allem als Wörterbuchmacher bekannten Johannn August Eberhard studiert und seine akademische Kar-
riere, nach einigen Jahren Schultätigkeit in Berlin, 1809 in Königsberg begonnen hatte (dort folgte ihm übrigens Karl Lachmann 1818, mit ähnlichen
Aufgaben, nach). Delbrück war kein deutscher Philologe des Typs, wie er
Hoffmann nach seinem Bekehrungserlebnis vorschweben mochte, sondern,
auch von seinen Schriften her, primär Philosoph und Pädagoge. Außer ihm
konnte Hoffmann in Bonn freilich noch August Wilhelm Schlegel hören,
der schon in Berlin 1803/1804 über die Geschichte der romantischen Literatur gelesen hatte, in Bonn (1818–1845) aber kein spezielles Fach vertrat.
Blieb noch ein dritter, Johann Gottlieb Radlof, der immerhin in Bonn als
a. o. Professor von 1818 bis 1822 für „deutsche Sprachforschung" zuständig war.

Radloff ist in diesem Zusammenhang eine interessante Figur: Historischen Fragestellungen gegenüber aufgeschlossen, aber ebenso an der Gegenwartssprache und den lebenden Mundarten wie an sprachphilosophischen Begründungen interessiert, versucht er die von Jacob Grimm [in der
Vorrede zum 1. Bd. der Deutschen Grammatik, 1819] unterschiedenen drei
wissenschaftlichen Richtungen der Sprachwissenschaft in einem Ansatz
zusammenzuführen – und scheitert daran.[31] Ein Philologe des Grimm-Typs
ist er auch nicht, obwohl die Grimms ihn zunächst hochschätzten. Inwieweit Hoffmann von ihm beeinflußt war, konnte ich noch nicht feststellen.

Wenn also Hoffmann von Fallersleben in Bonn deutsche Philologie studierte, wie Andrée es auch formuliert hat,[32] so muß man darunter wohl eher
so etwas wie ein unangeleitetes, vorrangig durch persönliche Interessen
gelenktes Selbststudium verstehen. Und das ist in dieser Zeit eben nicht
nur bei Hoffmann so. Die Anfänge der Entwicklung des Fachs Germani-

---

[29] Vgl. auch Weimar (wie Anm. 3), S. 40 ff.
[30] Meves (wie Anm. 19), S. 202.
[31] Vgl. dazu genauer W. Neumann in Bahner und Neumann (wie Anm. 3), S. 93 ff.
[32] Vgl. Andrée (wie Anm. 28), S. 21: „Seine Studien betrieb er mit großem Eifer. Er
      kannte nur eine Aufgabe: Die deutsche Philologie."

stik, das damals meist deutsche Philologie hieß, sind entscheidend durch eigenständige Bibliotheksrecherchen, d. h. durch das Auffinden und Abschreiben von alten Texten, geprägt und es ist daher nicht erstaunlich, daß der Weg zur Universitätsprofessur häufig über eine Bibliothekarsstelle führte. Das war ja bei Hoffmann von Fallersleben nicht anders als bei Jacob und Wilhelm Grimm und läßt sich noch bis zum Ende des Jahrhunderts immer wieder feststellen.[33]

Als Kontextdaten habe ich zu Hoffmanns Studienjahren nur das Erscheinen des mehrfach schon genannten ersten Bandes der *Deutschen Grammatik* (1819) und Johann Andreas Schmellers grammatische Darstellung der Mundarten Bayerns (1821) gesetzt. Letztere war auch durch Grimms ersten Band angeregt und gilt vielfach als Beginn einer systematischen Dialektforschung in Deutschland.[34] Grimms *Deutsche Grammatik* hat in ihrem Fortschreiten bis 1837 (als Bd. 4 erschien) Hoffmanns Arbeiten bis in die Breslauer Jahre begleitet und beeinflußt. Hoffmann bleibt diesem Werk, dessen erste gedruckte Bogen er schon 1818 bei seinem Besuch in Kassel gesehen hatte, als Vorbild verpflichtet. Über die dann folgenden Berliner Jahre (1821–1823) notierte er z. B. später in seiner Autobiographie:

> Den ganzen Frühling und Sommer arbeitete ich recht fleißig; ich studierte Grimms Grammatik in neuer Auflage [1822 war der 1. Bd. in zweiter Aufl. erschienen, D. Ch.], machte Abschriften für Sprach- und Literaturgeschichte und benutzte viel die Kgl. Bibliothek [in Berlin, D. Ch.].[35]

2.4

In Hoffmanns Breslauer Zeit, auf die ich gleich noch etwas genauer eingehen werde, ist eine deutliche Konsolidierung des Fachs an den Hochschulen erkennbar. Germanistik/deutsche Philologie bewegt sich von einer gelehrten Liebhaberei langsam in Richtung auf eine wissenschaftliche Disziplin. Dies wird deutlich, wenn man z. B. die von Meves 1994 zusammengestellten Dozentenlisten betrachtet:[36] F. H. von der Hagen und K. Lachmann unterrichten (nach ihrem Breslauer Zwischenspiel) seit 1824 bzw. 1827 als ordentliche Professoren in Berlin; J. A. Schmeller 1827/28 als

---

33 Vgl. dazu auch Bahner und Neumann (wie Anm. 3), S. 201; Hunger (wie Anm. 15), S. 242; allgemein auch Kolk (wie Anm. 18).

34 Zu Schmellers Bedeutung für die Entwicklung der Germanistik vgl. auch Bahner und Neumann (wie Anm. 3), S. 348 f. und Ludwig M. Eichinger und Bernd Naumann (Hrsg.): Johann Andreas Schmeller und der Beginn der Germanistik. München 1988.

35 Hoffmann von Fallersleben (wie Anm. 13), Bd. 1, S. 313.

36 Vgl. Meves (wie Anm. 19), S. 197 ff.

Privatdozent, Maßmann seit 1829 als Privatdozent, seit 1835 als ordentlicher Professor in München; Graff seit 1824 als außerordentlicher, seit 1827 als ordentlicher Professor in Königsberg; Uhland seit 1829 als außerordentlicher Professor in Tübingen; Jacob Grimm seit 1829, Wilhelm seit 1831 als ordentliche Professoren in Göttingen; Rudolf von Raumer seit 1840 als Privatdozent (seit 1846 als außerordentlicher, seit 1852 als ordentlicher Professor) in Erlangen – um nur einige der bekannteren Namen zu nennen. Und August Heinrich Hoffmann von Fallersleben in Breslau, seit 1830 als außerordentlicher, seit 1835 als ordentlicher Professor. Aber neben diesen neuen, spezialisierten Fachvertretern gibt es immer noch die alten Professuren für Poetik, Rhetorik, Ästhetik o. ä., Professuren mit unspezifischen Fachzuweisungen und vielfach engen persönlichen Verbindungen mit anderen Fächern wie z. B. Philosophie oder Klassische Philologie.

In diese Zeit fällt aber auch die deutlichere Ausprägung neuer sprachwissenschaftlicher Richtungen oder der Ausbau bereits eingeschlagener Wege: Seit 1827 erscheint J. A. Schmellers bahnbrechendes *Bayerisches Wörterbuch;* seit 1833 setzt F. Bopps *Vergleichende Grammatik* der indogermanischen Sprachen, seit 1835 E. G. Graffs *Althochdeutscher Sprachschatz* ein. 1827 liest Wilhelm von Humboldt in der Akademie der Wissenschaften seine Abhandlung über den Dualis, es folgen nur wenige Jahre später verschiedene Bearbeitungsstufen seiner berühmten Einleitung ins Kawi-Werk (*Über die Verschiedenheit des menschlichen Sprachbaues* [...], 1827–1829, endgültig dann 1830–1835); sein Schüler August Friedrich Pott bringt in diesen Jahren (1833–1836) seine *Etymologischen Forschungen* heraus, mit denen eine uralte, klassische Disziplin auf neue wissenschaftliche Grundlagen gestellt wird. Neben dem, aber nicht ganz ohne Kontakt dazu, entsteht eine neue philosophisch bzw. logisch begründete Sprachbeschreibung, die vor allem mit dem Namen des Privatlehrers (vorher Chemikers) Karl Ferdinand Becker und einem Kreis anderer Gelehrter verknüpft ist, die sich seit 1837 im „Frankfurtischen Gelehrtenverein für deutsche Sprache" versammeln. Diese neue Richtung dominiert lange die Schulgrammatik, greift aber nicht auf der Ebene der Wissenschaft und verbindet sich mit der Grimmschen historischen Richtung erst in der zweiten Hälfte des 19. Jahrhunderts. (J. Grimm hatte zwar einen Auszug aus seiner Grammatik für die Schule [einen „Kleinen Grimm"] geplant, ihn aber nie geliefert).[37]

---

37 Zur Beckerschen Grammatik und der damit verbundenen Richtung der logisierenden Schulgrammatik vgl. Gerhard Haselbach: Grammatik und Sprachstruktur. Karl Ferdinand Beckers Beitrag zur Allgemeinen Sprachwissenschaft in historischer und systematischer Sicht. Berlin 1966; Wilhelm Vesper: Deutsche Schulgrammatik im 19. Jahrhundert. Zur Begründung einer historisch-kritischen Sprachdidaktik. Tübingen 1980; Kjell-Åke Forsgren: Die deutsche Satzgliedlehre 1780–1830. Zur Ent-

Seiner Zeit weit voraus ist ein Aufsatz von Rudolf von Raumer, der schon 1837 erscheint, über *Aspiration und Lautverschiebung*.[38] Darin nimmt er bereits Ansätze einer historischen Lautphysiologie vorweg, die erst 40 Jahre später virulent werden sollen. Schließlich erreicht auch die Literaturwissenschaft eine höhere Stufe, selbst wenn sie als Wissenschaft von der „neueren deutschen Literatur" erst im letzten Drittel des Jahrhunderts etabliert wird.[39] Mit Ludwig Uhlands *Geschichte der altdeutschen Poesie* (1830) und Georg Gottfried Gervinus' *Geschichte der poetischen Nationallitteratur der Deutschen* (seit 1835) liegen erste, umfassendere Darstellungen vor, denen bald weitere, z. B. die populären Vorlesungen August Friedrich Christian Vilmars (1845 ff.) oder Karl Goedekes Jahrhundertwerk (seit 1859) folgen sollten. 1841 startet die von Moriz Haupt begründete *Zeitschrift für deutsches Altertum*, eine der bedeutenderen Fachzeitschriften der Germanistik, die noch heute existiert. Erst nach Hoffmanns Amtsenthebung kommt es zur Konstitution eines (zunächst nicht dauerhaften) Fachverbandes, zu den Germanistenversammlungen in Frankfurt und Lübeck (1846 und 1847), die noch die kulturwissenschaftliche Weite demonstrieren, die aus der Teilhabe von drei Disziplinen erwachsen war: der Rechtsgeschichte, der Nationalgeschichte und der Sprachgeschichte. In den 1847 publizierten *Verhandlungen* der Germanisten hieß es dazu:

> Drei Wissenschaften, aufs Innigste unter sich selbst zusammenhängend und im letzten Menschenalter wechselseitig durch einander erstarkt und getragen, wollen jener Vortheile [d. h. des Gewinns solcher Zusammenkünfte] [...] theilhaftig zu werden suchen. Allem inneren Gehalt, dessen sie fähig erscheinen, tritt noch ein eigenthümlicher vaterländischer Reiz hinzu.[40]

Das ist, wohlgemerkt, 1847. Ein Jahr später (1848) kommt es zur nationalen Revolution und Euphorie, aber noch nicht zur politischen Einigung. Sie erfolgt erst, unter ganz anderen Vorzeichen und Bedingungen, 23 Jahre später (1871). Hoffmann erlebt es noch, die Grimms und viele andere Männer der „ersten Stunde" der Germanistik nicht mehr.

---

wicklung der traditionellen Syntax im Spiegel einiger allgemeiner und deutscher Grammatiken. Göteborg 1985; Naumann (wie Anm. 11); Hans Dieter Erlinger, Clemens Knobloch und H. Meyer, (Hrsg.): Satzlehre – Denkschulung – Nationalsprache. Münster 1989. – Zu Jacob Grimms Plänen vgl. Wilhelm Schoof: Jacob Grimms Kleine Grammatik. In: Muttersprache 67 (1957), S. 412–419.

38 Jetzt zu finden in Rudolf von Raumer: Gesammelte sprachwissenschaftliche Schriften. Frankfurt/M., Erlangen 1863.

39 Vgl. dazu u. a. Weimar (wie Anm. 3) und die einschlägigen Beiträge in Fohrmann und Voßkamp (wie Anm. 3).

40 Verhandlungen der Germanisten. Frankfurt 1847, zit. nach Helmut Henne: Wissenschaftshistorischer Zwischenruf zur Germanistenversammlung von 1846 und 1996. In: Zeitschrift für germanistische Linguistik 25 (1997), S. 53–55, hier S. 55.

2.5

Da ich mich im folgenden auf Hoffmanns Breslauer Jahre konzentrieren
will, mache ich nur einige summarische Bemerkungen zur Zeit danach.
Aufschlußreich für die, die mehr darüber wissen wollen, sind hier die
Tendenzen, die Johannes Janota durch Kontrastierung der beiden fachge-
schichtlichen Zäsuren (1810 und 1871) herausgearbeitet hat.[41] Ich möchte
nur drei, mir wichtig erscheinende Trends formulieren:

(1) Die Entwicklung des Fachs von einer breit angelegten, historischen
Sammeldisziplin zu einer immer spezieller arbeitenden Textphilologie und
Sprachwissenschaft, was längerfristig eine Verkürzung des Gegenstands-
bereichs, aber auch eine methodologische Verschärfung mit sich brachte;

(2) die Umorientierung des sprachwissenschaftlichen Anteils unter dem
Einfluß der Indogermanistik und der neueren, aus der Rezeption Humboldts erwachsenen Sprachpsychologie, was letztlich zu einer unterschiedlich weitgehenden Anlehnung an die Naturwissenschaften (z. B. Anatomie/
Physiologie, Biologie, Geologie) und zum Interesse am „Sprachleben", damit auch an der Gegenwartssprache führte;

(3) die politische Instrumentalisierung des Fachs als Nationalphilolo-
gie und bürgerliche Qualifikationsinstanz, verbunden mit einer zunehmenden Neigung zu Mythisierungen (völkische Ideen, Germanisierung) und
zur Akademisierung (Abkoppelung von der Schulpraxis).

So angreifbar diese Trendbeschreibungen als Generalisierungen, die sie
sind, auch sein mögen: man kann sie dennoch recht gut nachvollziehen,
wenn man sich nur an den programmatischen Texten des Fachs nach 1848
orientiert: für die Sprachwissenschaft z. B. an Heymann Steinthals Schrift
Der heutige Zustand der Sprachwissenschaft (1850); Georg Curtius' Abhandlung *Philologie und Sprachwissenschaft* (1862); August Schleichers Programmschrift *Die Darwinsche Theorie und die Sprachwissenschaft* (1863);
an Hermann Osthoffs und Karl Brugmanns sog. „Manifest der junggrammatischen Schule", dem Vorwort zu ihren *Morphologischen Untersuchungen auf dem Gebiete der indogermanischen Sprachen* (1878); Hermann
Pauls *Principien der Sprachgeschichte* (1880) usw.[42] Und selbstverständlich

---

41 Janota (wie Anm. 3), Einleitung, S. 1 ff.
42 Vgl. dazu auch die Auswahl der Beiträge in Hans Helmut Christmann (Hrsg.):
    Sprachwissenschaft des 19. Jahrhunderts. Darmstadt 1977; ferner Wolfgang Putschke:
    Zur forschungsgeschichtlichen Stellung der junggrammatischen Schule. In: Zeit-
    schrift für Dialektologie und Linguistik 36 (1969), S. 19–48; Dieter Cherubim: Der
    Methodologe und Organisator seines Fachs. In: Armin Burkhardt und Helmut
    Henne (Hrsg.): Germanistik als Kulturwissenschaft: Hermann Paul – 150. Geburts-
    tag und 100 Jahre Deutsches Wörterbuch. Erinnerungsblätter und Notizen zu Le-
    ben und Werk [...]. Braunschweig 1997, S. 47–54.

wären dem entsprechende Beobachtungen und Äußerungen im Bereich der Alt- und Neugermanistik, also der Mediävistik und Literaturwissenschaft, an die Seite zu stellen.

Das ist freilich in diesem Rahmen nicht möglich. Ich will aber noch ein kurzes Fazit versuchen. Hoffmanns Ausbildung und Tätigkeit als Germanist fällt in eine Zeit, in der die Beschäftigung mit deutscher Sprache und Literatur – nach dem längeren sprachkritischem Vorlauf im 17. und 18. Jahrhundert – eine neue Konzeptualisierung als kulturhistorische und nationalpolitische Disziplin erfuhr, der wiederum – aus unterschiedlichen Gründen – die Professionalisierung und Institutionalisierung eines neuen Fachs „deutsche Philologie" oder „Germanistik" an den deutschen Hochschulen folgte. Dabei gibt es sozusagen eine Hauptlinie der Entwicklung (die philologisch-historische Orientierung) und eine ganze Reihe von konkurrierenden Konzepten (im Bereich der Sprachwissenschaft z. B. Sprachkritik und philosophische Begründung, Sprachvergleichung und Sprachpsychologie, Sprachlogik und Sprachdidaktik), die trotz der Grimmschen Tendenz von 1819 (daß nur die historische Sprachbetrachtung eine wahrhaft wissenschaftliche sei)[43] und deren Echo bei Hermann Paul 1886 (daß alle Sprachwissenschaft nur Sprachgeschichte sein könne)[44] in wechselnder Stärke die Entwicklung des Fachs im 19. Jahrhundert mitbestimmten. Entscheidend für den Beginn des Fachs, den Hoffmann mitprägte, war aber auch, daß das Objekt der Germanistik, das Textmaterial erst zusammengestellt und aufbereitet werden mußte; ferner, daß ihre Gegenstände (Sprache und Literatur) noch nicht in dem Maße auseinanderfielen, wie wir es heute (außer in der Mediävistik) kennen. Versuchen wir, wie in Tabelle 2, Stufen der Entwicklung des Fachs anzunehmen, so läßt sich Hoffmanns Position auf den Stufen (2) und (3), ansatzweise auch schon auf (4) lokalisieren.

Tabelle 2

Stufen der Fachentwicklung
(1) Praktische Stillehre, Poetik und antiquarische Sprachforschung (2) Systematische Textsammlung und historische Sprachvergleichung (3) Philologische Textkritik und historische Grammatik (4) Altertumswissenschaft und Kulturgeschichte (5) Prinzipienwissenschaft, Literatur- und Sprachgeschichte

43 So in der Vorrede zum ersten Band der „Deutschen Grammatik", vgl. Steger (wie Anm. 12), präludiert von ähnlichen Äußerungen bei F. Schlegel u. a. am Anfang des Jahrhunderts.

44 Hermann Paul: Prinzipien der Sprachgeschichte. Studienausgabe der 8. Aufl. Tübingen 1970, S. 20 f. Die hier relevanten Partien wurden erst in der 2. Aufl. (1886) als Reaktion auf die Kritik der 1. Aufl. (1880) hinzugefügt.

3. Hoffmanns Konzeption seines Fachs in der Breslauer Zeit

Obwohl Breslau mit der Einrichtung zunächst des Extraordinariats, dann des Ordinariats Friedrich Heinrich von der Hagens (1811 bzw. 1817) zu den ersten Universitäten gehörte, an denen die deutsche Philologie als Fach in Erscheinung trat,[45] war doch die Situation bis zum Amtsantritt von Hoffmann von Fallersleben (1830) eher desolat: die Gegenstände des Fachs (deutsche Sprache und Literatur) fanden zwar in den Vorlesungen benachbarter Fächer Berücksichtigung, aber Versuche der Philosophischen Fakultät nach der Wegberufung von der Hagens (1823), die entstandene Lücke durch solch anerkannte Größen wie Jacob Grimm oder Karl Lachmann zu schließen (wobei der Bibliothekar Hoffmann – wegen fehlender Lehrerfahrung und Habilitation – nur als dritte Möglichkeit anvisiert wurde), mißlangen, und noch 1829 teilte der zuständige preußische Minister mit, daß „wegen so vieler anderer dringender Universitätsbedürfnisse die Anstellung eines besonderen Professors für deutsche Sprache und Litteratur noch lange ausgesetzt bleiben müsse".[46]

Es kam, wie man weiß, anders. Schon 1830 wurde Hoffmann als Extraordinarius berufen, 1835 folgte auf seinen Antrag und nach Zustimmung der Fakultät das Ordinariat. Auf die merkwürdigen Umstände des ganzen Berufungsvorgangs, den Hoffmann selbst (in *Mein Leben* [1868]) und Theodor Siebs (1911) reichhaltig dokumentiert haben, kann und will ich hier nicht eingehen.

Hoffmanns Forschungsarbeiten in dieser Zeit (vgl. die Liste der selbständigen Publikationen in Tabelle 3) umfassen neben lexikographisch orientierten Ansätzen (*Althochdeutsche Glossen, Breslauer Namenbüchlein*) literaturhistorische Arbeiten (*Alemannische Lieder, Geschichte des deutschen Kirchenliedes*), historisch-kritische Textanalysen (zum *Williram, Reineke Vos*) und Sammelschriften mit unterschiedlichen philologischen Beiträgen (*Horae Belgicae, Fundgruben für Geschichte der deutschen Sprache und Literatur*) auch bibliographische und enzyklopädische Werke (*Handschriftenkunde, Deutsche Philologie im Grundriss*), die eine Art germanistisches Programm erkennen lassen. Ich komme gleich darauf zurück.

Diesem breit aufgefächerten Forschungskomplex entsprach auch das Lehrangebot. Forschung und Lehre waren dabei deutlich aufeinander bezogen. Sieht man von der noch in lateinischer Rede erzwungenen Antritts-

---

[45] Vgl. zum folgenden neben den genannten Arbeiten von Meves (wie Anm. 18 u. 19) auch Theodor Siebs: Zur geschichte der germanistischen studien in Breslau. In: Zeitschrift für deutsche Philologie 43 (1911), S. 202–234.

[46] Siebs (wie Anm. 45), S. 207.

Tabelle 3

Selbständige Publikationen Hoffmanns von Fallersleben (1823–1843)
Glossarium vetus Latino-Germanicum. Breslau 1825
Althochdeutsche Glossen. Breslau 1826
Althochdeutsches aus Wolfenbütteler Handschriften. Breslau 1827
Willirams Übersetzung und Auslegung des Hohenliedes. Breslau 1827
Alemannische Lieder. Breslau 1827 (5. Aufl. 1843, nebst Worterklärung und alem. Grammatik)
Horae Belgicae. 7 Tle. Breslau 1830–1847
Fundgruben für Geschichte der deutschen Sprache und Literatur. 2 Tle. Breslau 1830, 1837
Handschriftenkunde für Deutschland. Ein Leitfaden zu Vorlesungen. Breslau 1832
Geschichte des deutschen Kirchenliedes bis auf Luthers Zeit. Breslau 1832
Reineke Vos. Nach der Lübecker Ausgabe vom Jahre 1498, […]. Breslau 1834
Die Deutsche Philologie im Grundriss. Ein Leitfaden zu Vorlesungen. Breslau 1836
Breslauer Namenbüchlein. Leipzig 1845

vorlesung über die sprachgeschichtliche Bedeutung Luthers *(Lutheri merita de lingua germanica,* 1831, publiziert 1832) ab, so liegt allerdings der Schwerpunkt deutlich im Bereich der Literaturgeschichte und Handschriftenbearbeitung (selbstverständlich einschließlich der frühen Drucke). Hoffmann selbst schreibt über diese Zeit später in *Mein Leben:* „Ich las mit Lust und Eifer Literaturgeschichte und Handschriftenkunde".[47] Seine reguläre Lehrtätigkeit, die immer wieder durch Reisen und entsprechende Handschriftenstudien unterbrochen wird, beginnt er mit einer Vorlesung über die Geschichte des Kirchenliedes und der deutschen „Mysterien" (gemeint sind Mysterienspiele) bis auf Luther, vor 10 Hörern, wie der Chronist Siebs herausfand.[48] Es folgen dann mehrfach allgemeine und speziellere literarhistorische Überblicke, ferner wissenschaftshistorische und -propädeutische Veranstaltungen (Geschichte der Studien der deutschen Sprache, Enzyklopädie der deutschen Philologie und fortlaufend privatissime-Veranstaltungen zur Handschriftenkunde); aber auch speziellere Veranstaltungen zu Themen wie mittelhochdeutschen Grammatik, zum *Nibelungenlied,* zur deutschen Etymologie, zum *Reineke Vos, Freidank* und zur holländischen Grammatik.[49] Nach den Hörerzahlen, die Siebs mitanführt, muß er Zulauf über die Philosophische Fakultät hinaus gehabt ha-

---

47 Hoffmann von Fallersleben (wie Anm. 13), Bd. 2, S. 200 f.
48 Vgl. Siebs (wie Anm. 45), S. 209.
49 Ebenda, S. 209, Anm. 1.

ben, was auch im alten Fakultätssystem ganz üblich war, aber die Zahlen nehmen im Laufe seiner Tätigkeit ab, und bei denen, die am Ende über seine Entlassung wegen „verwerflicher gesinnung" und „verderblicher tendenz" verhandelten, entstand offensichtlich der Eindruck, daß trotz aller unbestreitbaren fachlichen Verdienste während der Breslauer Jahre sein poetisches und politisches Engagement größer war als sein Interesse an der wissenschaftlichen Repräsentation oder gar Reputation des Fachs. Ich zitiere aus dem Bericht des Kurators über die Disziplinarverhandlungen gegen Hoffmann vom 28. Januar 1842:

> Mit Lehrtalent ist er nicht begabt, auch hat er, wie er bei seiner Vernehmung selbst erklärte, niemals eine wissenschaftliche Prüfung bestanden. Seine Neigung führt ihn mehr zu literarischer Tätigkeit, namentlich im Gebiet deutscher Sprachforschung.[50]

Dem steht jedoch entgegen, daß Hoffmann sich durchaus für sein Fach politisch einsetzte, wobei zwei Motive eng miteinander verschränkt sind: ein patriotisches Motiv, das in der häufigen Kennzeichnung seiner wissenschaftlichen Arbeiten als „vaterländische Studien" zum Ausdruck kommt, und die Ablehnung der damals noch uneingeschränkten Dominanz der klassisch-philologischen Studien. So äußert er sich schon in einem Brief an Jacob Grimm vom Ende des Jahres 1819 deutlich:

> Nur muß man ja nicht das klassisch-philologische Verfahren auf unsere Sprachdenkmale übertragen wollen [...] Ohne an das Klassische Alterthum zu denken, läßt sich das System einer deutschen Wissenschaft und Kunst aufstellen und im einzelnen ausbauen; jenes [das klassisch-philologische, D. Ch.] Verfahren darf oft nur zum verneinenden Wegweiser dienen [...].[51]

Dabei ging es ihm freilich nicht um eine prinzipielle Ablehnung der klassisch-philologischen Studien, deren Methoden er ja in Göttingen und Bonn ausgiebig kennen- und schätzen gelernt hatte, sondern um die Zurückdrängung der Dominanz dieses Fachs als Voraussetzung jeder höheren Bildung und Schlüssel für staatliche Karrieren. Gerade für die Praxis in Schulen und Hochschulen machte er konkrete Vorschläge; am ausführlichsten 1840 in einer Stellungnahme zu Vorwürfen des „Kgl. Preußischen Ministeriums der geistlichen, Unterrichts- und Medicinal-Angelegenheiten", er nehme seine Lehrverpflichtungen nicht ernst genug. Hoffmann weist in dieser Stellungnahme (die er zwei Jahre später öffentlich zugänglich machte) darauf hin, daß für das neue Fach Deutsche Philologie im Unterschied zur Klassischen Philologie weder an Schulen noch an Hochschulen genügend ge-

---

50 Ebenda, S. 215 f.
51 *An meine Freunde. Briefe von August Heinrich Hoffmann von Fallersleben.* Hrsg. von Heinrich Gerstenberg. Berlin 1907, S. 26 f.

tan werde, und dies auch, obwohl es neuere ministerielle Anforderungen
an Schul- und akademische Prüfungsreglements gebe, die dies verlangten.
Er fordert daher Veränderungen, für deren Notwendigkeit er Jacob Grimm
als Gewährsmann benennen kann, und die vor allem in vier Maßnahmen
beständen: (1) Einstellung geigneter, d. h. in moderner deutscher Philologie gut ausgebildeter Lehrer an den Schulen; (2) Änderung der Stundenta-
fel zugunsten des Deutschunterrichts; (3) deutliche Berücksichtigung des
neuen Fachs in den Prüfungen, für die es gefordert wird; (4) Einrichtung
eines philologisch-historischen (und philosophisch-naturwissenschaftli-
chen) Propädeutikums vor den Fachstudien an den Universitäten. Dazu
Gewährung von Lernfreiheit für die Studierenden, damit nicht nur
bestimmte Fächer, die vorgeschrieben sind, gewählt werden. Wie wenig
Hoffmanns Vorschläge auf Verständnis stießen, zeigt die Reaktion des
zuständigen Ministers Eichhorn vom 11. Mai 1841. Sie geht nicht auf seine
inhaltlichen und strukturellen Argumente ein, sondern wendet die Sache
ins Persönliche:

> Die Geschichte der deutschen Universitäten lehrt, daß Professoren, die mit einem
> lebendigen und nachhaltigen Eifer für das ihnen anvertraute Lehrfach durchdrun-
> gen sind, und mit einer gründlichen Gelehrsamkeit die erforderliche Lehrgeschick-
> lichkeit verbinden, auch für ihre Vorlesungen überall eine lohnende Theilnahme von
> Seiten der Studierenden finden. Gern gebe ich der Hoffnung Raum, daß es auch Ihnen
> noch gelingen wird, für das Ihnen anvertraute Lehrfach der deutschen Sprache und
> Litteratur eine größere und Sie selbst befriedigende Theilnahme unter den dortigen
> [den Breslauer, D. Ch.] Studierenden zu wecken, wenn Sie nur mehr, als es bis jetzt
> der Fall gewesen zu sein scheint, Ihre Hauptthätigkeit Ihrem akademischen Lehr-
> berufe zuwenden wollen. Sie werden dann auch zu der Überzeugung gelangen, daß
> es nicht erst der in Ihrer Erklärung vom 30. Juni v[origen] J[ahres] in Vorschlag
> gebrachten, die bisherige Verfassung der diesseitigen Gymnasien und Universitä-
> ten und den ganzen öffentlichen Unterricht in den Königlichen Staaten wesentlich
> abändernden Mittel bedurfte, um auch auf der dortigen Universität ein gründliche-
> res und umfassenderes Studium der deutschen Sprache und Litteratur einheimisch
> zu machen.[52]

Wie Hoffmann sich selbst sein Fach vorstellt und es damit auf andere Konzeptionen der Zeit bezieht, läßt sich am besten an seinem *Grundriss* erkennen. Der vollständige Titel dieses 1836 erschienenen Werkes *Deutsche
Philologie im Grundriss* läßt zunächst an ein Handbuch umfassenden und
abgeschlossenen Wissens denken. Davon kann jedoch, auch nach Hoffmanns eigenen Bekunden, keine Rede sein. Erst Hermann Paul, der Chef-
denker der sog. junggrammatischen Schule der Germanistik im letzten

---

52 Vgl. Hoffmann von Fallersleben (wie Anm. 13), Bd. 3, S. 137 ff., hier S. 199. Vgl.
   ferner Karl Hoppe: Hoffmann von Fallersleben in seiner Bedeutung für die Germanistik. In: Neues Archiv für Niedersachsen 13 (1949), S. 651–663, hier S. 657 f.

Drittel des 19. Jahrhunderts, liefert 55 Jahre später (1891) ein solches Werk, zu einer Zeit also, als die Germanistik zu der philologischen Leitdisziplin geworden war, wie sie sich Hoffmann immer gewünscht hatte.[53] Tatsächlich stellt Hoffmanns Werk nur einen „bibliographischen Umriss" einer noch um Anerkennung ringenden Disziplin dar, einen „Leitfaden", so die Spezifikation im Untertitel, und damit ein Hilfsmittel für literatur- und sprachgeschichtliche Vorlesungen enzyklopädischen Charakters, wie er sie selbst gehalten hat und wie sie schon in der Spätaufklärung üblich waren. Doch das Werk geht auch darüber hinaus, indem es – anders als seine *Handschriftenkunde* (1832) – auch eine Art Forschungsbericht in Form einer Vorrede von immerhin 33 Seiten enthält.[54]

Was versteht Hoffmann nun unter „deutscher Philologie"? „Die deutsche Philologie ist das Studium des geistigen Lebens des deutschen Volkes insofern es sich durch Sprache und Litteratur kundgibt", lautet die klare Antwort.[55] Das zeigt m. E. eine moderne, kulturanthropologische Sicht von Sprache, wie sie mit Herder und dem Sensualismus des 18. Jahrhunderts in Verbindung gebracht werden kann, wie sie aber auch zu Hoffmanns Zeit durch Wilhelm von Humboldt weiterentwickelt wurde. Die so verstandene neue Wissenschaft läßt sich aber auch durch ihre Teilgebiete definieren, aus denen sie eben erst erwachsen ist, ohne daß diese Teilgebiete bisher in einen systematischen Zusammenhang gebracht wurden: Literaturgeschichte, Grammatik, Lexikographie, Etymologie, Hermeneutik und Kritik (d. h. Methodologie der Textherstellung und -interpretation). Für die Vorgeschichte des Fachs verweist Hoffmann hier bezeichnender Weise auf Forderungen von Johann Andreas Fabricius (in dessen *Abriss einer allgemeinen Historie der Gelehrsamkeit*, Leipzig 1752), die etwa dem Anspruch von Johann Christoph Adelungs Werk am Ende des 18. Jahrhunderts, aber auch schon der Breite barocker Sprachkultivierungsprogramme entsprechen, die noch lange in den sog. Deutschen Gesellschaften des 18. Jahrhunderts lebendig blieben.[56]

Auch sonst entspricht der Bericht Hoffmanns der Übergangs- bzw. frühen Konsolidierungsphase, in der sich das Fach damals noch befindet: Der Schwerpunkt liegt eindeutig auf den Verfahren der Sammlung, Wiederher-

---

53 Vgl. dazu Cherubim (wie Anm. 42).
54 Heinrich Hoffmann: Deutsche Philologie im Grundriss. Ein Leitfaden zu Vorlesungen. Breslau 1836, S. V–XXXVIII.
55 Ebenda, S. V.
56 Ebenda, S. V, Anm. Zu den Deutschen Gesellschaften des 18. Jahrhunderts vgl. jetzt Corinna Fricke: Die Deutschen Gesellschaften des 18. Jahrhunderts – ein Forschungsdesiderat. In: Klaus D. Dutz (Hrsg.): Sprachwissenschaft im 18. Jahrhundert. Fallstudien und Überblicke. Münster 1993, S. 77–98.

stellung und historischen Interpretation altdeutscher Texte, was ja erst in seiner und der nächsten Generation systematisiert wird. Ebenso wird die grammatische Forschung nur an der *Deutschen Grammatik* Jacob Grimms gemessen, wonach weder die traditionelle Schulpraxis noch die alt-neu logisierenden Ansätze der Sprachphilosophen noch die anderen (puristischen, kritischen oder sogar sprachvergleichenden) Arbeiten von Wert sind, solange sie nicht die neuen historischen Erkenntnisse eingearbeitet haben:

> Jac. Grimm ist der Begründer des historischen und vergleichenden Sprachstudiums; seine Grammatik hat in alle Zweige deutscher Sprachforschung neues Leben und Sicherheit gebracht. Sind auch selbständige Werke ähnlicher Art nicht erschienen, so können doch manche Abhandlungen, die dadurch hervorgerufen wurden, als ein fortgesetzter Ausbau des Grimmschen Gebäudes betrachtet werden. Welcher Nutzen der neuhochdeutschen Grammatik aus dieser bisher ganz vernachlässigten Richtung erwachsen kann, ist bis jetzt mehr geahndet als auszuführen versucht [...].
> [...]
> Die vielen neuhochdeutschen Grammatiken lassen sich unter drei Gesichtspunkten fassen, den empirischen, philosophischen und historischen, aus denen sie hervorgehen. So sehr es nun feststeht, dass Empirie, die den Sprachstoff ohne Berücksichtigung der historischen Entwickelung und ohne philosophische Einsicht handhabt, keine wissenschaftliche Bedeutung haben kann; so sehr es feststeht, dass die sogenannte philosophische Behandlung, die sich nur mit dem heutigen Sprachgebrauche, losgerissen von dem Grunde, aus dem er allmählich erwachsen ist, zu thun macht, oft den Schein statt des Wesens erfasst und den mannigfaltigsten Verirrungen ausgesetzt ist, so mussten doch alle diese Richtungen der Grammatik, eben weil sie vorhanden sind, durch Beispiele vertreten werden. Die Einwirkung der historischen Sprachforschung tritt in der 5. Ausgabe von Heyse's Grammatik [einem Standardwerk des 19. Jahrhunderts, D. Ch.], neu bearbeitet von seinem Sohne, am deutlichsten hervor und lässt hoffen, dass die bisherige Art, deutsche Sprachlehren zu schreiben, in verdienten Verruf kommen wird. [...].[57]

Für die Lexikographie werden Johann Leonhard Frischs und Johann Christoph Adelungs Vorarbeiten vom Anfang bzw. Ende des 18. Jahrhunderts verhalten positiv beurteilt, aber auch ihre Mängel in historischer Hinsicht betont und der im ganzen noch unzureichende Stand der historischen Lexikographie, die noch viele Lücken kenne, bedauert. Das Großunternehmen des *Deutschen Wörterbuchs*, dessen Publikationsbeginn (1852 bzw. 1854 ff.) Hoffmann ja noch miterlebt hat, konnte er sich 1836 offensichtlich noch nicht vorstellen. Bedeutsam erscheint schließlich, daß der Mundartforschung, die Hoffmann selbst betrieb und förderte, ein relativ großer Raum gewidmet ist, während Poetik und Prosodie sowie Hermeneutik und Kritik eher zu knappen Anhängen verkommen sind.

---

[57] Hoffmann (wie Anm. 54), S. XXX f.

4. Ausblick

In der Wissenschaftsgeschichte der Germanistik kann es nicht nur *eine* Deutung der Funktion Hoffmanns von Fallersleben geben, die als richtig oder gar endgültig anzunehmen wäre. Zu unterschiedlich sind die Aspekte der Persönlichkeit und des Herangehens an eine Figur, die auch nur zu einem bestimmten Teil der engeren Fachentwicklung zuzuordnen ist. Und Hoffmann selbst stand ja in einem ganzen Feld von sehr unterschiedlich gelagerten Bestrebungen, Konturen für sein Fach zu entwickeln, das es als Fach eigentlich noch nicht gab. Das erklärt, wie Meves glaubt,[58] möglicherweise auch das Zögern der Behörden, ein solches Fach an den Hochschulen und Schulen ausdrücklich einzurichten und auszubauen; nicht nur die Angst vor den politischen Folgen eines durch die Freiheitskriege zum Nationalismus erwachten, nach Einheit und Freiheit drängenden Volkes, das sich in diesem Fach in romantischer Weise wiederfinden konnte.

So konnte ich auch keinen „neuen" Hoffmann präsentieren; das meiste, worüber ich geprochen habe, dürfte den Kennern ohnehin bekannt sein. Neu kann bestenfalls die Zusammenstellung unterschiedlicher Aspekte oder eine angedeutete Bewertung sein. Sie muß notwendig anders ausfallen, wenn andere Maßstäbe angelegt werden. Das zeigte sich 1974 in der kritischen Phase der Germanistik bei Jörg Jochen Müller, wenn er Hoffmann nicht nur als Demokraten, sondern auch Repräsentanten einer sich ihrer gesellschaftlichen Grundlagen bewußten Frühgermanistik wiederentdeckte;[59] das zeigte sich schon in der Festrede Karl Hoppes von 1949,[60] als es darum ging, auf den Trümmern eines fragwürdigen völkischen Bewußtseins ein neues patriotisches und historisches Bewußtsein wieder aufzubauen; und es zeigt sich auch heute, wo wir uns stärker für die Kontinuitäten zum 18. Jahrhundert und die Varianten in der Wissenschaftsentwicklung der Frühphase der Germanistik interessieren, die durch die Selbstdarstellungen der Beteiligten und die Fremddarstellungen ihrer Nachfolger eher verstellt oder ausgeblendet wurden. Und das trifft auch für Hoffmanns von Fallersleben Aufzeichnungen und Erinnerungen zu, die letztlich über ein bestimmtes, von Jacob Grimm geprägtes Bild nicht hinauskommen.

Die Verengungen in der Entwicklung des Fachs in der zweiten Hälfte des 19. Jahrhunderts, über die schon gesprochen wurde, haben auch ein aufklärerisches Moment von Hoffmann nicht zum Zuge kommen lassen:

---

58 Vgl. Meves Untersuchung zur Einrichtung der ersten Professur für deutsche Sprache an der Berliner Universität 1810 (wie Anm. 18).
59 Müller (wie Anm. 3), S. 97 ff.
60 Hoppe (wie Anm. 52).

seine Vorstellung (oder soll ich eher sagen: seinen Traum?) von einer nicht mehr akademisch-elitären, sondern einer Wissenschaft, die allen Interessierten offen zugänglich und damit im wirklichen Leben durch Volksbildung verankert ist. Das findet sich schon 1819 im bereits zitierten Bonner Brief an Jacob Grimm:

> Nur dann erst wird ein schönes, vaterländisches Leben aufgehen. Der Gelehrte gehört dann nicht mehr wenigen Menschen an und seiner Bücherkammer, sondern seinen Zeitgenossen und einer fröhlichen Nachwelt. Das Volk aber wird, weil ihm die Schätze seiner Gelehrten, Sänger und Weisen offen stehen, leicht lernen, was zu seinem Nutz und Frommen, zu seiner Erquickung dienet.[61]

---

[61] Hoffmann von Fallersleben (wie Anm. 51), S. 27.

Hans-Joachim Behr

Eilige Philologie
Hoffmann von Fallersleben als Editor mittelalterlicher Texte

> *Von und aus.*
>
> Auf Burgen saßen Edelleute,
> Wo aber sind die Burgen heute?
> Es wohnt oft ohne Hab' und Gut
> Im Thale manches adlich Blut.
> [...]
> So bin auch ich *von* Fallersleben.
> Wer wird ein *aus* mir wiedergeben?
> Ich bin nur *von,* einst war ich *aus,*
> Jetzt hab' ich weder Hof noch Haus.[1]

Wenn man von den Niederlanden und Flandern absieht,[2] kennzeichnen diese beiden, zugegeben: ästhetisch nicht gerade besonders anspruchsvollen Strophen aus den *Unpolitischen Liedern*, mit denen Hoffmann sich offenbar genötigt sah, Mißverständnissen oder gar Anschuldigungen wegen eines von ihm okkupierten, ihm aber nicht zukommenden Adelsprädikates ent-

---

1 August Heinrich Hoffmann von Fallersleben: Unpolitische Lieder. 2 Bde. in 1 Bd. Hamburg 1840–41 (Nachdruck Hildesheim 1976). Hier Bd. 1, S. 35. Sperrung im Original. Da Hoffmann bei seinen Publikationen unterschiedliche Namensformen verwendete, wird die jeweils aktuelle genannt.

2 Diese andere Sicht ist vor allem das Verdienst von Peter H[ans] Nelde. – Vgl. Peter H. Nelde: Flandern in der Sicht Hoffmanns von Fallersleben. Eine Untersuchung im Rahmen deutsch-flämischer Beziehungen im 19. Jahrhundert. Wilrijk 1967 (Bibliotheca Belgica II); ders.: Deutsche Philologie und Flämische Bewegung. Hoffmanns von Fallersleben Beziehungen zu Flandern. In: Hoffmann von Fallersleben. Wollen – Wirken – Werke. Eine Gedenkschrift zum 100. Todestag des Dichters, Gelehrten und Sprachforschers am 19. Januar 1974. Hrsg. von der Hoffmann von Fallersleben-Gesellschaft e.V. Wolfsburg-Fallersleben 1974, S. 9–12; ders.: Versuch einer Völkerverständigung. Hoffmann von Fallersleben und Flandern. Wolfsburg 1979; ders.: Hoffmann von Fallersleben und die Anfänge einer westeuropäischen Germanistik. In: Ludwig M. Eichinger und Bernd Naumann (Hrsg.): Johann Andreas Schmeller und der Beginn der Germanistik. München 1988, S. 183–195.

gegenzutreten,[3] auf ihre Weise und mit fast schon tragischer Ironie die dem
Philologen Hoffmann von Fallersleben in der modernen Germanistik zu-
erkannte Bedeutung. Denn wer sich einmal die Mühe macht und die Register neuerer Handbücher und Literaturgeschichten auf seine Person hin
durchsieht, findet ihn fast immer erwähnt als den Verfasser des *Deutschlandliedes,* danach als (eher harmlosen) politischen Lyriker des Vormärz
und allenfalls noch als Dichter von Kinderliedern. Für das Mittelalter indes ist er kaum noch existent; allein Dieter Kartschoke nennt seinen Namen
im Zusammenhang mit dem *Merigarto,* dessen unhistorische Bezeichnung
er ihm (zu Recht) anlastet,[4] ohne aber gleichzeitig auf ihn als den Entdek-
ker des Textes hinzuweisen. Fidel Rädle ist da im *Verfasserlexikon* schon
genauer,[5] und auch Jan Goossens erwähnt ihn als Herausgeber des *Reynke de Vos.*[6] Aber das ist schon fast alles: Weder in den Artikeln zu Otfrid
von Weißenburg (Werner Schröder)[7] noch zum *Ludwigslied* (Wiebke Freytag)[8] wird seiner auch nur gedacht, obwohl Lachmanns vorangegangener
Rekonstruktionsversuch, der auf fehlerhaften Abschriften der in Valenciennes verschollen geglaubten Handschrift beruht,[9] gewissenhaft verzeichnet wird.[10] Zu Williram von Ebersberg liegt der entsprechende Artikel des
Verfasserlexikons noch nicht vor; in dem vergleichsweise herangezogenen
Literaturlexikon, das Walther Killy herausgegeben hat, taucht sein Name
im Parallelbeitrag von Gisela Vollmann-Profe fast schon erwartungsgemäß

---

3   Vgl. auch das in den *Unpolitischen Liedern* (wie Anm. 1) unmittelbar vorangehende
    Gedicht *Von* (Bd. 1, S. 34).
4   Dieter Kartschoke: Geschichte der deutschen Literatur im frühen Mittelalter. Mün-
    chen 1990 (Joachim Bumke/Thomas Cramer/Dieter Kartschoke: Geschichte der
    deutschen Literatur im Mittelalter. 3 Bde. dtv 4551– 4553), S. 262.
5   Fidel Rädle: Merigarto. In: Kurt Ruh [u. a.] (Hrsg.): Die deutsche Literatur des Mit-
    telalters. Verfasserlexikon. Zweite völlig neu bearbeitete Auflage. Bd. 6. Berlin, New
    York 1987, Sp. 403–406. Hier Sp. 403.
6   Jan Goossens: Reynke de Vos. In: Verfasserlexikon (wie Anm. 5). Bd. 8. Berlin, New
    York 1992, Sp. 12–20. Hier Sp. 13.
7   Werner Schröder: Otfrid von Weißenburg. In: Verfasserlexikon (wie Anm. 5). Bd.
    7. Berlin, New York 1989, Sp. 172–193.
8   Wiebke Freytag: Ludwigslied. In: Verfasserlexikon (wie Anm. 5). Bd. 5. Berlin, New
    York 1985, Sp. 1036–1039.
9   Laudes Ludovici regis de Carolo Lachmanno. In: Specimina Linguae Francicae in
    usum auditorum. Berolini 1825, S. 15–17. – Vgl. auch: Ernst Schade: Entdeckung
    und Bedeutung des althochdeutschen Ludwigsliedes. In: Wollen – Wirken – Werke
    (wie Anm. 2), S. 13–18. Hier S. 14.
10 Freytag, Ludwigslied (wie Anm. 8), Sp. 1036.

nicht auf.[11] Im gleichen Nachschlagewerk erfolgt noch eine zusätzliche Erwähnung durch Wolfgang Mieder im Zusammenhang mit der Sprichwortsammlung des Tunnicius, dem im *Verfasserlexikon,* entsprechend dessen Konzeption, kein Artikel gewidmet ist.[12]

Dabei hatte alles so hoffnungsvoll angefangen. Am 8. Januar 1821 entdeckte Hoffmann, damals knapp 23 Jahre alt, in der Universitätsbibliothek Bonn, wo er auf Vermittlung seines Lehrers Friedrich Gottlieb Welcker als Amanuensis, also eine Art wissenschaftliche Hilfskraft ohne Diplom, arbeitete, im Einband einer aus dem 15. Jahrhundert stammenden Papierhandschrift der *Summa Theologiae* des Thomas von Aquin drei Pergament-Doppelblätter, die Textpassagen aus Otfrids *Evangelienbuch* enthielten. Noch im April des gleichen Jahres hat er sie, ergänzt um den Psalmentext einer Trierer Handschrift, ein ihm überlassenes Fragment des *Renout van Montalbaen* und eine erste Übersicht über die mittelniederländische Dichtung, publiziert.[13] Zusammen mit den dazugehörigen Bruchstücken in Wolfenbüttel, Berlin und Krakau bilden sie den Codex discissus (D),[14] der zwar angesichts der einmaligen Überlieferungssituation des *Evangelienbuches* für die Textherstellung nur von untergeordneter Bedeutung ist, aber ein seltenes Zeugnis für die im 10. Jahrhundert an sich deutlich rückläufige Beschäftigung mit volkssprachiger Literatur darstellt. Trotzdem scheint Hoffmanns Lehrer Welcker, der neben seiner Professur für Klassische Philologie auch das Amt des Oberbibliothekars innehatte, über die Aktivitäten seines Schülers nicht allzu erbaut gewesen zu sein. So berichtete er im Rahmen seiner Mitteilungspflicht der vorgesetzten Behörde, die Fragmente seien von einem Assistenten entdeckt worden, „der als solcher nicht gera-

---

11 Gisela Vollmann-Profe: Williram von Ebersberg. In: Killy, Walther (Hrsg.): Literaturlexikon. Autoren und Werke deutscher Sprache. Bd. 12. Gütersloh, München 1992, S. 338 f. [Inzwischen ist der *Williram*-Artikel des Verfasserlexikons erschienen: Kurt Gärtner, Bd. 10, Sp. 1156–1170. Hoffmanns Name findet sich darin nicht. – Korrektur-Nachtrag Mai 1999].

12 Wolfgang Mieder: Tunnicius. In: Literaturlexikon (wie Anm. 11). Bd. 11. Gütersloh, München 1991, S. 455 f.

13 Heinrich Hoffmann (Hrsg.): Bonner Bruchstücke von Otfried nebst anderen deutschen Sprachdenkmälern. Bonn 1821. Die angeführten Fakten und Daten sind weitgehend Hoffmanns Vorrede zu seiner Otfrid-Publikation zu entnehmen, die einzusehen (wie zahlreiche andere Schriften auch) mir freundlicherweise die Hoffmann-von-Fallersleben-Gesellschaft gestattete. Vgl. auch Nelde, Flandern in der Sicht Hoffmanns (wie Anm. 2), S. 38 f.

14 Dazu Schröder, Otfrid (wie Anm. 7), Sp. 179; Otfrid von Weißenburg: Evangelienbuch. Auswahl. Althochdeutsch/Neuhochdeutsch, hrsg., übersetzt und kommentiert von Gisela Vollmann-Profe. Stuttgart 1987 (Reclams Universal-Bibliothek 8384), S. 254 f. (Nachwort).

de sehr viel leistete, aber für seine literarischen Zwecke die Bibliothek sehr fleißig durchstöberte".[15]

Allerdings dürfte es wohl kaum an Welckers kritischem Urteil gelegen haben, daß Hoffmann seinen Fund nicht weiterverfolgte, etwa durch Lesartenvergleich mit den Otfrid-Handschriften in Wien (V) und Heidelberg (P), von deren Existenz er durchaus wußte und aus denen er nur wenige Jahre später selbst Teile veröffentlichte.[16] Aber Suchleidenschaft, Entdeckerehrgeiz und der Drang zu schneller Publikation sind bekanntlich bis heute nur die *eine* Seite, harte Arbeit im Detail aber eine andere, und so dauerte es bis 1827, bis sich Hoffmann auf hartnäckiges Drängen Jacob Grimms dann doch zu dem notwendigen Lesartenvergleich entschloß. Doch jetzt war es zu spät: Ein Mitkonkurrent, der Berliner Germanist Eberhard Gottlieb Graff, der Editor der ersten wissenschaftlichen Otfrid-Ausgabe,[17] war mit seinen Kollationen schon so weit fortgeschritten, daß Hoffmann, als er mit Graff in der Wiener Hofbibliothek, der Vorgängerin der heutigen Österreichischen Nationalbibliothek, zusammentraf, den Plan zu einer Otfrid-Ausgabe aufgab und sich nur auf einige sprachwissenschaftliche Beobachtungen beschränkte.[18]

Es folgen weitere Textpublikationen resp. Mitteilungen aus Handschriften und Drucken:[19]

- 1825 ein lateinisch-deutsches Glossar,[20]
- 1826 eine Sammlung althochdeutscher Glossen unterschiedlichsten, vor allem geistlichen Inhalts, für die er in zahlreichen Bibliotheken von Paris bis Wien Handschriftenstudien betrieben hatte,[21]
- 1827 eine erstmals aus zwei Handschriften kollationierte Edition der frühmittelhochdeutschen *Hohelied*-Paraphrase des Ebersberger Abts

---

15 Zitiert nach Nelde, Flandern in der Sicht Hoffmanns (wie Anm. 2), S. 40.
16 So etwa das althochdeutsche *Georgslied*, das im Heidelberger Codex unmittelbar an Otfrid anschließt. In: Heinrich Hoffmann (Hrsg.): Fundgruben für Geschichte deutscher Sprache und Litteratur. I. Theil. Leipzig 1830, S. 10–14.
17 Eberhard Gottlieb Graff (Hrsg.): Krist. Das älteste, von Otfried im 9. Jahrhundert verfaßte, hochdeutsche Gedicht, nach den drei gleichzeitigen, zu Wien, München und Heidelberg befindlichen Handschriften. Königsberg 1831.
18 Abgedruckt in den Fundgruben I (wie Anm. 16), S. 38–47.
19 Die selbständigen Schriften sind weitgehend erfaßt in: Hilmar Schmuck und Willi Gorzny (Hrsg.): Gesamtverzeichnis des deutschsprachigen Schrifttums. 1700–1910. Bibliographische und redaktionelle Beratung: Hans Popst und Rainer Schöller. Bd. 63: Hoff–Hols. Nachdruck München, New York, London, Paris 1982, S. 205–209.
20 Glossarium vetus Latino-Germanicum e codice Trevirensi primum editum ab Augusto Henrico Hoffmann. Vratislavae 1825.
21 August Heinrich Hoffmann (Hrsg.): Althochdeutsche Glossen. Erste Sammlung, nebst einer litterarischen Übersicht althochdeutscher und altsächsischer Glossen. Breslau 1826.

Williram aus der ersten Hälfte des 11. Jahrhunderts, ergänzt um eine kommentierte Übersetzung des lateinischen Teils und um ein Wörterbuch,[22]

- 1830 der erste Band der *Fundgruben,* dem 1837 ein weiterer folgte,
- 1834 das von ihm in Prag entdeckte *Merigarto,* ein aus einem Pergament-Doppelblatt bestehendes Fragment einer anoymen Dichtung kosmographischen Inhalts, vermutlich aus dem letzten Drittel des 11. Jahrhunderts,[23] drei Jahre nach Erscheinen noch einmal abgedruckt im 2. Band der *Fundgruben,*[24]
- ebenfalls 1834 unter dem Titel *Sumerlaten* eine Sammlung alt- und mittelhochdeutscher Glossen aus den Beständen der Wiener Hofbibliothek,[25]
- 1844 eine recht willkürlich Zusammenstellung von Spruchdichtungstexten aus Drucken des 16. und 17. Jahrhunderts, die sich in der Universitätsbibliothek Breslau befanden,[26]
- 1852 eine Edition des 1498 in Lübeck gedruckten, nur in einem einzigen Exemplar in Wolfenbüttel vollständig erhaltenen mittelniederdeutschen Tierepos *Reynke de Vos,* dem wiederum ein Wörterbuch beigegeben war,[27]
- 1853 die neben dem lateinisch-deutschen Glossar von 1825 einzige Ausgabe eines lateinischen Textes, von Hoffmann als *Epistola Adami Balsamiensis ad Anselmum* deklariert,[28]
- 1860 die *Findlinge,* erneut eine recht heterogene Sammlung von Briefen, Liedern, Sprichwörtern und Gedichten mit dem Schwerpunkt in der Neuzeit, doch zahlreichen, wenn auch bunt gemischten, mittelalterlichen Einsprengseln,[29]

---

22 Heinrich Hoffmann (Hrsg.): Willirams Übersetzung und Auslegung des Hohenliedes in doppelten Texten aus der Breslauer und Leidener Handschrift. Hrsg. und mit einem vollständigen Wörterbuche versehen von H. H. Breslau 1827.

23 Hoffmann von Fallersleben (Hrsg.): Merigarto. Bruchstücke eines bisher unbekannten deutschen Gedichtes aus dem XI. Jahrhundert. Mit einem Facsimile. Prag 1834.

24 Fundgruben (wie Anm. 16). II. Theil. Breslau 1837, S. 1–8.

25 Hoffmann von Fallersleben (Hrsg.): Sumerlaten. Mittelhochdeutsche Glossen aus den Handschriften der k. k. Hofbibliothek zu Wien. Wien 1834.

26 Hoffmann von Fallersleben (Hrsg.): Spenden zur deutschen Literaturgeschichte. Leipzig 1844.

27 Hoffmann von Fallersleben (Hrsg.): Reineke Vos. Nach der Lübecker Ausgabe vom Jahre 1498. Mit Einleitung, Anmerkungen und Wörterbuch von H.v.F. 2. Ausgabe. 1. Abtheilung: Text. Breslau 1852.

28 Epistola Adami Balsamiensis ad Anselmum. Ex codice Coloniensi edidit Hoffmann Fallerslebensis. Neowidae, Colloniae Agrippinae, Hannoverae 1853.

29 Hoffmann von Fallersleben (Hrsg.): Findlinge. Zur Geschichte deutscher Sprache und Dichtung. Erster Band [mehr nicht erschienen]. Leipzig 1860.

– 1868 die Edition von Prolog und Epilog eines niederdeutschen *Aesop*
   nach einer Wolfenbütteler Handschrift des 15. Jahrhunderts,[30] genauer
   gesagt: der als *Wolfenbütteler Äsop* bekannten Reimpaarbearbeitung des
   Gerhard von Minden,
– 1870 eine Auswahl von 20 Fabeln der gleichen Handschrift,[31]
– und schließlich im selben Jahr eine Ausgabe der Anthologie nieder-
   deutsch-westfälischer Sprichwörter des Antonius Tun(n)icius (ca. 1470
   bis 1544) und ihrer vom Sammler selbst verfaßten lateinischen Hexa-
   meterübersetzungen.[32]

Alles in allem ist dies eine beeindruckende Liste von Publikationen, besonders, wenn man bedenkt, daß dabei die Editionen auf dem Gebiet der
niederländischen und flämischen Philologie ebensowenig berücksichtigt
sind wie Hoffmanns sonstige Forschungsarbeiten[33] oder seine eigene literarische Produktion. Aber sie zeigt auch deutlich seine Vorlieben und
Schwächen. Daß dabei das Lateinische keine besonderen Sympathien genießt und nicht mehr ist als eine für einen Philologen der damaligen Zeit
noch notwendige, aber lästige Pflichtaufgabe, war angesichts von Hoffmanns sonstigen kritischen Äußerungen über den Nutzen der Antike für
die Gegenwart zu erwarten gewesen, wenn er etwa in den *Unpolitischen
Liedern* unter dem Titel *Virtus philologica* schreibt:

> Was rühmt ihr doch an Rom und Griechenland
> Stets Freiheit, Tapferkeit und Vaterland?
> O wäret ihr nur Sklaven dort gewesen,
> Von eurem Rühmen wärt ihr längst genesen![34]

30 Hoffmann von Fallersleben: Aesopus in niederdeutschen Versen. In: Germania 13
    (1868), S. 469–478. Auch Sonderdruck Wien 1868.
31 Heinrich Hoffmann von Fallersleben (Hrsg.): Niederdeutscher Aesopus. Zwanzig
    Fabeln und Erzählungen aus einer Wolfenbütteler Handschrift des XV. Jahrhun-
    derts. Berlin 1870.
32 Hoffmann von Fallersleben (Hrsg.): Tunnicius. Die älteste niederdeutsche Sprich-
    wörtersammlung von Antonius Tunnicius gesammelt und in lateinische Verse über-
    setzt. Hrsg. mit hochdeutscher Übersetzung, Anmerkungen und Wörterbuch von
    H. v. F. Berlin 1870. Nachdruck Amsterdam 1967.
33 Hier wären vor allem zu nennen: Heinrich Hoffmann: Handschriftenkunde für
    Deutschland. Ein Leitfaden zu Vorlesungen. Breslau 1831; ders.: Geschichte des
    deutschen Kirchenliedes bis auf Luthers Zeit. Breslau 1832; ders.: Die deutsche
    Philologie im Grundriß. Ein Leitfaden zu Vorlesungen. Breslau 1836; ders.: In dul-
    ci iubilo – Nun singet und seid froh. Ein Beitrag zur Geschichte der deutschen Poesie.
    Hannover 1854, sowie die Namenbüchlein von Breslau (1843, 1845), Hannover
    (1852), Kassel (1863) und Braunschweig (1866).
34 Hoffmann von Fallersleben, Unpolitische Lieder (wie Anm. 1). Bd. 1, S. 131.

Was aber ist die Triebfeder von Hoffmanns wissenschaftlichem Ehrgeiz?
1855 hatte er in einer Art forschungsgeschichtlichem Resümee festgestellt:

> Die Jahre 1805 und 1806, die uns in politischer Beziehung nur die allertraurigsten
> Erinnerungen zurückließen, nichts als Niederlagen zu verkünden wissen, müssen
> wir begrüßen als Siegesjahre für die Belebung des vaterländischen Sinnes und die
> Reinerhaltung und Entwicklung unserer Volksthümlichkeit. Nach allen Seiten hin
> war große Thätigkeit, alle Regungen des deutschen Geistes zu verfolgen, die Denk-
> mäler der Sprache und Kunst zu retten, zu erhalten, dem Studium und Genusse
> zugänglich zu machen, und die betrübten Gemüther damit zu trösten, daran auf-
> zurichten und zu volksthümlichen Erzeugnissen in Kunst und Wissenschaft anzu-
> regen.[35]

Man sieht: Um die Mitte des 19. Jahrhunderts, also mehr als eine Generation nach den Anfängen der Germanistik, ist es möglich, die Leistungen
der Gründungsväter einer kritischen Revision zu unterziehen und dabei
gleichzeitig neue Akzente zu setzen. So kristallisiert sich bei Hoffmann sehr
schnell die Lexikographie als sein eigentlicher Forschungsschwerpunkt
heraus: Von seinen Textpublikationen zwischen 1821 und 1870 ist etwa die
Hälfte ganz oder teilweise wortschatzorientiert. Schon 1826 hatte er als
eines seiner wesentlichen Ziele formuliert,

> den ganzen Wortschatz der Sprache mit Hilfe der Grammatik nach seiner äusseren
> Gestalt übersichtlich zu gewinnen und die Bedeutung jedes Wortes und ihre allmäh-
> lige Beschränkung und Erweiterung, oder gänzliche Umwandlung bei möglichster
> Erschöpfung der vorhandenen Quellen geschichtlich festzustellen.[36]

Das erklärt die in seinen Publikationen immer wieder anzutreffenden dür-
ren Wortlisten, erklärt aber auch den unverhältnismäßig hohen Aufwand
beim Erstellen von Spezialwörterbüchern, sobald er einen neuen Text ediert.
Am deutlichsten wird dies am Beispiel der *Hohelied*-Paraphrase Willirams
von Ebersberg. Denn während er ausschließlich den frühmittelhochdeutschen Text abdruckt und auf den lateinischen ebenso verzichtet wie auf die
Lesarten anderer, ihm bekannter Handschriften, die nachgetragen werden
sollen, „wenn meine äussere Ruhe nicht so befehdet mehr ist, wie eben jetzt
und leider! wol noch längere Zeit",[37] hat er dem Wörterbuch viel Mühe
und Aufmerksamkeit gewidmet:

---

[35] August Heinrich Hoffmann: Zur Geschichte des Wunderhorns. In: Weimarisches
Jahrbuch für deutsche Sprache, Litteratur und Kunst 2 (1855), S. 261–282. Zitat
S. 261. Wieder abgedruckt in: Janota, Johannes (Hrsg.): Eine Wissenschaft etabliert
sich. 1810–1870. Tübingen 1980 (Texte zur Wissenschaftsgeschichte der Germanistik III), S. 61.

[36] Hoffmann, Althochdeutsche Glossen (wie Anm. 21), S. I.

[37] Hoffmann, Williram's Übersetzung und Auslegung des Hohenliedes (wie Anm. 22),
S. 8.

Nach einer fünfmaligen Abschrift, die zugleich jedesmal eine Umarbeitung war, gedieh es endlich so weit wie es jetzt vorliegt. Je grösser die Schwierigkeiten waren, bei einem solchen Wörterbuche das Rechte zu finden, um alle Ansprüche der Leser zu befriedigen, um so grösser ist der Dank [...].[38]

Auch ist bekannt, daß er von Fachkollegen für seine Glossen Wortlisten erbeten und auch erhalten hat.[39] Sollten aber diese nicht der erwarteten wissenschaftlichen Sorgfalt genügen, reagierte er darauf gleichermaßen beleidigt und beleidigend, wie in dem ebenso kuriosen wie peinlichen Streit mit Hans Ferdinand Maßmann, den er in seiner 1827 erschienenen Glossensammlung *Althochdeutsches aus Wolfenbütteler Handschriften* namentlich anprangerte, weil er dessen auf altdeutsch getrimmte Kurrentschrift nicht eindeutig entziffern konnte und sich deshalb eine weitere Abschrift aus Wolfenbüttel beschaffen mußte.[40]

Zu dem bemerkenswerten Interesse Hoffmanns am deutschen Wortschatz und dessen lexikographischer Erfassung, wozu auch Namen, Redensarten und Sprichwörter zu zählen sind, kommt der Drang nach schneller Publikation. Auch hierfür hat er ein einfaches Verfahren entwickelt, das sich recht gut an dem bisher nur beiläufig erwähnten, doch Hoffmanns Ruhm als Entdecker alter Handschriften besonders förderlichen *Ludwigslied* aufzeigen läßt – paradoxerweise, denn die Veröffentlichung seines Fundes hat er diesmal nicht selbst veranlaßt.[41] Genaugenommen ist es auch nur eine Wiederauffindung,[42] da der Text bereits seit dem Ende des 17. Jahrhunderts in einer allerdings sehr fehlerhaften Abschrift publiziert war. Sein Herausgeber, der Straßburger Gelehrte Johann Schilter, wußte um diese Mängel und wollte sie durch einen neuerlichen Vergleich mit dem Original beheben lassen, doch erwies sich dieser Plan als undurchführbar, da just zu dieser Zeit das Deckengewölbe der Klosterbibliothek von St. Amand, wo sich die Handschrift damals befand, nach einem Erdbeben eingestürzt war.[43]

---

38 Ebenda, S. 6.
39 So etwa von Jacob Grimm und Karl Lachmann. Vgl. Ingrid Heinrich-Jost: August Heinrich Hoffmann von Fallersleben. Berlin 1982 (Preußische Köpfe. Literatur. 10), S. 48.
40 Vgl. Joachim Burkhard Richter: Hans Ferdinand Maßmann. Altdeutscher Patriotismus im 19. Jahrhundert. Berlin, New York 1992 (Quellen und Forschungen zur Sprach- und Kulturgeschichte der germanischen Völker 224, N.F. 100), S. 216.
41 Text: Elnonensia. Monuments des langues romane et tudesque dans le IX. siècle, contenus dans un manuscrit de l'Abbaye de St. Amand, conservé à la Bibliothèque publique de Valenciennes, publiés par Hoffmann de Fallersleben, avec une traduction et des remarques par J[an] F[rans] Willems. Gand 1837.
42 Zum Folgenden insgesamt Schade, Ludwigslied (wie Anm. 9).
43 Vgl. dazu Julius Zacher: Zur Textkritik des Ludwigsliedes. In: Zeitschrift für deutsche Philologie 1 (1869), S. 473–489; Schade, Ludwigslied (wie Anm. 9), S. 13 f.

Jetzt, rund 140 Jahre später, war der Schaden behoben, und die einzelnen Codices befanden sich – sofern noch vorhanden – wieder an Ort und Stelle. Das wußte auch Hoffmann, hatte er sich doch kurz vorher selbst an dem offenbar allseits beliebten Philologenspiel beteiligt, den ursprünglichen Wortlaut des *Ludwigsliedes* zu rekonstruieren,[44] und so nützte er seine vierte Flandernreise im Jahr 1839 zu einem Abstecher nach Valenciennes, in der Hoffnung, die verschollene Handschrift wiederzufinden. Systematisch sah er dort Band für Band durch – und er hatte Glück: Bereits am Nachmittag des ersten Tages stieß er auf den gesuchten Codex.[45]

Im Prinzip ist es das gleiche Verfahren, das Hoffmann bei Veröffentlichungen aus Handschriften und Drucken anwendete. Von den sogar bei ihm seltenen Fällen gänzlich neu entdeckter Texte abgesehen, ging er im allgemeinen von bereits vorliegenden Editionen aus und kontrollierte sie direkt an den Überlieferungsträgern auf ihre Genauigkeit, wohl wissend, daß nicht einmal in zeitgenössischen Editionen alle Textzeugen von den Herausgebern persönlich eingesehen werden konnten; oft genug waren sie auf mehr oder weniger sorgfältige Abschriften von Fachkollegen, Bibliothekaren oder Handschriftenbesitzern, unter denen sich auch mancher wissenschaftliche Laie befand, angewiesen. Nicht einmal Karl Lachmann ist ohne derlei Fremdhilfe ausgekommen: Bei seiner Ausgabe des *Nibelungenliedes* etwa stützte er sich gleichermaßen auf eigene Studien, bereits vorhandene, von ihm nur selten auf Zuverlässigkeit hin überprüfte (und überprüfbare) Abdrucke oder auf Abschriften, wie im Fall des Fragments G aus der Feder des Freiherrn von Laßberg.[46] Selbst bei seinem wichtigsten Textzeugen, der Handschrift A, vermag er notwendige Kontrolldurchsichten und Nachbesserungen seiner Aufzeichnungen nicht mehr persönlich vorzunehmen, sondern muß sie dem Münchner Bibliothekar Bernhard Josef Docen anvertrauen.[47] Natürlich kannte Hoffmann diese Editionspraxis, nahm er doch selbst am „postalischen Informationstransfer" teil, und

---

44 Hoffmann, Fundgruben I (wie Anm. 16), S. 4–9. Frühere Rekonstruktionsversuche stammten von Bernhard Josef Docen: Lied eines fränkischen Dichters auf König Ludwig III., Ludwig des Stammlers Sohn, als selb er die Normannen im Jahr 881 besiegt hatte. Nach sieben früheren Abdrücken zum erstenmal strophisch eingetheilt, und an mehreren Stellen berichtigt. München 1813, und Karl Lachmann (wie Anm. 9).

45 So Schade, Ludwigslied (wie Anm. 9), S. 15; Nelde, Flandern in der Sicht Hoffmanns (wie Anm. 2), S. 46; Heinrich-Jost, Hoffmann von Fallersleben (wie Anm. 39), S. 65.

46 Vgl. Karl Lachmann (Hrsg.): Der Nibelunge Noth und die Klage. Nach der ältesten Überlieferung mit Bezeichnung des Unechten und mit den Abweichungen der gemeinen Lesart hrsg. von K. L. Berlin 1826. Hier benützt in der 3. Ausgabe. Berlin 1851, S. V–XI.

47 Ebenda, S. V f.

natürlich wußte er auch, daß solche „Fremdarbeiten" nicht immer mit der
nötigen Sorgfalt ausgeführt wurden, bzw. ältere Editionen oft daran krank-
ten, daß den Herausgebern das entsprechende kodikologische und paläo-
graphische Sachwissen für ihre Arbeit fehlte. Hier konnte er ansetzen, indem er den gedruckten Text mit seinen jeweiligen Überlieferungsträgern
verglich, Abweichungen und Lesefehler korrigierte, mitunter auch unles-
bar gewordene Passagen durch den Einsatz von Chemikalien kurzzeitig
wieder lesbar machte,[48] um ihn schließlich mit seinen Verbesserungen, oft-
mals ergänzt um einen knappen Kommentar und ein Wörterbuch, erneut
und unter seinem Namen zu publizieren. Auf diese Weise sind nicht nur
Willirams *Hohes Lied*, der *Reynke de Vos* und der *Niederdeutsche Äsop*
entstanden, sondern auch der weitaus größte Teil der in den *Fundgruben*
und *Findlingen* versammelten Abdrucke mittelalterlicher Texte, mögen
auch die Namen der Publikationsorgane Neuentdeckungen suggerieren.
Aber *Petruslied, Ludwigslied, Georgslied*, der *138. Psalm*, der *Althochdeutsche Physiologus*, Abschnitte aus *Kaiserchronik*, Lambrechts *Alexander*,
Rolandslied, König Rother, Graf Rudolf, Veldekes *Eneit*, dem *Herzog Ernst*
oder dem *Annolied*[49] sind ebensowenig Erstausgaben wie *Wiener Genesis*
und *Exodus*, der Baumgartenberger *Johannes Baptista* oder Priester Wern-
hers *Marienleben*, worauf Hoffmann bei jedem einzelnen Abdruck auch
immer wieder selbst hinweist. Kritische Textausgaben im Sinne Lachmanns
hat er somit keine geschaffen, obwohl er dessen Methode nicht nur kennt,
sondern auch ausdrücklich gutheißt, ohne allerdings zu bemerken, daß sie
auch seiner eigenen Editionspraxis im Grunde widerspricht:

> Die Sammler gaben sich nur selten die Mühe, den *wahren ursprünglichen* Text zu
> liefern, die Verfasser zu ermitteln und in zweifelhaften Fällen unter mehreren ver-
> meintlichen den wahren herauszufinden.[50]

Hoffmann hingegen veröffentlicht, was ihm der einzelne Textzeuge bietet, und selbst dann, wenn er wie in einigen seltenen Fällen Teile der Parallelüberlieferung mitberücksichtigt, strebt er eine textkritisch verbindliche
Ausgabe nicht an.

---

48 In seiner Autobiographie beschreibt Hoffmann, wie er mit verschiedenen Tinktu-
    ren, die ihm der Prager Apotheker Frey zubereitete, das *Merigarto*-Fragment wie-
    der lesbar machte. Vgl. August Heinrich Hoffmann von Fallersleben: Mein Leben.
    Bd. 2. Hannover 1868, S. 235. Allerdings hat der Einsatz der Chemikalien dazu
    geführt, daß die Handschrift heute über weite Strecken nicht mehr zu entziffern ist.
49 Alle diese Texte sind abgedruckt in Hoffmann, Fundgruben I (wie Anm. 16), die
    nachfolgenden in Hoffmann, Fundgruben II (wie Anm. 24).
50 Hoffmann, Philologie im Grundriß (wie Anm. 33), S. XIV. Hervorhebung im Ori-
    ginal.

Daher verwundert es nicht, daß er trotz dieser intensiven Beschäftigung mit Handschriften und frühen Drucken bei seinen Fachkollegen nicht eben den Ruf eines sorgfältig und gewissenhaft arbeitenden Philologen hatte. Wieder ist dafür das *Ludwigslied* recht aufschlußreich. Denn entgegen der Erwartung, daß ein streng nach der Handschrift kontrollierter und verbesserter Text nun allen Spekulationen über dessen ursprünglichen Wortlaut ein Ende setzen würde, geriet stattdessen die Abschrift in Mißkredit, d. h. die Zweifel am Überlieferungsbefund hielten an, so daß sich schon gut drei Jahrzehnte später Julius Zacher veranlaßt sah, das *Ludwigslied* auf der Grundlage einer neuen, unabhängigen Abschrift nochmals herauszugeben.[51] Erst Untersuchungen aus unserer Zeit haben gezeigt, daß Hoffmanns Text besser ist als sein Ruf.[52]

Trotzdem: Die Kritik an seiner Arbeitsweise ist nicht zu überhören, und sie scheint – wie er in gewisser Weise selbst einräumt – auch nicht unberechtigt zu sein. So hatte schon Jacob Grimm bei seiner ersten größeren Publikation, dem 1825 erschienenen lateinisch-deutschen Glossar, eingewandt:

> Mehreres hätten Sie bei wiederholter durcharbeitung, denn das merke ich wohl, daß an dies glossar noch nicht die letzte Hand gelegt war, ohne zweifel selbst wahrgenommen. Nehmen Sie aber nichts geradezu an, sondern prüfen Sie erst eigens.[53]

Noch deutlicher wird er in einem Brief an den holländischen Juristen Hendrik Willem Tydeman, einen gemeinsamen Bekannten, dem gegenüber er Hoffmann als einen „wohlmeinende[n], eifrige[n] junge[n] Mann" charakterisiert, „der aber zu viel unter einander treibt und das meiste so schnell wieder fahren lässt, als ers ergriffen hatte. Ändert er sich nicht, so kann er schwerlich tüchtiges leisten."

Dabei stand ihm Jacob Grimm, sieht man von der zeitweiligen Verstimmung im Jahr 1844 ab, als der in Breslau entlassene Hoffmann einen Fackelzug zu Wilhelm Grimms Geburtstag politisch und persönlich zur Selbstdarstellung instrumentalisierte,[54] noch recht freundschaftlich und wohlwollend gegenüber. Andere urteilten härter, wie zum Beispiel Karl Lachmann, der ohnehin nicht für besonders einfühlsame und schonende

---

51 Julius Zacher: Der handschriftliche Text des Ludwigsliedes nach neuer Abschrift des Herrn W. Arndt. In: Zeitschrift für deutsche Philologie 3 (1871), S. 307–313.

52 Dazu Rosemary Combridge: Zur Handschrift des Ludwigslieds. In: Zeitschrift für deutsches Altertum und deutsche Literatur 97 (1968), S. 33–37.

53 Dieses und das folgende Zitat sind übernommen von Nelde, Flandern in der Sicht Hoffmanns (wie Anm. 2), S. 88.

54 Vgl. dazu Nelde, Flandern in der Sicht Hoffmanns (wie Anm. 2), S. 47; mit anderer Bewertung, Heinrich-Jost, Hoffmann von Fallersleben (wie Anm. 39), S. 98 f.

Kritik bekannt war, als er Hoffmanns Ausgabe des *Wessobrunner Gebetes*
brieflich niedermachte: „Ich bedaure nur, daß Kosten an den Druck gewandt sind, der niemand weder erfreulich noch nützlich sein kann und Sie
nur Anfechtungen aussetzt."[55]

Mögen auch in dem einen oder anderen Falle persönliche Animositäten
eine zusätzliche Rolle gespielt haben, wie etwa in dem schon angesproche-
nen Streit mit Hans Ferdinand Maßmann, als dieser Hoffmanns Vorwurf,
seine (Maßmanns) Veröffentlichungen wimmelten nur so von Druck-
fehlern, damit konterte, daß sich bei Hoffmann zwar keine Druckfehler
fänden, dafür aber „Lesefehler, was schlimmer ist",[56] so konvergiert alle
Kritik im Vorwurf ungenauer, weil flüchtiger Arbeitsweise, die nur am ra-
schen publizistischen Erfolg orientiert ist und das harte Schwarzbrot de-
taillierter philologischer Untersuchung nur allzugerne anderen überläßt.
Im Grunde ist das der gleiche Einwand, den, wenn auch ohne Erfolg, da
Hoffmann direkt im Ministerium intervenierte,[57] schon die Philosophische
Fakultät der Universität Breslau gegen seine Berufung zum Professor vor-
gebracht hatte:

> Den hiesigen Bibliotheks-Custos Dr. Hoffmann hält die hiesige philosophische Fa-
> kultät zu dieser Lehrstelle gar nicht geeignet und zwar notorisch mit vollem Recht,
> denn er hat weder den hierzu nötigen, tief eindringenden philosophischen Geist,
> noch die ernste Studien-Assiduität, noch Vorlesungs-Gabe.[58]

Ob die ihm hiermit abgesprochene fachliche und pädagogische Eignung
den Tatsachen entsprach oder Resultat gegen ihn gerichteter Intrigen war,
sei dahingestellt, der Vorwurf der mangelnden „Studien-Assiduität", das
heißt, der Unfähigkeit, einem Problem hartnäckig und konsequent bis zu
dessen Lösung nachzugehen und sich nicht vorschnell mit Scheinergebnis-
sen zufrieden zu geben, ist nicht gänzlich aus der Luft gegriffen. Hoffmann
bestätigt dies in gewisser Weise selbst, wenn er im Vorwort zu seiner Tun-
nicius-Ausgabe gegen seine Kritiker polemisiert:

> Die deutsche Philologie hat leider seit vielen Jahren eine Richtung genommen, die
> an Kleinigkeitskrämerei und Nergelei der classischen schon nichts mehr nachgibt
> [...] Und da mag man es machen wie man will: giebt man einen getreuen Abdruck
> des Originals, so heißt es: es ist von Seiten des Herausgebers nichts für das Verständ-
> niß geschehen, alle schlechten Schreibungen des Originals, alle Druckfehler finden
> sich hier wieder. Beseitigt man aber diese Dinge, fügt Interpunction und Anmer-
> kungen, Worterklärungen und dgl. hinzu, dann heißt es: sehr tadelnswerth ist es,
> daß der Hr. Herausgeber den Text nicht treu wiedergegeben hat [...] Einige dieser

---

55 Zitat nach Nelde, Flandern in der Sicht Hoffmanns (wie Anm. 2), S. 89.
56 Richter, Hans Ferdinand Maßmann (wie Anm. 40), S. 217.
57 Heinrich-Jost, Hoffmann von Fallersleben (wie Anm. 39), S. 52 f.
58 Ebenda, S. 52.

> Herren Klügel halten dann diese Dinge [gemeint ist das Auflisten von Druck- und Lesefehlern, H.-J.B.] für so wichtig, daß sie einigen Lesarten zu Liebe das Ganze neu herausgeben und glauben, der Wissenschaft einen großen Dienst erwiesen zu haben, während sie doch eigentlich nur Anderen den Markt verdarben.[59]

Das Zitat ist in mehrfacher Hinsicht aufschlußreich. Denn einerseits kritisiert es genau jene Editionspraxis, die Hoffmann immer wieder selbst an den Tag gelegt hat, andererseits zeugt es von erstaunlicher methodischer Hilflosigkeit. Im Erscheinungsjahr des Tunnicius (1870), mithin 19 Jahre nach Lachmanns Tod, zeigt es einen Forscher, der gewissermaßen den Anschluß verpaßt hat, während Lachmanns Textphilologie schulbildend wirkt und dazu beiträgt, daß die junge Wissenschaft der Germanistik sich auf Kosten ihrer früheren Popularität bei nahezu allen gebildeten Schichten des Landes mehr und mehr als Hochschulfach etabliert. Für die Herausgabe eines Textes gelten nun strenge Regeln: Erwartet wird die wissenschaftlich verbindliche Edition, die den Anspruch erhebt, dem „Dichter-Original" inhaltlich, sprachlich und formal möglichst nahezukommen, und das ebenso unter Einbeziehung der Parallelüberlieferung wie der unterschiedlichen Gewichtung von Lesarten nach Autor oder Schreiber. Rasche Publikationen, die nur den Wortlaut einer einzelnen Handschrift wiedergeben, sind nicht mehr gefragt, und Personen, die diesen Kurswechsel in der Germanistik nicht mitmachen, werden bei allen Verdiensten, die sie sonst haben mögen, zu Außenseitern, zu Randerscheinungen. Das gilt für den auf seine Weise verdienstvollen Karl Simrock, das gilt aber auch für seinen Zeitgenossen Hoffmann von Fallersleben. Da bleibt schließlich nur noch der Spott, mit dem Hoffmann auch früher schon in den *Unpolitischen Liedern* seine wissenschaftlichen Kontrahenten, „Die jungen Litterarhistoriker", behandelt hatte:

> Känntet ihr doch nur
> Unsre Sprach' und Gedichte,
> Unserer Litteratur
> Tausendjähr'ge Geschichte!
>
> O so schwiegt ihr nur,
> All' ihr Pfuscher und Hudler,
> Unserer Litteratur
> Allzeitfertige Sudler![60]

---

59 Hoffmann von Fallersleben, Tunnicius (wie Anm. 32), S. 9.
60 Hoffmann von Fallersleben, Unpolitische Lieder (wie Anm. 1). Bd. 1, S. 120.

Otto Holzapfel

Hoffmann von Fallersleben und der Beginn kritischer Volksliedforschung in Deutschland

Hier sollen nur zwei Publikationen aus dem gesamten Schaffen und Wirken von Hoffmann von Fallersleben herausgegriffen werden: einerseits *Unsere volksthümlichen Lieder* von 1857[1] und andererseits die *Schlesischen Volkslieder* von 1842.[2] Das scheint wenig, um etwas über Hoffmann und die Volksliedforschung in Deutschland sagen zu können, denn z. B. seine Edition des *Antwerpener Liederbuchs vom Jahre 1544*[3] hatte ebenso nachhaltige Wirkung auf die Volksliedforschung in Deutschland wie seine Arbeiten über das Kirchenlied. Auch die regionale Anbindung an Schlesien ist in dieser Hinsicht zu einseitig betont worden. Um es aber gleich zu sagen: Hoffmann hat nicht nur in der volkskundlichen Forschung für Schlesien mit der bahnbrechenden Edition von 1842 einen festen, wissenschaftsgeschichtlich fundierten Platz.[4] Überraschende Neuigkeiten können hier allerdings nicht verbreitet werden, aber es kann doch auf einige Punkte aufmerksam gemacht werden, die Hoffmann zu einer Schlüsselfigur für die Volksliedforschung in Deutschland und über das deutschsprachige Volkslied gemacht haben (z. B. seine großen und grundlegenden Verdienste um das niederländisch-flämische Volkslied klammern wir also aus).[5]

1   [August Heinrich Hoffmann von Fallersleben:] Unsere volksthümlichen Lieder. In: Weimarisches Jahrbuch für deutsche Sprache, Literatur und Kunst 6 (1857), S. 84–215; in der 4. Auflage dann als Buch bearbeitet von Karl Hermann Prahl. Leipzig 1900.

2   August Heinrich Hoffmann von Fallersleben und Ernst Richter: Schlesische Volkslieder mit Melodien. Aus dem Munde des Volks gesammelt. Leipzig 1842.

3   Horae Belgicae. P. XI. Hannover 1855.

4   Vgl. zuletzt Brigitte Bönisch-Brednich: Volkskundliche Forschung in Schlesien. Eine Wissenschaftsgeschichte. Marburg 1994 (Schriften der Kommission für deutsche und osteuropäische Volkskunde […] 68).

5   Wilhelm Schoof: Hoffmann von Fallersleben und die holländische Volksliedforschung. In: Zeitschrift für Volkskunde 52 (1955), S. 274–275, gibt sehr kurz einige allgemeine Hinweise, die wenig aussagen. Schoof muß sich übrigens in der Grimm-Forschung ebenfalls Kritik gefallen lassen; vgl. Klaus von See: Die Göttinger Sieben. Kritik einer Legende. Heidelberg 1997 (Beiträge zur neueren Literaturgeschichte. Dritte Folge 155).

Hoffmann ist ebenfalls für den engeren Bereich des Volksliedes selbst
ein durchaus geläufiger Name, und zwar in mehrfacher Hinsicht, wofür
wir hier nur einige Belege anführen. Man begegnet Hoffmann etwa als dem
Verfasser des populären Kinderliedes *Alle Vögel sind schon da* von 1835
(gedruckt 1843). Dieses Lied ist zugleich ein typisches Beispiel für die Einseitigkeit der älteren Volkslied- und Kinderliedforschung, die sich um solche Texte in der Regel nicht kümmerte. Man suchte nach dem „Uralten"
und dem „Überlieferten", man vernachlässigte dabei sowohl die Gegenwart als auch die gängige Liedüberlieferung, die zwischen „alt" und „neu"
nicht unterscheidet. Das Deutsche Volksliedarchiv (DVA) in Freiburg i. Br.[6]
kennt in seiner reichen Dokumentation von *Alle Vögel sind schon da* zur
Zeit nur zwei [!] Aufzeichnungen aus mündlicher Überlieferung. An diesem Lied ist die herkömmliche Feldforschung vorbeigegangen. Daneben
notiert wurden allerdings eine ganze Reihe von Parodien (zumeist aus neuerer Zeit, z. B. „Alle Nazis sind schon da", 1948; „Alle Räder sind schon
da" als Fahrradreklame, 1980; „Alle Klone sind schon da", aus einem Zei-
tungsbericht über die Gentechnik, 1986 usw.).

Ähnliches könnte man von dem Kinderlied *Ein Männlein steht im Walde*
berichten, das Hoffmann ebenfalls verfaßte; es spiegelt die Rätselfrage nach
der Hagebutte, nicht nach dem Fliegenpilz, wie gemeinhin angenommen
(und höchstens dieses „gravierende" Problem beschäftigt ab und zu die Hei-
matforscher). Wenn schon solche Lieder Hoffmanns hinsichtlich ihrer populären Rezeption unzureichend dokumentiert sind, so gilt das erst recht
für Hoffmanns übrige Liedtexte, einschließlich jener in den *Unpolitischen
Liedern* von 1840.[7] Diese Sammlung wurde zwar vielfach gekauft (und dann
von der Zensur verboten), aber erfolgreiche Textdichter des Vormärz waren wohl eher andere. Es gibt eine Ausnahme: *Deutschland, Deutschland
über alles* […].

Das *Deutschlandlied* war und ist Gegenstand der traditionellen Volksliedforschung, z. B. in den Formen seiner Rezeption, seiner Akzeptanz als
Hymne und in seinen Parodien, die ebenso Aneignung wie Ablehnung spiegeln (vgl. hierzu in diesem Band den Beitrag von Eberhard Rohse). Die Daten zu Text und Melodie sind bekannt, oft gedruckt und vielfach diskutiert;
zuletzt hat F. Gunther Eyck 1996 die wesentlichen Fakten korrekt referiert.[8]
Informationen dazu sollten heutigen Vorstellungen entsprechen: 1841, als
Hoffmann *Deutschland, Deutschland über alles* dichtete, gab es nicht *ein*

---

6 Vgl. Otto Holzapfel: Das Deutsche Volksliedarchiv Freiburg i. Br. Bern 1989. 2. Aufl.
   1993 (Studien zur Volksliedforschung 3).
7 Unpolitische Lieder von Hoffmann von Fallersleben [1. Bd.]. Hamburg 1840.
8 F. Gunther Eyck: The Voice of Nations. European National Anthems and Their
   Authors. London 1996. – Über das *Deutschlandlied* S. 163–179.

„Deutschland", sondern 39 unterschiedliche Kleinstaaten. Hoffmanns Geburtsort Fallersleben war mit Hannover sozusagen „englisch". Das Bindeglied war für den Philologen Hoffmann vor allem die Sprache; daher wohl auch die ominöse Grenzziehung der Hymne zwischen Maas, Memel, Belt und Etsch. Auch „… über alles in der Welt", oft ge- und mißdeutet, steht als Schlagwort in der Tradition ähnlicher patriotischer Preisliedtexte seit dem 17. Jahrhundert (mit Vorläufern bis Walther von der Vogelweide; vgl. den Beitrag von Horst Brunner in diesem Band). Politisch gesehen und im Vergleich mit den großen Nachbarstaaten, so kann man argumentieren, hatte Deutschland um 1840 sogar eher ein Defizit an „Nationalismus".[9]

Allerdings teilt Hoffmann den bösen Franzosenhaß seiner Zeit, aber sein Lied steht grundsätzlich in demokratischer Tradition, wie wir gelernt haben, und Hoffmann selbst litt unter politischer Verfolgung. Er engagierte sich, wie wir wissen, 1848/49 jedoch nicht, sondern zog sich ab 1860 in das ruhige Dasein eines Bibliothekars zurück. Das Deutsche Reich von 1871 begrüßte er, aber andere Texte wurden offizielle Hymnen. 1914 war es die begeisterte, politisch fehlgeleitete Jugend, die (angeblich) sein Lied auf dem Schlachtfeld von Langemarck sang. Wir wissen inzwischen, daß das eine historische Legende seit den 1920er Jahren ist.[10] Aber gerade das, Rezeptionsgeschichte, interessiert die Volksliedforschung.

Neu im umfangreichen Dokumentationsmaterial des DVA ist eine Variante aus dem handschriftlichen Liederbuch einer Bäuerin, die um 1815 im Schwarzwald zur Welt kam und wohl 1897 in Goldingen (St. Gallen/ Schweiz) gestorben ist.[11] Das Liederbuch enthält daneben noch eine ganze Reihe von anderen patriotischen Liedern aus der Schweiz.

---

9 Darüber kann man sicherlich unterschiedlicher Meinung sein. Jacob Grimm sah ebenfalls in der Sprache das Bindeglied – „ein volk ist ein inbegriff von menschen, welche dieselbe sprache reden" (auf der Frankfurter Germanistenversammlung 1848) –, aber für Jacob Grimm war die angeblich gemeinsame Sprache 1848 Anlaß, Elsaß-Lothringen, Schweiz, Belgien, Holland und das dänische Jütland annektieren zu wollen; vgl. von See: Die Göttinger Sieben (wie Anm. 5), S. 83.

10 Langemarck: Dafür habe auch ich bisher keine authentische Quelle finden können. Die zeitgenössische Berichterstattung z. B. in der *Illustrirten Zeitung* geht auffälligerweise auf irgendetwas in dieser Richtung überhaupt nicht ein. Hier handelt es sich ebenfalls um eine Geschichtslegende, wie sie Klaus von See über die „Göttinger Sieben" entlarvt hat; vgl. von See: Die Göttinger Sieben (wie Anm. 5), besonders S. 62, und ders.: Edda, Saga, Skaldendichtung. Aufsätze zur skandinavischen Literatur des Mittelalters. Heidelberg 1981 (= Nachdruck eines Aufsatzes aus der Germanisch-Romanischen Monatsschrift 57 [1976], S. 1–13), bes. S. 265–267.

11 Vgl. (auch zu den folgenden Angaben und mit weiteren Hinweisen) Otto Holzapfel: „Deutschland, Deutschland über Alles". Problemen in de omgang met de Duitse nationale hymne. In: Louis Peter Grijp: Nationale Hymnen. Het Wilhelmus en zijn buren. Amsterdam 1998, S. 184–197.

1. Heimath, Heimath über Alles, über Alles in der Welt/ wenn sie stets zu Schutz und Truze [!] brüderlich zusammen hält, / dir nur schlagen unsre Herzen, du allein bist unsre Welt,/ Heimath Heimath über Alles über alles in der Welt. – 2. Schweizerherzen, Schweizertreue, Schweizer biederkeit [!] und Sang/ sollen in der Welt behalten ihren alten guten Klang […] – 3. Einigkeit und Recht und Freiheit, für das Schweizervaterland [!], darnach laßt uns alle streben, brüderlich mit Herz u. Hand […].

Heimat, Heimat über Alles […][12] wurde abgedruckt in der *Sammlung von Volksgesängen* von Ignaz Heim (Zürich 1870) und dort Hoffmann von Fallersleben zugeschrieben. Im Taschenliederbuch *Alpenröschen* (Bern 1877) steht in der zweiten Strophe „Schweizer-Frauen, Schweizertreue, Schweizer-Wein und Schweizer-Sang […]". Eine spätere, undatierte 32. Auflage von Heim druckt nur die Str. 1 und 3 und läßt die zweite Str. weg. Die Fassung aus dem *Alpenröschen* wurde ebenfalls in Basel 1888 und in Luzern 1892 abgedruckt. In der 94. Ausgabe des *Heim* (Zürich 1893) steht diese „Schweizerfrauen-Fassung", die sich offenbar durchgesetzt hat und als deren Dichter weiterhin Hoffmann von Fallersleben angegeben wird.

Wir wissen auch aus anderen Zusammenhängen von der Schweizer Fassung des Deutschlandliedes. In der *Prenzlauer Zeitung* vom 20. August 1873 (und ähnlich in der *Westfälischen Zeitung* vom 28. August 1873) steht ein Artikel über einen „Lieder-Fälscher".[13] Der Beitrag ist anonym, aber sicherlich von Hoffmann veranlaßt (wenn nicht gar von ihm selbst verfaßt). Dort steht, daß Heim, „Musikdirector in Zürich", die „beispiellose Frechheit" gehabt hätte, *Deutschland, Deutschland über Alles* zu einem schweizerischen Lied zu machen. Verwiesen wird auf Heims *Sammlung von Volksgesängen für den Männerchor* in der 17. Ausgabe von 1867. Heinrich Gerstenberg schrieb, wie Hoffmannn „mit gerechtem Zorne" erfüllt und „entrüstet" war, daß sein Text derart „verballhornt" wurde.[14] Nun ist das Parodieverfahren auch ein Zeichen dafür, daß das Lied zu seiner Zeit besonders populär war. „Parodie" ist im wissenschaftlichen Sinn auch ein neutraler Begriff für bewußte Textveränderung, und zwar nicht nur in spottender Weise, sondern auch durchaus mit ernstgemeinten Zielen, wie das bei Heim der Fall war (in der 78. Auflage des *Heim* für gemischten Chor steht übrigens *„nach* Hoffmann").

Es gibt Parodien, die ähnlich der Schweizer Fassung positive Assoziationen zum Vaterland und zu patriotischen Gefühlen wecken sollen. So

---

12 Dank für Hinweise an Herrn Christian Schmid, Adliswil (Schweiz).
13 Dank für diese Hinweise an Frau Brigitte Blankenburg von der Hoffmann-von-Fallersleben-Gesellschaft, Schloß Fallersleben (Wolfsburg).
14 Heinrich Gerstenberg (Hrsg.): August Heinrich Hoffmann von Fallersleben: Mein Leben. Gesammelte Werke, Bd. 8. Berlin 1892, S. 370–383.

wurde z. B. im Ersten Weltkrieg 1918, gegen Ende des Krieges gesungen: „[…] Deutschland durch Verrat und Lüge,/ nicht durch Feindes Macht gefällt!/ Von der Maas bis an die Memel einst dem Kaiser treu und Gott,/ liegst Du wehrlos jetzt und ehrlos, jedem Gegner leicht zum Spott!" Nach dem Zweiten Weltkrieg sang man in Berlin „Deutschland, Deutschland über alles/ und im Unglück nun erst recht […]",[15] und unter dem Eindruck der Terroristen-Anschläge dichtete jemand 1977 einen Text „[…] Vaterland, das seine Hände/ über unserm Schicksal hält,/ allen drohenden Gewalten/ schützend sich entgegenstellt […]". In anderen Parodien reagierte man Ärger und Enttäuschung ab, aber auch seinen Unmut über allzu übersteigerte „vaterländische" Gefühle: „Deutschland, Deutschland unter Alles,/ unter Alles in der Welt,/ alle sind wir falsche Schurken/ von der Etsch bis an den Belt" (1919) oder: „Deutschland, Deutschland, schwer im Dalles,/ Schwer im Dalles in der Welt,/ Wenn die Marmelad' nit alles/ brüderlich zusammenhält"[16] bzw. „Deutschland, Deutschland, ohne alles,/ ohne Butter, ohne Speck,/ und das bißchen Marmelade/ frißt uns die Verwaltung weg".[17]

Das ist eher der Ton und der respektlose Umgang mit der Hymne, den wir in der Regel mit dem Begriff Parodie verbinden, und mit diesem oft auch ironischen Ton „lebt" das Deutschlandlied (auch die erste Strophe!) weiter bis in die Gegenwart. Aber die Assoziationen bleiben trotzdem widersprüchlich, und die Belege müssen in ihrem jeweiligen Kontext verstanden und interpretiert werden. „Mazda, Mazda über alles!" etwa wird als Auto-Reklame in einer dänischen Zeitung 1995 verwendet. Vom eher lockeren Umgang mit der Hymne zeugen Belege wie: „Becker, Becker über alles, über alles in der Welt" auf den Tennisstar (1985). In einer Anzeige, die Vorurteilen gegen die Europäische Union entgegenwirken sollte, heißt es 1978 „Deutschmark, Deutschmark über alles […]".

Das alles soll uns hier nicht beschäftigen. Uns geht es um einen anderen Aspekt, nämlich um Hoffmann von Fallersleben (1798–1874) als den vielfältigen Gelehrten und Anreger für die Volksliedforschung in Deutschland, ja als einen der „Väter" dieser relativ jungen wissenschaftlichen Disziplin. Natürlich sieht man heute und im Abstand eines Jahrhunderts manches etwas anders, aber z. B. das umfangreiche Register, das der Dichter als *Unsere volksthümlichen Lieder* 1857 veröffentlichte, gilt mit Recht als Vorläufer für John Meiers *Kunstlieder im Volksmunde* von 1906 und da

15 Vgl. Deutsche Soldaten- und Marschlieder [Stahlhelm]. Großenhain 1932, Nr. 10, Str. 4, und: Scharnhorst-Lieder. O. O. u. J., S. 2, Str. 4.
16 Vgl. Monika Sperr: Schlager. München 1978, S. 39.
17 Undatiert, nach 1945. – Spontan erinnerten sich während des Kolloquiumsvortrags die Zuhörer an diesen Vers; in der letzten Zeile fakultativ dann „die Besatzung", „die Partei" und ähnliches.

mit als wichtiger Schritt zu einer modernen, kritischen Volksliedforschung überhaupt.[18] Damals, 1857, kam dieses Verzeichnis in dem von Hoffmann und Oskar Schade herausgegebenen *Weimarischen Jahrbuch*[19] eher bescheiden daher (z. B. ohne Nennung des Namens in dem von Hoffmann edierten ersten Heft; Hoffmann war seit 1854 in Weimar). Im nachhinein muß diese Zusammenstellung als eine höchst wichtige Leistung kritischer Volksliedforschung gewertet werden, die aber erst fünfzig Jahre später eigentliche Früchte trug (nach der vierten Auflage, 1900, im folgenden zitiert als: Hoffmann/Prahl).

John Meier (1864–1953), Germanist, Volkskundler und Volksliedforscher, stellte nämlich die traditionelle Forderung, die bis um 1900, und vielfach weiterhin, als selbstverständlich galt, das Volkslied solle „seinem Wesen nach" anonym sein, auf den Kopf. Bestimmend sei die Rezeption eines Liedtextes, nicht sein möglicher Ursprung. „Kunstlieder im Volksmunde" (so der Titel von Meiers Buch, 1906), d. h. populär gewordene Lieder mit literarischer Vorlage, eben „volkstümliche Lieder", wurden zu einem der umfangreichsten Bereiche in der Dokumentation des deutschen Volksliedes überhaupt, und es ist weiterhin ein wichtiges Ordnungskriterium für das von Meier 1914 gegründete „Deutsche Volksliedarchiv" (DVA) in Freiburg.[20]

Hoffmann ging allerdings nicht wie später John Meier von dem tatsächlich überlieferten Lied aus, z. B. von den Liedern, die er in Verbindung mit den *Schlesischen Volksliedern* zusammengetragen hatte, sondern er ging von den Dichtungen aus, die seit dem „Göttinger Hainbund" und den Musenalmanachen, seit etwa 1770 also, dem „Geschmack des Volkes entgegen" kamen.[21] Diese populär gewordenen Texte „verdrängten nicht die Volkslieder", wie er sagte, sondern ergänzten sie.[22] In einem patriotischen Sinne nannte Hoffmann diese jungen Texte „die eigentliche neuere *Volks*litteratur, denn von aller deutschen Dichtung sind nur sie ins ganze Volk gedrungen und sein wirkliches Eigenthum geworden".[23] Erst fünfzig Jahre später wurde dann mit Meiers Ansatz radikal die künstliche Trennung zwischen „Volkslied" und „volkstümlichen Lied" ad acta gelegt. „Populär gewordenes Lied" definiert sich seither nicht von seinem angeblichen Ursprung her,

---

18 Vgl. Waltraud Linder-Beroud: Von der Mündlichkeit zur Schriftlichkeit? Untersuchungen zur Interdependenz von Individualdichtung und Kollektivlied. Frankfurt/Main 1989 (Artes Populares 18).
19 Unsere volksthümlichen Lieder (wie Anm. 1).
20 Vgl. Holzapfel, Dt. Volksliedarchiv (wie Anm. 6).
21 Unsere volksthümlichen Lieder (wie Anm. 1), S. 85.
22 Ebenda, S. 85 f.
23 Ebenda, S. 101.

sondern mit seinem Prozeß der Popularisierung und Rezeption. Damit wurden auch die in germanistisch orientierter Vergangenheit heftig disku-tierten Fragen nach einem „Urtext" irrelevant; die neuere Volksliedfor-schung in Deutschland wurde vorwiegend Rezeptionsforschung.

Hoffmann stellte dafür 1857 eine wichtige Weiche, indem er zu immer-hin 737 Liedern die Daten der Urheberschaft und der Erstdruckgeschich-te zusammenstellte (die entspr. Abteilung des DVA umfaßt heute über 3.600 Lieddokumentationen). In einigen Fällen gibt es bei Hoffmann kleine Ab-handlungen zum Einzellied; z. B. zu Nr. 219 *Es leuchten drei Sterne über ein Königeshaus* [...] nach Jung Stilling, zu Nr. 236 *Es wollt' einmal im Kö-nigreich* [...] von Friedrich Förster oder zu Nr. 295 *Heil dir im Sieger-kranz* [...] von Heinrich Harries. Ebenso fehlt in der Liste nicht die Nr. 524 *Schleswig-Holstein meerumschlungen* [...] von 1844, also in dieser Zeit „jüngste Dichtung". Allein diese Titel machen deutlich, wie unvoreinge-nommen Hoffmann mit dem Begriff „volkstümliches Lied" umging; auch die Hymne (die erstgenannte ursprünglich auf den dänischen König) gehör-te dazu und natürlich auch Hoffmanns eigenes *Deutschland, Deutschland über Alles* [...] (Nr. 133). Goethes *Kleine Blumen, kleine Blätter* (Nr. 425) gehörte ebenfalls dazu; es wurde später wegen seiner vielfältigen Textvaria-bilität zu einem Musterfall der Liedrezeption in populärer Überlieferung.[24]

Für Hoffmann gab es in dieser Hinsicht bereits frühe Ansätze und viel-fältige Anregungen, sich mit dem Volkslied zu beschäftigen. Wir wollen nur einen Aspekt kurz skizzieren. Von 1823 bis 1842 lebte er in Schlesien; er war, wie wir wissen, Bibliothekar in Breslau und ab 1830 dort Universi-tätsprofessor. Seine Biographie hinsichtlich Schlesiens, ob er sich dort etwa wohl fühlte oder nicht[25] oder „ein Nörgler und Querulant" war,[26] spielt hier keine Rolle. Man sollte Biographisches von der Wirkungsgeschichte der Schriften möglichst trennen. Seine *Schlesischen Volkslieder mit Melo-dien. Aus dem Munde des Volkes gesammelt*[27] sind für die regional orien-tierte und nach authentischer Dokumentation strebende Volksliedfor-schung geradezu bahnbrechend geworden. (Die Aufzeichnungen gelangten dann auch als Einsendungen in die Sammlung des Berliner Schulmanns Ludwig Erk, und dieser Bestand war wiederum ein wichtiger Grundstock für das DVA in Freiburg.) Diese Edition ist bereits vielfach gewürdigt

---

24 Otto Holzapfel: Goethe „Mit einem gemahlten Band". In: Jahrbuch des Österrei-chischen Volksliedwerkes 23 (1974), S. 38–40.

25 Vgl. Bönisch-Brednich, Volkskundliche Forschung (wie Anm. 4), S. 39.

26 Vgl. Uli Otto: August Heinrich Hoffmann von Fallersleben: Ein „Volkslieder"-Buch. Hildesheim 1984, S. XXIII.

27 Siehe oben, Anm. 2.

worden (wiederum spielt es für mich eine geringe Rolle, daß Hoffmann sie selbst offenbar weniger wichtig fand und z. B. seine eigenen *Unpolitischen Lieder* höher einschätzte).

Das Volksliedinteresse der Romantiker des frühen 19. Jahrhunderts war wesentlich auch „national" bestimmt, aber Hoffmann wollte solche Grenzen nicht akzeptieren. Aus seiner schlesischen Zeit wissen wir, daß er sich gleichermaßen für die polnische wie für die deutschsprachige Überlieferung interessierte. Es gab einen Aufruf zusammen mit anderen, 1828; es gab Appelle an Seminaristen zum Sammeln von Liedern. Hoffmann machte auf die (polnische) Sammlung von Julius Roger aufmerksam und übersetzte einige Texte daraus (bzw. ließ übersetzen). Aber er war nicht der einseitige Textforscher wie viele vor und nach ihm. Die Beschäftigung mit dem Volkslied setzte für ihn die Anerkennung der „Einheit und Gleichwertigkeit von Text und Melodie" voraus.[28] Hoffmann bezog (obwohl er nach eigenem Bekunden keine Musiknoten las) hier ebenfalls eine Gegenposition zu den Romantikern; Roger und er wurden damit Pioniere einer „modernen" Volkskunde. Im Geiste Herders bemühte er sich um „Universalität"; er „verfolgte (wie der Pole Karol Musiol 1977 schrieb) bei seiner ethnographischen [aufzeichnerischen] Tätigkeit niemals nationalistische Tendenzen".[29]

Julius Roger aus Württemberg zog 1847 als Arzt nach Oberschlesien.[30] Angeregt durch Herders Ideen war er von der Schönheit der polnischen Volksüberlieferung begeistert; seine Sammlung *Lieder des polnischen Volkes in Oberschlesien mit Melodien* erschien erst 1863. Er bemühte sich „dazu beizutragen den Nebel und die Vorurteile zu zerstreuen",[31] die polnische und deutschsprachige Bevölkerung trennen könnten, und das beeindruckte Hoffmann. Julius Roger seinerseits orientierte sich für seine Einteilung nach Gattungen an dem Versuch von Hoffmann in dessen *Schlesischen Volksliedern* von 1842. Hier sind Ideen zum Tragen gekommen, die für die Volksliedforschung allgemein wichtig wurden.

Wir erinnerten bereits an das wissenschaftsgeschichtlich bedeutsame Konzept, im Volkslied nicht nur die anonyme Volksdichtung zu sehen (wie es die Romantiker aus ideologischen Gründen wollten), sondern auch Texte

---

28 Karol Musiol: August Heinrich Hoffmann von Fallersleben und das oberschlesische Volkslied. Ein Beitrag zur Geschichte der romantischen Volksliedforschung. In: Jahrbuch für Volksliedforschung 22 (1977), S. 11–22.
29 Ebenda, S. 17.
30 Ebenda. Zuletzt: Bönisch-Brednich, Volkskundliche Forschung (wie Anm. 4), S. 47–51. Außerdem: Alfons Perlick: Briefe von Dr. Julius Roger an Hoffmann von Fallersleben (1861–1864). In: Der Oberschlesier 18 (1936), S. 1–16.
31 Aus Rogers Vorwort, vgl. Musiol, Hoffmann und das oberschlesische Volkslied (wie Anm. 28), S. 14.

(und Melodien) zu dokumentieren, von denen der Dichter (bzw. der Komponist) bekannt oder erschließbar waren (bzw. deren Vorlagen). Volkslied war damit also nicht mehr eine Frage der imaginären Schöpfung eines angeblich „dichtenden Volkes", sondern eine Frage der Überlieferung und des Aneignungsprozesses in einem Spannungsfeld zwischen Mündlichkeit und Schriftlichkeit. John Meier wurde mit seiner bahnbrechenden Arbeit über die *Kunstlieder im Volksmund* bekannt, aber seine Darstellung, die 1906 auf fruchtbaren Boden fiel, hatte Vorläufer. Diese frühen Stimmen u. a. von Hoffmann verhallten Jahrzehnte vorher eher ungehört, der kritischen Volksliedforschung seit etwa 1900 war Hoffmann in seiner Zeit weit voraus.

Auch in anderer Hinsicht revidierte Hoffmann allzu romantische Fiktionen, und er war ein wohltuender Realist, der z. B. den schwammigen Begriff des „Volksliedes" mit konkreten und abgrenzbaren Bezeichnungen zu charakterisieren suchte. Das gilt z. B. für den Begriff „Gesellschaftslied", den wir heute zwar ebenfalls für eine Liedüberlieferung aus der Zeit der Spätrenaissance verwenden (z. B. für das Liederbuch des Paul van der Aelst, Deventer 1602), der aber auch eine andere Dimension hat. „Gesellschaftslied" steht in Zusammenhang mit einer gewissen bürgerlichen Bildung, ist also nicht mehr nur allein „Volkslied" einer ländlichen und bäuerlichen Bevölkerung, wie es die Romantik wollte. Hoffmann verwendete den Begriff für das bürgerliche, gesellige Lied,[32] und zwar nicht nur seiner Gegenwart, des 19. Jahrhunderts, sondern auch mit einer historisch fundierten Dimension.[33]

Die Selbstverständlichkeit, mit der wir heute in einer Liedaufzeichnung Strophenvarianten notieren, und zwar sowohl die musikalische Form der Variante bzw. der Variation innerhalb eines einzigen Liedes (so z. B. in der Praxis von Transkriptionen einer Liedaufzeichnung) als auch hinsichtlich des Textes, kann ein Vorbild bei Hoffmann finden. Solche Strophenvarianten verzeichnen vereinzelt bereits Hoffmann und Richter in den *Schlesischen Volksliedern*, und das war 1842 durchaus innovativ. Es lohnt sich, die Veröffentlichungen von Hoffmann zum Volkslied näher zu betrachten, aber natürlich kann es bei dieser Analyse nicht ausbleiben, daß wir auf den zweiten Blick auch manches an Kritik vermerken müssen.

Die *Schlesischen Volkslieder* gab Hoffmann 1842 gemeinsam mit Ernst Richter heraus.[34] Den Seminarmusiklehrer Richter kannte er seit 1826 als

---

32 Heute ist der Begriff „Gesellschaftslied" kaum benutzt und schlecht definierbar; vgl. Otto Holzapfel: Lexikon folkloristischer Begriffe und Theorien (Volksliedforschung). Bern 1996 (Studien zur Volksliedforschung 17).

33 Vgl. August Heinrich Hoffmann von Fallersleben: Die deutschen Gesellschaftslieder des 16. und 17. Jahrhunderts. Leipzig 1844. [2. Aufl. Leipzig 1860].

34 Siehe oben, Anm. 2.

den Mitbegründer der „Breslauer Liedertafel". Natürlich waren das „bürgerliche" Kreise, aber die „Entdeckung des Volkes" geriet ihnen doch weniger ideologisch belastet als unter Herder und vor allem den Romantikern des *Wunderhorns* (1806–08). Manchen folgenden Generationen war das sogar zu nüchtern. Fritz Günther, der 1916 eine Geschichte der schlesischen Volksliedforschung veröffentlichte,[35] monierte z. B., daß Hoffmann „fast ängstlich den Dialekt vermied". Nach Hoffmann sei nämlich das, was „das Volk hier [in Schlesien] singt, wie fast überall in Deutschland, mit wenigen Ausnahmen hochdeutsch".[36] Und Günther warf Hoffmann 1916 vor, er hätte die schlesische Mundart gar nicht gekannt.[37]

Heute würden wir die Einschätzung von Hoffmann teilen, gegen Günther,[38] der seinerseits zu einer Generation gehörte, wo „alles Echte" nur in Mundart gesungen sein durfte (Hoffmann allerdings wandte sich in seinem Vorwort vor allem gegen Mundart*gedichte,* also jene lokale Dichtung im Dialekt, der nicht nur damals in Mode war und wenig mit dem traditionell überlieferten Lied zu tun hat). Aber auch in dieser Beziehung sind wir heute

---

[35] Fritz Günther: Die Schlesische Volksliedforschung. Breslau 1916 (Wort und Brauch 13).

[36] Hoffmann von Fallersleben, Schlesische Volkslieder (wie Anm. 2), Vorwort, S. IV.

[37] Vgl. auch Bönisch-Brednich, Volkskundliche Forschung (wie Anm. 4), S. 46.

[38] Und gegen Bönisch-Brednich, Volkskundliche Forschung (wie Anm. 4), S. 46. – Mit in die Diskussion fließt auch die Beurteilung der betont dialektorientierten Ausgabe von Joseph George Meinert: Alte teutsche Volkslieder in der Mundart des Kuhländchens. Wien 1817, gegen die Hoffmann ebenso in gewisser Weise „reagierte". Und für die Zeit um 1900 und nach 1900 haben wir bemerkenswerte Zeugnisse einer den Dialekt künstlich verstärkenden Herausgebertätigkeit z. B. bei Gustav Jungbauer: Volkslieder aus dem Böhmerwalde. 2 Bde. Prag 1930–1937. – Vgl. dazu Otto Holzapfel: „Drunten im Hulsteiner Wald ..." Ein Lied aus der Prager Sammlung im Deutschen Volksliedarchiv (DVA), Freiburg i. Br. In: Volksmusik: Wandel und Deutung. Festschrift für Walter Deutsch [...]. Wien 1999 (im Druck). – Walther Mitzka: Hoffmann von Fallersleben und das Schlesische. In: Festschrift Helmut de Boor zum 75. Geburtstag am 24. März 1966, hrsg. von den Direktoren des Germanischen Seminars der Freien Universität Berlin. Tübingen 1966, S. 241–250, geht in seiner kurzen Darstellung auf dieses Problem nicht ein, zitiert aber zustimmend (mit Verweis auf „die großen Sammlungen aller Landstriche"; S. 247) Hoffmanns Wort von der hochdeutschen Lautung des Volksliedes. Und Mitzka wertet die zahlreichen Belege gerade zugunsten von Hoffmanns großem und auch aus eigener Kenntnis fundiertem Wissen über Dialekte. Man kann auch auf Hoffmanns frühe Arbeit über die *Mundart in und um Fallersleben* (in: Vaterländisches Archiv, Bd. 4, 1821, Nr. 16, und Bd. 5, 1822) verweisen, die bereits sein Interesse markiert (vgl. hierzu in diesem Band den Beitrag von Herbert Blume). Ja, Walther Mitzka zitiert den späteren Breslauer Professor und Mundartspezialisten Karl Weinhold für dessen Hochachtung vor Hoffmanns dialektkundlicher Darstellung in *Die deutsche Philologie im Grundriß* (1836). Die obige vorschnelle, negative Einschätzung ist also offenbar von mehreren Vorurteilen belastet.

[zumeist] nüchterner geworden und können durchaus nachvollziehen, daß Hoffmann seine Sammlung statt „Schlesische Volkslieder" lieber „Deutsche Volkslieder. Gesammelt aus dem Munde des schlesischen Volkes" genannt hätte.[39] Es gibt tatsächlich nur wenige Volksliedbereiche, in denen die Mundart dominierend ist (so z. B. im Vierzeiler oder im tradierten Lied der Kinder). Der Bereich der „Hochsprache" (einschließlich mundartlich gefärbter Alltagssprache) schließt dagegen auch literarische Überlieferung, Schlager, Texte nach gedruckten Liedflugschriften usw. mit ein: Bereiche, die die ältere Volksliedforschung nicht als „echt" betrachtete.

Hier können wir zudem beobachten, daß der Vorwurf von Günther, daß nämlich Hoffmann in einer Art Purismus zu weit ging und „Mundartliches entfernte", Dialektlieder, die ihm vorlagen, [angeblich] nicht aufnahm und solche, die er aufnahm, in eine fehlerhafte Mundart übertrug,[40] so eigentlich nicht zutrifft. Günther fügt hier nämlich einen Halbsatz an, der aufhorchen läßt (und den oben genannten Einwand von Bönisch-Brednich geradezu in sein Gegenteil ergänzt): „Hoffmann kannte eben die schlesische Mundart gar nicht und hat sie abgedruckt, wie sie in der Einsendung vorlag".[41]

Unabhängig von der Frage, ob Hoffmann in einem vorgesehenen weiteren Band dann doch Vierzeiler und Kinderverse[42] aufgenommen hätte, die ein stärkeres mundartliches Gewicht zeigen, und unabhängig davon, wie weit Hoffmanns Vorlagen für die Sammlung verschollen sind (so Günther) oder eben in die bekannte Sammlung von Ludwig Erk eingeflossen sind (E-Nummern des DVA, d. h. Abschriften nach dem Bestand der Berliner Staatsbibliothek), unabhängig davon attestiert Günther dem Editor Hoffmann vielleicht unbewußt, daß er sich den ihm vorliegenden Einsendungen gegenüber dokumentengetreu verhielt („abgedruckt, wie sie in der Einsendung vorlag"). Das war 1912, als Günthers Dissertation in Breslau angenommen und preisgekrönt wurde, durchaus nicht selbstverständlich, und heute, im nachhinein, muß das geradezu als *die* große Leistung von Hoffmann und Richter hingestellt werden. Gerade *das* hebt ja die *Volkslieder aus Schlesien* fast revolutionär von früheren Ausgaben in der Tradi-

---

39 Vgl. auch Bönisch-Brednich, Volkskundliche Forschung (wie Anm. 4), S. 45.
40 Vgl. Günther, Schlesische Volksliedforschung (wie Anm. 35), S. 39 f.
41 Ebenda, S. 40.
42 Hoffmanns spätere, eigene Ausgabe *Kinderlieder* (1877) kommt dabei nicht in Betracht, weil es sich hier, durchaus zeitkonform, nicht um bei Kindern gesammelte mündliche Literatur handelt, sondern um (pädagogisch orientierte) Lieder für Kinder. – Hoffmanns Ausgabe *Kinderlieder,* die er 1843 ebenfalls zusammen mit Ernst Richter herausgab (von dem die Klavierbegleitungen stammen), hat einen anderen, populären Charakter. Ähnlich ist es bei späteren Ausgaben.

tion von *Des Knaben Wunderhorn* (1806–08) der Romantiker ab. Man hörte zu, wie das „Volk" sang; man dichtete diesem Volk nicht etwas an, wie es eigentlich „besser hätte singen sollen".

Unsere Begeisterung kühlt etwas ab, wenn wir die Ausgabe von Hoffmann und Richter näher betrachten. Als Beispiel nehmen wir die berühmte Ballade von *Graf und Nonne*, die 1988 Gegenstand einer ausführlichen Monographie war.[43] Aus Schlesien liegt auch für diese Ballade erhebliches Material vor (damals 113 Aufzeichnungen, davon 53 mit Melodien), und wichtig sind in diesem Zusammenhang eben die Aufzeichnungen Hoffmanns.[44] Man kann durchaus den Abdruck bei Hoffmann/Richter mit den (Abschriften der) Vorlagen vergleichen, und man findet keine direkte Übereinstimmung. Aber bei Hoffmann/Richter steht über der Nr. 15 (*Die Nonne*) die Quellenangabe „Verschiedene Gegenden" und über der zweiten Fassung, die als Kontraform zu diesem Balladentyp dazugehört, Nr. 16 (*Die glückliche Nonne*), „Aus Breslau und anderen Gegenden". In beiden Fällen fügt Hoffmann Textvarianten zu einzelnen Strophen bei, die er z. T. näher lokalisiert (z. B. bei Nr. 16 zwei vollständige Strophen aus Reichenbach und aus Modlau bei Hainau).

Hier versucht Hoffmann mit seiner „standardisierten Fassung" einen Liedtext zu präsentieren, der möglichst alle von ihm für wichtig erachteten Textelemente aus den unterschiedlichen Aufzeichnungen vereinigte. So etwas würden wir heute in der Regel auch nicht mehr machen, aber 1842 war das ein beachtlicher wissenschaftlicher Fortschritt. Noch 1853, als der erste Band der berühmten dänischen Volksballadenausgabe, *Danmarks gamle Folkeviser*,[45] erschien, wurde dessen Herausgeber, Svend Grundtvig, von der etablierten dänischen Wissenschaft wegen dieses „Unsinns" heftig angegriffen, nämlich die Texte so abzudrucken, wie sie in den Quellen vorlagen, nicht wie der „Wissenschaftler" sie eigentlich „rekonstruieren" müsse. Noch in den 1920er Jahren, ja in einzelnen verqueren Fällen bis in die Gegenwart, war das das Ziel der Volksliedforschung: Texte zu präsentieren, wie sie „richtig" waren (nicht wie das „Volk" sie „verderbt" sang; für die Melodien galt das gleiche, aber oft waren die „Verbesserer"

---

43 Deutsche Volkslieder mit ihren Melodien. Balladen, hrsg. vom Deutschen Volksliedarchiv. Band 8, hrsg. von Otto Holzapfel. Freiburg i. Br. 1988, DVldr Nr. 155 *Graf und Nonne* (dazu liegen weit über zweitausend Aufzeichnungen vor).

44 Diese E-Nummern (bzw. der Berliner Nachlaß) bilden, wie bekannt, die hauptsächliche Grundlage für: Ludwig Erk und Franz Magnus Böhme: Deutscher Liederhort. 3 Bde. Leipzig 1893/1894. – Vgl. Brigitte Emmrich, Otto Holzapfel und Heike Müns: Sammlung Franz Magnus Böhme in der Sächsischen Landesbibliothek in Dresden. In: Jahrbuch für Volksliedforschung 38 (1993), S. 27–49.

45 Svend Grundtvig: Danmarks gamle Folkeviser. 1. Del. Kjøbenhavn 1853.

schreibtischfeste Philologen). Vor diesem Hintergrund sind die Verdienste von Hoffmann schon als sehr beachtlich einzuschätzen.

Es ist kein Zufall, daß wir an dieser Stelle als Parallele auf die dänische Volksballadenausgabe verweisen (erster Band 1853), denn Hoffmann selbst gibt in seinen relativ ausführlichen Hinweisen zu *Graf und Nonne* z. B. auch einen Hinweis auf eine dänische Sammlung und auf die Übersetzung dieses Liedes ins Dänische.[46] Und darunter steht: „Ich stand auf hohen Bergen [das ist der Liedanfang dieser Ballade] wird von allen Volksliedern noch jetzt am meisten gesungen und ist am weitesten verbreitet. Daher denn auch die unendlich vielen verschiedenen Texte".[47]

Auch das war ein „neuer" Aspekt der Edition von Hoffmann: die Internationalität des Variantenmaterials, und aus dieser Sichtweise verstehen wir wiederum unter einem anderen Aspekt, warum, wie oben erwähnt, Hoffmann die Sammlung statt „Schlesische Volkslieder" lieber „Lieder aus der populären Überlieferung *in* Schlesien" [so oder ähnlich würden wir heute sagen] genannt hätte. Wir sind erst in der jüngsten Wissenschaftsgeneration der gegenwärtigen Volksliedforschung geneigt, Stichwörtern wie „alt", „echt" und „ursprünglich" eher skeptisch bis ablehnend gegenüberzustehen.[48] Erst jetzt sind wir damit auf den signifikanten Unterschied richtig aufmerksam geworden, der – um es anders zu sagen – zwischen „Volkslied" und „traditioneller Liedüberlieferung einer bestimmten Bevölkerung" besteht.

Hervorzuheben sind noch u. a. zwei Dinge: Auch die Aufnahme der Melodien ist grundsätzlich ein Indiz, daß die Lieder so wiedergegeben werden sollten, wie sie tatsächlich erklangen. Die *Wunderhorn*-Herausgeber Arnim und Brentano hatten noch vor allem den Texten nachgehangen, die sie derart „verbesserten" und „zurechtdichteten", daß die kritische Edition von *Des Knaben Wunderhorn* von Heinz Rölleke[49] 1975–78 völlig zu Recht in der Gesamtausgabe der dichterischen Werke von Clemens Brentano erschienen ist.

Wir betonen hier das Trennende zu den Vorgängern. Ähnlich, wenn auch mit weitaus schwächerer Gewichtung, meinen wir, ließe sich das Verbindende herausstellen (z. B. eben zum Internationalisten Herder). Und eine

---

46 Hoffmann von Fallersleben, Schlesische Volkslieder (wie Anm. 2), S. 31.
47 Ebenda.
48 Vgl. Otto Holzapfel: Aufräumen und Entrümpeln. Einige Aufgaben der Volksliedforschung heute. In: Wulf Wager (Hrsg.): Volksmusikpflege in Baden-Württemberg. Tagungsband [...]. Karlsruhe o. J. [1977], S. 93–100, mit Verweis auf Holzapfel, Lexikon (wie Anm. 32).
49 Clemens Brentano: Sämtliche Werke und Briefe. Des Knaben Wunderhorn. Hrsg. von Heinz Rölleke. Bd. 6–9. Stuttgart 1975–1978.

andere Spur, die aufgenommen werden könnte, wäre die Vorbildhaftigkeit
von Hoffmann/Richter 1842 für ähnliche, bewußt auch regionale Editionen von Franz Wilhelm Freiherr von Ditfurth (*Fränkische Volkslieder*, 1855)
und z. B. Ernst Meier (*Schwäbische Volkslieder*, 1855). Es liegt mehr als nur
eine Wissenschaftsgeneration zwischen etwa den Veröffentlichungen von
Wilhelm von Zuccalmaglio (1835 bis 1840) einerseits und Ludwig Uhlands
Alte hoch- und niederdeutsche Volkslieder (1844/45) bzw. Ludwig Erks
Deutscher Liederhort (1856) andererseits.

Hoffmann war innerhalb der jungen und sich kritisch ungemein schnell
entwickelnden Germanistik vielleicht keine zentrale Figur. Er war in seiner Editions- und Kommentierungstechnik nicht immer auf dem neuesten
Stand (vgl. den Beitrag von Hans-Joachim Behr in diesem Band), aber z. B.
für eine vor ihm praktisch nicht existierende Volksliedforschung war er der
unentbehrliche Geburtshelfer. Es war für die Generation um 1850 Neu-
land, wissen zu wollen, wie Volkslieder tatsächlich in ihren regionalen Formen erklangen. Das war die Voraussetzung dafür, über einen Vergleich der
Varianten langsam zu einer Volksliedphilologie zu kommen, die überhaupt
erst ab etwa 1850 und eben wesentlich mit Hoffmann wissenschaftliche und
kritische Volksliedforschung genannt werden kann. Dabei vergessen wir
nicht, daß es noch einige „romantisierenden" Wellen und viele unkritische
Rückschläge gab, bevor wir den heutigen Wissensstand erreicht haben
(welcher dann „morgen" ebenfalls überholt und kritisierbar sein wird).

Hat Hoffmann der neueren Wissenschaft, eingeschränkt der deutschsprachigen Volksliedforschung heute „noch etwas zu sagen"? Ingeborg
Gansberg hat 1986 in einer Dissertation[50] versucht, die deutschen Protest-
lieder gegen Kernkraftwerke der 1970er und frühen 80er Jahre zu analy-
sieren; ich gestehe, daß ich auf den Zusammenhang mit Hoffmann erst
durch Philip Bohlman (1996)[51] aufmerksam wurde. Gansberg versucht zu
Kriterien einer funktionalen Analyse des politischen Liedes zu kommen,
und dazu verwendet sie als „Klassiker" auch Hoffmann. Dann springt sie
von dort in ihr modernes Material. Hat Hoffmann ihr geholfen, Kriterien
zu finden? Ein Rezensent faßt es kurz und knapp zusammen: „[...] wie zu
erwarten, geht das nicht".[52] So bleibt es, kann man annehmen, hinsichtlich

---

50 Ingeborg Gansberg: Volksliedsammlungen und historischer Kontext. Kontinuität
   über zwei Jahrhunderte? Frankfurt/Main 1986 (Europäische Hochschulschriften,
   Reihe 36: Musikwissenschaft 17).
51 Philip V. Bohlman: Central European Folk Music. An Annotated Bibliography of
   Sources in German. New York 1996 (Garland Library of Music Ethnology).
52 Wolfgang M. Stroh: Rezension von: Gansberg, Volksliedsammlungen (wie Anm. 50).
   In: Jahrbuch für Volksliedforschung 33 (1988), S. 139–141. Hier: S. 139.

Hoffmanns bei dem (ungeliebten) Schicksal eines Klassikers: die übliche, aber im Grunde folgenlose Zitierpflicht.

In jüngerer Zeit hat vor allem Waltraud Linder-Beroud[53] (1989) wirklich „Anstoß" genommen an Hoffmann, und sie hat sein gemeinsam mit Hermann Prahl herausgegebenes Verzeichnis der Kunstlieder als eigentliche (und später zu sehr verschwiegene) Quelle der Neubewertung der *Kunstlieder im Volksmunde* (1906) durch John Meier entdeckt. – Wenn man sich einen ersten Überblick darüber verschaffen will, welchen tatsächlichen Stellenwert Hoffmann in der deutschsprachigen Volksliedforschung der letzten Jahrzehnte hatte, so hilft ein Blick in die gängigen und durchweg bekannten Handbücher (die wir deshalb hier nur stichwortartig nennen).[54] Suppans *Volkslied*, 1965, enthält im wesentlichen nur bibliographische Hinweise auf Hoffmann. – Das erste Register des *Jahrbuchs des Österreichischen Volksliedwerkes* für 1–15, 1952–1966, enthält zwar mehrere Verweise, aber es sind durchgehend bibliographische Angaben. – Klusens *Volkslied*, 1969, erwähnt Hoffmann kurz im Zusammenhang mit dem politischen Lied.

Das Register des *Jahrbuchs für Volksliedforschung* für 1–20, 1928–1975, hat einen Verweis auf den Jahrgang 18 (1973), und hier handelt es sich um den wichtigen Aufsatz von Ernst Schade über Ludwig Erk,[55] dessen große und grundlegende Berliner Sammlung (aus der dann u. a. die Edition des „Erk/Böhme" 1893/94 hervorging) ohne die Mithilfe von Hoffmann nicht denkbar ist. Ernst Schade verweist mehrfach auf die führende Rolle von Hoffmann in der wissenschaftlichen Entwicklung von Ludwig Erk; beide waren seit 1841 bis zum Tode Hoffmanns 1874 freundschaftlich verbunden. Bei Schade wird vielfach die Vorarbeit von Hoffmann für die neue kritische Wissenschaftsgeneration um den Berliner Schulmann Ludwig Erk (1807–1883), zu der der neun Jahre ältere Hoffmann ja selbst gehörte, auch in theoretischer Hinsicht aufgearbeitet,[56] aber das ist in der neueren Volksliedforschung leider eher die Ausnahme geblieben.

Das große, zweibändige *Handbuch des Volksliedes* von Brednich/Röhrich/Suppan (1973/75)[57] hat zwar eine ganze Reihe von Hinweisen, die sich

---

53 Linder-Beroud, Mündlichkeit (wie Anm. 18).
54 Die genaueren Titel siehe z. B. bei Holzapfel, Lexikon (wie Anm. 32).
55 Ernst Schade: Der Wandel der Intentionen und der Methoden für die Aufzeichnung von Volksliedern im 19. Jahrhundert am Beispiel der Arbeiten Ludwig Erks. In: Jahrbuch für Volksliedforschung 18 (1973), S. 42–54.
56 Mit Erk, weniger mit Hoffmann, befaßte sich Ernst Schade auch in einem zweiten Aufsatz: Volkslied-Editionen zwischen Transkription, Manipulation, Rekonstruktion und Dokumentation. In: Jahrbuch für Volksliedforschung 35 (1990), S. 44–63.
57 Rolf Wilhelm Brednich, Lutz Röhrich und Wolfgang Suppan: Handbuch des Volksliedes. 2 Bde. München 1973–1975.

aber auf direkte Zitate von *Ein Männlein steht im Walde* [...] (I, S. 231),
des *Deutschlandliedes* (I, S. 843) und des traditionell beliebten Männergesangsliedes *Heimkehr* (II, S. 910) beschränken. Sonst wird gelegentlich
Hoffmanns *Geschichte des deutschen Kirchenliedes* zitiert, zumeist aber die
Schlesischen Volkslieder und natürlich das Kunstlied-Register Hoffmann/
Prahl.[58] Beim ersteren wird von Musikethnologen zudem besonders hervorgehoben, daß bei Hoffmann/Richter 1842[59] sehr früh musikalische Strophenvarianten aufgezeichnet wurden (II, S. 531).

Brauns *Einführung in die musikalische Volkskunde* (1985) hat ähnlich
Suppan vor allem bibliographische Hinweise zu Hoffmann. – Brednichs
Grundriß der Volkskunde (1988) mit einem Beitrag über Lied- und Musikforschung nennt ihn nicht. – Das Handbuch *Das Volkslied in Österreich*
von Deutsch/Haidl/Zeman (1993) schweigt (erwartungsgemäß) zu Hoffmann. – Bohlman, *Central European Folk Music* (1996), nicht nur für ein
amerikanisches Publikum geschrieben, referiert ausführlich Guido Knopp/
Ekkehard Kuhn, *Das Lied der Deutschen* (1988) und nennt Hoffmann im
Zusammenhang mit dem Buch über „Volksliedsammlungen" [ein irreführender Titel] von Ingeborg Gansberg.[61] Hier (S. 253) ist eine lobenswerte
Ausnahme im Ansatz zu einer Neubewertung.

Holzapfels, mein eigenes *Lexikon folkloristischer Begriffe und Theorien*
(1996)[62] hat zwar auch einen eigenen Artikel über Hoffmann (S. 154 f.),
aber als dazu relevante, jüngere Literatur kann es eigentlich nur mit einem
Hinweis auf Musiols Artikel im *Jahrbuch für Volksliedforschung* von 1977[63]
aufwarten. Ich gestehe, daß es mir also ähnlich geht wie offenbar zahlreichen
Vorgängern: Selbstverständlich wird Hoffmann als „Klassiker" bedacht,
und seine beiden grundlegenden Werke, nämlich die *Schlesischen Lieder*
und das Kunstlieder-Verzeichnis Hoffmann/Prahl, kann man nicht umgehen immer wieder zu zitieren. Aber Hoffmann ist ein Klassiker, den man
selten „neu" liest, noch seltener sich mit ihm wirklich auseinandersetzt. Gut,
daß sich hierzu durch das Jubiläum wieder ein Anlaß ergeben hat!

---

58 Hoffmann von Fallersleben, Unsere volksthümlichen Lieder (wie Anm. 1).
59 Hoffmann von Fallersleben, Schlesische Volkslieder (wie Anm. 2).
60 Bohlman, Central European Folk Music (wie Anm. 51).
61 Gansberg, Volksliedsammlungen (wie Anm. 50).
62 Holzapfel, Lexikon (wie Anm. 32).
63 Musiol, Hoffmann und das oberschlesische Volkslied (wie Anm. 28).

Jan B. Berns

Hoffmann von Fallersleben und die Niederlande[1]

1. Maastricht, Nimwegen, Leiden

Wer anno 1998 Notiz nimmt von den ersten Bemühungen August Heinrich Hoffmanns von Fallersleben um das, was wir heute als Niederlandistik bezeichnen, ist voller Bewunderung für die Fachkenntnis des jungen Deutschen, der 1821 – kaum 23 Jahre alt – in der Zeitschrift *Algemeen Konst- en Letterbode* eine ungemein gediegene Übersicht über die mittelniederländische Literatur gibt, wie man sie bei einem jungen Niederlandi-

---

1 Die Ausdrücke „Niederlande" und „niederländisch" werden hier und im folgenden – soweit nicht ausdrücklich anders vermerkt – in der Bedeutung verwendet, die sie in der Sprachwissenschaft besitzen. Gemeint sind somit die Gebiete Westeuropas, in denen niederländisch gesprochen wird, im wesentlichen also das Königreich der Niederlande und der flämische Teil Belgiens. Dieser Sprachgebrauch hat in der Wissenschaft Tradition. Peter Hans Nelde nennt sein in der Reihe „Beschreibende Bibliographien" erschienenes Büchlein, in dem er auch Hoffmanns Beziehungen zu Flandern behandelt, einfach nur *Hoffmann von Fallersleben und die Niederlande* (Amsterdam 1972). Der französische Germanist und Niederlandist Pierre Brachin war sich des terminologischen Problems gleichfalls bewußt, als er dem Titel seines Aufsatzes *Les Pays-Bas vus par Hoffmann von Fallersleben* (In: Etudes Germaniques 20 [1965], S. 180–210) eine erklärende Fußnote hinzufügte: „Nous entendons ici ‚Pays-Bas' dans l'acceptation plus large, et non seulement au sens de ‚Hollande'." Peter Delvaux weist darauf hin, daß der Deutsche den Unterschied, den der Niederländer mit *Nederland* und *de Nederlanden* andeuten kann, nur durch die Verwendung von *Holland* anstelle von *die Niederlande* anzugeben vermag. Vgl. Peter Delvaux: Die gegenseitige Identität der Niederlande und des deutschen Sprachraums im Laufe ihrer Geschichte. In: Jattie Enklaar, Hans Ester (Hrsg.): Ungenaue Grenze. Deutsch-Niederländische Beziehungen in Vergangenheit und Gegenwart (Duitse Kroniek. Erstes Jahrbuch). Amsterdam, Atlanta 1994, S. 7–36. – „Unter ‚den Niederlanden' verstehen wir die hiesigen Reiche Belgiens und der Niederlande" hieß es schon in einer Resolution des ersten Flämisch-Niederländischen Treffens seit der 1830 vollzogenen Trennung in Gent 1849. – Zitate aus niederländischen Texten gebe ich im folgenden, von wenigen Ausnahmen abgesehen, in deutscher Übersetzung wieder, ohne daß darauf im einzelnen aufmerksam gemacht wird.

sten unserer Zeit auch nach mehreren Semestern des Studiums – trotz aller modernen Hilfsmittel, die heute zur Verfügung stehen – nicht anträfe. Daß die zeitgenössische Prä-Niederlandistik seine Leistung zu schätzen wußte, bezeugt die Verleihung des Ehrendoktorats an Hoffmann zwei Jahre später, am 14. Juni 1823. Hoffmann von Fallersleben selbst hat diese Ehrenpromotion sehr ernst genommen, und als die Fakultät in Breslau 1830 anläßlich seiner Berufung durchblicken ließ, daß man seinen Leidener Ehrendoktorgrad nicht gelten lassen möchte, schrieb er in sein Tagebuch:

> Zu einer Promotion hätte ich mich nie verstanden, das wäre eine Beleidigung für die Leidener gewesen; eine Ehrenbezeigung dieser Art von solch einer Universität schien mir immer noch mehr zu wiegen als ein rite promotus jeder deutschen Universität.[2]

Die Geschichte des jungen Deutschen, der mehrere Bildungsreisen in die Niederlande unternahm und der mit zahllosen niederländischen Gelehrten regen Briefwechsel führte, soll hier nicht wiederholt werden.[3] Was mir allerdings bei der erneuten Kenntnisnahme der Forschungsliteratur auffiel, war, daß die meisten Autoren den ersten Besuch Hoffmanns in den Niederlanden nicht erwähnen. Schon 1819 ist Hoffmann in Maastricht gewesen, von Lüttich aus. In seinem Tagebuch findet sich dazu ein merkwürdiger Eintrag: „Es thut mir ordentlich weh, daß das schöne Limburger Land nicht uns gehört, und wie schade um die Schiffahrt – nur wenige Meilen von der Maas zieht sich unsere Gränze hin."[4] Die Provinz Limburg war 1815 als niederländisches Territorium gleichsam neu „gebastelt" worden: aus Teilen des alten Herzogtums Limburg, Teilen von Lüttich und des sog. Ober-Geldern, und gerade die Stadt Maastricht gehörte schon seit Gründung der Republik zu deren Hoheitsgebiet.

Ganz anders reagierte Hoffmann zwei Jahre später, nach dem berühmten heimlichen Grenzübertritt bei Nimwegen. Er zeigt sich 1821 zwar beeindruckt von der prachtvollen Aussicht, aber stellt dennoch einfach nur fest: „Ich war nun in Holland und mußte mich bequemen, holländisch zu sprechen."[5] Von territorialen Ansprüchen diesmal und auch später keine Spur.

---

2   August Heinrich Hoffmann von Fallersleben: Mein Leben. Hannover 1868. Bd. 2, S. 186.
3   Siehe hierzu etwa die in Anm. 1 genannten Arbeiten von Nelde und Brachin. Außerdem: Peter Hans Nelde: Hoffmann von Fallersleben und die Anfänge einer westeuropäischen Germanistik. In: Ludwig M. Eichinger, Bernd Naumann (Hrsg.): Johann Andreas Schmeller und der Beginn der Germanistik. München 1988, S. 183–195.
4   Hoffmann von Fallersleben: Mein Leben (wie Anm. 2), Bd. 1, S. 186.
5   Ebenda, Bd. 1, S. 259.

2. „Mein Herr, es nicht Gebrauch in unserem Lande, eine litterarische Reise zu machen."

In der Literatur über Hoffmann von Fallersleben wird Hoffmanns Enttäuschung über die Ergebnislosigkeit seiner ersten Kontakte mit niederländischen Gelehrten und Fachgenossen (seine Aufrufe vermochten kaum etwas zu bewirken) meist stark hervorgehoben. Nelde spricht in diesem Zusammenhang vom „Unverständnis der niederländischen Gelehrten jener Zeit".[6] Man darf bei alledem aber nicht aus dem Auge verlieren, daß es zu jener Zeit noch kaum eine Spur dessen gab, was man aus heutiger Sicht als Germanistik, geschweige denn als Niederlandistik bezeichnen könnte. Die Universitätsprofessoren, die am Ausgang des 18. und zu Beginn des 19. Jahrhunderts mit dem Unterricht in niederländischer Sprache und Literatur befaßt waren, waren von Haus aus keine Sprachwissenschaftler, und ihr Lehrauftrag bestand auch nicht in erster Linie im Sprach- oder Literaturunterricht (und Forschung auf diesen Gebieten kam überhaupt nicht in Betracht), sondern in der Vermittlung der Eloquenz, insbesondere der kirchlichen Beredsamkeit.

In Utrecht traf Hoffmann 1821 auf den Professor Adam Simons (1770–1834), einen Theologen, Pfarrer und Dichter, der seit 1816 eine Professur für Literatur und Beredsamkeit innehatte; sein Nachfolger L. G. Visscher (1797–1859) war von Haus aus Finanzbeamter. Dieser Simons „war ganz erstaunt", schreibt Hoffmann in seinem Tagebuch, „als er hörte, daß ich auf einer litterarischen Reise begriffen sei: ‚Mein Herr, es ist nicht Gebrauch in unserem Lande, eine litterarische Reise zu machen.' Diese Worte waren das Willkomm aus dem Munde eines Professors, von dem ich erwarten durfte, daß er sich über mein Unternehmen freuen und es unterstützen würde." Die Lage in der damaligen niederländischen Sprach- und Literaturforschung wird wohl am treffendsten charakterisiert mit Hoffmanns Schlußbemerkung: „Wir schieden als gute Freunde und sahen uns nie wieder."[7]

An den anderen Universitäten war es nicht anders. An der Groninger Universität lehrte seit 1815 B. H. Lulofs (1787–1849), ein Jurist; in Leiden war M. Siegenbeek (1797–1847) der erste Professor für Niederlandistik, neben ihm der Jurist H. W. Tydeman (1778–1863), der zuvor (1803) an der Universität zu Franeker tätig gewesen war. An sie hatte sich der junge, erwartungsvolle Jacob Grimm gewandt und nach ihm Hoffmann von Fallersleben. Es läßt sich verstehen, daß die Unzuverlässigkeit ihrer frühesten

---

6 Nelde: Hoffmann und die Niederlande (wie Anm. 1), S. 17.
7 Hoffmann von Fallersleben: Mein Leben (wie Anm. 2), Bd. 1, S. 260.

niederländischen Kontaktpersonen für beide eine Enttäuschung gewesen
sein muß. Erst die zweite Generation von Forschern, mit Matthias de Vries
(1820–1894) an der Spitze, die sämtlich Jacob Grimm und später Hoffmann
in ihren Werken studiert und verstanden haben, kann man als Niederlandisten im eigentlichen Sinn bezeichnen.[8]

Wie begrenzt der Sinn und das Verständnis für die eigene Literatur des
Mittelalters bei den niederländischen Gelehrten seiner Zeit in der Regel
waren, zeigt Hoffmann im Vorwort zu seiner Ausgabe von *Floris ende
Blancefloer*, indem er das Urteil des zeitgenössischen Literarhistorikers
P. G. Witsen Geysbeek (1774–1833)[9] über den literarischen Wert dieses
Epos zitiert:

> „Man kann denken, welch ein höchst elendes Machwerk aus der zarten Kindheit
> unserer Literatur dies sein muß! Es hat nicht einmal, wie Melis Stoke, irgendeinen
> historischen Werth. Die Herren Willems und Visscher haben uns der Mühe über-
> hoben, unseren Lesern etwas von dieser ekeligen Misgeburt zum Besten zu geben."
> So urteilt ein geborener Holländer, ein Literaturhistoriker und Kritiker, der ein
> dickes sechsbändiges Werk über die holländische Dichtung geschrieben hat – Herr
> Witsen-Geysbeek.[10]

3. Festrede 1889

Vor nunmehr genau 100 Jahren hat Jan Verdam, ein Schüler von Matthias
de Vries, aus Anlaß der Wiederkehr des 100. Geburtstages August Heinrich Hoffmanns von Fallersleben vor der sogenannten „Leidener Gesellschaft" (Maatschappij der Nederlandse Letterkunde) einen Vortrag gehalten.[11] (Schon 1822 war Hoffmann Mitglied dieser Gesellschaft geworden,
1865 wurde er sogar zum Ehrenmitglied ernannt – „eine Ehre im Auslan-
de bisher nur Grimm ertheilt", hieß es im Telegramm an Hoffmann.)

---

8 Siehe hierzu H. de Buck: De studie van het Middelnederlandsch tot in het midden
   der negentiende eeuw. Groningen, Den Haag 1930. Außerdem: G. Karsten: Hon-
   derd jaar Nederlandse philologie. M. de Vries en zijn school. Leiden 1949.
9 P. G. Witsen Geysbeek (1774–1833) war Buchhändler und Literat in Amsterdam.
   Er verfaßte ein *Biographisch, Anthologisch en Critisch Woordenboek der Nederduit-
   sche Dichters.* (Zes delen, 1821–1827). Das hier angeführte Zitat in Bd. 1, S. 166.
10 August Heinrich Hoffmann von Fallersleben: Floris ende Blancefloer door Diede-
   ric van Assenede. Mit Einleitung, Anmerkungen und Glossar. Leipzig 1836 (Horae
   Belgicae. Studia atque opera Heinrici Hoffmann Fallerslebensis. Pars Tertia. – Nachdruck: Amsterdam 1968).
11 J. Verdam: Herinnering aan Heinrich Hoffmann von Fallersleben. 2 April 1798 – 19
   Januari 1874. In: Handelingen en Mededeelingen van de Maatschappij der Nederlandsche Letterkunde te Leiden over het jaar 1897–1898. Leiden 1898, S. 80 ff.

Verdam spricht mit herzlicher Zuneigung und großem Respekt, ja mit Ehrfurcht über den Dichter und Gelehrten, den er sehr schätzt und dessen Verdienste um die Niederlandistik er ganz und gar anerkennt. Ganz nüchtern stellt er aber auch fest, daß es Hoffmann während seiner Besuche in den Niederlanden an Hilfe und Mitarbeit der dortigen Gelehrten nie gefehlt hat. In Leiden konnte Hoffmann nach Belieben arbeiten, Bibliotheken und Handschriftensammlungen standen ihm uneingeschränkt zur Verfügung, und überall, wo er zu Besuch war, brachten ihn seine Gastgeber mit den für seine Zwecke wichtigsten Leuten in Verbindung. Und Hoffmann war dankbar. An Tydeman schreibt er am 29. Januar 1826: „Die Zeit wird es noch lehren, so Gott will, daß ich nicht allein gelebt habe, Wohlthaten zu empfangen, sondern auch allezeit lebe, für solche Wohlthaten dankbar zu sein, und diese Dankbarkeit durch persönliche Beziehungen und wissenschaftliche Leistungen zu erkennen zu geben."[12] Der Tatsache, daß Bilderdijk ihn als „Mof" bezeichnete und daß ihm dieses Schimpfwort auch von der Leidener Straßenjugend nachgerufen wurde, muß man nicht allzu große Bedeutung beimessen. Ich hoffe, hierauf an anderer Stelle genauer eingehen zu können.

Verdams hundertjährige Festrede hat bis heute nichts von ihrer Aktualität eingebüßt; sie ist die vollständigste Würdigung Hoffmanns, die mir bekannt ist; alle Aspekte seiner vielseitigen Tätigkeiten und Bemühungen passieren Revue und werden kritisch bewertet. Anders als später z. B. Nelde wußte Verdam die sehr persönlichen und bisweilen scheinbar unbedeutenden Aufzeichnungen in *Mein Leben* zu schätzen, so z. B. Hoffmanns Begeisterung über die Entdeckung der *Lekenspieghel*-Handschrift *(Spiegel der Laien)* auf dem Dachboden im Hause der Herren Enschedé in Haarlem – Facetten und Fakten, die aus wissenschaftsgeschichtlicher Sicht doch nicht ohne Bedeutung sind.

Bei Verdam finden sich auch Urteile über Hoffmanns lexikographische Arbeiten, die er, der Verfasser des monumentalen *Mittelniederländischen Wörterbuchs*,[13] zu schätzen wußte. Er spricht von „für jene Zeit sehr guten Glossaria".[14] Auch ist es Verdam, der Hoffmanns mittelniederländische

---

12 A. Reiffenscheid: Briefe von Jacob Grimm an Hendrik Willem Tydeman. Heilbronn 1883, S. 94. – Dieser Auffassung ist auch Herman Roodenburg in einem Aufsatz: Tussen volksgeest en volksverheffing. Over volkskunde en nationale identiteit aan het begin van de negentiende eeuw. In: Volkskundig Bulletin 20 (1994), S. 268–289. – Roodenburg ist nach Verdam der erste, der das abgegriffene Klischee, der junge Hoffmann sei von den Holländern schlecht behandelt worden, prüft und es nicht unbesehen übernimmt.

13 E. Verwijs, J. Verdam: Middelnederlandsch Woordenboek. 9 Bde. 's-Gravenhage 1885–1929.

14 J. Verdam: Herinnering (wie Anm. 11), S. 93.

Sprichwörtersammlung als eine wichtige Quelle zur Erforschung der niederländischen Sprichwörterliteratur bezeichnet hat.[15] In bezug auf Hoffmanns mittelniederländische Textausgaben bemerkt er:

> Zwar sind alle diese Textausgaben durch andere, in mancher Hinsicht bessere, ersetzt worden, daraus darf man aber auf keinen Fall schließen, daß die seinigen mangelhaft waren: äußerlich machten sie – auf Kaffeetütenpapier gedruckt – nicht viel Eindruck, inhaltlich aber entsprachen sie allen gerechten Anforderungen und können den Vergleich mit den Textausgaben von Huydecooper und Clignet aushalten. Vielmehr muß man darin einen Beweis für die raschen Fortschritte und den Aufschwung unserer von Hoffmann so kräftig geförderten vaterländischen Wissenschaft sehen.[16]

Auch an dieser Stelle möchte ich Hoffmann selber zu Wort kommen lassen:

> Unterdessen war in den Niederlanden viel und mancherlei geschehen: es wurden Handschriften aufgefunden und beschrieben, Texte abgedruckt, alte Wörter und Sprachformen erklärt und litterarhistorische Forschungen nach allen Richtungen hin angestellt. Das Studium der alten niederländischen Sprache und Literatur, das bisher nur meist als Liebhaberei betrachtet und getrieben wurde, nahm mehr und mehr einen wissenschaftlichen Charakter an und hat sich nun allmählich als gleichberechtigt der deutschen Sprachwissenschaft eingereiht.[17]

4. Die Niederlande und Hoffmann von Fallersleben

„Es ist ein Deutscher, Hoffmann von Fallersleben, der den Niederländern ihren alten Liederschatz vorhalten mußte", lautet der einzige Hinweis auf Hoffmann in der jüngsten, fast 900 Seiten umfassenden Geschichte der niederländischen Literatur,[18] einem etwas sonderbaren Buch, das aus einer Sammlung kürzerer und längerer, von Spezialisten geschriebener und chronologisch angeordneter Kapitel besteht und die gesamte niederländische Literaturgeschichte von den ersten Anfängen bis auf den heutigen Tag umfaßt – wobei die Niederlande allerdings im heutigen politischen Sinn verstanden werden, die flämische Literatur also unberücksichtigt bleibt. Am Ende ist es der Hauptherausgeberin, Prof. M. A. Schenkeveld-van der Dussen, aufgefallen, daß man das Hauptwerk der mittelniederländischen

---

15 Ebenda, S. 94.
16 Ebenda, S. 93 f.
17 August Heinrich Hoffmann von Fallersleben: Übersicht der mittelniederländischen Dichtung. Zweite Ausgabe. Hannover 1857. (Horae Belgicae. Studia atque opera Heinrici Hoffmann Fallerslebensis. Pars Prima.) – Nachdruck: Amsterdam 1968.
18 Ton Anbeek en M. A. Schenkeveld-van der Dussen: Nederlandse literatuur. Een Geschiedenis. Groningen 1993.

Dichtung, die *Beatrijs,* mit keinem Wort erwähnt hatte. Und an dieser Stelle wird Hoffmann dann angeführt, wie zur Entschuldigung.[19]

Demgegenüber unterstreichen die klassischen literarhistorischen Handbücher wie etwa die *Geschiedenis der Nederlandsche Letterkunde* von W. J. A. Jonckbloet,[20] der *Ontwikkelingsgang der Nederlandsche Letterkunde* von Jan te Winkel[21] und das *Handboek tot de geschiedenis der Nederlandse letterkunde* von Gerard Knuvelder[22] sämtlich die wichtige Rolle und die großen Verdienste Hoffmanns von Fallersleben um die Niederlandistik, vor allem Jonckbloet, der Hoffmann, aber auch Grimm, Gervinus und Mone als seine Vorgänger ansah. Jan te Winkel, bei dem die Literatur des 19. Jahrhunderts sehr ausführlich behandelt ist, geht besonders auf die Einflüsse des Dichters Hoffmann von Fallersleben auf niederländische Autoren wie z. B. Katharina Wilhelmina Bilderdijk-Schweyckhardt (1776–1830), J. M. Dautzenberg (1808–1869) und Cornelis Honigh (1845–1896) ein. Er weist auch auf Hoffmanns Verdienste um die niederländische Musikgeschichte hin. In der zweiten Auflage von Knuvelders Handbuch – die ich während meines Studiums erworben habe – ist der Name Hoffmann im Autorenregister insgesamt achtmal verzeichnet; bei näherem Hinsehen stellt sich allerdings heraus, daß die Hälfte der Einträge dem Dichter E. T. A. Hoffmann gilt.[23]

Eine der wichtigsten Entdeckungen Hoffmanns in der Wolfenbütteler Bibliothek war der Fund eines äußerlich unscheinbaren Büchleins (das zur Zeit des sog. Königreichs Westphalen wohl gerade wegen seiner Unauffälligkeit den Requisitionen der französischen Besatzungsmacht für die Pariser Bibliothèque Impériale entgangen war), nämlich das *Antwerps Liedboek* von 1544. Hoffmann erwähnt es bereits 1821 in seiner Edition der *Otfried*-Bruchstücke, da es aber, wie bekannt, langfristig an Karl von Meusebach ausgeliehen war, konnte es erst im Jahr 1855 von Hoffmann im 11. Band der *Horae Belgicae* in Druck gegeben werden. 1972 wurde das Liederbuch aufs neue ediert, diesmal von K. Vellekoop und H. Wagenaar-Nolthenius.[24] Die Art und Weise, in der W. P. Gerritsen, von den Herausgebern als Ex-

---

19 Ebenda, S. 874: „17 Februari 1992: De redactie van ‚Nederlandse literatuur. Een Geschiedenis' komt tot de ontdekking dat in het boek met geen woord over Beatrijs gerept woordt."

20 Sechs Bände. Groningen 1868–1872. – 4. Aufl., aufs neue durchgesehen von C. Honigh. Groningen 1887–1892.

21 Sechs Bände. Haarlem 1908–1921. – 2. Aufl. Haarlem 1922–1927.

22 Fünf Bände. 2. Aufl. 's Hertogenbosch 1959, 5. Aufl. 's Hertogenbosch 1973.

23 In der fünften Auflage haben sich die Relationen verschoben: nunmehr ist Hoffmann von Fallersleben mit sechs Einträgen vertreten, E. T. A. Hoffmann mit neun.

24 Het Antwerps Liedboek. 87 melodieën op teksten uit „Een schoon liedekens-boeck" van 1544. Twee delen. Amsterdam 1972.

perte hinzugezogen, im zweiten Teil die Forschungsgeschichte beschreibt und dabei die Rolle Hoffmanns hervorhebt, darf man als vorbildlich bezeichnen.

Alles in allem muß man feststellen, daß die niederländischen Philologen und Literaturhistoriker die großen Verdienste August Heinrich Hoffmanns von Fallersleben eindeutig anerkannt haben und sie nach wie vor anerkennen. An dieser Stelle müssen einige wenige Hinweise auf lediglich die neueste Literatur genügen. Zu nennen sind insbesondere die Arbeiten von Ludo Simons (über *Vlaamse en Nederduitse Literatuur in de 19de eeuw*),[25] Marcel De Smedt (über *De literair-historische activiteit van Jan Frans Willems [1793–1846] en Ferdinand Augustijn Snellaert [1809–1872]*),[26] Stefaan Top (über *De „Oude Vlaemsche liederen" van Jan Frans Willems in hun cultuurhistorische context*)[27] und Erika Poettgens (über *Hoffmann von Fallersleben und die Geschichte seines Nachlasses*).[28] Mit Hoffmanns erstem Besuch in Leiden befaßt sich ein Aufsatz von Kees Thomassen. Er enthält zwar keine neuen Fakten, ist aber in unserem Zusammenhang doch erwähnenswert, weil er nochmals auf Hoffmanns Bedeutung für die Niederlandistik hinweist.[29]

5. Die Flämische Bewegung

Das Verhältnis zwischen Belgien und den Niederlanden ist nicht immer unkompliziert gewesen. Von 1815 bis 1830 waren beide Länder im Königreich der Niederlande unter König Wilhelm I. vereint. Von besonderem Belang sind hier jedoch die politischen Entwicklungen nach 1830 und speziell die „Flämische Bewegung".

Die Flämische Bewegung war, obwohl die gemeinsame niederländische Sprache in ihr eine Hauptrolle spielte, in erster Linie eine flämische Angelegenheit; der Norden war an ihr kaum interessiert. Außerdem – und nicht

---

25 Twee delen. Gent 1982 (Verhandelingen van de Koninklijke Academie voor Nederlandse Taal- en Letterkunde. Reeks 6, Nr. 112–112 Bis).
26 Gent 1984 (Verhandelingen van de Koninklijke Academie voor Nederlandse Taal- en Letterkunde. Reeks 6, Nr. 114).
27 In: Verslagen en mededelingen van de Koninklijke Academie voor Nederlandse Taal- en Letterkunde 1995, S. 208–227.
28 In: Enklaar/Ester: Ungenaue Grenze (wie Anm. 1).
29 In: Nieuw Letterkundig Magazijn 13 (1995), S. 35–38. Das *Nieuw Letterkundig Magazijn* ist das Mitteilungsblatt der Leidener Gesellschaft. – Angesichts seiner Bedeutung für die Niederlandistik sei in den Niederlanden enttäuschend wenig über Hoffmann von Fallersleben geschrieben, heißt es in der ersten Fußnote.

ganz zu Unrecht – ist von verschiedener Seite darauf hingewiesen worden, daß die Belgier selbst, auch die Flamen, den Aufstand betrieben und die Unabhängigkeit vom Königreich der Niederlande gewollt haben, damit die weitere Französisierung ihres Landes in Kauf nehmend. Die spätere Gründung und die gegenseitige Anerkennung zweier selbständiger Staaten hatte zur Folge, daß die Niederländer sich nicht in Fragen einmischen durften, die nun zu inneren Angelegenheiten Belgiens geworden waren. Im Hinblick hierauf ist die Jahresrede 1901, gehalten vom Vorsitzenden der Leidener Gesellschaft, dem Romanisten Salverda de Grave, von hohem Interesse.[30]

Hoffmanns Verhältnis zu Holland war ein anderes als das zu Flandern. In Flandern – so könnte man sagen – lebte zu Hoffmanns Zeiten noch das Mittelalter: es wurden noch die alten Lieder gesungen, die alten Volksbücher noch gelesen, in den flämischen Städten war deren stolze mittelalterliche Vergangenheit immer noch sichtbar. Hier fand Hoffmann eine Atmosphäre vor, die er besonders schätzte; hier fühlte er sich zu Hause.[31] Die Flämische Bewegung hatte er erst durch seine Verbindungen zu deren „Vater", Jan Frans Willems, kennengelernt, in dessen Haus er 1837 zum ersten Mal verkehrte. Peter Hans Nelde hat hierüber ausführlich berichtet.[32]

Ich möchte bei dieser Gelegenheit noch darauf aufmerksam machen, daß Hoffmann, der Kenner und Freund der Niederlande, die belgischen Ereignisse des Revolutionsjahrs überhaupt nicht erwähnt: „[...] ich nahm den lebhaftesten Antheil an der Entwicklung der Dinge in Paris. [...] Jede Neuigkeit aus Paris wurde verschlungen. Wir besprachen fortwährend die französischen Zustände."[33] Kein Wort über die von der Pariser angeregte Belgische Revolution. In Hoffmanns Tagebuch erfährt man darüber erst unter dem Jahres-Datum 1836 (bei seinem zweiten Besuch in Amsterdam) einiges, und auch eher nur indirekt: „Kaum war meine Ankunft bekannt, so wurde ich auch schon auf die Polizei vorgeladen. Bei der feindseligen Stellung, welche Holland und Belgien noch fortwährend behaupteten, war eine strengere Aufsicht über die Fremden eingetreten."[34] Ähnlich auch schon ein Jahr zuvor im Vorwort zu einer Edition von Briefen Willem Bilderdijks (datiert Breslau, den 20. Mai 1835): „Doch toen ik mij weder in

---

30 In: Handelingen en Mededeelingen van de Maatschappij der Nederlandsche Letterkunde te Leiden, over het jaar 1900–1901. Leiden 1901, S. 17–35.
31 Vgl. Ada Deprez: Briefwisseling van Jan Frans Willems en Hoffmann von Fallersleben (1836–1843). Met een inleiding en aatekeningen. Gent 1963 (Uit het Seminarie voor Nederlandse Literatuurstudie van de Rijksuniversiteit te Gent. Nr. 1), S. 24.
32 Nelde: Hoffmann und die Niederlande (wie Anm. 1), passim.
33 Hoffmann von Fallersleben: Mein Leben (wie Anm. 2), Bd. 2, S. 187 f.
34 Ebenda, Bd. 1, S. 338.

betrekking wilde stellen met het land, waaran ik zo menig wetenschappe-
lijk genot, zoo veel liefde en eere te danken heb, was dit schoone land reeds
door innerlijken krijg verdeeld."[35]

6. Die komparatistische Imagologie

In ihrer Aachener Dissertation von 1992, verfaßt im Rahmen von Forschungen zur „komparatistischen Imagologie", gibt Ulrike Kloos ein hartes Urteil
über Hoffmanns Beschäftigung mit dem niederländischen Sprachgebiet
ab.[36] In der Periode bis zur 48er Revolution (1806–1848) verberge sich hinter seinem philologischen Anliegen „vor allem das Streben nach dem Nachweis einer großen ‚deutschen' Vergangenheit in den Niederlanden, wobei
seine antifranzösische Haltung besonders hinsichtlich der südlichen Niederlande dominiert."[37] In der zweiten Periode, d. h. in

> den Jahren vor und während der Reichsgründung war Hoffmanns Interesse am
> niederländischen Sprachgebiet also eindeutig bestimmt durch die starke nationale
> Auseinandersetzung Deutschlands mit Frankreich. Durch seine Kontakte zur Flä-
> mischen Bewegung war ihm Gelegenheit gegeben, mit antifranzösischen Kampf-
> parolen in die Tagespolitik einzugreifen.[38]

Diese mit Zitaten fast überladene Untersuchung malt ein sehr einseitiges
Bild der deutschen Germanistik des 19. Jahrhunderts. Dargeboten wird eine
Art Konfliktmodell, das die vielfältigen, vielschichtigen, bisweilen filigra-
nen und meist recht komplizierten Beziehungen zwischen den Völkern und
Kulturen auf einen einzigen, allzu stark simplifizierten Gegensatz redu-
ziert, der in diesem Fall seine Wurzeln bereits im Reich Karls des Großen
haben soll: auf den Gegensatz von Romania und Theodisca, von Latein und
Volkssprache und – letzten Endes – auf den Gegensatz von Frankreich und
Deutschland.[39] Ganz anders, zwar kritisch, aber aus einer viel breiteren
historischen und politischen Perspektive, wird diese Problematik von Salverda de Grave in seinem oben schon erwähnten Vortrag aus dem Jahre 1901

---

35 Als ich aufs neue Beziehungen zu diesem Lande, dem ich so vielen wissenschaftli-
    chen Genuß, so viele Liebe und Ehre verdanke, anknüpfen wollte, war dies schöne
    Land schon durch Bürgerkrieg entzweit. – Siehe: W. Messchert: Brieven van Mr.
    Willem Bilderdijk. Amsterdam 1836–1837, S. IX–X.
36 Ulrike Kloos: Niederlandbild und Deutsche Germanistik 1880–1933. Ein Beitrag
    zur komparatistischen Imagologie. Amsterdam 1992.
37 Ebenda, S. 35.
38 Ebenda, S. 81.
39 Vgl. die kritische Rezension von Christoph Sauer in: Forum der Letteren 34 (1993),
    S. 68–70.

betrachtet. Dabei sind die Schlüsselwörter auch bei ihm Begriffe wie Nationalismus, Pangermanismus, deutsch-französischer Gegensatz.

Gleichsam im Vorübergehen habe ich oben auf Hoffmanns Bekenntnis bei seinem ersten Betreten limburgischen Bodens hingewiesen. Diese Textstelle in seiner Autobiographie ist mir ins Auge gefallen, weil ich nicht leugnen kann, daß ich als Niederländer eine Überempfindlichkeit in bezug auf deutsche territoriale Ansprüche besitze. Bei näherem Betrachten kann man Hoffmanns emotionale Äußerung jedoch auch als ein Kompliment verstehen, das er dem schönen Limburg macht. Bei Kloos habe ich dieses Hoffmann-Zitat nicht wiedergefunden, hingegen ein anderes, fast schon berüchtigtes: „Angenommen, daß wirklich das Vlaemsche sich nicht zu einer Nationalsprache eignet (was doch nur gänzliche Unkenntnis mit der alten und neuen Vlaemschen Sprache und Literatur behaupten kann), warum denkt denn da niemand an das Deutsche?"[40] Diese Worte kann man nicht ernstlich als einen Vorschlag Hoffmanns verstehen wollen, in Flandern das Hochdeutsche als Schriftsprache einzuführen.

7. Schluß

Hoffmann von Fallersleben und die Niederlande – das ist ein wichtiges Kapitel in der Geschichte der Germanistik. Hoffmanns Bemühen um die „altvaterländischen" Denkmäler der niederländischen Sprache und Literatur hat große Folgen für die Entwicklung einer selbständigen Niederlandistik gezeitigt. Eine ganze Generation junger Niederlandisten hat er begeistert, und es würde ihm viel Freude bereitet haben zu erfahren, wie noch heute die Mittelalter-Niederlandistik aus seinen Vorarbeiten Nutzen zieht. Mit einem Zitat aus der Einleitung zu einem niederländischen Symposionsband über *Das Studium der mittelniederländischen Literatur. Forschungslage und Zukunft* möchte ich schließen: „Von der deutschen Germanistik geht im Augenblick die meiste Anregung aus, und eine wachsende Zahl von Medioniederlandisten läßt sich den Weg weisen von namhaften deutschen Mediävisten wie J. Bumke, U. Peters oder W. Haug."[41]

---

40 Kloos, Niederlandbild (wie Anm. 38), S. 34.
41 Zitiert und übersetzt nach: J. H. Winkelman: Onze wetenschappelijke „Handelsbalans" vertoont een opvallend passief beeld. Over de wisselwerking tussen de Germanistiek en de Medioneerlandistiek. In: P. P. van Oostrom (u a.): Misselike tonghe. De middelnederlandse letterkunde in interdisciplinair verband. Amsterdam 1991, S. 57–68.

Herbert Blume

Von Fallersleben

August Heinrich Hoffmann und die niederdeutsche Mundart seines Heimatorts

Der 23jährige Bonner Student August Heinrich Hoffmann aus Fallersleben veröffentlicht 1821 in der in Hannover erscheinenden Zeitschrift *Vaterländisches Archiv, oder Beiträge zur allseitigen Kenntniß des Königreichs Hannover, wie es war und ist* eine Wörtersammlung mit dem Titel *Mundartliche Sprache in und um Fallersleben.*[1] Zusammen mit einem im Jahrgang 1823 dieses Periodikums[2] erschienenen Nachtrag[3] umfaßt Hoffmanns Sammlung auf 57 Druckseiten 418 Lemmata. Vorangestellt ist ein knappes Vorwort von 20 Zeilen.

Man liest dort, daß der Autor hier nur „ein Viertheil von dem reichen Schatze einer, binnen 5 Jahren entstandenen Sammlung" vorlege und daß seine Ziele noch viel weiter gesteckt seien: Die abgedruckte „Wörter-Sammlung" solle nur den ersten Teil eines umfassenderen Werkes bilden: in Teil 2 will Hoffmann „Redensarten und Sprüchwörter" bieten, „unter Nro. 3. wird ein Versuch einer mundartlichen Laut- und Formenlehre mitgetheilt", und schließlich solle später auch noch „eine Uebersicht alles dessen, was für mundartliche Sprache des Königreichs Hannover gethan ist, erscheinen".[4] Große Projekte also. Um es vorweg zu sagen: Hoffmann hat sie nicht verwirklichen können.

---

1   Bd. 4 (1821), S. 171–189; Bd. 5 (1821), S. 1–31.
2   Die Zeitschrift hatte inzwischen den Herausgeber gewechselt und auch ihren Namen leicht verändert. Die ersten Bände waren von G. H. G. Spiel herausgegeben worden und im Verlag der Hahnschen Buchhandlung in Hannover erschienen; nunmehr ist Ernst Spangenberg Herausgeber, der Titel lautet *Neues Vaterländisches Archiv* [usw. wie vor], und sie erscheint im Verlag von Herold und Wahlstab in Lüneburg.
3   Bd. 4 (1823), S. 152–158. – Die drei Teile von Hoffmanns Publikation sind vor einigen Jahren in Reprint-Form zusammengefügt worden und unter dem folgenden Titel neu erschienen: Bratjen un Klümpe. Die mundartliche Sprache in und um Fallersleben. Ausdrücke, Sprichwörter und Bräuche. Eine Zusammenstellung der mundartlichen Forschungsarbeiten Hoffmanns von Fallersleben in den Jahren 1821 bis 1823. Von Gerhardt Seiffert. [...] O. O. [Fallersleben] 1981.
4   Hoffmann von Fallersleben: Mundartliche Sprache (wie Anm. 1), Bd. 4, S. 171.

Was die geplante Forschungsübersicht bzw. -bibliographie angeht, so
ist ihm schon kurz darauf, nämlich 1826, der Braunschweiger Arzt und
Philologe Karl Friedrich Arend Scheller mit seiner *Bücherkunde der Sassisch-Niederdeutschen Sprache* zuvorgekommen.[5] Schellers Bibliographie
wurde trotz aller ihrer Absonderlichkeiten[6] für mehr als 100 Jahre zum
bibliographischen Standardwerk, an dessen Stelle erst in unserem Jahrhundert die niederdeutsche Bibliographie von Borchling und Claussen getreten ist. Von der angekündigen Laut- und Formenlehre hat Hoffmann als
Einleitung zu einer von ihm selbst überarbeiteten, 1858 gedruckten Version
seiner Wörtersammlung,[7] von der im folgenden noch die Rede sein wird,
lediglich die Skizze einer Lautlehre geliefert. Eine oben als separater Teil 2
angekündigte Sammlung, enthaltend „Redensarten und Sprüchwörter", ist
ebenfalls nie erschienen. Vielmehr hat Hoffmann alles, was ihm an Phraseo-
logischem, Sprichwörtlichem, an Kinderreimen und dergleichen buchens-
wert erschien, unter dem jeweils passenden Stichwort in seine Wörterliste
eingearbeitet; und er tut dies auch bereits in der ersten Fassung von 1821.

Wenn Hoffmann mit dem Zusammentragen seines Wörterverzeichnis-
ses fünf Jahre vor 1821 begonnen haben will, so führt uns dieser Hinweis
in das Jahr 1816, und zwar nach Braunschweig. Im Frühling dieses Jahres
bricht Hoffmann nach Abschluß seiner Braunschweiger Gymnasialzeit
zum Studium nach Göttingen auf. In seine Wörtersammlung ist in der Tat
zumindest *ein* erkennbares Erinnerungsnotat aus seinen Braunschweiger
Gymnasialjahren eingeflossen. Und zwar gibt es dort ein Lemma *knuppe-
rig sin* mit folgendem Interpretament:

> so gedörrt seyn, daß es im Zerbrechen oder Zerbeißen ein Geräusch giebt, knup-
> pert. Die Braunschweiger Marktweiber rufen so den Landsmann zu ihrer Bude: Na,
> Vedder, kome mal här! ächte bronswikesche Pöppernötte, ock recht knupprige.[8]

Angesichts der Tatsache, daß die Unterschiede zwischen dem Ostfälischen
in Braunschweig und in Fallersleben minimal sind, hat Hoffmann recht

---

5 Bücherkunde der Sassisch-Niederdeutschen Sprache, hauptsächlich nach den Schrift-
   denkmälern der Herzogl. Bibliothek zu Wolfenbüttel entworfen von Dr. Karl F. A.
   Scheller. Braunschweig 1826.
6 Über Scheller und seine Bemühungen, das seit dem 16./17. Jahrhundert nicht mehr
   als Schriftsprache fungierende Niederdeutsche wieder zu einer solchen zu erheben,
   siehe: Herbert Blume: Karl Friedrich Arend Scheller und das „Sassische". In: Mecht-
   hild Wiswe (Hrsg.): Braunschweigisches und Ostfälisches. Gedenkschrift für Werner Flechsig. Braunschweig 1992, S. 51–68.
7 Hoffmann von Fallersleben: Mundart in und um Fallersleben. In: Die deutschen
   Mundarten 5 (1858), S. 41–57; 145–161; 289–302. – Dasselbe als Sonderdruck von
   46 S. Umfang erschienen: Nürnberg 1858.
8 Hoffmann von Fallersleben: Mundartliche Sprache (wie Anm. 1), Bd. 5, S. 5.

daran getan, auch einen solchen Braunschweiger Beleg, wenn er sich anbot, in seine Sammlung aufzunehmen.

Hoffmanns Wörtersammlung von 1821/23 zeigt sich uns als das Werk eines Dilettanten (im positiven Wortverständnis, also: eines Liebhabers), erarbeitet in einer Zeit, als die modernen germanistischen Wörterbücher (das der Brüder Grimm bzw. das von Schmeller) noch nicht am Horizont erschienen waren. Vielmehr steht der Student Hoffmann mit seinem mundartlexikographischen Konzept noch in der Tradition der Idiotika des 18. Jahrhunderts. Er will somit von vornherein nicht den Gesamtwortschatz der ostfälischen Mundart von Fallersleben und Umgebung mitteilen, sondern: „Nur solche Wörter sind aufgenommen, welche sich entweder nur in der Nachbarschaft und sonst nirgends so, oder in anderer Bedeutung anderwärts finden."[9] Wie sehr Hoffmann den niederdeutschen Idiotika des 18. Jahrhunderts noch verbunden ist, lassen nicht nur seine zahlreichen Hinweise gerade auf pommersche Wortentsprechungen erkennen (obwohl nicht namentlich genannt, dürfte sich dahinter Johann Carl Dähnerts *Platt-Deutsches Wörterbuch der* […] *Pommerschen und Rügischen Mundart*[10] verbergen), sondern auch die schon erwähnte Tatsache, daß er etwa wie Michael Richey in seinem *Idioticon Hamburgense*[11] Phraseologismen, Abzählverse, Volksliedhaftes usw. in die Lemmata seiner Wörterliste einbaut.

Die Gestaltung der Lemmata ist 1821/23 noch reich an Inkonsequenzen und insgesamt recht anspruchslos. Einige Blicke auf die im folgenden wiedergegebene Wörterstrecke von *Heidjer* bis *Huppuppergeselle*[12] mögen dies veranschaulichen.

Heidjer – der Bewohner der Heide, jenseits der Aller. Die kleinen Heideschafe, mit braunfarbigem grobem Fließe und krummen Hörnern, heißen ebenso. – De Heidjer brummt, sagt man, wenn schwarze Wolken nordwärts über der Heide stehen, und: de Heitjer lacht (et gifft morgen gut Wedder) wenn's ebenda hell und heiter erscheint.

Heie* – Dat de Heie wackelt! betheurender Ausruf.

Heilebarth – Storch. Holst. Abär, Adebär, Hamb. Ebehr. – Wer zum erstenmale im Jahr einen Storch sieht, und hat dann gerade Geld in der Tasche, dem mangelt's das ganze Jahr nicht. – Die Kinder singen in ihrem festen Glauben:
> Heilebarth im Neste,
> Bring mick'ne lüttige Swester!

---

9 Hoffmann von Fallersleben: Mundartliche Sprache (wie Anm. 1), Bd. 4, S. 171.
10 Stralsund 1781. – Zum Begriff des Idiotikons und zur Geschichte der deutschsprachigen Idiotika im 18. Jahrhundert siehe: Walter Haas: Einleitung. In: Ders. [u. a.] (Hrsg.): Provinzialwörter. Deutsche Idiotismensammlungen des 18. Jahrhunderts. Berlin, New York 1994, S. XVII–LXVII, bes. S. XXV–XXXVII.
11 Hamburg 1755.
12 Hoffmann von Fallersleben: Mundartliche Sprache (wie Anm. 1), Bd. 4, S. 187–189.

Heilbarth du Luder.
Bring mick'en lüttjen Bruder!
und er bringt ihnen dann auch dies, und noch mehr. – Honigkuchen, Gersten-
zucker, Rosinen etc.

Heilebarths-blaume* – die gewöhnliche gelbe Wasseriris, Iris palustris.

Heler – kleiner Fischteich.

herutmuthen – körperlich stärker werden nach überstandener Krankheit, sich her-
ausmaußern.

hibbelen – schnell über etwas hineilen in der Arbeit, gleichsam drüberhin hobeln
(höbbeln). Davon **hibbelig** – flüchtig in seinem Thun und Treiben.

Hille* – Raufe, gleichbedeutend damit das dän. Hylle oder Hylde, und verschieden
von beiden das pommersche Hilde.

hille – behende, hurtig.

hiss! hiss! – Zuruf den Hunden, sie zu hetzen; ebenso im Dän.

Höbbel – Hobel. Schwed. Höfwel.

Homester – Hofmeister, Aufseher über die Tagarbeiten der Knechte und Mägde auf
großen Meiereien.

huddelen – dasselbe was hibbeln, nur mit Langsamkeit.

huddern – vom Federvieh, wenn es die Küchlein unter die Arme nimmt, sie zu
wärmen.

Hükasten – Hütefaß, Fischbehälter.

Hucke* – dän. Huug. In de Hucke sitzen – auf den Fersen sitzen, hocken, dän. sid-
de paa Huug.

Huln, Hullen – ein Büschel, Zöpfchen, Federn auf dem Kopfe. So heißt eine Ente
mit einem Büschel auf dem Kopfe – 'ne hullige Ahnte.

Hunkhus, dat – Kernhaus im Innern der Aepfel und Birnen. So auch am Südharze.
Pomm. Hüseken.

Huppuppergeselle – Wiedehopf.

Es finden sich, wie man sieht, keinerlei Angaben zur Wortartzugehörig-
keit der Stichwörter. Das Genus der Substantive wird auf merkwürdige Art
und Weise angegeben: Feminina werden mit einem Asterisk markiert (in
unserem Textausschnitt *Heie, Hille, Hucke*), Neutra durch Hinzufügung
des Artikels *dat* (Beispiel: *Hunkhus*), alle nichtindizierten Substantive sind
Maskulina. Bisweilen fehlt die Bedeutungsangabe, so bei *Heie* 'Heide,
Heidelandschaft'. Auch in dieser Kargheit der grammatischen und semantischen Information gleicht Hoffmanns Sammlung z. B. dem Richeyschen
Hamburger Idiotikon.

Recht sorglos und anfängerhaft nehmen sich auch Hoffmanns Verweise auf verwandte Wörter im Dänischen und Schwedischen aus. Ich meine
hiermit nicht so sehr, daß Hoffmann bei diesen Verweisen nicht zwischen
solchen Entsprechungen unterscheidet, die auf gemeinsames germanisches
Erbe zurückgehen (wie plattdeutsch *hille*, dänisch *hylde*), und solchen, die
auf hansezeitlicher Entlehnung aus dem Mittelniederdeutschen beruhen
(wie plattdeutsch *höbbel* 'Hobel', schwedisch *höfwel*). (Hoffmann hat übrigens recht, wenn er hier nicht die heute alleingültige schwedische Form
hyvel 'Hobel' anführt, sondern die bis weit ins 19. Jh. noch vorkommende

Nebenform *hövel.*[13]) Eine Differenzierung der nordgerm. Parallelbelege
in Erbwörtlich-Verwandtes einerseits und Entlehntes andererseits bereits
dem Bonner Studenten Hoffmann abzuverlangen schiene mir anmaßend.
Dank den etymologischen Wörterbüchern, die seit dem späten 19. Jahrhundert für die germanischen Sprachen erarbeitet worden sind, können wir
uns heute binnen weniger Minuten über wortgeschichtliche Zusammenhänge informieren; einem deutschen Studenten des frühen 19. Jahrhunderts,
der sich ja doch immerhin autodidaktisch einige Kenntnis des Dänischen
angeeignet hatte, erschlossen sich diese Dinge nicht so leicht.

Hoffmanns Flüchtigkeit zeigt sich vielmehr darin, daß er sich mögliche
Verweise bisweilen entgehen läßt: in unserem Ausschnitt hätte er unter dem
Lemma *Heie* 'Heide' konsequenterweise die korrespondierenden dänischen und schwedischen Wörter *hede* bzw. *hed* angeben sollen; unter *höbbel* hätte er – wenn schon, denn schon – nicht nur auf schwedisch *hövel*,
sondern auch auf dänisch *høvl* verweisen sollen. Und auch mit den Bedeu-
tungsangaben, die er liefert, nimmt er es nicht immer genau: dänisch *hylde*, das mit ostfälisch-plattdeutsch *Hille* etymologisch durchaus zusammen-
gehörig, wenn auch nicht identisch ist (beide Wörter enthalten verschiedene
Ablautstufen ein und desselben Wortstamms) bedeutet 'Wandbrett, Regal-
brett, Sims', aber nicht (wie Hoffmann behauptet) 'Futterraufe', und beim
pommerschen Seitenstück *Hilde,* im heutigen pommerschen Platt apoko-
piert zu *Hill,* teilt er zwar mit, daß es nicht gleichbedeutend mit ostfälisch
Hille 'Raufe' sei, behält die pommersche Bedeutung ('Heuboden, Futter-
boden')[14] aber für sich.

Es wäre jedoch in hohem Maße ungerecht, hier nur auf die Unzuläng-
lichkeiten von Hoffmanns Sammlung hinzuweisen, um so mehr, als sie sich,
mit der Elle heutiger Professionalität gemessen, viel stärker abzeichnen, als
es das Publikum seiner Zeit empfunden haben wird. Schon in seiner ersten
Fassung, mehr aber noch in der überarbeiteten von 1858, ist Hoffmanns
kleines fallerslebisches Idiotikon für uns ein kulturhistorisches Denkmal
von hohem Wert, insofern es den Sitz der in ihm versammelten Wörter in
Lebensformen dokumentiert, die im bäuerlich-vorindustriellen Acker-
bürgerflecken Fallersleben am Beginn des 19. Jahrhunderts noch galten, die
es heute aber längst nicht mehr gibt. Die Welt, die Hoffmann solchermaßen
in den Wörtern eingefangen hat, ist unübersehbar auch eine Welt der sozialen Abhängigkeit, der Unfreiheit, der Armut, der Krankheit und des

---

13 Elof Hellquist: Svensk etymologisk ordbok. Bd. I. Tredje upplagan. Ny tryckning.
   Lund 1970, S. 379.
14 Siehe Renate Hermann-Winter: Kleines plattdeutsches Wörterbuch für den meck-
   lenburg-vorpommerschen Sprachraum. Neumünster 1986 (Lizenzausgabe der
   1. Auflage Rostock 1985), S. 116.

Schmutzes. Hoffmann nimmt noch keineswegs an jener nachmärzlichen Verklärung der plattdeutschen Welt teil, für die Klaus Groths Gedichtsammlung *Quickborn* (1851/52) Anstoß und Muster werden sollte. Hier ein paar die materielle und soziale Dürftigkeit des damaligen Lebens enthüllende Beispiele aus seiner Wörterliste:[15]

> **blennen,** schelten, besonders von der Herrschaft wider die Dienstboten.
> **Damp, dampich-syn,** Engbrüstigkeit, Asthma, womit besonders ältere Landleute geplagt sind.
> **Delduben,** alte Weiber, die frei mitessen in den Gesindestuben und dafür den Mägden einen Dienst abnehmen, als Wasserholen, Melken, Messer- und Gabelputzen.
> **ferich,** adj.: von einem Geschwür oder einer Wunde, wenn sie so schlimm geworden, daß keins mehr heilen will.
> **Gnatte,** f.: kleine Art von Mücken, die sehr stechen und in der feuchten Haut kleben bleiben.
> **mulstrich,** adj.: muffig, wenn etwas durch Feuchtigkeit einen übeln Geschmack oder Geruch angenommen hat.

Allerdings sind Wortbeispiele dieser Art nicht prägend für die Sammlung Hoffmanns. Die weitaus größere Zahl der Wörter dokumentiert einfach nur die Welt des bäuerlich-vorindustriellen Alltagslebens:[16]

> **Bank,** f.: Reihe behackter Kartoffeln.
> **Banse,** f.: der Raum hinter der Seitenwand in der Scheune zum Aufbewahren der Garben.
> **beunen,** ein hölzernes Gefäß, das in der Sonne losgetrocknet ist, ins Wasser stellen oder damit füllen, damit es quillt und wieder dicht wird.
> **Botter-swerbe/-swerme,** f.: eine hölzerne runde Butterbüchse, wie sie Tagelöhner, Mäher und Holzhacker in die Arbeit, auch wol Knechte über Feld mitnehmen.
> **Bulten,** m.: kleine runde Rasenerhöhung in der Wiese oder Heide.
> **Quene,** f.: Rind (nur auf den Dörfern noch gangbar.)

Hoffmann konnte nicht ahnen, daß er in seiner Wörtersammlung auch alte Fallersleber Perspektiven und Bilder festgehalten hat, die infolge von Industrialisierung und Verstädterung inzwischen längst verschwunden sind. Hoffmanns Lemma *Heidjer* vom Jahre 1821 enthält auch die beiden Phraseologismen *De Heidjer brummt, sagt man, wenn schwarze Wolken nordwärts über der Heide stehen, und: de Heitjer lacht (et gifft morgen gut Wedder) wenn's ebenda hell und heiter herscheint.* Die beiden metaphorisch-allegorischen Ausdrücke *De Heidjer brummt* und *De Heitjer lacht* setzen noch den freien Blick auf die Allerniederung voraus, die unmittelbar an der damaligen Bebauungsgrenze des Ortes begann. Seither ist dieser Blick durch den Bau zweier Bahnlinien und Bahnhöfe 1871 und 1899,

---

15 Die folgenden Beispiele nach der überarbeiteten Fassung von 1858 (wie Anm. 7).
16 Ebenda.

durch die Errichtung einer Zuckerfabrik 1879, durch den Bau des Mittellandkanals samt eines Hafens Ende der 30er Jahre und durch Anlage weitläufiger Industrie- und Wohngebiete nach dem 2. Weltkrieg zugebaut worden. In meiner Kindheit konnte man vom Hang des Glockenbergs aus noch weit in die nördlich der Allerwiesen beginnende Lüneburger Heide hineinblicken: in eine Landschaft, die mit ihren Kiefernwäldern und ihren Ackerstücken in vielen Grüntönen im wechselnden Sonnenlicht breit und tief dalag und über der sich ein hoher Himmel wölbte, bald mit dunklen Wolken, bald mit heiteren. Darunter öffnete sich dem Auge eine lockende Ferne, und dort wohnten auf kargem Sandboden Leute, die aus Fallersleber Sicht schon ein wenig anders waren als man selbst, die ein Platt sprachen, das schon ein bißchen nördlicher klang: die *Heidjer* eben. An manchen Spätsommerabenden stand in der Dämmerung Nebel über den Allerwiesen: dann sagte man noch um 1950 auf Plattdeutsch, daß der „Hase braust": *de Hase bruset*. Hoffmanns Erläuterung zu diesem Phraseologismus: *wenn der Abendnebel im Sommer auf Wiesen und Brüchen emporsteigt und in der Ferne sichtbar wird.*[17] Ein Bild fast wie bei Matthias Claudius. All das ist in Fallersleben heute längst Geschichte geworden: der weite Blick ist zugebaut, die Wiesen sind trockengelegt und teilweise asphaltiert, und das Plattdeutsche ist in Fallersleben eine fast vergessene Sprache. In Hoffmanns fallerslebischem Idiotikon aber haben die bukolischen Bilder von den Allerwiesen mit den Wolken und dem Abendnebel ihren Platz behalten.

Die Wörtersammlung, welche Hoffmann 1821–1823 im *Vaterländischen Archiv* veröffentlicht, ist in ihrer lexikographischen Machart, wie wir gesehen haben, noch ganz vorgermanistisch und hält (besonders, was die inkonsequente Lemmastruktur betrifft) den Vergleich mit den Leistungen, die die methodenbewußte germanistische Mundartforschung des 19. und 20. Jahrhunderts erbracht hat, schwerlich aus. Ihr Wert besteht in anderem: Gerade weil Hoffmann sich nicht scheut, die Wörter in ihren phraseologischen Kotexten und situationellen Kontexten zu präsentieren, wird sein Idiotikon über weite Strecken zu einem sprach- und kulturhistorischen Bilderbogen des 19. Jahrhunderts, dessen Informationsgehalt die pragmalinguistisch interessierte Sprachgeschichtsforschung unserer Tage wiederum zu schätzen weiß. Und bei aller Liebe zum volkskundlichen Detail ist Hoffmanns Darstellung nirgends sentimental.

Fünfunddreißig Jahre später, 1858, kommt Hoffmann auf seine Fallersleber Wortschatzstudien noch einmal zurück. Inzwischen ist die wissenschaftliche germanistische Mundartforschung in Gang gekommen, und es existiert nun sogar eine spezielle Zeitschrift, *Die deutschen Mundarten*, die

---

17 Ebenda, S. 146.

der Nürnberger Germanist und Bibliothekar am Germanischen National-
museum Karl Frommann von 1854 bis 1859 herausgibt. In dieser Zeitschrift
läßt Hoffmann, inzwischen ein bekannter Gelehrter und Schriftsteller und
damals in Weimar ansässig, seine Wörtersammlung in revidierter Form und
mit geringfügig verändertem Titel[18] nochmals drucken.

In dieser neuen Version ist die Anzahl der Lemmata auf 618 angewach-
sen; gegenüber 418 Lemmata im Jahre 1821 sind dies fast 50 Prozent mehr.
In Wirklichkeit ist der Zuwachs noch größer: Ableitungsbildungen und
Komposita ordnet Hoffmann nunmehr konsequenter, als er dies 1821 getan hatte, als Sublemmata in die Hauptlemmata ein. Hier dürfte sich der
Einfluß von Johann Andreas Schmellers (1785–1852) *Bayerischem Wörter-*
buch bemerkbar machen, dessen erste Auflage 1827–1837, also in der Zwi-
schenzeit, erschienen war. Bei Schmeller war die Wortstammzugehörigkeit
auf geradezu extreme Weise zum Anordnungsprinzip für das gesamte Wörterbuch gemacht worden. Karl Frommann wiederum war nicht nur der
Herausgeber der Zeitschrift *Die deutschen Mundarten*, sondern zugleich
auch Herausgeber und Bearbeiter der zweiten, 1872–1877 erschienenen
Auflage von Schmellers Wörterbuch. Frommann hat zum revidierten Neudruck von Hoffmanns Aufsatz auch eine große Anzahl von bibliographischen Querverweisungen beigesteuert,[19] so daß sich in dieser Fassung das
Einwirken von Schmeller und Frommann (bzw. der bayerischen Dialekt-
geographie) auf mehrfache Weise bemerkbar macht. Und in noch einer Hinsicht ist die revidierte Fassung von 1858 eine verbesserte: Hoffmann verzichtet nunmehr so gut wie ganz auf die Angabe dänischer und schwedischer
Wortparallelen. Ob dies auf Anraten Frommanns geschehen ist oder ob
Hoffmann selbst inzwischen zu besseren Einsichten in die Probleme der
mittelalterlichen Wortgeschichte der nordgermanischen Sprachen gelangt
war, vielleicht weil er Kenntnis vom sog. „Skandinavismus" der dänischen
und schwedischen Romantiker und dessen sprachpuristischer Dimension
erhalten hatte[20] oder aber gar von der Landsmaal-Bewegung in Norwegen,
die sich anschickte, gegen die Bewahrung des dänisch-mittelniederdeutschen
Wortschatzerbes zu Felde zu ziehen,[21] muß dahingestellt bleiben.

Seiner überarbeiteten Fassung von 1858 hat Hoffmann auch einen kurzen Abriß der Lautlehre der Fallerslebener Mundart vorangestellt. Ohne

---

[18] Siehe oben, Anm. 7.

[19] Hoffmann von Fallersleben: Mundart in und um Fallersleben (wie Anm. 7), S. 49.

[20] Vgl. hierzu z. B. Peter Skautrup: Det danske sprogs historie. Tredie Bind. København 1968, S. 143–160; Gösta Bergman: Kortfattad svensk språkhistoria. Stockholm
1968, S. 174–177.

[21] Zum norwegischen Sprachenstreit im 19. Jahrhundert siehe z. B. Vemund Skard:
Norsk språkhistorie. Bd. III: 1814–1884. Oslo, Bergen, Tromsø 1973, passim.

gesondert darauf hinzuweisen, benutzt Hoffmann dabei als phonologisch-phonetischen Bezugspunkt das Hochdeutsche seiner Zeit; er teilt also z. B. mit, welche plattdeutschen Vokale z. B. einem hochdeutschen *a* je nach dessen phonetischer Distribution entsprechen können. Außerdem gibt er in vielen Fällen auch die mittelhochdeutsche Entsprechung des jeweiligen plattdeutschen Phonems bzw. Allophons an. Daß Hoffmann (trotz den in Jacob Grimms *Deutscher Grammatik*[22] vorliegenden Hinweisen zur mittel-niederdeutschen Lautlehre) nicht auf das sprachhistorisch hier eigentlich nur in Frage kommende Mittelniederdeutsche verweist, mag seine Ursache darin haben, daß als Bestandteil von Karl Weinholds *Mittelhochdeutschem Lesebuch*[23] bereits eine separate Laut- und Formenlehre des Mittelhoch-deutschen in nuce vorlag, das Mittelhochdeutsche also gut greifbar war, während das Erscheinen einer Grammatik des Mittelniederdeutschen da-mals noch in weiter Ferne lag: Erst 1882 erscheint Wilhelm Lübbens *Mit-telniederdeutsche Grammatik*, erst 1914 die bis heute durch nichts Neue-res ersetzte[24] gleichnamige Grammatik von Agathe Lasch.[25] Auch wenn man dies in Rechnung stellt, bleibt der phonologische Vorspann Hoffmanns trotz mancher scharfsichtiger Hinweise auf lautliche Charakteristika des Ostfälischen doch hinter dem zurück, was man um die Jahrhundertmitte an dialektologischer Professionalität in der Darbietung des Materials wohl hätte erwarten dürfen. Mit seinem Verzicht auf die Einbeziehung des mit-telniederdeutschen Lautstandes hat er sich die Sache recht einfach gemacht.

Hoffmann von Fallersleben ist über seiner Beschäftigung mit der hei-matlichen Mundart, wie man sieht, nicht zum Dialektologen geworden.[26] Beim Erstellen seines fallerslebischen Idiotikons konnte er mit den Pfun-den wuchern, die er als *native speaker* des ostfälischen Niederdeutsch Fallersleber Observanz in seinen Kinder- und Jugendjahren erworben hatte. Als Angehöriger der Bildungselite des norddeutschen Marktfleckens re-

---

22 1. Theil. 2. Aufl. Göttingen 1822.
23 Wien 1850.
24 Die unter dem Titel *Niederdeutsche Forschungen* erschienene zweibändige Gram-matik des Mnd. von Christian Sarauw (København 1921–24) ergänzt Laschs Hand-buch in vielerlei Hinsicht, ist aber nicht an dessen Stelle getreten.
25 1. Aufl. Halle a.d. Saale 1924; 2., unveränderte Aufl. Tübingen 1974.
26 Dies unbeschadet der Tatsache, daß Hoffmann mehrmals in seinem Wissenschaft-ler-Leben Wörtersammlungen auch zu anderen Dialekten (so zum Helgoländer Nordfriesisch und insbesondere zum Schlesischen) vorgenommen und publiziert hat. Verglichen mit seinen sonstigen Tätigkeitsfeldern bleibt die Dialektologie den-noch eine Randerscheinung. Vgl. hierzu: Walther Mitzka: Hoffmann von Fallersle-ben und das Schlesische. In: Festschrift für Helmut de Boor zum 75. Geburtstag am 24. März 1966. Hrsg. von den Direktoren des Germanischen Seminars der Freien Universität Berlin. Tübingen o. J., S. 241–250.

präsentiert er nolens-volens jenen Typus des niederdeutsch-hochdeutsch
zweisprachigen Bildungsbürgers, der vom 17. Jahrhundert bis zur Mitte
des 19. Jahrhunderts, ja zum Teil bis in die ersten Jahrzehnte unseres Jahrhunderts in den norddeutschen Städten typisch ist. Daß er das Plattdeutsch
seiner eigenen Heimat fehlerfrei und intim beherrscht, beweist er nicht nur
in der Wörtersammlung, von der hier die Rede ist, sondern auch etwa in
seinen ungedruckten Anekdotensammlungen,[27] in denen nicht nur die
Bauern, sondern durchaus auch die Stadtbürger, wenn es die Situation erfordert, plattdeutsch reden.

Weiterhin ist auch das von Hoffmann gesprochene Hochdeutsch, wie
das vieler seiner gebildeten norddeutschen Zeitgenossen, nicht frei von
niederdeutschen Interferenzen. Decouvrierend hierfür ist z. B. ein mikro-
skopisch kleines Detail in jenem hochdeutschen Vierzeiler, mit dem der
neunjährige August Heinrich im Jahre 1807 quasi literarisch debütiert und
der folgendermaßen lautet:[28]

> Am 2. Aprilis ist geboren
> Unser Heinerich August
> Und zu hoher Sangeslust
> Von den Göttern auserkoren.

Es geht hier um den Svarabhakti-Vokal „e" in der Mitte des Wortes *Hei-
nerich,* der sich im ostfälischen Niederdeutsch zwischen Nasal und Liqui-
da einstellen kann. Im gesprochenen Hochdeutsch hätte dieses „e" eigentlich nichts zu suchen, es ist als (metrisch willkommene) Interferenz aus dem
Niederdeutschen aber eben dennoch vorhanden. Wie wenig Abstand Hoffmann zum heimischen Platt auch noch als gestandener Wissenschaftler
besitzt, zeigt sich zum Beispiel darin, daß er noch 1858 das niederdeutsche
Verbum *bölken* benutzt, wenn er die Bedeutung des plattdeutschen Verb-
ums *krjeulen* erklären will: „*krjeulen,* laut rufen, bölken, vorzüglich von
Fuhrleuten gesagt, die den ganzen Weg hin bald mit ihren Pferden, bald
mit sich selbst laute Unterhaltung pflegen".[29]

Und schließlich hat Hoffmann das situationsgebunde Hinüberwechseln
der Familienmitglieder seines Elternhauses von der einen in die andere Sprache auf den ersten, den Kinderjahren gewidmeten Seiten seiner Lebenserinnerungen – wohl ohne dies zu beabsichtigen – gut erkennbar selbst
festgehalten. Seine aus Wittingen (bei Uelzen) gebürtige Großmutter müt-

---

27 Archiv des Hoffmann-von-Fallersleben-Museums, Fallersleben. Signaturen 65.001–
    65.018.
28 Mein Leben. Aufzeichnungen und Erinnerungen von Hoffmann von Fallersleben.
    Erster Band. Hannover 1868, S. 24.
29 Hoffmann von Fallersleben: Mundart in und um Fallersleben (wie Anm. 7), S. 153.

terlicherseits, die mit im Hause wohnte, sprach mit dem „Hauslehrer des Herrn Amtmanns", d. h. mit einem nicht zur Familie gehörenden Mitglied der gebildeten Schicht, so selbstverständlich hochdeutsch, wie sie mit ihren Enkelkindern und den übrigen Familienmitgliedern plattdeutsch sprach.[30] Die Diglossie-Situation in Hoffmanns Fallersleber Existenz[31] muß nach allem, was sich erkennen läßt, etwa folgendermaßen beschaffen gewesen sein: Außerhalb von Hoffmanns Elternhaus galt (abgesehen vom Verkehr mit Honoratioren und Gebildeten) so gut wie allein das Niederdeutsche als Sprechsprache, innerhalb des Hauses galten Hochdeutsch oder Niederdeutsch gleichberechtigt, meist abhängig von der jeweiligen Gesprächskonstellation. Dieses mündliche Neben- und Miteinander von Niederdeutsch und Hochdeutsch um die Mitte des 19. Jahrhunderts ist gerade für Fallersleben literarisch gut dokumentiert, nämlich in den plattdeutschen Erzählungen des Bauern, Schriftstellers und Achtundvierzigers Heinrich Deumeland (1822–1889).[32]

---

30 „Als der Hauslehrer des Herrn Amtmanns eines Tages bei uns war und die Füße auf den Stuhl legte, fragte sie ihn: 'Herr A., thun Sie das denn auf dem Amte auch?' Viele Ihrer Aussprüche sind noch heute in unserer Familie unvergessen, besonders die in ihrer lüneburgischen Mundart. [...] Als mein Bruder am Fieber darnieder lag, nachdem er den Winter vorher so hübsch die Räuber mitgespielt hatte, meinte sie: 'Süst du, mîn Sœn, dat maken de Rövers!'" Mein Leben (wie Anm. 28), S. 2 f. – Das spezifisch „Lüneburgische" in diesem Zitat zeigt sich im Wort *Sœn* (statt kernostfälischfallerslebisch *Sôn*). Was die Flexionsendung von *maken* betrifft, so irrt Hoffmann an dieser Stelle: in Wittingen lautet der Einheitsplural *maket*, wie in Fallersleben. Die *maket/maken*-Isoglosse verläuft östlich von Wittingen.

31 Die Familie, der Hoffmann von Fallersleben entstammt, gehörte im Ackerbürger-Flecken Fallersleben zur oberen Schicht der dortigen Bürger. Sein Vater, Heinrich Wilhelm Hoffmann (1766–1819), wie schon der Großvater und Urgroßvater, Kaufmann und Gastwirt von Beruf, war bereits vor 1806 Bürgermeister des Ortes gewesen und übte während der Dauer des Königreichs Westphalen das Amt des Canton-Maire von Fallersleben aus (bis 1814). Die erwähnte Großmutter Hoffmanns, Lucie Marie Balthasar, geb. Schultze (1733–1816), war Tochter eines Wittinger Juristen; unter den Wittinger Vorfahren begegnen – neben Kaufleuten – außer Hoffmanns Urgroßvater weitere Juristen und auch Theologen. – Siehe: Richard Müller: Die Ahnen des Dichters Hoffmann von Fallersleben und ihre Familien. Fallersleben o. J. [1957].

32 Deumelands Schriften, meist von Ereignissen der Jahre um 1848 handelnd, aber erst im letzten Viertel des 19. Jahrhunderts gedruckt und sichtlich in der Tradition Fritz Reuters stehend, sind zwar literarisch von bescheidenem Wert, als umfangreiches Textkorpus des Fallersleber Niederdeutsch aus der 2. Hälfte des 19. Jahrhunderts wie auch als sozialgeschichtliche Dokumente jedoch von erheblichem Interesse. Sie liegen inzwischen in einem zweibändigen Neudruck vor: (1) Heinrich Deumeland: Plattdeutsche humoristische Erzählungen [1875–1887]. Wolfsburg: Immen-Verlag 1988. (2) Ders.: Hapütchen ut mienen Blaumenjahren. Plattdeutsche Erzählungen. [1878] Wolfsburg: Immen-Verlag 1989. – Über den Autor siehe: Herbert Blume: Deumeland, Heinrich. In: Braunschweigisches Biographisches Lexikon. 19. und 20. Jahrhundert. Hrsg. von Horst-Rüdiger Jarck und Günther Scheel. Hannover 1996, S. 139 f.

Obwohl also das ostfälische Niederdeutsch für das Fallersleber Kind,
aber auch noch für den Helmstedter und Braunschweiger Gymnasiasten
und den Göttinger Studenten August Heinrich Hoffmann ubiquitär vorhanden war und obwohl er sich täglich als Sprechender und Hörender darin
bewegte, hatte Hoffmann wie fast alle Gebildeten Norddeutschlands die
Abkehr vom Dialekt und die Hinwendung zum Hochdeutschen innerlich
doch längst vollzogen. Nicht erst in der Vormärzzeit war die Beherrschung
des Hochdeutschen als Sprechsprache zum Ausweis von Bildung und zum
Gegenstand bürgerlicher Selbstidentifikation geworden.[33] Im Vormärz jedoch wandten sich, zumal in Norddeutschland, erstmals breitere Schichten des nunmehr zahlreicher gewordenen Bildungsbürgertums dem gesprochenen Hochdeutsch zu.

Durch die demonstrative Verwendung und Kultivierung des Hochdeutschen als Sprechsprache unterschied man sich als Bildungsbürger allerdings
nicht allein von den Bauern, vom städtischen Kleinbürgertum und von der
sich im 19. Jahrhundert allmählich formierenden Arbeiterschaft. Vielmehr
distanzierte man sich in diesem Punkt auch vom Adel, der im frühen
19. Jahrhundert eben noch nicht durchweg meinte, den vertrauten Dialekt
zugunsten der neuen gesprochenen Standardsprache aufgeben zu müssen.
Der Nachwelt im Gedächtnis geblieben sind in diesem Zusammenhang z. B.
die begrenzten Hochdeutschkenntnisse des berühmt-berüchtigten General-
feldmarschalls Friedrich Heinrich Ernst von Wrangel (1784–1877), aber
Wrangel bildete keine Ausnahme. Hoffmanns Bürgerstolz gegenüber dem
standardsprachlich zurückgebliebenen Adel zeigt sich wiederum in einem
Gedicht. Eines seiner *Zwölf Zeitlieder. Neues Dutzend* von 1849 mit dem
Titel *Adelsmysterien* beginnt mit den beiden folgenden Strophen:

> Alter Adel, alter Adel,
> Im Wappen ein Pfau,
> Im Felde kein Ochse,
> Kein Pferd auf der Au.

> Hochgebildet, hochgebildet,
> Anständig und fein,
> Spricht leidlich französisch
> Und deutsch wie ein Schwein.[34]

---

[33] Vgl. hierzu u. a.: Klaus J. Mattheier: Standardsprache als Sozialsymbol. Über kom-
munikative Folgen gesellschaftlichen Wandels. In: Rainer Wimmer (Hrsg.): Das
19. Jahrhundert. Sprachgeschichtliche Wurzeln des heutigen Deutsch. Berlin, New
York 1991, S. 41–73.
[34] Zwölf Zeitlieder von Hoffmann von Fallersleben. Neues Dutzend. Braunschweig
1849, Nr. 5.

Nicht der Dialekt, sondern das gesprochene Hochdeutsch war gerade für die Männer des Vormärz und der Märzrevolution die Sprache des demokratischen Fortschritts. Repräsentativ für die Einstellung der Vormärzpolitiker zur Sprache sind nicht Außenseiter wie der Braunschweiger Altphilologe und Revolutionspoet Eduard Schmelzkopf (1814–1896), der in seinen plattdeutschen Vormärzschriften aufklärerisch und agitatorisch auf Landbevölkerung und Kleinbürgertum einwirken will.[35] Repräsentativ ist eher jemand wie Ludolf Wienbarg. Ihm ging es in seiner Streitschrift *Soll die plattdeutsche Sprache gepflegt oder ausgerottet werden? Gegen ersteres und für letzteres*[36] zwar nicht um die Sprache des Bürgertums, sondern um die der Bauern und Landarbeiter. Aber mit seiner radikalen Forderung nach der Abschaffung des Niederdeutschen in allen Bevölkerungsschichten (mit dem Ziel der politischen Gleichberechtigung aller) möchte er die Landbevölkerung auf eben den Weg bringen, den Teile des städtischen Bürgertums bereits eingeschlagen hatten. Im Gegensatz zum zweisprachigen städtischen Bildungsbürgertum beherrschte der größte Teil der norddeutschen Landbevölkerung des 19. Jahrhunderts die hochdeutsche Standardsprache weder in gesprochener noch in schriftlicher Form, war somit politisch so gut wie unmündig. Diesem Übel will Wienbarg durch die Unterdrückung des Plattdeutschen mit Gewalt abhelfen.

Die sprachsoziale Entwicklung ist bekanntlich anders verlaufen, als Wienbarg es anstrebte: Das platte Land gibt das Niederdeutsche im 19. und frühen 20. Jahrhundert nicht auf, sondern macht es den Städten nach und wird nach und nach, vollends dann bis zur Mitte des 20. Jahrhunderts (niederdeutsch-hochdeutsch) zweisprachig. Seit den 1950er Jahren bahnt sich auch auf dem Land ein Übergang zur hochdeutschen Einsprachigkeit an, in weiten Teilen Norddeutschlands kann jedoch von einem Untergang des Niederdeutschen bis heute nicht die Rede sein.

Der Radikalismus eines Wienbarg ist Hoffmann fremd. Als Angehöriger des zweisprachigen Bildungsbürgertums steht er von Geburt an auf der Seite derer, die das gesprochene Hochdeutsch immer mehr zu ihrer Sache machen. Er entschließt sich in dieser Situation weder zum sprachpolitischen Außenseitertum wie Schmelzkopf, noch bekämpft er den Dialekt wie Wienbarg. Vielmehr macht er die Mundart zum Gegenstand seines gelehrten Interesses. Das heißt: Was als die Sprechsprache seiner Kindheit ein Stück seiner persönlichen Identität gewesen ist, extrapoliert und objektiviert er

---

35 Über ihn: Herbert Blume: Plattdeutsche Lyrik vor Groth. Der Vormärz-Literat Eduard Schmelzkopf und seine „Immen" (1846). In: Klaus-Groth-Gesellschaft. Jahresgabe 1991, S. 109–128.
36 Hamburg 1836.

und gewinnt dadurch die Möglichkeit, über die Mundart seines Heimatortes zwar mit Kennerschaft und Liebe, aber dennoch aus der Distanz gleichsam des botanisierenden Sammlers zu berichten.

Als ein Fazit ergibt sich: Die besondere (z. T. epochenbedingte) Situation des Auch-Dialektologen Hoffmann von Fallersleben bestand darin, daß sein kurzzeitiges Interesse an der Mundart seines Heimatorts 1821 noch im Zeichen des prägermanistischen Idiotismen-Sammelns stand und daß er weder vom missionarischen Eifer eines Karl Friedrich Arend Scheller für die Wiedereinsetzung des Niederdeutschen als Schriftsprache beseelt war noch von der Neigung eines Groth, im Zeichen des poetischen Realismus ein idealisierendes Bild des Plattdeutschen als der wahrhaftigeren, ehrlicheren und tiefer zu Herzen gehenden Sprache zu entwerfen. Aber auch an der methodischen Entfaltung der Dialektologie hat Hoffmann allenfalls noch halbherzig teilgenommen. Seine Interessen lagen auf anderen Gebieten.

Dennoch hat die zünftige Dialektologie unserer Tage, und auf jeden Fall hat die Stadt Fallersleben, heute Teil von Wolfsburg, allen Anlaß, Hoffmann für das kleine Mundartwörterbuch seines Heimatorts dankbar zu sein. Als eine facettenreiche, farbige Darstellung der sprachlichen Besonderheiten eines niederdeutschen Landstädtchens aus der ersten Hälfte des 19. Jahrhunderts und als ein Bilderbogen des damaligen Lebens sucht Hoffmanns kleine Arbeit weithin ihresgleichen. Andere Städte würden sich glücklich schätzen, derlei zu besitzen.[37]

---

[37] Zwar ist die Gesamtzahl der von Haas (Provinzialwörterbücher, wie Anm. 10) zusammengetragenen und im Neudruck wiedergegebenen Idiotismensammlungen des 18. und frühen 19. Jahrhunderts (bis 1808) mit über 200 Publikationen eindrucksvoll groß, doch haben sich die allermeisten Verfasser dieser Idiotika, wie sich aus den Buch- und Aufsatztiteln entnehmen läßt, das Ziel gesetzt, die sprachlichen Besonderheiten von *Landschaften* (z. B. „Niedersachsen", „Grafschaft Ravensberg", „Grafschaft Diepholz", „Hochstift Hildesheim", „Fürstenthümer Göttingen und Grubenhagen" usw.; entsprechend auch für die mittel- und oberdeutschen Gebiete) zusammenzustellen und nicht die Sprachcharakteristika von *Einzelorten*. Die in der Sammlung von Haas auch enthaltenen (nur) etwa 30 Ortsidiotika stammen im wesentlichen aus dem oberdeutschen Sprachbereich, mit besonderer Schwerpunktbildung in Tirol und in der Schweiz. Hoffmanns Idiotikon für Fallersleben und Umgebung ist zu seiner Entstehungszeit im damaligen niederdeutschen Sprachgebiet also eine Rarität.

Horst Brunner

Hoffmann von Fallersleben
und Walther von der Vogelweide

> Walther ist der bedeutendste lyrische Dichter des 13. Jahrhunderts: an Tiefe des Gemüths, Gedankenfülle und Vielseitigkeit übertrifft er alle übrigen. Diese singen meist nur von Liebe und Frühling, und vergessen darüber ihre Zeit, ihr Volk und die ganze Welt. Walther singt auch von Liebe und Frühling und wol noch schöner, wenigstens eben so schön wie sie, aber sein Herz gehört nicht allein ihm und der Geliebten, sondern dem Vaterlande, der ganzen Menschheit mit allen ihren Leiden und Freuden, ihren Tugenden und Lastern, ihrem Hoffen und Streben. In den Tagen seiner Jugend freute er sich der deutschen Zucht und Sitte, der deutschen Fröhlichkeit, wie Alles nach Freuden rang; später als die Zwietracht und Verwirrung des Reiches anhub, da war er betrübt über das Schwinden deutscher Größe und Herrlichkeit, schalt die Unsitte der Zeit, eiferte heftig gegen die Uebergriffe der geistlichen Gewalt und warnte vor den Umtrieben und der Gleisnerei der Pfaffen.[1]

Mit diesen Worten stellt Hoffmann von Fallersleben den Lesern seiner 1843 erschienenen Textsammlung *Politische Gedichte aus der deutschen Vorzeit* den mittelalterlichen Dichter Walther von der Vogelweide vor: Walther erscheint – ganz zutreffend – als Minnesänger einerseits, als politischer Sänger andererseits, dessen Angelegenheiten das Vaterland, die Menschheit insgesamt und der nationale und moralische Verfall in seiner Epoche waren. Walther wird dann sogleich in Gegensatz gerückt zu den Dichtern „der sogenannten classischen Zeit", dem „hochgepriesenen 18. Jahrhundert" (S. 2), auf die, laut Hoffmann, durchaus passe, was Jacob Grimm in seiner *Deutschen Grammatik* (1. Teil, 2. Aufl., S. XX) über die schlesischen Dichter des 17. Jahrhunderts sagt: „Mir wenigstens wiegt ein Lied Walthers (ja eine ganze Strophe wie die: ô wê war sint verswunden alliu mîniu jâr!) einen ganzen Band von Opitz und Flemming auf" – Hoffmann setzt hinzu: „Ja, ganze Fuder Gedichte aus unserer *classischen* Zeit, und es ist nicht einmal nöthig, über ihren Unwerth zu sprechen, sie sind längst vergessen" (S. 3). Er schließt den kurzen einführenden Text:

---

1 Hoffmann von Fallersleben: Politische Gedichte aus der deutschen Vorzeit. Leipzig 1843, S. 1 f.

Walther aber kann nicht untergehen, er wird ewig glänzen als ein leuchtender Morgenstern am deutschen Dichterhimmel, und ist er auch durch seine Sprache der Gegenwart entrückt, so tritt er uns durch seine tüchtige Gesinnung und die rein vaterländische Richtung seiner Poesie um vieles näher als die *meisten* classischen Dichter der Neuzeit (S. 3).

Die Vorrede Hoffmanns zu seiner Anthologie war von der Zensur unterdrückt worden; sie erschien mit der Jahreszahl 1842 zu Straßburg und Basel² – ein hinreißendes Stück Rhetorik, in dem Hoffmann sich einer Technik bedient, die er Walther von der Vogelweide abgesehen haben kann: der *laudatio temporis acti.* Er stellt nämlich der Freiheit des Worts, wie sie seit Luther in Deutschland zu belegen ist, die Zustände der eigenen Zeit gegenüber, die refrainartig in dem nach jedem Abschnitt wiederholten Satz zusammengefaßt werden: „Aber es gab *niemals* in Deutschland eine heutige Censur und Polizei." Beschlossen wird die Vorrede:

> Und es giebt wiederum Leute, die von der Vergangenheit gar nichts *wissen*, nichts wissen *wollen.* Diese Unwissenden wünschen die Vergangenheit, weil sie darin die gute alte Zeit, oder sie fürchten sie, weil sie darin die schlechte alte Zeit sehen. Beide Parteien mögen sich nicht ferner täuschen. In der deutschen Vergangenheit sind eben so gut wie in *jeder* Geschichte die Elemente des Fortschrittes vorhanden. Studieret die Denkmäler unserer altdeutschen Sprache! Ihr werdet bald finden, welch eine schlechte Stütze sie sind für den Feudalismus, den Kastengeist, das Pfaffenthum, die Volksbevormundung, die Philisterei des geselligen Verkehrs, den Gedanken- und Gewissenszwang. Walther von der Vogelweide und Freidank und einige spätere Dichter sind so freisinnig, so vorurtheilsfrei, so erfüllt von den heiligsten Gefühlen für Wahrheit, Ehre, Recht, Vaterland, Freiheit und Menschenwürde, daß kein Klopstock, Justus Möser, Georg Forster, Friedrich Schiller, Jean Paul, Jochmann von Pernau und Ludwig Börne sich schämen dürfen, mit ihnen genannt zu werden (S. X).

Der an dieser Stelle nirgends namentlich genannte Dichter, gegen den Hoffmanns Polemik gegen die „classischen" Dichter der Neuzeit sich hauptsächlich richtet, war natürlich Goethe. Bereits am 15. Dezember 1841 hatte Hoffmann seine Aversion gegen ihn in einem auf die Melodie *Der Pabst lebt herrlich in der Welt* zu singenden Lied mit dem Titel *Goethescher Farbenwechsel* ausgedrückt.³ In einer Anmerkung erläuterte er dazu:

> Im Jahre 1776 schrieb der Dichter des Götz und Egmont das Denkmal Ulrichs von Hutten und in demselben Jahre trat er in Herzoglich Weimarische Dienste und 1782 ward er Herr von. Das Denkmal Huttens steht *nur* in der Himburgschen Ausgabe von G.s Schriften.

---

2   Vorrede zu Hoffmann's von Fallersleben politischen Gedichten aus der deutschen Vorzeit. Mit einem Nachworte von Georg Fein. Straßburg, Basel 1842.

3   Hoffmann von Fallersleben: Ausgewählte Werke in 4 Bänden. Hrsg. von Hans Benzmann. Bd. 2, Leipzig o. J., S. 156.

Das Gedicht lautet:

> Der Goethe war fürs Vaterland
> Und deutsche Freiheit einst entbrannt:
> Er schrieb den Egmont, Götz und Faust,
> Daß manchen Fürsten jetzt noch graust.
>
> Doch Herr von Goethe ward er bald,
> Für Vaterland und Freiheit kalt;
> Ei, wie es wunderlich doch geht!
> Der Goethe ward ein Hofpoet.
>
> Der Goethe lobte Hutten sehr,
> Bewies ihm eine große Ehr',
> Und meint', es stünd' um Deutschland fein,
> Wenn jeder wollt' wie Hutten sein.
>
> Doch Herr von Goethe sah nicht an
> Den weiland hochgepriesnen Mann;
> Ei, wie es wunderlich doch geht!
> Der Hutten war kein Hofpoet.

Grundsätzlicher und ernster als in diesem bänkelsängerischen Lied drückt Hoffmann das „Goethe-Problem" in dem wenig später, im Juni 1842, entstandenen Text *Ein Lied aus meiner Zeit* aus:[4]

> Ein politisch Lied, ein garstig Lied!
> So dachten die Dichter mit Goethen
> Und glaubten, sie hätten genug getan,
> Wenn sie könnten girren und flöten
> Von Nachtigallen, von Lieb und Wein,
> Von blauen Bergesfernen,
> Von Rosenduft und Lilienschein,
> Von Sonne, Mond und Sternen.
>
> Ein politisch Lied, ein garstig Lied!
> So dachten die Dichter mit Goethen
> Und glaubten, sie hätten genug getan,
> Wenn sie könnten girren und flöten -
> Doch anders dachte das Vaterland:
> Das will von der Dichterinnung
> Für den verbrauchten Leiertand
> Nur Mut und biedre Gesinnung.
>
> Ich sang nach alter Sitt und Brauch
> Von Mond und Sternen und Sonne,
> Von Wein und Nachtigallen auch,
> Von Liebeslust und Wonne.

---

4   August Heinrich Hoffmann von Fallersleben: Gedichte und Lieder. Im Auftrag der Hoffmann-von-Fallersleben-Gesellschaft hrsg. von Hermann Wendebourg und Anneliese Gerbert. Hamburg 1974, S. 261.

> Da rief mir zu das Vaterland:
> Du sollst das Alte lassen,
> Den alten verbrauchten Leiertand,
> Du sollst die Zeit erfassen!
>
> Denn anders geworden ist die Welt,
> Es leben andere Leute;
> Was gestern noch stand, schon heute fällt,
> Was gestern nicht galt, gilt heute.
> Und wer nicht die Kunst *in* unserer Zeit
> Weiß *gegen* die Zeit zu richten,
> Der werde nun endlich beizeiten gescheit
> und lasse lieber das Dichten!

Das Problem, vor das der politische Dichter Hoffmann und mit ihm andere politische Autoren der Zeit sich gestellt sahen, war, daß ihre Art des Umgangs mit der Poesie vom Olympier Goethe nicht gedeckt war. Wenige Jahre nach Hoffmanns Gedicht, 1845, setzte der Autor und Publizist Robert Prutz (1816–1872) sich in seiner Arbeit *Die Politische Poesie der Deutschen* ausführlich mit den Problemen auseinander.[5] Von zwei Seiten werde die politische Poesie abgelehnt. Die einen wollen sie nicht, weil sie die ihnen günstigen politischen Verhältnisse beibehalten wissen und das Volk unwissend halten wollen, die anderen, die Ästhetiker, wollen sie nicht, weil ihrer Ansicht nach „die Dichtung göttlicher Natur, ihr Reich [...] nicht von dieser Welt" ist (S. 254):

> die Einen wollten keine *politische* Poesie, die andern keine politische *Poesie;* das griff denn vortrefflich in einander – dem politischen Gedicht ist das Leben, jetzt und zukünftig, abgesprochen (S. 264 f.).

Da aber das gemeinsame Bewußtsein des deutschen Volkes einzig und allein von der „Sphäre der Literatur" (S. 260) abhänge, während andere Nationen „durch Thaten" ihre Tugenden beweisen, ist die politische Dichtung unumgänglich – was Prutz dann zu einem Rundgang durch ihre Geschichte veranlaßt. In Walther als politischem Dichter sieht Prutz „das Muster seiner und wollte Gott, jeder folgenden Zeit!" (S. 327) – hingegen sei Goethe, der durchaus respektvoll behandelt wird, was den Bereich des Politischen angehe, „an die Grenze seiner Kraft gekommen" (S. 451); dies wird belegt durch ein längeres Zitat aus Eckermanns *Gesprächen mit Goethe,* das unkommentiert bleibt und lediglich mit der Bemerkung eingeleitet wird, es sei das „Credo" der eingangs erwähnten Ästhetiker und enthalte „Wahres und Falsches auf eine beängstigende Weise gemischt" (S. 453).

---

5   Robert Prutz: Die Politische Poesie der Deutschen. Leipzig 1845.

An dieser Stelle ist ein Blick in die Ruhmesgeschichte Walthers von der Vogelweide unumgänglich.[6] Walther war schon zu seinen Lebzeiten ein berühmter Autor. Wenige Jahre vor der Jahrhundertwende von 1200 trat er in das Licht der Öffentlichkeit, bis um 1230 dichtete er Minnesang und begleitete mit seiner Dichtung die politischen Ereignisse und die Protagonisten der politischen Bühne. Dabei war er nicht unumstritten. Ein italienischer Kleriker, Thomasin von Zirclaere, der 1215 ein deutsches Lehrgedicht verfaßte, *Der welsche gast*, griff Walther ohne Namensnennung an, weil er mit seinen Äußerungen gegen Papst Innozenz III. Tausende vom rechten Weg abgebracht habe.[7] Auch die berühmten Epiker der Zeit, Wolfram von Eschenbach und Gottfried von Straßburg, erwähnen ihren Zeitgenossen.[8] Später begegnet er häufig in Dichterkatalogen, unter anderem in dem im Jahr 1300 abgeschlossenen Lehrgedicht *Der Renner* des Bamberger Schulmeisters Hugo von Trimberg:

> Herr Walther von der Vogelweide:
> Swer des vergêze der tête mir leide:
> Alein er wêre niht rîch des guotes,
> Doch was er rîch sinniges muotes.[9]

Wenn einer Herrn Walther von der Vogelweide vergäße, so würde er mir Schmerz zufügen. Freilich war er nicht reich an Besitz, doch verfügte er über großen Verstandesreichtum.

Völlig vergessen wurde Walther nie. Dafür sorgten im 15. und 16. Jahrhundert zum einen die Meistersinger, in Gesellschaften organisierte Sänger und Dichter vor allem in süddeutschen Reichsstädten, die Walther als einen der Begründer ihrer Kunst verehrten;[10] zum anderen Thüringische Chronisten dieser Zeit, die Walthers Namen als den eines der Teilnehmer am berühm-

---

6 Vgl. Alfred Hein: Walther von der Vogelweide im Urteil der Jahrhunderte (bis 1700). Diss. Greifswald 1934; Günther Gerstmeyer: Walther von der Vogelweide im Wandel der Jahrhunderte. Breslau 1934 (Germanistische Abhandlungen 68); Roland Richter: Wie Walther von der Vogelweide ein „Sänger des Reiches" wurde. Göppingen 1988 (Göppinger Arbeiten zur Germanistik 484); Horst Brunner, Gerhard Hahn, Ulrich Müller, Franz Viktor Spechtler: Walther von der Vogelweide. Epoche – Werk – Wirkung. München 1996, S. 230 ff.

7 Thomasin von Zirclaria: Der wälsche Gast. Hrsg. von Heinrich Rückert. Quedlinburg, Leipzig 1852, Nachdruck hrsg. von Friedrich Neumann. Berlin 1965, hier v. 11191 ff.

8 Vgl. Dichter über Dichter in mhd. Literatur. Hrsg. von Günther Schweikle. Tübingen 1970 (Deutsche Texte 12), vgl. Register S. 140.

9 Vgl. Dichter über Dichter (wie Anm. 8), S. 30, v. 1187–1190.

10 Vgl. Horst Brunner: Die alten Meister. Studien zu Überlieferung und Rezeption der mhd. Sangspruchdichter im Spätmittelalter und in der frühen Neuzeit. München 1975 (Münchener Texte und Untersuchungen 54), passim (vgl. Register).

ten, freilich fabulösen Sängerkrieg auf der Wartburg tradierten. Der Rückgriff auf die handschriftlichen Quellen des 13. und 14. Jahrhunderts, die
Walthers Texte überliefern, erfolgte bereits kurz nach 1600. Damals veröffentlichte der aus St. Gallen stammende Polyhistor Melchior Goldast
(1578–1635) Auszüge aus der ihm aus der Heidelberger Bibliothek entlie-
henen, heute sogenannten *Großen Heidelberger Liederhandschrift,* die seit
dem 18. Jahrhundert auch als *Manessische Handschrift* bezeichnet wird.
Unter den von Goldast auszugsweise publizierten Autoren findet sich auch
Walther von der Vogelweide, der zutreffend datiert und als „optimus vi-
tiorum censor ac morum castigator acerrimus" bezeichnet wird.[11] Goldast
war stolz darauf, daß die alten Deutschen fähig zur Dichtkunst waren –
eine Fähigkeit, die den Deutschen damals vor allem von französischer Seite gern abgesprochen wurde. Außerdem bewies Walthers antipäpstliche
Dichtung, daß Luther nicht der erste Deutsche war, der sich gegen römische Übergriffe tatkräftig zur Wehr setzte. Ausgehend von Goldast wurde
die mittelhochdeutsche Lieddichtung, wurde vor allem auch Walther von
der Vogelweide bei den gelehrten Barockautoren des 17. und des frühen
18. Jahrhunderts häufig zitiert, nicht zuletzt, um zu zeigen, zu welchen literarischen Leistungen der Adelsstand in den früheren Jahrhunderten fähig war.[12] Den Anfang machte hier Martin Opitz' *Buch von der deutschen
Poeterey* von 1624, das ja so etwas wie den Beginn der neueren deutschen
Literaturgeschichte markiert. Zu neuen Erkenntnissen gelangte man freilich nicht, über ein Jahrhundert lang begnügte man sich mit dem schon von
Goldast erreichten Kenntnisstand.

Erst um die Mitte des 18. Jahrhunderts griff man erneut auf die mittelalterliche Überlieferung zurück, vor allem auf die nunmehr so genannte
Manessische Handschrift. Ihre Texte wurden durch die beiden Zürcher
Literaten Johann Jacob Bodmer und Johann Jacob Breitinger 1758/59 fast
vollständig herausgegeben. Doch wurde der Schatz fast ein halbes Jahrhundert nur verhältnismäßig wenig beachtet. Erst die deutsche Romantik ver-
mochte sich dann wirklich für die mittelhochdeutsche Liedpoesie und vor
allem für Walther von der Vogelweide zu begeistern. Am Anfang dieses neu-
en Interesses steht die von Ludwig Tieck herausgegebene und bearbeitete,
d. h. vorsichtig dem modernen Sprachgebrauch angepaßte Auswahl aus
Bodmers und Breitingers Sammlung, die unter dem Titel *Minnelieder aus
dem Schwäbischen Zeitalter* – unter dem „schwäbischen Zeitalter" verstand
man die Stauferzeit – im Jahr 1803 erschien. Jacob Grimm hat später sein

---

11 Vgl. Melchior Goldast von Haiminsfeld: Paraeneticorum veterum pars I (1604). Hrsg.
    von Manfred Zimmermann. Göppingen 1980 (Litterae 64), Zitat S. 420.
12 Vgl. Brunner, Die alten Meister (wie Anm. 10), S. 59 ff.

und seines Bruders Wilhelm Interesse an der altdeutschen Poesie mit auf
dieses Buch zurückgeführt, das er in der Bibliothek seines juristischen
Lehrers Savigny fand. Walthers Ruhmesgeschichte, die dann die aller anderen deutschen Dichter des Mittelalters überstrahlte, begann knapp zwanzig Jahre später. Im Jahr 1822 erschien die erste Monographie, die Walther
über die anderen Autoren stellte: *Walther von der Vogelweide, ein altdeutscher Dichter*, verfaßt von dem berühmten Dichter, Germanisten und liberalen Politiker Ludwig Uhland. Uhlands Sicht bestimmte fortan das Wal-
therbild: er sah in ihm den vaterländischen Dichter, der das Vaterland über
alles liebte und es gegen Angriffe von außen, vor allem von seiten des Papstes, mit Leidenschaft verteidigte, außerdem den zarten, behutsamen, einzigartigen Schöpfer von Liebespoesie. Damit waren die wesentlichen Sai-
ten Walthers angeschlagen, damit ließ Walther sich – wie wir heute etwas
lieblos sagen – „vermarkten", von nun an stand er als wichtigster Autor
des deutschen Mittelalters neben dem *Nibelungenlied*, dessen Ruhmesgeschichte schon bald nach 1800 begonnen hatte. Die maßgebliche Ausgabe
seiner Gedichte von Karl Lachmann erschien 1827, die 2. Auflage von 1843
war ausdrücklich Uhland gewidmet: „Zum Dank für deutsche Gesinnung
Poesie und Forschung". Popularisiert wurde Walther vor allem durch Übersetzungen, in erster Linie die des Bonner Germanisten und Dichters Karl
Simrock, die 1833 erstmals herauskam. Eine weitere ausführliche Walther-
biographie, auf die Hoffmann von Fallersleben in seiner eingangs erwähnten Textsammlung ebenfalls verweist, findet sich im 4. Band der *Minnesinger* des Berliner Germanisten Friedrich Heinrich von der Hagen, die
1838 erschien; hier heißt es nach dem Lob des Minnesängers Walther:

> Aus ihm spricht vor allen auch die innigste Vaterlandsliebe, das schönste Selbstge-
> fühl des Preises Deutscher Männer und Freuen an Zucht und Schönheit vor allen
> durchwanderten Ländern [...].[13]

Daß politische Dichtung von Rang möglich war, dafür lieferte den Dichtern des Vormärz Walther von der Vogelweide den Beweis. Noch ganz spät,
im Dezember 1870, würdigte Hoffmann von Fallersleben Walthers Bedeutung in einem Gedicht, das als Überschrift Walthers Namen trägt:[14]

> Der Walther von der Vogelweide war
> Der ersten Sänger einer seiner Zeit.
> Er sang von Gott und Welt, von Kirch und Staat,
> Von Vaterland, von Lieb und Frühlingslust.
> Er hat gegeißelt Pfaff und Edelmann,

---

13 Friedrich Heinrich von der Hagen (Hrsg.): Minnesinger. 4 Bde. Leipzig 1838. Zitat
    Bd. 4, S. 160.
14 Gedichte und Lieder (wie Anm. 4), S. 262.

Des Kaisers nicht noch Papstes selbst geschont;
Und keinem ist es eingefallen je,
Daß er ein schlechter Dichter deshalb war
Weil er sich in die Politik verlor
Und sprach von seines Vaterlandes Leid.
Wie albern, daß man unsereinem nie
Verzeiht, was man an Walther ehrt und rühmt!
Daß der ein schlechter Dichter wird genannt,
Der nicht verschweigt, was faul in Kirch und Staat,
Und ihren Frömmlern, ihrem Heuchlerpack
Ganz ungescheut die volle Wahrheit geigt!
„Politisch Lied, pfui, ein garstig Lied!"
Das sagt von Walther erst und dann von uns!

Als Beispiele Waltherscher politischer Dichtung gibt Hoffmann in den
Politischen Gedichten aus der deutschen Vorzeit, die außerdem an mittelalterlicher Dichtung Texte Freidanks, des Marner und Reinmars von Zweter
enthalten, woran Luther und Hans Sachs sich anschließen, Abdrucke von
vier Liedern.[15] An erster Stelle steht das sog. Preislied *Ir sult sprechen wille-
komen!* (56,14), das sich hier unter der Überschrift *Deutschlands Ehre* findet – wir werden darüber noch zu sprechen haben. Darauf folgt ein Spruch
des sog. Fürstenspiegeltons (36,11), in dem unter der Überschrift *An die
Fürsten* die Fürsten zu richtigem Verhalten aufgefordert werden: gefordert
werden *reine güete,* Sanftmut gegen Freunde, Stolz gegenüber Feinden, die
Stärkung des Rechts und Dankbarkeit gegen Gott dafür, daß viele Menschen ihnen dienen müssen, Freigebigkeit, Friedfertigkeit, Würde, schließlich soll Lügnern nicht geglaubt und gutem Rat gefolgt werden. Dritter Text,
überschrieben *Gefährdetes Geleite,* ist der erste Spruch des sog. Reichs-
tons (8,4) *Ich saz uf einem steine,* in dem Frieden und Recht als Grundlage
von Ehre, Besitz und Gottes Gnade dargestellt werden. An letzter Stelle
findet sich eine Strophe des Wiener Hoftons (21,25) *Nahen des jüngsten
Tages: Nu wachet! uns get zuo der tac,* in dem angesichts der Vorzeichen
des Jüngsten Tages aufgefordert wird, gegen Unrecht und Gewalt zu kämpfen. Hoffmann bietet alle Texte im Original und stellt eine Übersetzung
gegenüber, die er allerdings nicht selbst angefertigt, sondern Simrocks
Edition entlehnt hat. Entnommen ist die kleine Walthersammlung im übrigen dem Anhang zum 1841 erschienenen 2. Teil der *Unpolitischen Lieder.*[16] Dieser Anhang ist dort überschrieben mit *Stimmen aus der Vergan-*

---

15 Vgl. Walther von der Vogelweide: Leich, Lieder, Sangsprüche. 14. Aufl. der Ausgabe von Karl Lachmann mit Beiträgen von Thomas Bein und Horst Brunner hrsg.
von Christoph Cormeau. Berlin, New York 1996.

16 Hoffmann von Fallersleben: Unpolitische Lieder. 1. Teil, 2. Aufl. Hamburg 1840,
2. Teil Hamburg 1841, S. 172–183.

genheit. Er liefert gewissermaßen die Beglaubigung für das dem 2. Teil vorangestellte Motto aus den *Politischen Wahrheiten* (1796) Friedrich Carl von Mosers (1723–1798), des bedeutenden politischen Schriftstellers und Juristen, der 1782 als hessischer Minister abgesetzt worden war:

> Zum Glück der Wahrheit und unsers Vaterlands fehlt es aber nicht an einer bis auf unsre Zeiten reichenden Zeugenwolke, die mit Muth, Kraft, Weisheit und Einsicht sich der guten Sache deutscher Menschheit angenommen, die Regenten mit Nachdruck ihrer Pflicht erinnert, durch Lehre und Beispiel den Lügen- und Verführungskräften des Despotismus entgegen gestanden und gearbeitet, und diesen ihren Glauben und Ueberzeugung mit williger Aufopferung ihres zeitlichen sogenannten Glücks versiegelt haben (S. II).

Hoffmann hat sich indes nicht damit begnügt, auf Walther als Zeugen großer politischer Dichtung der Vergangenheit hinzuweisen. Er trat auch in eine schöpferische Rezeption des mittelalterlichen Dichters ein. Beispiele liefert vor allem der Erste Teil der *Unpolitischen Lieder* von 1840. Hier erscheinen neben Walther im übrigen auch Hinweise auf andere mittelalterliche Autoren. So sind etwa die Trinklieder, die die „Sitzungen" 2 bis 7 eröffnen, durchweg mit einem Zitat aus dem *Weinschwelg*, einem famosen Lob des Weins und der Meisterschaft im Trinken aus dem 13. Jahrhundert, überschrieben: *Do huob er ûf unde tranc* (S. 25, 51, 75, 100, 123, 150). Ein Kommentar Beneckes zum *Wigalois* Wirnts von Gravenberc erscheint vor dem Lied mit der Überschrift *Fromm* (1,81), das den Bedeutungsunterschied von ›fromm‹ im Mittelalter und in der Neuzeit thematisiert. Ein Zitat aus Gottfrieds von Straßburg *Tristan* stellt das Motto für das Gedicht *Leider!* (1,116), das über Lüge und Widerspruch handelt; Reinmar von Zweter, ein Sangspruchdichter der ersten Hälfte des 13. Jahrhunderts, lieferte das Motto für *Höfische Poesie* (2,72) – ein Lied gegen die zeitgenössischen Hofpoeten. Dreimal erscheint in Motti Walthers Zeitgenosse Freidank: *Die wilden Gänse* (1,92) – die wilden Gänse können frei durch die Lüfte ziehen, wir Menschen müssen im Vaterland ständig den Paß vorzeigen; *Rococo's Glaubensbekenntniß* (2,13) – ein scheinheiliges Bekenntnis zur Monarchie; *Philister über dir, Simson!* (2,87) – wer frei ausspricht, was er denkt, wird nicht mehr willkommen geheißen. Auf einem verbreiteten mittelalterlichen Liedtyp, dem Tagelied, basiert das *Wächterlied* (2,69), in dem das mittelalterliche Vorbild politisch travestiert wird – ein ausgesprochen witziger Text.

Walther wird – wie Freidank – dreimal in Motti zitiert. Anders als in den bisherigen Texten, ausgenommen das *Wächterlied*, griff Hoffmann jedoch in allen eigenen Texten solche Walthers direkt auf, ließ sich von ihnen anregen, hat sich also mit den Motti allein nicht begnügt. *Dichterklage* (1,155) ist mit einem Waltherzitat aus der sog. *Aufforderung zum Kreuz-*

zug (13,25) überschrieben: *Wol im der ie nâch steten vröuden ranc* – „gepriesen sei der, der sich stets um beständige Freuden bemühte." Das Lied knüpft dann an einen anderen Walthertext an, die zweite Strophe des Minneliedes 112,3 *Müeste ich noch geleben daz ich die rôsen.* Die Strophe enthält eine mit dem Motto korrespondierende Aussage:

> Waz sol lieblich sprechen? waz sol singen?
> waz sol wîbes schoene? waz sol guot?
> sît man nieman siht nâch fröiden ringen,
> sît man übel âne vorhte tuot,
> sît man triuwe milte zuht und êre
> wil verpflegen sô sêre,
> sô verzagt an fröiden maneges muot.

> Wozu ist angenehmes Sprechen gut? Wozu Singen? Wozu Frauenschönheit? Wozu Besitz? Seitdem man keinen mehr sieht, der sich um Freude bemüht, seitdem man Böses ohne Skrupel tut, seitdem man Aufrichtigkeit, Freigebigkeit, höfische Erziehung und Ehre so leichtfertig vertun will, verlieren viele die Hoffnung auf Freude.

Hoffmanns *Dichterklage* knüpft wortwörtlich an Walther an; die 1. Strophe lautet:

> Was soll Dichten, was soll Singen,
> Seit es niemand hören mag?
> Niemand will nach Freuden ringen,
> Niemand will uns Freude bringen,
> Wie der Maienblüthentag.

Walthers Pessimismus teilt auch die 2. Strophe Hoffmanns, die beklagt, daß die Jugend vor Schmerzen „Stumm und eingewintert ist" – erst die 3. Strophe bringt dann die Aufforderung an die „Junge Welt", angesichts des Frühlings munter zu werden. Zwar enthält das Lied keine direkten politischen Bezüge, es ist aber wohl angesichts der vormärzlichen Depression als Aufforderung an die Jugend zu verstehen, sich mit den Verhältnissen nicht einfach abzufinden, sondern sich um zukünftige freudige Verhältnisse zu bemühen.

Das Motto zu dem Gedicht *In Deutschland* (1,161 f.) ist Walthers großem Lied *Zwo fuoge hân ich doch, swie ungefüege ich sî* (47,36) entnommen. Es lautet: *Noch kumpt vröude und sanges tac/ wol im ders erbeiten mac* (48,20 f.) – „Der Tag der Freude und des Gesangs wird noch kommen – gepriesen sei der, dem es möglich ist, darauf zu warten." Walther setzt in der 2. Strophe, der das Motto entnommen ist, die bessere Vergangenheit der schlechten Gegenwart entgegen, und er hofft auf eine wiederum bessere Zukunft: Früher, als man sich um das Minnewesen bemühte, da waren meine Reden von Freude erfüllt. Später sang ich dann nicht mehr liebenswürdig, denn man soll so singen, wie die Zeit es erfordert.

Wenn die Ungezogenheit wieder verschwindet, dann werde ich wieder von höfischen Angelegenheiten singen. Der Tag der Freude und des Gesangs wird noch kommen – gepriesen sei der, dem es möglich ist, darauf zu warten. Walther zweifelt demnach, ob er hoffen kann, diese bessere Zeit zu erleben.

In Hoffmanns Lied erscheint die bessere Zukunft in der deutschen Gegenwart bereits realisiert – jedenfalls auf den ersten Blick:

> Noch ist Freude, noch ist Leben
> Ueberall im deutschen Land.
> Deutsche Fraun und Männer geben
> Sich einander noch die Hand.

In den Folgestrophen ist dann vom schönen Glauben an die deutsche Ehrlichkeit die Rede, vom Geist der Treue, von den frohen Liedern, die die deutsche Welt im Frühling singt, von der Wahrheit und der Dichtung, vom Schönen und Besseren und vom Lob Gottes. Die letzte Strophe scheint freilich anzudeuten, daß dieses schöne Bild in einer politisch besseren Zukunft liegt, die der Sänger womöglich nicht mehr erleben wird, es handelt sich um eine utopische Vorstellung:

> Sprecht ihr Weisen, sprecht ihr Thoren!
> Und wer wäre nicht ein Kind? –
> Ach! ich bin zu früh geboren!
> Eine neue Welt beginnt.

Ein drittes Mal von Walther anregen ließ Hoffmann sich in dem Gedicht *In der Heimath* (1,170) in dem der Sänger darin Trost findet, daß bei allem Wechsel, bei aller Resignation doch Dauerhaftes vorhanden ist, an das man sich halten kann. Vorangestellt ist der erste Vers von Walthers berühmter Elegie oder Palinodie *Owê war sint verswunden alliu mîniu jâr!* – „Oweh, wohin sind meine Lebensjahre entschwunden!" Walther beklagt in seinen drei Strophen (124,1) die Erfahrung der Fremdheit in der eigenen Heimat. Die höfische Freude und Sitte seien verschwunden, die Welt habe sich als trügerische Täuschung herausgestellt – am Schluß steht dann die Aufforderung an die Ritter, durch die Teilnahme am Kreuzzug die ewige Seligkeit zu erringen. Hoffmanns zweistrophiges Lied ist bei weitem nicht so differenziert, umfassend und auf Allgemeines gerichtet. Aufgenommen wird allein die persönliche Erfahrung der Fremdheit in der Heimat:

> Gelichtet ist der Wald und kahl das Feld,
> Wie alt geworden ist die junge Welt!
> Geebnet sind der Gräber lange Reihn,
> Neu sind die Häuser, neu von Holz und Stein,
> Sogar der Bach verließ den alten Zug –
> Die Glocke nur, sie schlägt noch wie sie schlug.

Die 2. Strophe spricht dann davon, daß lediglich das Menschenherz die
Erinnerung bewahrt und einen wieder froh und jung werden läßt:

> Das Herz bleibt ohne Wandel, ohne Trug,
> Es schlägt noch immer wie es weiland schlug.

Die Anregungen, die Hoffmann durch Walther von der Vogelweide erhielt,
wurden dann – wie ja längst bekannt – entscheidend für sein berühmtestes
Gedicht, das *Lied der Deutschen* vom 26. August 1841. Vorlage war das
im Anhang zu den *Unpolitischen Liedern* und dann erneut in den *Politischen Gedichten aus der deutschen Vorzeit* zusammen mit Simrocks Übersetzung abgedruckte Waltherlied, das heute im allgemeinen als *Preislied*
(56,14) bezeichnet wird. Bei Hoffmann trägt es die Überschrift *Deutschlands Ehre*, in der späteren Waltherausgabe von Wilhelm Wilmanns,
erstmals 1869 erschienen, erhielt es dann die an Hoffmann angelehnte Überschrift *Deutschland über alles*.[17] Walther tritt in diesem Lied, das bei Hoffmann auf „Um's Jahr 1200" datiert wird – heute ist man, wohl ohne wirklich ausreichende Begründung, der Meinung, es sei 1203 entstanden –, in
der Rolle des Boten, der Lohn fordert, vor sein Publikum. Er kündigt un-
erhörte Nachrichten an. Was der Sänger dann verkündet, ist dann tatsächlich etwas Neues. Er preist nicht, wie das im Minnelied sonst meist
üblich ist, eine einzelne, die eigene Dame, sondern alle Damen, genauer
gesagt: alle deutschen Damen. Überall hat der Sänger nach den Besten
Ausschau gehalten, er stellt – für alle, die nicht gereist sind, tiefbefriedi-
gend – fest: fremde Sitte mochte meinem Herzen nicht gefallen – die höfische Wohlerzogenheit bei uns Deutschen übertrifft die aller anderen. Dann
wird das Lob noch präzisiert: in den Grenzen des Reichs, im Gebiet zwischen Elbe, Rhein und Ungarn, leben die Besten. Die deutschen Männer
sind wohlgebildet, die Damen sind die reinen Engel: sie verfügen über bes-
seres Benehmen und größere Schönheit als die Damen anderswo. Wer gute
Eigenschaften sucht, soll in unser Land kommen, in dem mir vergönnt sei,
noch lange zu leben. In Simrocks Formulierungen:

> Züchtig ist der deutsche Mann,
> Deutsche Frau'n sind engelschön und rein;
> Thöricht, wer sie schelten kann,
> Anders wahrlich mag es nimmer sein;
> Zucht und reine Minne,
> Wer die sucht und liebt,
> Komm in unser Land, wo es noch beide giebt;
> Lebt' ich lange nur darinne!

---

17 Walther von der Vogelweide. Hrsg. und erklärt von Wilhelm Wilmanns. 3. Aufl.
    Halle/S. 1912, S. 247.

Man hat längst gesehen, daß Walthers Lied vor dem Hintergrund von Beschimpfungen durch provenzalische Trobadors verstanden werden muß.[18] So hatte Peire Vidal, vermutlich 1196/97, gedichtet: „Die Deutschen finde ich unhöfisch und tölpisch, und wenn einer sich anstellt, höfisch zu sein, so ists ein tödlicher Kummer, Schmerz und Verdruß", und weiter: „Ihr Deutschen, sehr tölpisch, schurkisch und schlecht nenne ich euch; denn noch nie erfreute sich an euch, der euch liebte und euch diente." Der Trobador griff die Deutschen genau an dem Punkt an, an dem Walther sie rühmt: die Deutschen seien tölpisch, sie verfügten nicht über höfisches Benehmen. 'Tölpisch', mhd. *dörpisch*, provenz. *vilan*, d. h. 'roh wie ein Bauer', 'schurkisch', ist der Gegenbegriff zu 'höfisch' – wer *dörpisch* oder *dörperhaft* ist, schließt sich aus dem Kreis derer aus, die wissen, wie man sich zu benehmen hat. Auch ein anderer Trobador, Peire de la Caravana, hieb in diese Kerbe: „Das deutsche Volk wollet nicht lieben, und nicht gefalle euch seine Gesellschaft; denn im Herzen macht es mir Beschwerden, mit ihnen zu kauderwelschen." In einigen Quellen, den Handschriften E und U, polemisiert Walthers Lied denn auch ausdrücklich gegen die Romanen, die Welschen; hier beginnt die 5. Strophe:

> Welischez[19] volk ist gar betrogen.
> Sie enkünnen eren niht began.
> Tüsche man sint wol gezogen.
> Reht als engel sint die wip getan.

> Die Romanen sind ganz verblendet, sie wissen nicht, wie man ehrenvoll handelt.
> Die deutschen Männer (dagegen) sind höfisch gebildet, die Frauen sind (sogar) wie
> die Engel [...].

Walthers Nationalismus ist demnach als ein polemischer Nationalismus zu verstehen, der sich gegen Anfeindungen von außen zur Wehr setzt.

Im übrigen hat Walther von Peire Vidal offenbar auch gelernt, nämlich von dessen schwungvollem Lob seiner provenzalischen Heimat, in dem er das Land, wie Walther, durch die Angabe seiner Grenzen näher bezeichnet:[20]

> Nirgends ist die Welt so köstlich
> wie vom Meer bis zur Durenza,
> von der Rhone bis nach Venza,
> nirgends strahlt die Lust so festlich [...].

---

18 Vgl. zum Folgenden: Walther von der Vogelweide. Hrsg. und erklärt von Wilhelm Wilmanns, 4. vollständig umgearbeitete Aufl. besorgt von Victor Michels. Halle/S. 1924, S. 231 f.

19 Vgl. zu dieser Lesart ebenda S. 232 den Kommentar.

20 Die Trobadors. Leben und Lieder. Deutsch von Franz Wellner, neu hrsg. von Hans Gerd Tuchel. 2. Aufl. Bremen 1966, S. 197.

Gegenüber Walthers großem Lied, dessen Gehalt und Bedeutung diese wenigen Bemerkungen längst nicht zureichend beschrieben haben, erscheint Hoffmanns *Lied der Deutschen* flacher, weit weniger komplex – auch bei den Walther-Adaptationen in den *Unpolitischen Liedern* war ja eine deutliche Tendenz zur Vereinfachung zu beobachten gewesen. Aus Walthers Lied entlehnt hat Hoffmann die dekorative Umschreibung für Deutschland durch den Katalog seiner äußeren Grenzen, die das Einheitsgefühl betont: Maas, Memel, Etsch, Belt; ferner das Lob der deutschen Frauen in der 2. Strophe; schließlich den Grundgedanken des „Deutschland über alles". Neu gegenüber Walther ist allerdings die 3. Strophe mit ihrer damals höchst provokanten Hervorhebung von Einigkeit, Recht und Freiheit. Freilich erscheint uns Hoffmanns Walther-Rezeption – wie die seiner Zeitgenossen – heute ein wenig naiv. Wenn Walther von den *tiuschen vrouwen* spricht, meint er natürlich nicht alle deutschen Frauen, sondern – entsprechend der Bedeutung von mhd. *vrouwe* – allein die adligen Damen. Er spricht überhaupt keineswegs in völliger Allgemeinheit, sondern er meint und spricht allein die politisch führende Schicht an – alle anderen sozialen Schichten bleiben gänzlich ausgeschlossen. Es geht auch gar nicht um Deutschland im allgemeinen, sondern um das Imperium, das eine Funktion im göttlichen Heilsplan zu erfüllen hat. Deshalb darf auch nichts über die gehen, die die imperiale Macht konkretisieren helfen, nämlich die führenden Kreise des Adels und der Ministerialität. Für Walther existieren die Nationen nicht, wie man das in der Neuzeit zunehmend sah, in konkurrierender Weise nebeneinander, vielmehr erschien ihm die göttliche Ordnung gestört, wenn nicht – wie das der Staatsideologie der Stauferzeit entsprach – das Imperium Romanum an der Spitze stand.

Die Geschichte der Künste ist voll von Beispielen kreativer, zugleich mißverstehender Rezeption. Vielfach diente das künstlerische Vorbild als eine Art Katalysator, der den eigenen schöpferischen Impuls überhaupt erst ermöglichte. Dies gilt meiner Ansicht nach auch für das Verhältnis Hoffmanns von Fallersleben zu Walther von der Vogelweide. Walther lieferte das Beispiel dafür, daß politische Dichtung höchsten Ranges trotz des von Goethe formulierten Verdikts möglich war und er lieferte Beispiele dafür, wie solche Dichtung im einzelnen aussehen konnte. Bei allen Mißverständnissen war der von Walther ausgehende schöpferische Impuls für die politische Dichtung Hoffmanns und anderer Autoren des Vormärz äußerst wichtig, vielleicht sogar entscheidend.

Dieter Merzbacher

Barockforschung ohne Barockbegriff

Das 17. Jahrhundert im philologischen und literarischen Werk
Hoffmanns von Fallersleben

Zu Beginn unseres Jahrhunderts sah der Kunsthistoriker Heinrich Wölfflin
in den Anfängen von Ariosts *Rasendem Roland* und Tassos *Befreitem Je-
rusalem* den Gegensatz der Literaturepochen von Renaissance und Barock
beispielhaft ausgeprägt.[1] Dergleichen von außen, kunsttheoretischer Stil-
lehre entlehnte und auf den literarhistorischen Kontext übertragene Para-
meter der Epocheneinteilung waren Hoffmann und seiner Zeit fremd. Als
literarische Einheit wurde das 17. Jahrhundert damals stets dann begriffen, wenn es um wertende Literaturgeschichtsschreibung[2] ging. Selbst der
sonst objektiv orientierte, liberale Gervinus konnte sich solchem Systema-
tisierungszwang nicht entziehen, da er Fragen der Ästhetik hinter jenen der
faktenorientierten Perspektive plazierte. Teleologisch war er auf die Zeit
der Klassik als Höhepunkt deutscher Literatur fixiert.[3]

Die inferiore Rolle der Literatur des 17. Jahrhunderts stand außer Zweifel, seit in der Zeit des Vormärzes die Dipolarität von Literatur des Volkes
einerseits und jener der Aristokratie und der Gelehrtenwelt andererseits
als ausgemacht galt. Die Literatur des 17. Jahrhunderts hatte nur Vorläu-
ferfunktion, so bei Gervinus oder Scherer, oder sie bedeutete, wie bei
Eichendorff, nach dem Reformationsjahrhundert einen noch tieferen Fall
in die Bedeutungslosigkeit.[4] Einzig in sprachhistorischer Sicht, vereint mit
der Idee vom Volk als Kulturträger und im Blick auf die Sprachgesellschaf-

1   Vgl. Wilfried Barner: Einleitung zu Ders. (Hrsg.): Der literarische Barockbegriff.
    Darmstadt 1975 (Wege der Forschung Bd. 358), S. 1–13. Hier S. 3.
2   Zum Wertungsbegriff vgl. Herbert Jaumann: Die deutsche Barockliteratur. Wertung
    – Umwertung. Bonn 1975, S. 7–16.
3   Peter Uwe Hohendahl: Literaturkritik in der Epoche des Liberalismus. In: Ders.
    (Hrsg.): Geschichte der deutschen Literaturkritik (1730–1980). Stuttgart 1985, S. 129–
    174. Hier S. 174; Ders.: Gervinus als Historiker des Barockzeitalters. In: Klaus Garber
    (Hrsg.): Europäische Barock-Rezeption. Wiesbaden 1991. Teil 1, S. 561–576. Hier
    S. 562.
4   Ebenda, S. 575 f.

ten als Vorgänger der Sprachvereine, gewinnt diese Zeit Beachtung. Entsprechend lautet auch Hoffmanns, seine *Deutsche Philologie im Grundriss* einleitende Forschungsprämisse: „Die deutsche Philologie ist das Studium des geistigen Lebens des deutschen Volkes insofern es sich durch Sprache und Litteratur kundgibt."[5]

Philologisches Interesse ist für ihn „Streben nach pragmatischer Geschichte des ganzen geistigen Lebens und Treibens unseres Volkes", so im Buchner-Aufsatz[6] aus seiner Weimarer Zeit. Hoffmann hatte nie den Schritt vollzogen, eine Literaturgeschichte zu verfassen, zugleich jedoch waren seine wissenschaftlichen Publikationen und Bibliotheksreisen unstreitig dazu angelegt, einer künftigen Literaturgeschichte inseriert zu werden. Die *Findlinge, Fundgruben, Spenden* und sonstige Miszellen waren musivische Teilchen eines projektierbaren Literaturpanoramas. Von regionalen Literaturaspekten geleitet entwarf Hoffmann, während er Professor in Breslau war, den Plan „zu einer Geschichte der deutschen Poesie in Schlesien vom 16ten Jahrhundert an bis über den Anfang des 18ten hinaus", wie er in der kleinen Schrift über die „Vor-Opitzianer" bezeugt.[7] Ohnehin entspräche wegen der Dichte literaturhistorischer Fakten eine solche „Geschichte der deutschen Poesie Schlesiens" für diese Zeit nahezu „zugleich einer Geschichte der deutschen Litteratur".[8] Jedoch warnt er, gerichtet gegen Gervinus:

> Es ist ein hochfahrender Dünkel, jetzt schon die deutsche Literaturgeschichte irgend eines Zeitraumes oder einer Richtung, geschweige denn aller Zeiträume, aller Richtungen auch nur bis Schiller als abgeschlossen zu betrachten.[9]

Zwar gebe es sehr viele Bearbeiter der Literaturgeschichte, diesen fehle es jedoch an der Qualifikation als Forscher.[10] In Literaturgeschichten, die „fabrikartigen Unternehmungen" glichen, begegneten überaus viele biographische und bibliographische Unrichtigkeiten. Noch werde der Leser nicht „in Stand gesetzt [...], sich selbst ein Urtheil zu bilden".

---

5   August Heinrich Hoffmann: Die Deutsche Philologie im Grundriss. Breslau 1836, S. V.

6   August Heinrich Hoffmann von Fallersleben: Augustus Buchner. In: Weimarisches Jahrbuch für Deutsche Sprache, Literatur und Kunst. Bd. 2. Hannover 1855, S. 1–39. Hier S. 2.

7   August Heinrich Hoffmann von Fallersleben: Einige Vor-Opitzianer. In: August Heinrich Hoffmann von Fallersleben (Hrsg.): Spenden zur deutschen Litteraturgeschichte. Zweites Bändchen. Leipzig 1844, S. 193–240. Hier S. 195.

8   Ebenda, S. 197.

9   Weimarisches Jahrbuch (wie Anm. 6), S. 2.

10   Hoffmann, Deutsche Philologie (wie Anm. 5), S. 1.

Geschichte im eigentlichen Sinne des Worts, sind sie nicht. Denn wir wollen nicht wissen, was dieser und jener bei unserer Litteraturgeschichte denkt und zu sagen weiß, sondern was jeder sagen darf, sagen muss.[11]

Hoffmann belegt seine Kritik. Er weist nach, daß Gervinus in seiner Geschichte der deutschen Dichtung, was Buchner betrifft, lediglich aus Erdmann Neumeisters Habilitationsschrift *De Poëtis Germanicis* (1695) zitiere, ohne selbst eingehender recherchiert zu haben.[12] Ungeachtet solcher Unterschiede in der Wahrnehmung des historischen Materials hegten Gervinus und Hoffmann jedoch die gleichen Vorurteile, wenn es um die Wertung der Literatur des 17. Jahrhunderts geht. Eine vornehmlich vom Adel getragene, in der Gelehrtenkultur beheimatete, nur der Eruditas des Dichters und rhetorischen Sprachgestaltung des Gelehrten verpflichtete Literatur kann nur inferiorer Natur sein. Noch dazu leiste sie in ihren zahlreichen Gelegenheitsdichtungen ausschließlich funktionale Dienste, und schließlich weise sie in vermeintlich verwahrlosten Editionen keinesfalls einen würdigen Sprach- und Orthographiestand[13] auf. Einer Literatur, die sich wesentlich aus ausländischen Einflüssen speise, könne man keine die deutsche Literaturgeschichte prägende Rolle zubilligen. Ferner lehnte Hoffmann den Vorbildcharakter antiker Literatur rundweg ab,[14] wodurch ihm ohnehin eine differenzierte Sicht des Barockjahrhunderts verschlossen bleiben mußte.

---

11 Hoffmann, Deutsche Philologie (wie Anm. 5), S. 2 f.

12 Weimarisches Jahrbuch (wie Anm. 6), S. 12 f. und Anm. 17: „Sonderbar! so spricht auch Neumeister vor anderthalb hundert Jahren, de poetis germ. 1695, p. 19: Dolendum certe, virum illustrem nihil ut scriptorum reliquorum […] und weiß nichts von Buchner mitzuteilen als ein ganz erbärmliches Gelegenheitsgedicht, das er bis in die Wolken erhebt!"

13 Vgl. Vorbemerkungen zu dem Abdruck einiger Briefe der Fruchtbringenden Gesellschaft aus der Weimarer Periode. August Heinrich Hoffmann von Fallersleben: Briefe aus dem Erzschreine der Fruchtbringenden Gesellschaft. In: Findlinge. Zur Geschichte deutscher Sprache und Dichtung. Erster Band [mehr nicht erschienen]. Leipzig 1860, S. 3–32. Hier S. 3.

14 Hoffmann lehnte den altphilologischen Unterricht grundsätzlich ab. Am 16.2.1872 schrieb er einem Freund: „Es ist ein wahrer Jammer, wie es mit unserem höheren Schulwesen beschaffen ist. Möchten doch alle Väter einsehen, daß ihre Kinder in unseren jetzigen Gymnasien zu Krüppeln an Geist und Leib verbildet werden […]. Wäre ich nur 20 Jahre jünger, ich wollte einen Verein stiften zur Ausrottung des Latein und Griechisch, beides sollte aus dem Staatsleben wenigstens verbannt werden und nur den Gelehrten und katholischen Pfaffen überlassen bleiben. Selbst die vorurteilsfreieren Leute bekleben sich lieber mit dem Schönheitspflaster der klassischen Bildung, als daß sie es wagen möchten mit einem freien, reinen Gesicht sich eine Bildung anzueignen, die den Anforderungen und Bedürfnissen der Gegenwart genügt." Nach Ingrid Heinrich-Jost: August Heinrich Hoffmann von Fallersleben. Berlin 1982, S. 144, Anm. 25.

Ganz im Gegensatz zur Beschäftigung mit dem 17. Jahrhundert boten
sich Hoffmann im Bereich der Philologie des deutschsprachigen Mittelalters unstrittige Ideologeme und Mythologeme als Paradigmen an. Affirmativ werden Begriffe wie Volk, Deutsche Sprache, Kultur und Brauch-
tum gehandelt, vermeintlich zensurfreier Raum der Reformationszeit[15]
wird zeitgenössischer Zensur kontrastiert und archetypisierende Sprachforschung zu Dialekt, Sondersprache und Namenkunde soll ungebroche-
ne Genese suggerieren. Die Kriterien für die Behandlung barocker Literatur waren hingegen eher willkürlicher Natur und weniger vorgeprägt. In
Hoffmanns Mittelalterforschung ging es um Statuierung von Denkmälern.
Das erlaubte neben der Edition von Neufunden wie dem *Linzer Entecrist*
oder dem Bonner *Otfrid*-Fragment auch äußerst problematische Versuche,
wie noch vor der Wiederauffindung der handschriftlichen Überlieferung
in Valenciennes den mit Lachmanns Ausgabe von 1825 konkurrierenden
Paralleldruck des *Ludwigsliedes*[16] nach einer Druckvorlage des späten
17. Jahrhunderts neben einer eigenen „normalisierten" Fassung.[17]

Anders verhielt es sich mit den Annäherungsmöglichkeiten an die Literatur des 17. Jahrhunderts. Als Hoffmann eine Geschichte der deutschen
Poesie in Schlesien projektierte und in Bibliotheken Breslaus und des
Umlandes forschte, war seine Ausbeute gering.[18] Er beschritt daher einen
anderen Weg:

---

15 Vgl. Vorrede zu August Heinrich Hoffmann von Fallersleben: Politische Gedichte
    aus der Deutschen Vorzeit. Mit einem Nachwort von Georg Fein. Straßburg, Basel
    1842, Sonderdruck S. IV–VI. Herzog August Bibliothek: Lo Kapsel 2 (21). Dort
    beschwört Hoffmann die Alten Zeiten herauf, als vermeintlich keinerlei Zensur die
    Freiheit der Meinungsäußerung einschränkte. Als Beispiele dienen ihm Luther, Sachs,
    Fischart und andere. Gerade im Falle des Nürnberger Poeten sind jedoch mehrere
    Zensurmaßnahmen des Nürnberger Rats bekannt. Vgl. Horst Brunner: Hans Sachs
    – Über die Schwierigkeit literarischen Schaffens in der Reichsstadt Nürnberg. In:
    Horst Brunner u. a. (Hrsg.): Hans Sachs und Nürnberg. Bedingungen und Proble-
    me reichsstädtischer Literatur. Hans Sachs zum 400. Todestag am 19. Januar 1976.
    Nürnberg 1976 (Nürnberger Forschungen 19), S. 1–13.
16 Karl Lachmann: Laudes Ludovici regis, Specimina lingua Francicae in usum audi-
    torum. Berlin 1825, S. 15–17.
17 Ludwigslied. In: August Heinrich Hoffmann (Hrsg.): Fundgruben für Geschichte
    Deutscher Sprache und Litteratur. I. Theil. Breslau 1830, S. 4–9. Vgl. Elnonensia.
    Monuments de la langue romane et de la langue tudesque du IXe siècle, contenus
    dans un manuscrit de l'Abbaye de St. Amand, conservé à la bibliothèque publique
    de Valenciennes découverts par Hoffmann de Fallersleben, et publiés avec une tra-
    duction et des remarques par Jan Frans Willems. Gand ²1845 (1. Auflage 1837).
18 „Leider aber fand ich bald, daß für diesen Zweck viel zu wenig geschehen war: nie-
    mand hatte dafür recht gesammelt, noch sonst auf eine Weise zweckmäßig vorgear-
    beitet." Hoffmann, Spenden (wie Anm. 7), S. 195 f. Negativ war seine Ausbeute in
    der Rhedigerischen Bibliothek, sie enthalte „freilich [...] große Schätze, aus dem

Um jedoch das noch Fehlende zu ergänzen und ruhiger in den Opitzischen Zeiten meines Gegenstandes mächtig zu werden, habe ich mir selbst eine Sammlung angelegt, die nun schon in diesem Augenblick meines Wissens die bedeutendste der Art ist.[19]

Der Möglichkeit, binnen kurzem eine reiche barocke Handbibliothek zu besitzen, entspricht die Tatsache, daß Hoffmann die Textsituation im Unterschied zu jener der Mittelalterphilologie für völlig unproblematisch hielt. Hier müsse man sich gleichsam nur an den gedeckten Tisch setzen. Während für den Zeitraum des 15. und 16. Jahrhunderts noch der Mediävistik anverwandte Maßstäbe gelten, sieht die Situation für das Nachfolgejahrhundert unvergleichlich besser aus:

Schmerzlich wird vermisst eine Quellensammlung, welche den Gang der deutschen Litteratur im 15. und 16. Jahrhundert vollständig und klar zur Anschauung brächte [...] die Poesie des 17. Jahrhunderts kann eher der Quellensammlung entbehren, weil die Werke der einzelnen Dichter (Opitz u. a.) in vielen alten Ausgaben noch zugänglich sind und neue Ausgaben oder selbständige Auszüge (Logau, Fleming) von dem traurigsten aller Jahrhunderte einen Vorgeschmack geben.[20]

Der Anteil der Barocktitel in dem Katalog der 970 Bücher seiner Handbibliothek, die Hoffmann wegen seiner nach der Entlassung desolaten finanziellen Situation am 22. Mai 1843 zu Breslau verauktionieren lassen wollte,[21] belegt diese Tatsache. Allein 230 Nummern erfassen schlesische Autoren, hauptsächlich solche des 17. Jahrhunderts, darunter über 30 Opitzdrucke, ferner Moscherosch, Fleming, Neumark, Tscherning, Kindermann, Wagenseil, Neumeister, Neukirchs Sammlung, Ringwalt, Rist, Andreæ und auch Herdegens Geschichte des Blumenordens.

Hoffmanns Kennzeichnung des 17. Jahrhunderts als des traurigsten aller Jahrhunderte und die Fixierung auf den Dreißigjährigen Krieg entspra-

---

Nachlasse des Rector Arletius; doch hatte sich derselbe nur auf gewisse Dichter (Opitz, Quirin Kuhlmann, Günther, und besonders Simon Dach, der also nicht einmal hieher gehört), beschränkt" (S. 196).

19 Hoffmann, Spenden (wie Anm. 7), S. 197.
20 Hoffmann, Deutsche Philologie (wie Anm. 5), S. XI.
21 Der Titel des Auktionskatalogs: 970 Bücher aus der Bibliothek des Professors Dr. Hoffmann von Fallersleben sollen am 22. Mai 1843 zu Breslau öffentlich versteigert werden durch den Auctions-Commissarius Mannig. Herzog August Bibliothek: Bc Kapsel 16. Hier ist auch jene Bibliographie zur Literatur des 17. Jahrhunderts zu nennen, die im Nachlaßverzeichnis (S. 9) aufgeführt wird, dessen Bestand sich im Hoffmann-von-Fallersleben-Museum zu Fallersleben befindet. Das Manuskript trägt die Bezeichnung: Literatur des 17. Jahrhunderts. Eigh. Manuskript. 19 Seiten zu 36 Spalten. Folio. Es verzeichnet Werke von 1620 bis 1646. Der Titel des Nachlaßverzeichnisses: Hoffmann von Fallersleben. Handschriftliches, Bücher, Schriften, Gelegenheitsdrucke aus seinem Nachlaß. Berlin 1929. Herzog August Bibliothek: Bc 960.

chen den eigenen patriotisch-nationalen Xenophobien gegenüber Frankreich. So führte primär die enge nationale Perspektive zur dennoch verdienstvollen Publikation von Teilen des im Großherzoglichen Weimarer Archiv entdeckten Erzschreines der Fruchtbringenden Gesellschaft aus der Ägide des „Schmackhaften", Herzog Wilhelms IV. von Sachsen-Weimar. Der Veröffentlichung der Devisen des Weimarer Gesellschaftsbuches[22] assistierte der Abdruck der *Unvorgreiflichen Gedanken zur deutschen Sprache* von Leibniz.[23] Eine analytische sprachgeschichtliche Gewichtung der Texte unterbleibt. Der einzige Schluß, der aus dem Leibniz-Beitrag gezogen wird, dient dessen Exkulpierung, weil

> dieser große, berühmte, verehrte und glückliche deutsche Mann für das Glück und den Ruhm seines Vaterlandes, für das Gedeihen der deutschen Sprache und des deutschen Schriftwesens[24]

trotzdem begeistert gewesen sei, obgleich er vorwiegend lateinisch und französisch schrieb. Wenn dann in dem folgenden Leibniz-Text *Ermahnung an die Deutschen, ihren Verstand und Sprache besser zu üben* die Aufforderung zitiert wird, daß „einige wohlmeinende Personen zusammentreten und unter höherem Schutz eine Deutschgesinnte Gesellschaft stiften" sollten, die „den deutschen Ruhm erhalten oder auch wieder" aufrichten solle, so wird durch Fettdruck und größere Buchstabentypen der Appell „Deutschgesinnte Gesellschaft stiften" eigens ausgezeichnet. Die wissenschaftliche Publikation fungiert als plakativ-programmatische Broschüre.

Hoffmann rühmt den Sprachpatrioten Leibniz, den Literaten jedoch verurteilt er sarkastisch:

> Flemming ist ihm der Horatius, Opitz der Ovidius, Gryphius der Seneca, es fehlt nur noch an einem Virgilius […] Daß die deutsche Dichtung, wie sie im 16. Jahrhundert anfing, sich lebensfrischer, mannigfaltiger, freier und volksthümlicher gestalten, voll höheren geistigen Gehalts und in größerer Vollendung der Form sich entwickeln könne und müsse, ahndete Leibnitz nicht. Bei *seinen* Ansichten dürfen wir von ihm auf dem Gebiete der Poesie nichts Neues erwarten: er geht nämlichen Weg, den die Bewunderer und Nachahmer Opitzens gingen: er hat seine poetischen Gefühle und Gedanken dem langweiligsten aller Verse, dem unglückseligen Alexandriner anvertraut und hat mit seinen Zeitgenossen den Vorrath gelehrter Bilder, Gleichnisse, Redensarten und Endungen gemein.[25]

---

22 August Heinrich Hoffmann von Fallersleben: Geschlecht- und Wappenbuch der Fruchtbringenden Gesellschaft. In: Weimarisches Jahrbuch (wie Anm. 6), Bd. 3. Hannover 1855, S. 119–125.

23 August Heinrich Hoffmann von Fallersleben: Leibnitz im Verhältnisse zur deutschen Sprache und Litteratur. In: Weimarisches Jahrbuch (wie Anm. 6), Bd. 3. Hannover 1855, S. 80–118.

24 Ebenda, S. 80.

25 Ebenda, S. 110 f.

Das Verdikt über Leibniz wäre sicher noch härter ausgefallen, hätte sich Hoffmann auf dessen Sympathie für Herzog Anton Ulrichs *Römische Octavia* eingelassen, denn die Prosa jener Zeit ist für ihn jenseits aller Norm, wie er beim Abdruck der Fruchtbringerbriefe bemerkt:

> Die verwilderte Schreibung habe ich nicht beibehalten, ich sehe auch durchaus nicht ein, was damit gewonnen werden soll. Denn, daß selbst die berühmtesten Dichter ein und dasselbe Wort oft in wenigen Zeilen nach einander bald so bald anders schreiben – ist hinlänglich bekannt, wozu noch neue Belege? Wozu überhaupt den Abdruck erschweren und den Leser abschrecken? […] Selbst angesehene Gelehrte, die sich im Lateinischen gewiß keinen Fehler zu schulden kommen lassen, schreiben das Deutsche ärger wie [!] Hausknechte und Köchinnen. Matthias Abele ist der leibhafte Zwückauer: wir lesen in seinem Briefe verwüchener Zeit, tüeffist, sünnreiche erfündungen.[26]

Die Epoche des 17. Jahrhunderts hatte ihren Fixpunkt in Martin Opitz und seiner die Literaturbefähigung der deutschen Sprache postulierenden *Deutschen Poeterey* (1624),[27] die auf nicht-deutschen Autoritäten beruhte. Dies konzediert selbst der „konservative Nationalist" August Friedrich Christian Vilmar in seiner Gervinus verpflichteten Literaturgeschichte:[28]

> Die zweite große Abteilung unserer Literärgeschichte, die neue Zeit, welche wir mit Martin Opitz, und zwar dießmal mit einer genauen Jahreszahl, mit dem Jahre 1624 beginnen, hat ihren eigenthümlichen Charakter, durch welchen sie sich von der alten Zeit streng und auf allen Punkten unterscheidet, darin, daß sie eine Verschmelzung fremder poetischer Elemente mit den deutschen erstrebt und auf ihrer höchsten Stufe, in der zweiten Blüteperiode unserer Literatur, erreicht.[29]

Opitz gewinnt im allgemeinen Konsens der Literaturhistoriker Bedeutung als Vermittler, nicht als wegweisender Dichter: „So unbedeutend hiernach seine schöpferische Begabung wäre", heißt es bei Gervinus, „so bedeutend

---

[26] Hoffmann, Findlinge (wie Anm. 13), S. 3 f. Hoffmann würdigt die „unsägliche Mühe" des Anhalter Archivars Gottlieb Krause keineswegs angemessen. Dieser hatte fünf Jahre vor Hoffmann Briefe des Köthener Erzschreins publiziert: Gottlieb Krause: Der Fruchtbringenden Gesellschaft ältester Ertzschrein. Briefe, Devisen und anderweitige Schriftsstücke. Urkundlicher Beitrag zur Geschichte der deutschen Sprachgesellschaften im 17. Jahrhundert. Leipzig 1855. Neudruck Hildesheim, New York 1973.

[27] Vgl. Hohendahl, Literaturkritik (wie Anm. 3), S. 564 f. Dort nach Anm. 6: August Kobersteins *Grundriß zur Geschichte der deutschen Nationalliteratur* (zuerst 1827, 5. Aufl. 1872) läßt die „neuere Zeit" ebenfalls im frühen 17. Jahrhundert beginnen, gewichtet jedoch die zweite Hälfte dieses Jahrhunderts stärker und nähert sich damit Wilhelm Scherers Periodisierung an, der das Jahr 1648 als den Beginn der neueren Literatur betrachtet.

[28] August Friedrich Christian Vilmar: Vorlesungen über die Geschichte der deutschen Nationalliteratur. Marburg 1845, ⁶1856.

[29] Nach Hohendahl, Literaturkritik (wie Anm. 3), S. 565.

ist dagegen sein receptives Talent, das sich in seinen Uebersetzungen kund
thut".[30] Hinzu kommt bei Gervinus die positive Wertung von Opitzens
Wirken im Zusammenhang mit der Sprachsozietät.[31] Daß Gervinus, der
lediglich der Lyrik des Barock einen besonderen Stellenwert einräumte,
diese Epoche schlichtweg mißverstanden hat, wie Herbert Jaumann urteilt,[32] erstaunt nicht, fehlte den Literaturgeschichten des 19. Jahrhunderts
doch die Unvoreingenommenheit für die reale gesellschaftliche Existenz
der Barockautoren, deren Namen und Werke Forschern wie auch Hoffmann von Fallersleben voll präsent waren.[33] Dem liberalen Demokraten
Gervinus erschien es völlig unverständlich, wie sich der Hofmann Opitz
getreu der Dissimulatio-Devise *mundus vult decipi* verbiegen mußte, wenn
er als Kalvinist in die Dienste des katholischen Grafen von Dohna trat, an
dessen Händen das Blut der getöteten Glaubensbrüder klebte.

„Die niedrige Jagd nach Gunst, die jedem aufrechten Gemüthe widerstehen muß, wird recht sichtbar, als Opitz zuletzt in polnische Dienste
trat",[34] resümiert Gervinus.

> Ein Mensch fluchwürdigsten Andenkens, der unter dem Deckmantel der Religion
> und des amtlichen Diensteifers alle Schändlichkeiten verübte, dem jedes Mittel ge
> recht schien, der sich jedes bediente, um mehr zu werden, mehr zu erlangen,[35]

---

30 „Harsdörfer und Neumeister rühmen diese Gabe in ihm und wir müssen ihnen beistimmen. Wir wollen auf die einzelnen Übersetzungen eines Heinsius, Grotius,
    Barclay u. A. nicht eingehen; wir bemerken nur, daß Opitz mit diesen Arbeiten der
    fruchtbringenden Gesellschaft besonders ihre Zwecke zu fördern half", nach Hohendahl, Literaturkritik (wie Anm. 3), S. 565.
31 Daß sich Opitz' Verhältnis zur Fruchtbringenden Gesellschaft keineswegs so monokausal ausbildete, wie vielfach geglaubt wurde, belegen die einschlägigen Korrespondenzen von ihm mit Fürst Ludwig von Anhalt-Köthen während der Frühphase der Gesellschaft. Vgl. Klaus Conermann (Hrsg.): Fruchtbringende Gesellschaft:
    Briefe der Fruchtbringenden Gesellschaft und Beilagen: Die Zeit Fürst Ludwigs von
    Anhalt-Köthen. 1617–1650. Erster Band 1617–1626. Tübingen 1992 (Die Deutsche
    Akademie des 17. Jahrhunderts, Fruchtbringende Gesellschaft 1 A: Köthen, Erster
    Band); Ders. (Hrsg.): Fruchtbringende Gesellschaft: Briefe der Fruchtbringenden
    Gesellschaft und Beilagen: Die Zeit Fürst Ludwigs von Anhalt-Köthen. 1617–1650.
    Zweiter Band 1627–1629. Tübingen 1998 (Die Deutsche Akademie des 17. Jahrhunderts, Fruchtbringende Gesellschaft: 1 A: Köthen, Zweiter Band).
32 Jaumann, Barockliteratur (wie Anm. 2), S. 174–277. Vgl. Klaus Garber: Martin Opitz
    – „der Vater der deutschen Dichtung". Stuttgart 1976, S. 112 ff.
33 Man beachte die chronologische Abfolge deutscher Dichter zu Beginn von Hoffmann, Deutsche Philologie (wie Anm. 5). Dort wird ein vollständiger Katalog maßgeblicher Barockautoren geboten.
34 Nach Hohendahl, Literaturkritik (wie Anm. 3), S. 568 f.
35 August Heinrich Hoffmann von Fallersleben (Hrsg.): Politische Gedichte aus der
    deutschen Vorzeit. Leipzig 1843, S. 218.

so kennzeichnet ihn Hoffmann, der noch härter in seinem Urteil ist, da er von seinen eigenen antiaristokratischen Ansichten geprägt ist. Zwar billigt er Opitz, wenn er „aus reinem natürlichen Mitgefühle für geliebte Tode, für Freunde und Verwandte [...]" Kasualgedichte produzierte, eine „poetische Wahrheit, die interessiert und rührt" zu, jedoch sobald seine Texte purer Servilität entspringen, dann erscheine der „Dichter nicht mehr als Dichter, als gebildeter, gelehrter Mann, sondern als Ceremonienmeister".[36] Opitz kommt denkbar schlecht weg:

> [...] er war doch nicht poetisch genug, sich über die gemeine Gelegenheitsdichterei völlig zu erheben und stand selbst in der Zeit, als er schon mit dem Namen des Vaters der deutschen Poesie beehrt wurde, nicht über seinen dichtenden Zeitgenossen.[37]

Wohlwollendere Ansätze erlaubt ein Porträt des jungen Opitz. In dem nur 15 Seiten umfassenden Aufsatz *Martin Opitz von Boberfeld bis zu seinem zweiundzwanzigsten Jahre*[38] verschmilzt, wie auch in allen anderen derartigen Kleinmonographien Hoffmanns, objektiver Tatbestand mit subjektiver, gegenwartsgeprägter Wertung. Nahezu psychologisierend, aber gepaart mit Biedersinn betrachtet er die Jugend des kleinen Martin:

> Wie wohlthätig wäre es für die ersten Lebensjahre des Dichters gewesen, wenn seine Mutter die erste Erziehung des geliebten Kindes hätte vollenden [...], in ihm den Sinn für das einfache häusliche Leben wecken und das Unstete und Leichtsinnige in dem nachherigen Jüngling frühzeitig beschränken können.[39]

Diese Anspielung nimmt Hoffmann am Ende seines Aufsatzes nochmals auf, dem ersten Opitz-Biographen Christoph Colerus folgend:

> Aber wie kein großer Geist ohne Beimischung irgend einer Thorheit gefunden wird, und niemand seiner selbst mächtig genug zum Helicon gelangt, so hing auch seine Jugend ein wenig am Gesange der Sirenen; diese Krankheit war ihm gemein mit großen Männern, besonders mit den Dichtern, die Meister in der Liebe sind. Doch verstehe ich mich nicht dazu, die übele Nachrede solcher Schuld an einem Schriftsteller zu vertheidigen, sondern glaube nur, daß auch die Schwächen des Genies einigermaßen zu ertragen sind.[40]

---

36 August Heinrich Hoffmann von Fallersleben: Martin Opitz als Hochzeits- und Leichendichter. In: Weimarisches Jahrbuch (wie Anm. 6), Bd. 3, Hannover 1855, S. 133–143. Hier S. 138 f.
37 Ebenda, S. 142.
38 Hoffmann, Spenden (wie Anm. 7), S. 55–72.
39 Ebenda, S. 57.
40 Ebenda, S. 72. Dagegen nahmen sich die Kinderjahre idyllisch aus. In puer-senex-Stilisierung beschreibt der spätere Kinderlieder-Autor, wie Opitz „schon mit sichtlichem Behagen bei den Büchern" verweilte, „während sich andere Kinder auf Stekkenpferden und mit Trommeln und Pfeifen zu belustigen pflegten" (S. 58). – In der kleinen Monographie zu Johann Christian Günther (S. 115–176) verfährt Hoffmann ähnlich, wenn er Zusammenhänge zwischen Erziehung des Kindes und dem literarischen Werk herstellt.

Daß Opitz sich in lateinischen Gedichten übe und ausgerechnet „seine Ansichten über deutsches Volk, deutsche Sprache und deutsche Poesie" in einer lateinischen Schrift, betitelt *Aristarchus, sive de contemptu linguae Teutonicae* entwickelte, das sei typisch für dieses Jahrhundert. Allein, nur in einer Zeit des gänzlichen Unglaubens an eigene Tüchtigkeit könne jemand auf den Gedanken kommen, „lateinisch über die Verachtung der deutschen Sprache zu schreiben". In seiner Befangenheit habe sich Opitz dieses „Prunks unnöthiger Gelehrsamkeit" nicht entäußern können.[41] Hoffmann findet die Kernzitate im *Aristarchus*, die es trotz obiger Einschätzung dennoch rechtfertigen, Opitz Hochrangigkeit zuzubilligen, weil dieser von sich sagt:

> So oft ich unserer deutschen Vorfahren, die tapfern und unbesiegten Männer gedenke, werde ich von einer Art stiller heiliger Ehrfurcht und von einem mächtigen Schauder ergriffen,

und weil er am Schluß des *Aristarchus* seine Leser auffordert: „Strebt endlich danach, daß ihr, die ihr an Tapferkeit und Treue die übrigen Völker besiegt, ihnen auch an Vortrefflichkeit der Sprache nichts nachgebt."[42]

Den Sprachpurismus Opitzens, des „Gekrönten" der Fruchtbringenden Gesellschaft, der selbst reichlich in die „Ausländerei" verstrickt gewesen sei, veranschlagt Hoffmann nicht gerade hoch, „dies ernste und spöttelnde Eifern gegen allen Unfug der Ausländerei war nichts Neues, schon lange vorher (hatten) sich kräftige Stimmen dagegen erhoben."[43]

Belege dazu fehlen. Dachte er an Luther? Da lagen die Dinge ganz anders. Eher beiläufig wird Opitzens „Hauptverdienst um die deutsche Sprache und Poesie" erwähnt, das „in dem einfachen Kunstgriffe" bestanden habe, „die Silben nicht, wie bisher geschehen war, zu zählen, sondern zu messen".[44] Erneut schmälert Hoffmann die Rolle Opitzens, wenn es um die Gelegenheitsdichtungen geht. Hier mißt er ganz nach dem idealistischen und der Erlebnisdichtung verpflichteten Maßstab seiner Zeit:

> Jedes Gedicht muß über der Gelegenheit stehen, diese darf nur Nebenzweck sein und bleiben, die Poesie ist sich selbst Zweck, niemals soll das äußerlich Gegebene, das Vorhandene die Phantasie des Dichters und seine Erfindungsgabe beschränken oder beeinträchtigen.[45]

---

41 Ebenda, S. 63.
42 Ebenda, S. 63.
43 Ebenda, S. 64.
44 Ebenda, S. 66.
45 Ebenda, S. 68 f.

Diese Beurteilungen Hoffmanns werden von Garber in dessen Rezeptions-
studie zu Opitz nicht benannt, wohl aber hebt er neben Hoffmanns pessi-
mistischer Einschätzung des Forschungsbetriebes seiner Zeit, wo „einer
immer getrost dem andern" geradezu autoritätsgläubig nachschreibe,[46]
dessen Umfunktionierung von Opitz-Texten in Hoffmanns Sammlung
Politische Gedichte aus der Vorzeit (1843) hervor. Sie waren Pendant der
für Hoffmanns Berufslaufbahn so folgenschweren *Unpolitischen Lieder,*[47]
die der Zensur zum Opfer fielen. Garber urteilt über die *Politischen Gedichte*:

> Die Auswahl verrät auch in dem Opitz-Abschnitt den politischen Strategen, [...]
> (der) gezielt das unvermindert Aktuelle in die politische Auseinandersetzung des
> Tages einbringt.

Opitzens von der Forderung nach Toleranz getragene *Trost-Gedichte In
Widerwertigkeit Deß Kriegs* verleihe dem „Plädoyer für die liberale Grund-
forderung der Meinungsfreiheit" Durchschlagskraft.

Freiheit ist das Losungswort, das über fast allen ausgewählten Opitz-
Stellen stehe:

> '.... sie fordert Widerstand,
> Ihr Schutz, ihr Leben ist der Degen in der Hand.
> Sie trinkt nicht Muttermilch; Blut, Blut muß sie ernähren;
> Nicht Heulen, nicht Geschrei, nicht weiche Kinderzähren,
> Die Faust gehört dazu.'

Hoffmann habe die Texte aus „der historischen Situation herausgelöst" und
zu Zeugnissen wider „despotische Unterdrückung und staatliche Zersplitterung" gemacht. Dabei sei angesichts der Aufforderung zum politischen
Widerstand die Opitzsche Ermahnung zu stoischer Unwandelbarkeit und
Gottergebenheit zur Forderung umgeformt worden, daran festzuhalten,
daß die Ideale der Vormärzler unzerstörbar seien, trotz der Greuel fürst-
licher Dynastien.[48]

---

46 Garber, Opitz (wie Anm. 32), S. 124. Hoffmann beginnt einen Forschungsüberblick
    zu Opitz folgend: „Im Gebiete unserer Litteraturgeschichte ist, wie in so vielen
    Zweigen des gelehrten Wissens, das Meiste – Überlieferung. Jahrhunderte lang pflan-
    zen sich oft falsche Ansichten und Urtheile, Unrichtigkeiten und Irrthümer aller
    Art fort. Während man sonst im Leben nicht sogleich jemandem Treu und Glauben
    schenkt, so übt doch das gedruckte Überlieferte eine ganz eigene Gewalt über uns
    aus, und wenn wir ihm auch nicht immer beipflichten, so glauben wir doch uns nicht
    ganz davon entfernen zu dürfen. So schreibt denn einer immer getrost dem andern
    nach." (Hoffmann, Politische Gedichte [wie Anm. 35], S. 205).
47 August Heinrich Hoffmann von Fallersleben: Unpolitische Lieder. Hamburg 1840–
    41. Nachdruck Hildesheim, New York 1976.
48 Dieser und die vorausgehenden Belege in: Garber, Opitz (wie Anm. 32), S. 125.

In gleicher Weise wie die Opitz-Texte wurden im zweiten Teil der *Unpolitischen Lieder*[49] nebst vier Walther-Texten und Luthers *Eine feste Burg*
und *Erhalt uns Herr bei deinem Wort* auch weitere barocke Texte in der
aktuellen politischen Situation verankert. Hoffmann publizierte sie zur
gleichen Zeit, als er das Kolleg *Deutsche Literatur des 16. und 17. Jahrhunderts* las (Wintersemester 1841/1842), das 50 Hörer zählte,[50] was auf unge-
wöhnlich reges Interesse schließen läßt. Kurze Zeit darauf, im Jahr 1843
folgte die Veröffentlichung der *Politischen Gedichte aus der deutschen
Vorzeit.*[51] Ein Viertel der 286 Seiten umfassenden Sammlung ist der mittelhochdeutschen Sangspruchdichtung mitsamt Freidank gewidmet, jeweils
ein weiteres Viertel Hans Sachs und dem 17. Jahrhundert, der Rest bringt
Texte von Luther, Alberus, Fischart und Ringwald. Hans Sachs wird mehr
Raum gewährt als Martin Opitz. Das Urteil über den Schusterdichter, den
Hoffmann nach Bouterwek eine „dem Guten treue und fromme Seele"
nennt,[52] fällt allemal positiver aus als jenes über die meisten Barockautoren. Von Opitz heißt es gar unverblümt:

> Es war am Ende gut für ihn, daß er schon 1639 starb; wer weiß, wie vielen Parteien
> er noch öffentlich und heimlich allzeit willig und dienstfertig zugethan gewesen
> wäre![53]

Und Weckherlin, der „in den Erbärmlichkeiten seiner Zeit so mitten drin
(stand), daß er nicht davon unberührt blieb", galt ebenfalls als nichts anderes als ein „gelegenheitlicher Lobhudler".[54] Czepko darf immerhin für
sich verbuchen „einer der gesinnungsreicheren und edleren Charaktere des
traurigen siebzehnten Jahrhunderts" gewesen zu sein, der sich „durch keine

---

49 Hamburg 1841, S. 187–189: Georg Rudolf Weckherlin; S. 190–192: Opitz; S. 193–
    195: Friedrich von Logau; S. 196: Johann Rist; S. 197: Andreas Gryphius; S. 198:
    Ein geistliches Lied, in dessen zweiter Strophe es heißt:
    Was ist Adel, hoch Geschlechte?
    Was ist hochgeboren sein?
    Muß der Herr doch mit dem Knechte
    Leiden bittre Todespein [...].
    Ferner S. 201: Hans Aßmann Freiherr von Abschatz, beginnend mit:
    Nun ist es Zeit zu wachen,
    Eh Deutschlands Freiheit stirbt [...].
50 Erika Poettgens: Stationen eines Lebens: Hoffmann von Fallersleben und seine Akten
    im Geheimen Staatsarchiv Preußischer Kulturbesitz Berlin. In: Mitteilungs-Blätter
    der Hoffmann-von-Fallersleben-Gesellschaft 45 (1998), Nr. 70, S. 3–42. Hier S. 16.
    – Vorlesungsniederschriften sind bislang nicht nachgewiesen.
51 Hoffmann, Politische Gedichte (wie Anm. 35).
52 Ebenda, S. 77.
53 Ebenda, S. 235.
54 Ebenda, S. 252.

kaiserlichen Ehren- und Gnadenbezeigungen abwendig machen (ließ) vom Glauben seiner Väter",[55] eben ganz im Gegensatz zu Opitz. Wenn auch Logau als der „biederste und freisinnigste Dichter seines Jahrhunderts" gerühmt wird, so gilt doch seine Sprache als „meist vernachlässigt, ja so vernachlässigt, daß gewisse Wendungen und Wörter wahrscheinlich schon damals nur schwer oder gar nicht verstanden wurden".[56] Verbliebene lateinische Konstruktionen, Silesismen und unanständige Sujets mißfallen Hoffmann, und es scheint ihm als Breslauer Bibliothekar eher bemerkenswert, daß Lessing und Ramler bei ihrer Auswahl von Logaus Epigrammen im Jahre 1759 ein Exemplar der Magdalenenbibliothek als Vorlage hatten.[57]

Konzeptionelle historiographische Leitlinien stehen Hoffmann bei seiner Beschäftigung mit dem Barockjahrhundert nicht zur Verfügung, und gegenüber einer am Klassikideal orientierten entelechischen Literaturgeschichte hegte er erhebliche Vorbehalte. Dem korrespondierte sein Selbstverständnis als Dichter, wofür das Gedicht *Schulpoeten* aus der anonym erschienenen Sammlung *Deutsche Lieder aus der Schweiz* steht:

> Die ganze deutsche Litteratur
> Ist leider für Gelehrte nur.
> Gelehrte haben sie gemacht,
> Und nie dabei ans Volk gedacht.[58]

Das ist Schelte, die nicht nur, wie auch einst in Zeiten frühaufklärerischer Gelehrtenpolemik, gegen die *poetae docti*, die Klüglinge mitsamt ihrer Pedanterie und ihrem polyhistorischen Wissenswust gemünzt ist, sondern

---

55 Ebenda, S. 259.
56 Ebenda, S. 264.
57 Ebenda, S. 265: „Bei der Zurücksendung ging das Buch verloren und es wird nun dafür nur noch der Lessingsche Leihschein aufbewahrt."
58 Zürich, Winterthur 1843, S. 130 f. In der Fortsetzung lauten die Verse:

> Was nützet Wissenschaft und Kunst?
> Das ist ja eitel Schein und Dunst,
> Wenn beides nicht zum Volke dringt,
> Für all' und jeden Früchte bringt.
>
> Was nützt dem Volke der Poet,
> Wenn's Volk sein Singen nicht versteht?
> Ins Herz des Volkes drang noch nie
> Gelehrter Herren Poesie.
>
> Laßt euern Wissensqualm und Dunst
> Und übet reine deutsche Kunst!
> Werft allen Plunder über Bord,
> Singt ein verständlich deutsches Wort!

sie nimmt auch die Weimarer Dichterdioskuren nicht aus.[59] Auch gab es
für Hoffmann keine objektiven, durch seine Forschungserträge auffüllba-
ren, vorstrukturierten Räume. Ferner waren seine Leitfiguren, allen voran
der Berliner Jurist Karl Hartwig Gregor von Meusebach, der sich gegenüber Jacob Grimm selbst als „Dilettant" bezeichnete,[60] in dieser Hinsicht
nicht vorbildstiftend genug. Schließlich haben sich später Leitfiguren wie
die Brüder Grimm Hoffmann entfremdet, da dieser eben nicht mehr zu den
ausgewiesen professionellen Gelehrten, dem „esoteric body of know-
ledge"[61] gezählt werden konnte oder auch nicht wollte.

Der Literarhistoriker Hoffmann nähert sich den Texten und Autoren
des 17. Jahrhunderts in zweifacher, widersprüchlicher Manier an. Einerseits möchte er detailgetreu viele Bausteine einer künftigen Literaturgeschichte zusammentragen, andererseits wünscht er, daß die ihm relevanten Texte Segmente evolutionistischer Gesamtentwicklung seien. Es komme
„weder auf den Ruhm der Namen, noch auf den Reiz des künstlerischen
Genusses" an, sondern allein darauf,

> den inneren, geistigen Zusammenhang der Erscheinungen nachzuweisen, und jede
> neue, vollkommene Stufe aus der vorangehenden zu erklären und gleichsam zu recht-
> fertigen.[62]

Dieser Zusammenhang ist für ihn von dem Wechselverhältnis zwischen
Literaturgeschichte und antiaristokratischer Nationalgeschichte geprägt.
Seine literarhistorischen Arbeiten zum 17. Jahrhundert waren sein Beitrag
dazu. Diese Arbeiten waren in Hoffmanns Biographie, seinen Breslauer und
Weimarer Lebensphasen und in seinen Texttyp-Präferenzen verankert.
Zahlreich sind die Kleinmonographien zu schlesischen Autoren, wodurch
er dem gängigen Usus der „Litteratoren" entgegenwirken will, deren Arbeiten „sich meist nur auf guten Glauben fortpflanzen"[63] und die daher vielfach Falsches produzierten: Opitz werde wegen der Prosodie-Neuerung als
ein *Deus ex machina* behandelt, Andreas Scultetus allein wegen eines Hin-

---

59 Hoffmanns Invektive ist nicht singulären Ursprungs, sondern sie steht in der Tradition jener Wissenschaftskritik und jenes antigelehrten Dichtens, wie sie jüngst für
   die Zeit von Renaissance bis zum Sturm und Drang beschrieben wurde in Gunter
   E. Grimm: Letternkultur. Tübingen 1998 (Studien und Texte zur Sozialgeschichte
   der Literatur 60).
60 Rainer Kolk: Liebhaber, Gelehrte, Experten. Das Sozialsystem der Germanistik bis
   zum Beginn des 20. Jahrhunderts. In: Jürgen Fohrmann [u. a.] (Hrsg.): Wissenschaftsgeschichte der Germanistik im 19. Jahrhundert. Stuttgart, Weimar 1994, S. 48–114.
   Hier S. 60.
61 Ebenda, S. 67.
62 August Heinrich Hoffmann: Theobald Höck. Ein Beitrag zur Geschichte der Deutschen Litteratur. In: Litterarhistorisches Taschenbuch 3 (1845), S. 399–422. Hier S. 401.
63 Hoffmann, Spenden (wie Anm. 7), S. 197.

weises von Lessing viel zu hoch eingeschätzt und Johann Scheffler wie eine Neuentdeckung gehandelt, obgleich er doch niemals vergessen war.

Wäre Hoffmann kontinuierliches Arbeiten in Breslau vergönnt gewesen, vielleicht wäre es ihm gelungen, seine *Findlinge* zu einem Panorama zu vereinen, gerade weil seine detaillierten Erkenntnisse Zusammenhänge erschließen helfen. Wenn er auch beispielsweise nicht, wie er sagt „in die Magdalenen-Bibliothek ging, um dort Meistertöne" nach Adam Puschmans *Singebuch*[64] zu erlernen, so hat er immerhin die historischen Verklammerungen in diesem Falle besser erahnt als einst Jacob Grimm, wenn er im Zusammenhang mit dem *Singebuch* die Nachwirkung der Kolmarer Liederhandschrift anspricht.[65] Der Weimarer Lebensabschnitt Hoffmanns, als Großherzog Karl Alexander dort einen neuen Mittelpunkt geistigen Lebens schaffen wollte und Hoffmann Franz Liszts Freundschaft gewann, galt vorrangig der Herausgabe des *Weimarischen Jahrbuchs*, einem publizistischen Forum vieler seiner eigenen Studien. Doch das Unternehmen stand unter einem ungünstigen Stern. Es kam zum Konflikt mit dem Mitherausgeber Oskar Schade,[66] die Beiträger waren allesamt nicht profiliert genug und die volkskundliche Ausrichtung erwies sich als wenig tragfähig. Für die Barockforschung hat Hoffmann dort aber Entscheidendes geleistet, als er Briefe aus dem Weimarer Erzschrein veröffentlichte und das Gesellschaftsbuch aus der Zeit Herzog Wilhelms IV. von Sachsen-Weimar vorstellte. Es war erst seit November 1853 wieder in Weimar und gehört seither zum Bestand der Bibliothek.[67]

Derartige biographische und damit regionale Verankerungen des Forschungsinteresses grenzten andere Bereiche notgedrungen aus. Dies geschah auch durch Hoffmanns Bevorzugung vermeintlich volksnaher Texttypen.[68]

---

64 Seit 1945 vermißt. Vgl. Horst Brunner u. Burghart Wachinger (Hrsg.): Repertorium der Sangsprüche und Meisterlieder des 12. bis 18. Jahrhunderts. Band 1. Tübingen 1994, S. 94–97.

65 Hoffmann, Spenden (wie Anm. 7), S. 3–16. Hier S. 14.

66 Vgl. Heinrich Gerstenberg (Hrsg.): An meine Freunde. Briefe von Hoffmann von Fallersleben. Berlin 1928, S. 176.

67 Weimarisches Jahrbuch (wie Anm. 6), Bd. 3, Hannover 1855, S. 119–125.

68 Solche Gewichtung liegt bereits dort vor, wo Hoffmann (Deutsche Philologie [wie Anm. 5], S. V f.) Johann Albert Fabricius zitiert, zweifellos einen der „gelehrtesten und fruchtbarsten Philologen" (Allgemeine Deutsche Biographie, Bd. 6, S. 518–521, hier S. 518) am Anfang des 18. Jahrhunderts und Mitbegründer der Hamburger „Teutsch-übenden Gesellschaft" (1715), und dessen Katalog für einen „deutschen Philolog[um]" zu erforschender Disziplinen übernimmt. Er zählt zuerst Spezifikationen der Sprache auf, nennt dann Redensarten und Mundarten, und erst am Ende nach den Sprichwörtern die Dichtkunst und die Schriftsteller. Sprachgenese steht am Anfang, vermeintlich volksnahe Texttypen in der Mitte und erst am Ende das heute vielfach mit Literatur Konnotierte.

Texten des frühen 17. Jahrhunderts, die jedoch eher dem literarischen Geschmack des 16. Jahrhunderts zugehören, Sammlungen von Rätseln,[69] von
„Gesellschaftsliedern",[70] und Sprüchen[71] gilt das Hauptinteresse Hoffmanns, und sein eigenes Dichten nähert sich diesen an. Entsprechend negativ wird die Literatur der zweiten Jahrhunderthälfte gewertet, als sich
die deutsche Hofkultur ausschließlich an Frankreich orientierte. Vorbehalt-
los schließt sich Hoffmann, wenn er von einem schamlosen Gedicht berichtet, das der Kurfürstin Sophia von Hannover zu senden Leibniz sich
in keiner Weise scheute, dem Urteil Kobersteins an; es sei Beleg dafür,

> wie abgestumpft das Schamgefühl in der zweiten Hälfte des 17ten und zu Anfang
> des 18ten Jahrhunderts unter den Ständen war, und was man damals von schlüpfri-
> gen, unzüchtigen und bis zum Ekelhaften schmutzigen Darstellungen in Versen und
> in Prosa fürstlichen und adeligen Herren und Frauen zu bieten wagte [...].[72]

Auch anhand eines Hamburger *Complementier-Büchleins* aus dem Jahre
1654 wird ähnlich argumentiert, denn in jener Zeit „kurz nach dem 30jäh-
rigen Krieg", als der „alte Sinn für Biederkeit, gute Sitte, schlichte Tracht
und Lebensart ziemlich nachgelassen" hatte, da gestaltete die „immer ärger herüberströmende französischen Sprache, Hofsitte und Mode [...] ein
neues Leben", da wurde „der Keim gelegt [...] zu jenem höflichen Schlen-
drian, durch dessen Blüthe wir armen Deutschen zu Narren, und uns selber entfremdet wurden".[73] Klischees aus der Zeit der Befreiungskriege und
erneut virulente Feindbilder verschmelzen miteinander und bieten philo-
logische Bewertungskriterien, die schlichtweg keine mehr sind. Nachdem
auch das Weimarer Projekt scheiterte, scheint sich Hoffmanns Wissen-
schaftsverständnis nur noch im Bibliographieren zu realisieren, als er plant,

---

[69] August Heinrich Hoffmann von Fallersleben: Die älteste deutsche Räthselsamm-
lung. In: Weimarisches Jahrbuch (wie Anm. 6), Bd. 2. Hannover 1855, S. 231–
235.

[70] August Heinrich Hoffmann von Fallersleben: Alte Lieder. In: Weimarisches Jahrbuch (wie Anm. 6), Bd. 5. Hannover 1856, S. 216–240 sowie August Heinrich Hoffmann von Fallersleben (Hrsg.): Die deutschen Gesellschaftslieder des 16. und 17.
Jahrhunderts. Leipzig 1844, ²1860 und Ders. (Hrsg.): Antwerpener Liederbuch vom
Jahre 1544. Hannover 1855. (Horae Belgicae. Studio atque opera Hoffmanni Fallerslebensis. Pars undecima). Der von Hoffmann für diese Textgattung kreierte
Begriff *Gesellschaftslied* ist heute umstritten.

[71] August Heinrich Hoffmann von Fallersleben: Ein Stammbuch aus dem dreißigjährigen Kriege. In: Hoffmann, Findlinge (wie Anm. 13), S. 347–360 oder Ders.: Sprü-
che des 16. und 17. Jahrhunderts. In: Hoffmann, Findlinge (wie Anm. 13), S. 434–
463.

[72] Hoffmann, Leibnitz (wie Anm. 23), S. 117.

[73] Hoffmann von Fallersleben, Complementier-Büchlein. In: Weimarisches Jahrbuch
(wie Anm. 6), Bd. 1, Hannover 1854, S. 322–327. Hier S. 322.

eine *Bücherkunde der deutschen Dichtung bis zum Jahre 1700*[74] zu erstellen. Immerhin jedoch bezeugt Hoffmann hier jenen Wissenschaftsimpetus, wie ihn Walter Benjamin zu jener Zeit einforderte, als die Barockforschung am Anfang ihrer Entfaltung stand:

> Die Bibliographie ist gewiß nicht der geistige Teil einer Wissenschaft, jedoch sie spielt in ihrer Physiologie eine zentrale Rolle, ist nicht ihr Nervengeflecht, aber das System ihrer Gefäße. Mit Bibliographie ist die Wissenschaft groß geworden, und eines Tages wird sich zeigen, daß sogar ihre heutige Krisis zum guten Teil bibliographischer Art ist.[75]

Was einst dem von Hoffmann wegen seiner mehrbändigen „Barock"-Anthologie[76] gescholtenen Wilhelm Müller[77] oder dem von August Wilhelm Schlegels Petrarca-Vorlesungen beeinflußten, von Hoffmann in späten Jahren antisemitischer Hetze ausgesetzten Heine[78] gelungen war, blieb diesem selbst versagt. Beide erschlossen sich Sprache und Bildwelten barocker Lyrik und entfalteten so ganz neue Möglichkeiten literarischer Vermittlung, die auch eine Basis für eine unvergleichlich reichere Text-Musik-Symbiose bilden konnten, als sie Hoffmann vorschwebte, der in einem Brief an Zarncke am 3. Februar 1848 schrieb:

---

[74] „Vorliegende Zusammenstellung aller Ausgaben und Einzeldrucke der Opitzischen Gedichte soll zugleich eine Probe eines größern bibliographischen Werkes sein, zu dessen Ausarbeitung ich schon seit vielen Jahren geforscht und gesammelt habe. Dieses Werk soll den ganzen poetischen Bücherschatz der deutschen Litteratur umfassen bis zum Jahre 1700 unter dem Titel: Bücherkunde der deutschen Dichtung bis zum Jahre 1700." In: August Heinrich Hoffmann von Fallersleben: Martin Opitz von Boberfeld. Vorläufer und Probe der Bücherkunde der deutschen Dichtung bis zum Jahre 1700. Leipzig 1858. S. 3.

[75] Die literarische Welt 27.7.1928. Nach: Walter Benjamin: Ein grundsätzlicher Briefwechsel über die Kritik übersetzter Werke. In: Walter Benjamin: Gesammelte Schriften III. Hrsg. v. Hella Tiedemann-Bartels. Frankfurt am Main 1972, S. 119–122. Hier S. 121.

[76] Bibliothek deutscher Dichter des siebzehnten Jahrhunderts. Begonnen von Wilhelm Müller, fortgesetzt von Karl Förster. Bd. 1–14, Leipzig 1822–1838.

[77] Hoffmann, Deutsche Philologie (wie Anm. 5), S. XI: „Wilhelm Müller hat nun noch dies trügliche Bild der ganzen Poesie des 17. Jahrhunderts, was nothwendig aus solcher Behandlungsart entstehen muss, der Wahrheit im Einzelnen entkleidet, indem er, um die Texte nach unserem Geschmack zuzustutzen, seine Zuflucht zu willkürlichen Weglassungen und Aenderungen genommen hat."

[78] Vgl. Manfred Windfuhr: Heine und der Petrarkismus. Zur Konzeption seiner Liebeslyrik. In: Jahrbuch der Schillergesellschaft 10 (1966), S. 266–285. Hier nach dem Abdruck in: Helmut Koopmann (Hrsg.): Heinrich Heine. Darmstadt 1975 (Wege der Forschung 289), S. 207–231. Hier S. 216. Hoffmann dichtete dieses Schmähgedicht auf Heine am 20. 12.1872, als dieser schon längst verstorben war. Es ist als Faksimile wiedergegeben in Hoffmann von Fallersleben, Handschriftliches (wie Anm. 21), S. 6 f.

Meine ganze Poesie [...] sie ist reine Lyrik und dazu rein deutsche und will auch weiter nichts sein, unzertrennlich vom Gesang; sie hat sich allen Beziehungen auf das Ausland und das klassische Altertum von jeher fern gehalten und verschmäht allen rhetorischen Prunk und allen sententiösen Wortschwall; sie knüpft historisch da an, wo die alte Volkspoesie in ihrer Blüte war (16. Jahrhundert).[79]

Schließlich jedoch ist die Literatur des 17. Jahrhunderts in erster Linie europäische Literatur mitsamt ihren wechselseitigen Einwirkungen. Hoffmanns „Barockforschungen" mußte diese Besonderheit, bestimmt von den Zeitläuften seiner Zeit und von Zäsuren seines eigenen Lebens verschlossen bleiben.

---

[79] Gerstenberg, Briefe (wie Anm. 66), S. 144.

IV. Zum Nachlaß Hoffmanns

Erika Poettgens

Die Splitternachlässe und die Akten zur Person Hoffmann von Fallersleben

1. Vorbemerkung

Der Nachlaß Hoffmanns von Fallersleben wurde durch verschiedene Umstände, auf die ich später zurückkommen werde, rigoros auseinandergerissen. Bisher gibt es keine wissenschaftlichen Untersuchungen, die die Aufbewahrungsorte des Hoffmannschen Nachlasses ausfindig gemacht hätten. Demzufolge konnte ich für den Nachlaß Hoffmanns meiner Arbeit keine Primär- und Sekundärliteratur zugrunde legen, sondern war auf handschriftliche und gedruckte Originale angewiesen, vorhanden in Archiven, Bibliotheken und Museen. Für den Kontext dagegen dienten mir literarische sowie geschichtliche Werke als Ausgangspunkt. Im folgenden möchte ich nicht nur auf den Nachlaß Hoffmanns, sondern auch auf die durch die Obrigkeit geführten Akten zu seiner Person eingehen.

2. Entstehung und Auflösung von Hoffmanns Privatbibliothek

Hoffmann verspürte bereits während seiner Studentenzeit den Wunsch, eine eigene Bibliothek wachsen zu sehen. Sprachgut wollte er wie kostbare Perlen, mit Liebe zum Detail, zusammentragen und Fäden von der Vergangenheit zur Gegenwart spannen. Zwar klagte er im Jahre 1819 über Geldmangel, jedoch seine Neugierde nach „[…] litterarische[n] Hülfsmittel[n] […]"[1] begleitete ihn sein Leben lang und ließ ihn finanzielle Hürden überwinden. Er selbst schreibt:

> Seit dem 1. October [1819] wohnte ich in der Stadt am Markte mit Bernhard Mönnich zusammen. […] Ich arbeitete viel: ich sammelte für deutsche Sprache, Mundarten, Sitten und Gebräuche, Litteratur- und Culturgeschichte und sah zu dem Zwecke

---

[1] A. H. Hoffmann von Fallersleben: Mein Leben, Aufzeichnungen und Erinnerungen. Bd. 1. Hannover 1868, S. 212.

ganze Reihen von älteren und neueren Zeitschriften durch. Mönnich, mit dem ich zusammenwohnte, wunderte sich oft, wie ich mich so ins Einzelne verlieren konnte. Ich gründete aber eben dadurch eine Sammlung, die mir mein ganzes Leben hindurch gute Früchte trug.[2]

Hoffmann war stets auf der Suche nach den Bausteinen der deutschen Sprache, Literatur und Kultur. Er setzte sich demzufolge mit älteren Sprachen, Literaturen und Kulturen auseinander, suchte in belgischen, dänischen, deutschen, englischen, französischen, niederländischen, österreichischen, polnischen, schwedischen, schweizerischen und (in heutigen Begriffen) tschechischen Bibliotheken nach vergessenen Überlieferungen bzw. Handschriften und stieß dabei auf früheste Literaturzeugnisse des 8. Jahrhunderts sowie auf zahllose literarische Texte aus den darauffolgenden Epochen. In mühevoller Kleinarbeit trug Hoffmann solchermaßen Notizen, Abschriften, Unterrichtsmaterialien, Forschungsergebnisse, zeitgenössische Zeitungsausschnitte, Handschriften, Manuskripte sowie Bücher zusammen, und allmählich wuchs damit seine Sammlung zu einer repräsentativen Fachbibliothek heran.

Im Zusammenhang mit den Bemühungen, die überlieferten Texte älterer Perioden ans Licht zu fördern und für die Nachwelt in gesteigerter Auflagenzahl zu erhalten, edierte Hoffmann seine Entdeckungen, zumeist unter Hinzufügung von Anmerkungen und Worterklärungen. Während dieser Forschungstätigkeit veröffentlichte der Wissenschaftler „entschwundene" Literatur, und er sicherte durch die Menge der von ihm herausgegebenen gedruckten Exemplare das Überleben der von ihm edierten Texte. Außerdem beherbergte Hoffmanns Gelehrtenbibliothek auch seine eigenen wissenschaftlichen und literarischen Veröffentlichungen.

Von 1823 bis 1838 wirkte Hoffmann an der Universitätsbibliothek Breslau. Zugleich unterrichtete er vom Winter-Semester 1829/30 bis zu seiner Suspendierung im Jahre 1842 an der philosophischen Fakultät der gleichen Universität.[3] Die Amtsenthebung Hoffmanns[4] wegen seiner *Unpolitischen Lieder*[5] war für ihn der Beginn eines Wanderlebens durch ganz Deutschland. Die materiellen Umstände, aber auch sein unstetes Leben mit häufi-

---

2 Ebenda, S. 213.
3 Verzeichnis der Behörden, Lehrer, Beamten, und sämmtlicher Studirenden auf der königlichen Universität Breslau mit ihren Wohnungen vom Winter-Semester 1829/30 bis zum Sommer-Semester 1843. Bei Letzteren noch die Anzeige der Zeit ihrer Ankunft, Geburtsort oder Vaterland und Studium. Angefertigt in dem Universitäts-Sekretariat. Gedruckt bei Graß, Barth und Comp.
4 Zehn Actenstücke über die Amtsentsetzung des Professors Hoffmann von Fallersleben. Mannheim 1843. – Heinrich Wuttke: Jahrbuch der deutschen Universitäten. 2 Bde. Leipzig 1842/43.
5 A. H. Hoffmann von Fallersleben: Unpolitische Lieder. 2 Bde. Hamburg 1840/41.

gem Ortswechsel, zwangen den politisch Verfolgten, sich von einem Teil seiner mühevoll aufgebauten Bibliothek zu trennen und diese Bestände sogar, wenn auch schweren Herzens, unter dem von ihm anfangs festgesetzten Kaufpreis von 2000 Talern abzugeben. Enttäuscht äußerte sich Hoffmann zu diesem Thema:

> Daß meine Bibliothek zu Kauf stände, war wol in öffentlichen Blättern angezeigt, auch wol näher besprochen worden. Dann war es wieder still: ich bekam keine Anfragen, keine Angebote. Da erfuhr ich denn in einem Briefe von Philipp Nathusius vom 12. Oct. [1846], daß sich Frau Bettina von Arnim der Sache annähme.[6]

Bettina von Arnim (1785–1859) hatte als Beraterin des Preußenkönigs Friedrich Wilhelm IV. (1795–1861) Hoffmann beim Verkauf der Bibliothek behilflich sein wollen, doch zeigten ihre Bemühungen keinen Erfolg. Die Hoffmannsche Bücher- und Handschriftensammlung fand zunächst keine Interessenten. Daraufhin gab der Oberbibliothekar der Königlichen Bibliothek in Berlin, Georg Heinrich Pertz (1795–1876), Hoffmann das Versprechen, sich der Sache anzunehmen. Aber auch das Ergebnis dieses Versuchs war enttäuschend. Der König bewilligte nicht die von Hoffmann verlangten 1700 Taler, sondern nur 1000 Taler aus dem Bibliotheksfonds für die Handschriften und niederländischen, friesischen sowie nordischen Drucke. Hoffmann lehnte ab und beabsichtigte im Jahre 1849, dem Britischen Museum in London seine Bibliothek anzubieten. Doch auch dieses Unternehmen verlief schließlich ohne Erfolg.

So wandte sich Hoffmann am 1. März 1850 an den preußischen Kultusminister Adalbert von Ladenberg (1798–1855) mit dem Ersuchen um Ankauf seiner Bibliothek. Am 20. Mai 1850 meldete sich daraufhin der Oberbibliothekar Pertz der Königlichen Bibliothek in Berlin und bot 1000 Taler für die Handschriften sowie die niederländischen, friesischen und nordischen Drucke. Hoffmann notierte hierzu später:

> Ich war außer mir. Einem wohlhabenden, angesehenen, regierungsbeliebten und in seinen Augen anständigen Manne hätte der Herr Geh. Rath so etwas nie zu bieten gewagt, aber einem gemaßregelten, verfolgten, endlich wieder amnestierten armen Teufel wie mir konnte er mit vergnügter Aussicht auf Erfolg einen solchen Spottpreis bieten. Daß er bei seinen Käufen sonst nicht zu knickern pflegte, hatte der Herr GR. oft genug bewiesen: noch vor einigen Jahren hatte er ein einziges Buch, den Edelstein des Bonerius (Bamberg, gedruckt um 1460), mit 1000 [Talern] pr. Courant bezahlt, und das war noch nicht einmal ein Unicum!
> Ich war lange im Zweifel, ob ich auf das Gebot eingehen sollte. Ich sagte mir oft: Du hast so lange gewartet und verstehst nachgerade das Warten so hübsch, warte noch! Es müssen bessere Zeiten kommen, und dann bekommst Du das Dreidoppelte![7]

---

6 Hoffmann von Fallersleben: Mein Leben (wie Anm. 1). Bd. 4, S. 305.
7 Ebenda. Bd. 5, S. 113.

Um der quälenden, erniedrigenden Situation ein Ende zu bereiten, entschloß sich Hoffmann jedoch, alle Hoffnungen auf einen würdigen Verkauf zu begraben und dem äußeren Druck nachzugeben. Teile seiner „Bibliotheca Hoffmanni Fallerslebensis", d. h. Handschriften, Abschriften und
Holzschnitte sowie Niederländisches, Friesisches und Nordisches, wechselten im Jahre 1850 für 1000 Taler zur Königlichen Bibliothek in Berlin.[8]
Im Januar 1851 erhielt Hoffmann von der Bibliothek die erste Hälfte der
Kaufsumme ausbezahlt. Gewissenhaft registrierte Hoffmann den restlichen
Inhalt seiner elf Bücherkisten neu, verpackte den Besitz und schloß damit
die für ihn so schmerzlichen und ihn überdies langweilenden Geschäfte ab.
Die seit seinen Studienjahren sorgsam zusammengetragene Sammlung zeig-
te nunmehr also erste Spuren des Zerbröckelns. Weitere Bestände seiner
Handschriften- und Büchersammlungen verschenkte der ehemals stolze
Besitzer an Sammler und Bibliotheken, ohne dies im einzeln zu registrie-
ren, so daß inzwischen nicht mehr detailliert ermittelt werden kann, wo
sich diese Werke heute befinden.

3. Hoffmann, der. Briefpartner

3.1 Hoffmanns Briefwechsel

Hoffmann war, wie viele Gelehrte seiner Zeit, ein eifriger Briefschreiber.
Seine Briefthemen waren so vielfältig wie seine Korrespondenten. Neben
dem privaten Briefwechsel mit Familienangehörigen und Freunden unter-
hielt er internationale Kontakte mit Bibliothekaren, Geschichtsforschern,
Komponisten, Philologen, Politikern, Schriftstellern, Verlegern sowie Ver-
tretern von Archiven, Bibliotheken und Museen sowie Angehörigen von
Adels- und Königshäusern.

3.2 Die heutigen Aufbewahrungsorte des Hoffmannschen Briefwechsels

Es drängt sich die Frage auf, wo der Hoffmannsche Briefwechsel sich heut-
zutage befindet. Im Jahre 1907 schrieb der Herausgeber von Hoffmanns
Briefen, Heinrich Gerstenberg, dazu folgendes:

---

8 Ebenda, S. 112–115. Laut Unterlagen im Besitz der Handschriftenabteilung der Biblioteka Jagiellońska in Kraków/Krakau hat Hoffmann von Fallersleben im Jahre
   1850 Teile der Bibliotheca Hoffmanni Fallerslebensis an die Königliche Bibliblio-
   thek in Berlin verkauft: Nr. 1–45 (Handschriften, Abschriften und Holzschnitte)
   sowie Nr. 834–1101 (Niederländisches, Friesisches u. Nordisches).

So galt es, viele Erkundigungen einzuziehen, um die heutigen Besitzer ausfindig zu machen. Oft war diese Aufgabe schwieriger, als die andere, die Erlaubnis zur Benutzung der Originale zu erwirken.[9]

Dies galt auch für meine eigene Sucharbeit, die sich über mehrere Jahre erstreckte. Eine umfangreiche Einzelbibliographie zum Hoffmannschen Briefwechsel gibt es noch nicht. Da die Handschriften derzeit kaum in den Verbundsystemen der elektronischen Datenübertragung gespeichert und die Nachlaßverzeichnisse längst überholt sind, da die Hinweise auf die handschriftlichen Sammlungen sowie Teilnachlässe Hoffmanns „versteckt" und „zerstreut" in Literaturangaben und Fußnoten wissenschaftlicher Beiträge vorliegen, ist zunächst eine Registrierung des Hoffmannschen Briefwechsels erforderlich, um die Aufbewahrungsorte der Briefe von und an Hoffmann bekannt zu machen und die Briefe für die weitere Forschung zu erschließen.

Das Ergebnis meiner Suchaktion war überwältigend. In 24 Archiven, 35 Bibliotheken, 5 Museen (und in 1 Hotel) konnte ich insgesamt rund 1900 Briefe, 29 Postkarten und 2 Telegramme von Hoffmann sowie etwa 5000 Briefe, 15 Postkarten und 37 Telegramme an Hoffmann ausfindig machen. Zugang zu diesem Material findet man gegenwärtig in Belgien, Deutschland, Dänemark, England, Frankreich, Österreich, Polen, Tschechien sowie in den Niederlanden. Die überlieferten Briefbestände lassen erkennen, daß viele Adressaten und Absender ihre Korrespondenz mit Hoffmann getreulich aufbewahrt haben. Von diesem umfangreichen Briefwechsel Hoffmanns sind bis auf den heutigen Tag in unterschiedlichen Publikationen ca. 700 Briefe veröffentlicht worden.

In diesem Zusammenhang berücksichtige ich nur die Handschriften, die in Archiven, Bibliotheken und Museen vorhanden sind, jedoch nicht die Unterlagen, die sich im Privatbesitz befinden. Vollständigkeit in der Aufspürung des Hoffmannschen Nachlasses bis zur letzten Einzelheit kann allerdings nicht erzielt werden, u. a. weil ein Teil dieses Kulturschatzes im Bücher- und Autographenhandel rotiert und deswegen äußerst schwer erreichbar ist.

---

[9] In: An meine Freunde. Briefe von Hoffmann von Fallersleben. Hrsg. von Heinrich Gerstenberg. Berlin 1907, S. X.

4. Hoffmann, der politisch Verdächtige und Verfolgte

4.1 Die Akten zur Person Hoffmanns

Wurde das historisch-politische Umfeld Hoffmanns bisher nicht erwähnt, so darf an dieser Stelle das Zeitgeschehen doch nicht übergangen werden.[10] Bekanntlich wurde der Lebenslauf des norddeutschen Germanisten und Vormärzlyrikers tiefgreifend von den politischen Ereignissen seiner Zeit bestimmt. Als Universitätsprofessor und Literat war Hoffmann dabei insbesondere den presserechtlichen Restriktionen (Zensur) und den gegen die Freiheit der akademischen Lehre gerichteten Bestimmungen der Karlsbader Beschlüsse (1819) ausgesetzt, die 1830 (Julirevolution) teilweise noch verschärft worden waren.

Vor diesem historisch-politischen Hintergrund beschritt Hoffmann als Vormärzdichter den Weg der literarischen Opposition und veröffentlichte 1840/1841 seine *Unpolitischen Lieder*. In ihnen stellte er u. a. Standesdünkel, Zensur und Polizeimethoden an den Pranger, und die Realisierung der demokratischen Rechte der Bürger und die nationale Einheit wurden zum Thema erhoben. Die beiden Bände dieser politischen Lieder erwiesen sich als Verkaufsschlager. Der preußischen Regierung war Hoffmanns Popularität zu bedenklich, und die Obrigkeit empfand die *Unpolitischen Lieder* als allzudeutliche Kritik und als Bedrohung für die Ruhe und Ordnung. Mit Ministerialreskript vom 17. Oktober 1841 wurde daher ein Disziplinarverfahren gegen Hoffmann eröffnet, und in einem Schreiben vom 14. April 1842 teilte der Königliche außerordentliche Regierungsbevollmächtigte und Geheime Oberregierungsrat Heinke[11] in Breslau Hoffmann mit, daß das Königliche Staatsministerium in Berlin seine vorläufige Amtssuspension beschlossen habe. Der akademische Senat der Universität Breslau sei bereits darüber in Kenntnis gesetzt und dem Professor Dr. Hoffmann demzufolge die Abhaltung öffentlicher Vorlesungen untersagt.

Der definitive Beschluß des Königlichen Staatsministeriums erfolgte am 3. Dezember 1842, am 20. Dezember 1842 wurde dieser Beschluß vom König bestätigt, und am 18. Januar 1843 wurde das Urteil seiner Entlassung ausführlich in der *Breslauer Zeitung* besprochen: Hoffmann wurde als „[…] ein des akademischen Lehramtes unwürdiges Glied desselben daraus entfernt […].“[12] So geschah nach der Disziplinaruntersuchung gegen den Professor, „[…] was [s]eine Freunde fürchteten, [s]eine Feinde wünsch-

---

10 Friedrich Sengle: Biedermeierzeit. Deutsche Literatur im Spannungsfeld zwischen Restauration und Revolution 1815–1848. Bd. I–III. Stuttgart 1971.
11 Heinke: Polizeipräsident in Breslau.
12 Breslauer Zeitung, 18.1.1843, N° 15, S. 101–102.

ten und [Hoffmann] längst vorhergesehen hatte [...]."[13] Der „Friedensstörer" wurde seines Breslauer Germanistik-Lehrstuhls ohne Pension und Wartegeld enthoben und er sollte künftig in keinem anderen deutschen Staat die Lehrtätigkeit mehr aufnehmen können.

Verfolgt man die weiteren Lebensabschnitte des amtsenthobenen Germanisten, so leitete seine Entlassung ein unstetes Leben mit häufigem Ortswechsel ein. Hoffmann war den Praktiken der Unterdrückung, Verfolgung und Ausweisung ausgesetzt; sie zwangen ihn zur Flucht mit immer neuen Aufenthalten. So wurde er in der Zeitspanne 1841–1860 zu einem verfolgten, auf Schritt und Tritt bespitzelten und 39mal ausgewiesenen oppositionellen Autor, der dadurch überdies beträchtliche materielle Einbußen erleiden mußte.

4.2 Die heutigen Aufbewahrungsorte der Akten zur Person Hoffmanns

Hoffmanns Tun und Treiben wurde von den Behörden penibel in Akten festgehalten. So geben die detailliert geführten Aufzeichnungen über die bei der Breslauer Universität angestellten Lehrer und Beamten eine repräsentative Gesamtübersicht über Hoffmanns Tätigkeiten in seinen Breslauer Universitätsjahren 1823–1842 als Bibliothekar, Hochschullehrer und Mitarbeiter der Kunst- und Altertumssammlung der Universität wieder. Die Ergebnisse der Beobachtung von Polizeiaufsichtsbehörden und Ministerien deutscher Bundesstaaten über politisch verdächtige, staatsbedrohende bzw. gefährdende Personen wurden genauestens registriert und in Akten festgehalten. Die ausführlichen Überwachungsakten bzw. Bespitzelungsakten zur Person Hoffmanns umfassen die Jahre 1841–1860. Sammelstätten dieser amtlichen Schriftstücke sind heute die deutschen Staatsarchive.

In solchen Akten finden sich ebenfalls Anstellungsverträge, die die Redaktion der von Hoffmann herausgegebenen Zeitschrift *Weimarisches Jahrbuch für deutsche Sprache, Litteratur und Kunst*[14] sowie die Verhandlungen mit dem Herzog von Ratibor, Fürsten von Corvey, betreffen. In Corvey hatte der Germanist und Dichter am 1. Mai 1860 das Amt des Bibliothekars an der Fürstlichen Bibliothek zu Corvey übernommen.

---

13 Hoffmann von Fallersleben: Mein Leben (wie Anm. 1). Bd. 4, S. 2.
14 A. H. Hoffmann von Fallersleben: Weimarisches Jahrbuch für deutsche Sprache, Litteratur und Kunst. Herausgegeben von Hoffmann von Fallersleben und Oskar Schade. 6 Bde. Hannover 1854–1857.

5. Das Schicksal des Hoffmannschen Splitternachlasses in der Berliner Staatsbibliothek

5.1 Zur Geschichte der Staatsbibliothek in Berlin

Aus der Vielzahl der Fundorte habe ich die Staatsbibliothek[15] in Berlin ausgewählt. Sie schien mir wegen ihrer geschichtlich bewegten Vergangenheit besondere Aufmerksamkeit zu verdienen, da der Verbleib des Hoffmannschen Teilnachlasses mit der Geschichte dieser Bibliothek[16] aufs engste verwoben ist.

Am Beginn des 19. Jahrhunderts übernahm die vormals Kurfürstliche (gegründet 1661), dann Königliche Bibliothek die Funktion einer wissenschaftlichen Universalbibliothek. Die Königliche Bibliothek wurde 1810 der Dienstaufsicht des preußischen Kultusministeriums unterstellt und erhielt einen festen Etat. Dadurch war eine gezielte Anschaffungspolitik möglich. Zwischen 1807 und 1870 wurden 39 Privatbibliotheken, größere Komplexe von mittelalterlichen Handschriften aus Klöstern und Dombibliotheken sowie Teilnachlässe Gelehrter erworben. Für alle Wissenschaften und Künste wurden wichtige Neuerscheinungen und entstehende Fachzeitschriften regelmäßig angekauft, und es wurden außerdem die Sondersammlungen (Handschriften, Musik sowie Karten) ausgebaut. 1902 besaß die Bibliothek 1,2 Millionen Bände Druckschriften sowie 30.000 Handschriften.

Vor Ausbruch des Zweiten Weltkrieges war die Bibliothek (nunmehr unter dem Namen einer „Preußischen Staatsbibliothek") zu einer der bedeutendsten wissenschaftlichen Bibliotheken Europas herangewachsen: sie umfaßte 1939 fast 3 Millionen Bände Druckschriften und über 70.000 Handschriften. Die Bibliothek besaß deutsche und ausländische Literatur, Handschriften, Autographen, Inkunabeln, Musikalien, Karten und andere wertvolle Kulturdokumente. Während des Zweiten Weltkrieges wurden 1940–1945 zunächst die Rara und die Handschriften, später unter dem Eindruck der zunehmenden Luftangriffe alle Bestände, Kataloge und Arbeitsmittel in 29 Bergungsstellen untergebracht. Nach Beendung der Kampfhandlungen in Berlin versuchte man bereits ab Mai 1945 die Arbeit für die Staatsbibliothek wiederaufzunehmen und die evakuierten Kulturgüter in das Gebäude Unter den Linden zurückzuführen. Unter dem Namen „Öffentliche Wissenschaftliche Bibliothek" wurde die Bibliothek

---

15 Staatsbibliothek Preußischer Kulturbesitz. 325 Jahre Staatsbibliothek in Berlin. Das Haus und seine Leute. Buch und Ausstellungskatalog. Wiesbaden 1986.

16 Eugen Paunel: Die Staatsbibliothek zu Berlin, ihre Geschichte und Organisation während der ersten zwei Jahrhunderte seit ihrer Eröffnung. 1661–1871. Berlin 1965.

am 1. Oktober 1946 feierlich eröffnet und erhielt 1954 den Namen „Deutsche Staatsbibliothek".

Bis auf den heutigen Tag sind die vermißten bzw. in Polen sowie Rußland verwahrten deutschen Kulturgüter nur teilweise in die Bibliothek im Gebäude Unter den Linden zurückgeführt. Die Musikhandschriften, die fast gesamte Autographen-Sammlung, die Varnhagen-von-Ensesche Sammlung[17] mit bedeutenden geistesgeschichtlichen Dokumenten, die Nachlässe Alexander von Humboldts und Hoffmanns von Fallersleben sowie viele orientalische und ostasiatische Handschriften aus dem Auslagerungsort Grüssau (Grüssau bei Waldenburg = heute: Krzeszów bei Wałbrzych) gelangten nach Kriegsende in die Biblioteka Jagiellońska in Kraków/Krakau, wo sie heute noch ruhen.[18] 1946–1947 wurden große Teile der Bestände aus der sowjetischen Besatzungszone in das Gebäude Unter den Linden zurückgebracht.

Die Bestände, die sich bei Kriegsende in der amerikanischen Besatzungszone befanden, wurden von 1946 bis 1977 in der neu gegründeten „Hessischen", dann „Westdeutschen Bibliothek" in Marburg/Lahn aufbewahrt. Die Handschriften und Drucke aus der französischen Besatzungszone waren im Krieg in das Benediktinerkloster Beuron im Donautal ausgelagert worden und ruhten nach Kriegsende 1948–1968 im Tübinger Depot der Staatsbibliothek. Durch das am 25. Juni 1957 erlasse Gesetz bezüglich der Stiftung Preußischer Kulturbesitz[19] wurden diese beiden Bestände in die Stiftung eingebracht und in Etappen (1964–1978) nach Berlin ins neue Gebäude der Staatsbibliothek Preußischer Kulturbesitz in der Potsdamer Straße im damaligen West-Berlin übergesiedelt und zusammengeführt. Nach der Wiedervereinigung am 3. Oktober 1990 kam es zum Zusammenschluß der Deutschen Staatsbibliothek (Unter den Linden) im ehemaligen Ost-Berlin und der Staatsbibliothek Preußischer Kulturbesitz (Potsdamer Straße) im ehemaligen West-Berlin zur „Staatsbibliothek zu Berlin, Preußischer Kulturbesitz".[20] Die vom Krieg geteilten Bestände –

17 Varnhagen von Ensesche Sammlung in der Königlichen Bibliothek zu Berlin, geordnet und verzeichnet von Ludwig Stern. Berlin 1911.

18 Jan Pirożyński: Kolekcja muzykaliów to m. in. autografy J. S. Bacha, W. A. Mozarta, L. van Beethovena, R. Schumana, F. Schuberta, J. Brahmsa i innych. In: Dziennik Polski, Nr. 115, 21.5.1993, S. 8.

19 Werner Knopp (Hrsg.): Jahrbuch Preußischer Kulturbesitz 1992, Band XXIX, hrsg. im Auftrag des Stiftungsrats vom Präsidenten der Stiftung Preußischer Kulturbesitz Werner Knopp. Berlin 1993.

20 Jetzt wächst zusammen … Eine Bibliothek überwindet die Teilung. Ausstellung, Deutsche Staatsbibliothek, Staatsbibliothek Preußischer Kulturbesitz. 11. November 1991 bis 11. Januar 1992. Berlin 1991.

abgesehen von den vermißten und heute noch in Polen sowie Rußland aufbewahrten – werden seit Anfang 1992 wieder gemeinsam verwaltet, gepflegt
und ausgebaut.

5.2 Die Zusammenführung eines Nachlasses: Die Staatsbibliothek in Berlin erwirbt Nachlaßteile Hoffmanns von Fallersleben

Im Zusammenhang mit der wechselvollen Geschichte der Berliner Bibliothek[21] stellt sich der etappenweise Erwerb von Teilen des Hoffmannschen
Nachlasses wie folgt dar:

1850: Wie bereits erwähnt, gelangte ein Teil der Hoffmannschen Privatbibliothek im Jahre 1850 an die Königliche Bibliothek in Berlin. Hoffmann
verkaufte dieser Bibliothek Teile der Bibliotheca Hoffmanni Fallerslebensis: Nr. 1–45 (Handschriften, Abschriften und Holzschnitte) sowie Nr. 834–
1101 (Niederländisches, Friesisches u. Nordisches).

1898–1903: Nach dem Tode Hoffmanns versuchte sein Sohn Franz Hoffmann-Fallersleben, den Hauptteil des handschriftlichen Nachlasses seines
Vaters der Königlichen Bibliothek in Berlin zu verkaufen. Nach Verhandlungen mit dem Oberbibliothekar Eduard Ippel, dem Bevollmächtigten der
Königlichen Bibliothek in Berlin, gelang Franz der Verkauf allerdings erst
im März 1903. Ein endgültiges Auseinanderfallen des Nachlasses Hoffmanns im Familienbesitz war nicht mehr aufzuhalten. *Das Lied der Deutschen,* das Hoffmann auf Helgoland am 26. August 1841 schrieb, kam mit
dem handschriftlichen Nachlaß des Dichters, den sein Sohn, Professor
Franz Hoffmann-Fallersleben, im Jahre 1903 abtrat, an die Königliche
Bibliothek in Berlin. Dieses *Deutschlandlied* ist nicht die erste Nieder-
schrift, da dieser Text mit anderen gleichfalls datierten Gedichten auf demselben halben Bogen steht. Dieses Blatt, das heute gesondert aufbewahrt
wird, gehört in den 2. Band von Hoffmanns tagebuchartig geführter Gedichtsammlung.[22]

---

21 Die 1661 gegründete Churfürstliche Bibliothek zu Cölln an der Spree hieß seit 1701
Königliche Bibliothek in Berlin, seit 1918 Preußische Staatsbibliothek in Berlin, seit
1946 Öffentliche Wissenschaftliche Bibliothek in Berlin und seit 1954 Deutsche
Staatsbibliothek in Berlin.

22 In der Stadt- und Landesbibliothek Dortmund befinden sich ebenfalls eine Handschrift des *Deutschlandliedes* (Sign. ATG 3334) und auch ein Erstblattdruck des
Deutschlandliedes (Sign. Mappe Deutschlandlied). Das gedruckte Lied mit Noten
wurde am 1. September 1841 in Hamburg bei Hoffmann und Campe sowie in Stuttgart bei Paul Neff als Faltblatt veröffentlicht. In der Bibliotheca Bodmeriana in
Cologny/Genève befindet sich ein weiteres autographisches Exemplar des *Deutschlandlieds,* aus der Sammlung Stefan Zweig stammend (Sign.: Mappe deutsche Autographen, Dtsch. Lit. T. IV), das wie folgt signiert ist: „Zur Erinnerung an Helgoland. 4. Sept. 1841. H. v. F."

1905–1907: Scato de Vries schenkte der Bibliothek eine Sammlung von Briefen Hoffmanns an dessen niederländischen Freund, den Sprach- und Geschichtsforscher Matthias de Vries.

1922: Hermann Brückner schenkte der Bibliothek die Büste Hoffmanns.

1924: Schul-Rektor Paul Evert aus Kray-Essen schenkte der Bibliothek 3 Briefe Hoffmanns an Julius Thielt, den Herausgeber der flämischen Zeitschrift *De Zweep*. Auf einer Versteigerung des Hamburger Antiquariats B. Neidhardt im Dezember 1924 kaufte die Bibliothek eine Sammlung von Briefen, Gedichten und Manuskripten der mit Hoffmann befreundeten Hamburger Kaufmannsfamilie Ebeling sowie 34 Briefe an den Philologen bzw. Germanisten Friedrich Zarncke.[23]

1926–1929: Die Bibliothek verhandelte in dieser Zeitspanne mit der Familie Hoffmann über den Erwerb des handschriftlichen Restnachlasses (Tagebücher, Briefe), damals noch in Familienbesitz. Am 10. August 1929 fand eine Versteigerung beim Berliner Antiquariat Karl Ernst Henrici statt. Die Bibliothek kaufte jedoch nichts.[24]

1932: Die handschriftlichen Tagebücher Hoffmanns aus den Jahren 1840–1873 kamen mit anderen Nachlaßteilen in die Bibliothek.

1935: Frau Leonore Deiters de Quesada schenkte der Bibliothek handschriftliche Stücke sowie einige Drucksachen aus dem Nachlaß ihres Vaters Heinrich Deiters.

1941: Die Bibliothek kaufte aus dem Besitz von Elisabeth von Harnack den Gänsekiel, mit dem der Dichter Hoffmann 1841 auf Helgoland das *Deutschlandlied* geschrieben haben soll.

5.3 Die Zersplitterung eines Nachlasses

Das Schicksal des Hoffmannschen Nachlasses in der Berliner Staatsbibliothek hängt unmittelbar mit dem Zweiten Weltkrieg und dessen Folgen zusammen. Das Schicksal der Berliner Staatsbibliothek läßt exemplarisch erkennen, wie eng Politik und Kultur miteinander verbunden sind. Einerseits bestimmte dieses Verbundensein den Aufbewahrungsort des Hoffmannschen Teilnachlasses, und andererseits werden diese Kulturschätze auch im politischen Machtspiel eingesetzt. Den Hoffmannschen Teilnachlaß in der Berliner Staatsbibliothek habe ich hier hervorgehoben, da die „Um-

---

23 Auktion IV. Bücher, Hamburgensien, Autogramme (u. a. Hoffmann von Fallersleben). Versteigerung 3.12.1924–5.12.1924. Antiquariat B. Neidhardt, Hamburg.

24 Versteigerung 156. August Heinrich Hoffmann von Fallersleben: Handschriftliches, Bücher, Schriften, Gelegenheitsdrucke aus seinem Nachlaß. Besichtigung: Freitag, 9. August 1929, von 10–5 Uhr. Versteigerung: Sonnabend, 10. August 1929, nur vormittags ab 10 Uhr. Karl Ernst Henrici. Berlin 1929.

weltfaktoren" direkt und extrem die Irrwege dieses Nachlasses geprägt
haben und heute noch prägen. Dagegen führen die Hoffmannschen Split-
ternachlässe in anderen Archiven, Bibliotheken und Museen ein weitaus
ruhigeres Dasein.

Der preußische Kulturbesitz, der auch das Erbe Hoffmanns einschloß,
wurde durch kriegsbedingte Einflüsse, Grenzfragen und andere Konflikte
auseinandergerissen und über die ehemalige DDR, die BRD und Polen
verteilt. Den in der Preußischen Staatsbibliothek zusammengefaßten Hoffmannschen Nachlaßteilen war es nicht vergönnt, in Berlin zur Ruhe zu
kommen. Erst nach mehreren kriegsbedingten Evakuierungen landeten
diese Hoffmannschen Nachlaßteile teils in Berlin, teils in Kraków/Krakau.
Erst die Beruhigung der politischen Lage brachte auch eine kulturelle
Annäherung zustande, und das Ergebnis dieser Ereigniskette ermöglichte
die Erschließung der bisher unbekannt gebliebenen Archivalien auf heute
deutschem und polnischen Gebiet.

5.3.1 Auslagerungen im Kriege nach Schloß Fürstenstein

Während des Zweiten Weltkrieges sind wichtige Kulturgüter der Preußischen Staatsbibliothek in Berlin in Depots in Kirchen, Klöstern, Schlös-
sern und Bergwerken überführt worden, an Plätze, die weniger kriegs-
gefährdet schienen. Der Hauptteil des handschriftlichen Nachlasses
Hoffmanns, dessen Inhalt in einem Verzeichnis festgelegt wurde, wurde
1942 im Schloß von Fürstenstein (Fürstenstein = heute: Książ) untergebracht. Dieser Aufbewahrungsort mußte 1944 auf Anordnung des Ober-
präsidenten von Breslau geräumt werden. Die Bestände wurden daraufhin ins Zisterzienserkloster Grüssau (Grüssau bei Waldenburg = heute:
Krzeszów bei Wałbrzych) überführt. Durch einen Erlaß der polnischen
Regierung vom 6. Mai 1945[25] wurden alle deutschen Vermögenswerte bzw.
Kulturschätze auf polnischem Territorium offiziell polnisches National-
eigentum. Im Jahre 1946/47 fand eine Übergabe der Schriften von
Grüssau nach Kraków/Krakau statt. Die genauen Daten sind nicht bekannt.

Alle Bestände der Deutschen Staatsbibliothek, die in die Abtei Grüssau gebracht waren, befinden sich heute in der Biblioteka Jagiellońska
in Kraków/Krakau. Die Bücher und Schriftstücke sind in der Biblioteka
Jagiellońska größtenteils nach den alten Signaturen gesondert aufgestellt
und zugänglich gemacht worden. Betonen möchte ich, daß im Hoffmannschen handschriftlichen Nachlaß nur wenige Veränderungen bezüglich

---

25 Dzennik ustaw Rzeczyspospolitej Polskiej Ludowej 1945, Nr. 17, Pos. 97.

der Signaturen vorgenommen wurden. Ob Dokumente verlorengegangen sind, ist in diesem Zusammenhang schwierig festzustellen. Aus dem Bestandsverzeichnis konnten keine Rückschlüsse auf die Vollständigkeit gezogen werden, da dieses Verzeichnis sich weitgehend einer detaillierten Rubrizierung der einzelnen Archivalien entzieht. Nachweisbar ist allerdings, daß 28 Briefe von Hoffmann an seinen Freund, den niederländischen Sprach- und Geschichtsforscher Matthias de Vries (1820–1892), fehlen.

Seit Oktober 1981 wurde der Zugang zu den in der Kraków er Universitätsbibliothek aufbewahrten Dokumenten erleichtert und somit auch der Hoffmann-Forschung eine Türe geöffnet. Zum heutigen Zeitpunkt sind in der Handschriftenabteilung der Biblioteka Jagiellońska Teilstücke aus dem Nachlaß Hoffmanns vertreten in:

A) der Varnhagen-von-Enseschen Sammlung in der Königlichen Bibliothek zu Berlin, vgl. das Verzeichnis von Ludwig Stern:[26] Autographen, Dokumente, Zeitungsausschnitte besonders zur Romantik. Die Varnhagen-von-Ensesche Sammlung enthält einige Briefe an Hoffmann, einige Gedichte von Hoffmann sowie eine Porträt-Lithographie Hoffmanns.

B) Nachlässen von Alexander von Humboldt, Hoffmann von Fallersleben, J. M. R. Lenz, G. Schweinfurth, G. Freytag. Der größte Teil des handschriftlichen Nachlasses Hoffmanns der Preußischen Staatsbibliothek, der evakuiert worden war, befindet sich heute in Kraków/Krakau. Die Handschrift *Das Lied der Deutschen* gelangte per Zufall nicht dorthin, da das Gedicht am 20. November 1914 für eine Ausstellung dem Nachlaß entnommen und daraufhin separat aufbewahrt worden war. Diese Originalschrift des *Deutschlandliedes* befindet sich heute in der Staatsbibliothek zu Berlin, Preußischer Kulturbesitz.

Eine weitere Autographensammlung der Jagiellonenbibliothek ist leider nicht vollständig. Sie umfaßt eigenhändige Manuskripte von Gelehrten, Dichtern, Staatsmännern, weist aber bei den Buchstaben H, I, J, K und L eine gravierende Lücke auf. Demzufolge fehlt Hoffmann. Laut Auskunft der Bibliothek ist dieser Teil seit dem Zweiten Weltkrieg verschollen. Näheres ist nicht bekannt.

5.3.2 Auslagerungen im Kriege ins Kloster Beuron (Hohenzollern)

Die Briefe an Hoffmann, die er selbst alphabetisch von A bis Z und chronologisch geordnet hatte, machten ebenfalls einen Teil des handschriftlichen Nachlasses der Preußischen Staatsbibliothek aus. Diese Briefe wur-

---

26 Varnhagen von Ensesche Sammlung (wie Anm. 17).

den im Kriege jedoch nicht nach Schloß Fürstenstein in Schlesien, sondern im Jahre 1941 ins Benediktinerkloster Beuron im oberen Donautal über-führt. 1948 wurden diese Handschriften ins Tübinger Depot der Staatsbi-bliothek gebracht und 1968 der Staatsbibliothek Preußischer Kulturbesitz in der Potsdamer Straße im damaligen West-Berlin übergeben, wo sie sich noch heute befinden.

5.4 Die Vereinigung Deutschlands führt Teile des Nachlasses in der Berliner Staatsbibliothek wieder zusammen

Eine Erschließung des Hoffmannschen handschriftlichen Nachlasses aus dem Besitz der ehemaligen Königlichen Bibliothek in Berlin war bis zur Vereinigung der alten Bundesländer und der DDR kaum realisierbar, da die Kulturpolitik der ehemaligen DDR einen intensiven sowie umfangrei-chen Forschungs- und Informationsaustausch erschwerte oder sogar ver-hinderte und auch die Volksrepublik Polen sich bis Ende der siebziger Jahre an der Förderung derartiger Vorhaben wenig interessiert zeigte. Bezüglich des Preußischen Kulturbesitzes und im engeren Sinne des Hoffmannschen handschriftlichen Nachlasses aus dem Besitz der ehemaligen Königlichen Bibliothek in Berlin tappte man daher im dunkeln. Hatte er den Krieg über-lebt, war er verschollen oder gar vernichtet?

Besonders zu erwähnen sind an dieser Stelle die Krakówer/Krakauer Archivalien, und zwar jene, die durch historische Ereignisse ihren Platz in der dortigen Universitätsbibliothek gefunden haben. Was die durch Kriegs-verhältnisse nach Polen überführten Bibliotheksbestände betrifft, war die Haltung Polens seinem Nachbarland DDR und der BRD gegenüber von Schweigen bestimmt. Als Folge des deutschen Ost-West-Konfliktes sowie der kriegsbedingten Auslagerungen war der Standort des preußischen Kul-turbesitzes und somit des Hoffmannschen Kulturschatzes auf heute pol-nischem Territorium der Öffentlichkeit in Ost und West anfangs unbekannt und daher unzugänglich. So geriet ein großer Teil des in den sozialistischen Ländern Osteuropas aufbewahrten Hoffmannschen Nachlasses in ein For-schungsabseits der Wissenschaftler in Ost und West. Zwar war der im Westen befindliche preußische Kulturbesitz zugänglich, aber über viele Jahrzehnte blieb dessen in der DDR und auf polnischem Gebiet aufbewahr-ter Teil verschlossen und konnte deshalb nie eingehend wissenschaftlich erforscht und ausgewertet werden.

Das Öffnen der Staatsgrenzen zwischen Ost und West bedeutete daher einen verheißungsvollen Schritt für die Hoffmannschen Archivalien. Im Zuge der politischen Entwicklungen haben sich die Verhältnisse seitdem allmählich geändert, so daß die Arbeitsbedingungen für jemanden, der an der Erforschung von Hoffmanns Nachlaß interessiert ist, inzwischen erfreulich sind.[27] Ohne Behinderung sind die gewünschten Schriften im vereinten Deutschland und in Polen einzusehen und werden unter den bibliotheksüblichen Voraussetzungen vorgelegt, so daß die Erschließung der (wenn auch nach wie vor getrennten) Nachlaßbestände Hoffmanns von Fallersleben künftig unter einem günstigeren Stern steht.[28]

---

[27] DDR Handbuch. 2 Bde. Hrsg. vom Bundesministerium für innerdeutsche Beziehungen. Köln 1985. – Abkommen zwischen der Regierung der Bundesrepublik Deutschland und der Regierung der Deutschen Demokratischen Republik über kulturelle Zusammenarbeit. In: Bulletin Nr. 48 vom 7.5.1986, S. 406. – Grundlagenvertrag vom 21.12.1972. Vertrag über die Grundlagen der Beziehungen zwischen der Bundesrepublik Deutschland und der Deutschen Demokratischen Republik. In: Dokumentation zu den innerdeutschen Beziehungen. Abmachungen und Erklärungen. Hrsg. vom Presse- und Informationsamt der Bundesregierung. Bonn 1990, S. 21–23. – Zusatzprotokoll zum Vertrag über die Grundlagen der Beziehungen zwischen der Bundesrepublik Deutschland und der Deutschen Demokratischen Republik. In: Dokumentation zu den innerdeutschen Beziehungen. Abmachungen und Erklärungen. Hrsg. vom Presse- und Informationsamt der Bundesregierung. Bonn 1990, S. 24–25. – Plus bei der Kulturförderung, Stand: September 1992. Kulturpolitik und Kulturförderung des Bundes. Bundesministerium für innerdeutsche Beziehungen.

[28] Gesetz zu dem Vertrag vom 17. Juni 1991 zwischen der Bundesrepublik Deutschland und der Republik Polen über gute Nachbarschaft und freundschaftliche Zusammenarbeit. Vom 16. Dezember 1991. Tag der Ausgabe: Bonn, den 21. Dezember 1991. In: Bundesgesetzblatt. Jahrgang 1991, Teil II, Nr. 33, S. 1314–1327.

Namenregister

Das Register verzeichnet die im Haupttext der Beiträge erwähnten realen Personen, soweit dort mit ihrem Ruf- und/oder Familiennamen auf sie Bezug genommen wird. Nicht erfaßt worden sind somit Personenerwähnungen, die sich anderer sprachlicher Mittel bedienen (*sie, letzterer, der Dichter, die Fürsten* u. a. m.), ebensowenig fiktionale Personennamen und solche, die nur aus Sage und Legende bekannt sind.

Verzeichnis der Beiträger

Prof. Dr. Hans-Joachim Behr, Technische Universität Braunschweig, Seminar für deutsche Sprache und Literatur, Mühlenpfordtstraße 23, D-38106 Braunschweig

Dr. Jan B. Berns, Koninklijke Nederlandse Akademie van Wetenschappen, P. J. Meertens-Instituut, Joan Muyskenweg 25, NL-1096 CJ Amsterdam

Dr. Herbert Blume, Technische Universität Braunschweig, Seminar für deutsche Sprache und Literatur, Mühlenpfordtstraße 23, D-38106 Braunschweig

Prof. Dr. Horst Brunner, Universität Würzburg, Institut für deutsche Philologie, Sanderring 2, D-97070 Würzburg

Prof. Dr. Dieter Cherubim, Universität Göttingen, Seminar für Deutsche Philologie, Humboldtallee 13, D-37073 Göttingen

Prof. Dr. Otto Holzapfel, Deutsches Volksliedarchiv, Silberbachstraße 13, D-79100 Freiburg i. Br.

Dr. Heidrun Kämper, Institut für deutsche Sprache, R 5, 6-13, D-68161 Mannheim

Dr. Dieter Merzbacher, Herzog August Bibliothek Wolfenbüttel, Forschungsstelle 17. Jahrhundert, Postfach 1364, D-38299 Wolfenbüttel

Drs. Erika Poettgens, Katholieke Universiteit Nijmegen, Duitsland-Studies, Erasmusplein 1, Postbus 9103, NL-6500 HD Nijmegen

Dr. Eberhard Rohse, Technische Universität Braunschweig, Seminar für deutsche Sprache und Literatur, Mühlenpfordtstraße 23, D-38106 Braunschweig

Dr. Kurt G. P. Schuster, Hoffmann-von-Fallersleben-Gesellschaft, Schloß Fallersleben, Schloßplatz, D-38442 Wolfsburg

Dr. Günter Tiggesbäumker, Corvey-Institut für Buch- und Bibliotheksgeschichte, Schloß Corvey, D-37671 Höxter

Dr. Karl-Wilhelm Frhr. v. Wintzingerode-Knorr, Direktor der Städtischen Museen Wolfsburg i.R., Kolwigsgarten 29, D-38446 Wolfsburg

Braunschweiger Beiträge zur deutschen Sprache und Literatur

Herausgegeben von Hans-Joachim Behr, Herbert Blume und Eberhard Rohse

Band 1

Hans-Joachim Behr, Herbert Blume und Eberhard Rohse (Hrsg.):
August Heinrich Hoffmann von Fallersleben 1798–1998. Festschrift zum
200. Geburtstag.
ISBN 3-89534-281-5. Gebunden, 24 x 16 cm. 288 S., 38,– DM
Anläßlich des 200. Geburtstages Hoffmanns von Fallersleben am 2. April
1998 fand im Schloß Fallersleben ein internationales Symposion von Germanisten, Volkskundlern und Historikern statt. Das Ziel war, aus heutiger
Sicht den historischen Ort und die wissenschaftsgeschichtliche Bedeutung
– gegebenenfalls auch die Grenzen – des auf vielen Feldern tätigen Hoffmann zu bestimmen: des frühen Germanisten und Editors mittelalterlicher
Texte, des Pioniers der Mittelalter-Niederlandistik, des Bibliothekars, des
Sammlers von Volksliedern und mundartlichem Wortschatz, des Vormärz-
literaten und Verfassers einer problematischen Nationalhymne. Außer Beiträgen, die diesen Aspekten gewidmet sind, enthält der Band Aufsätze, die
sich mit der Rezeption mittelalterlicher und barocker Literatur durch Hoffmann, mit seiner Stellung zur Revolution von 1848 und mit dem Verbleib
seines Nachlasses beschäftigen. Vorangestellt sind zwei biographische
Essays.

Band 2

Birgit Beine: Der Wolf in der Kutte. Geistliche in den Mären des deutschen
Mittelalters.
ISBN 3-89534-282-3. Broschiert, 21 x 15 cm. 352 S. mit 1 Abb., 58,– DM
Welt- und Klostergeistliche, die sich unter den Augen ihrer Pfarrkinder oder
in klösterlicher Abgeschiedenheit über die Gebote der Kirche hinwegsetz-
ten, gehören zu den beliebtesten Schwankfiguren des Spätmittelalters. Auch
in den rund 220 mittelhochdeutschen Mären begegnet der Leser den „Wöl-
fen in der Kutte", die sich nicht nur durch Habgier, Korruption und Hoch-
mut auszeichnen, sondern vor allem durch sexuelle Zügellosigkeit. Untersucht wird die Figur des Geistlichen mit Blick auf die literarische Tradition und das spezifische Erzählprinzip der Gattung. Der Vergleich mit
seinen „Amtskollegen" in der zeitgenössischen europäischen Kleinepik, in

den altfranzösischen „Fabliaux", dem „Decameron" oder den „Canterbury Tales", offenbart die charakteristischen Merkmale des Pfaffen in der deutschen Märendichtung. Die Kategorisierung des Märenklerus nach Welt- und Klostergeistlichkeit, hierarchischer Stellung und Ordenszugehörigkeit ermöglicht eine differenzierte Beschreibung der Pfaffenfigur, die manches Pauschalurteil der älteren Forschung revidiert.

Band 3
Stendhal. Zeugnisse aus und über Braunschweig (1806–1808).
Französisch und deutsch. Herausgegeben und übersetzt von
Hans Mattauch.
ISBN 3-89534-283-1. Gebunden, 24 x 16 cm. 304 S. mit 12 Abb., 58,– DM
Die zweisprachige Ausgabe vereint erstmals, unter Rückgriff auf die erhaltenen Manuskripte, in einer Neuübersetzung sämtliche autobiographisch-literarischen Schriften, die Stendhal als Angehöriger der französischen Militärverwaltung während seines Aufenthalts in Braunschweig (1806–1808) verfaßt hat: die Privatbriefe, das Tagebuch und den Essay „Reise nach Braunschweig". Zahlreiche Anmerkungen und ein umfangreiches Nachwort sowie dokumentarische und illustrative Beigaben bringen, u. a. durch die erstmalige Identifizierung von Personen und Orten, neue Erkenntnisse über Stendhals Lebensumstände, seine Reaktionen auf die ihm ziemlich fremden Sitten der Deutschen und ihre Mentalität, über sein Interesse an gesellschaftlichen und politischen Fragen, seine literarischen Neigungen sowie seine wechselnden dienstlichen Aufgaben und über daraus resultierende Konflikte mit Repräsentanten des Königreichs Westphalen.

Erhältlich beim
Verlag für Regionalgeschichte
Windelsbleicher Straße 13
33335 Gütersloh
Tel. 05209 /980266
Fax 05209 / 980277,
e-mail regionalgeschichte@t-online.de
und in jeder Buchhandlung.